国家科学技术学术著作出版基金资助出版

国家社会科学基金重大项目（项目批准号：17ZDA291）
"情报学学科建设与情报工作未来发展路径研究"
中国科学技术情报学会重点支持工程

新时代情报学与情报工作论丛
苏新宁◎主编　李　纲◎副主编

情报学
学科建设与发展

杨建林　钱玲飞　陈芬　李品　等◎著

科学技术文献出版社
SCIENTIFIC AND TECHNICAL DOCUMENTATION PRESS

·北京·

图书在版编目（CIP）数据

情报学学科建设与发展 / 杨建林等著. —北京：科学技术文献出版社，2021.9
（新时代情报学与情报工作论丛 / 苏新宁主编）
ISBN 978-7-5189-8163-2

Ⅰ.①情… Ⅱ.①杨… Ⅲ.①情报学—学科建设—研究 ②情报学—学科发展—研究 Ⅳ.① G250

中国版本图书馆 CIP 数据核字（2021）第 159390 号

情报学学科建设与发展

| 策划编辑：丁芳宇 | 责任编辑：张 红 | 责任校对：张吲哚 | 责任出版：张志平 |

出 版 者	科学技术文献出版社
地　　址	北京市复兴路15号　邮编 100038
编 务 部	（010）58882938，58882087（传真）
发 行 部	（010）58882868，58882870（传真）
邮 购 部	（010）58882873
官方网址	www.stdp.com.cn
发 行 者	科学技术文献出版社发行　全国各地新华书店经销
印 刷 者	北京时尚印佳彩色印刷有限公司
版　　次	2021年9月第1版　2021年9月第1次印刷
开　　本	787×1092　1/16
字　　数	355千
印　　张	20.75
书　　号	ISBN 978-7-5189-8163-2
定　　价	86.00元

版权所有　违法必究

购买本社图书，凡字迹不清、缺页、倒页、脱页者，本社发行部负责调换

《新时代情报学与情报工作论丛》

丛书顾问委员会

黄长著　梁战平　马费成　胡昌平　靖继鹏　赖茂生　王知津　张晓军　戴国强

丛书编委会

主　任　赵志耘　苏新宁

副主任　夏立新　李　纲　孙建军　卢小宾　潘云涛

编　委（按姓氏拼音排序）
　　毕　强　曹树金　陈　超　初景利　邓三鸿　樊　博　高金虎　黄水清
　　蒋　颖　冷伏海　李广建　李月琳　栗　琳　陆　伟　马　捷　马海群
　　沈固朝　王　芳　王东波　王延飞　王曰芬　吴　鹏　吴晨生　许　鑫
　　杨建林　姚乐野　臧国全　曾建勋　章成志　郑彦宁　周晓英　朱庆华

学术秘书　赵筱媛

《情报学学科建设与发展》
著者名单
（按姓氏拼音排序）

陈 芬　高小欢　李 品　吕宏玉　钱玲飞
唐明伟　陶子钧　王诗琴　王新岩　杨建林

总　序

情报学的发展与情报工作的重点任务紧密相关，不同时期的情报工作重点，引导着情报学研究和情报学学科建设的发展方向。20世纪50—80年代，我国科学技术的发展亟待情报工作能够提供国内外最新的科技发展动态和文献资料，我国情报学研究也起始于探讨科技文献交流规律的情报研究。20世纪90年代，信息爆炸和信息化浪潮的袭来，使得情报工作更加重视信息资源建设和信息服务，情报学研究的重点转向了信息处理、检索与服务及信息资源建设。21世纪以来，随着互联网的普及，情报工作更加重视网络信息资源的构建和服务，并在国家智库建设中开始显现作用。因此，情报学研究开始转向网络信息资源的构建和知识服务的研究，以及如何融入国家战略的情报学研究尝试。可以说，我国情报学研究历经了"文献"情报学、"信息"情报学、"网络信息"情报学等多个发展阶段。今天，我们进入了大数据时代，情报环境的变化、技术发展的推动、国家战略的需求，情报学与情报工作将向何处发展？这是情报工作者和情报学者必须思考的问题。

作为一名情报学学者，长期以来我一直关注情报学的发展，迫切感觉到：时代的发展、社会的需求，情报学与情报工作必须与时俱进，需要做出响应，需要顺应转型，需要在新的时代做出更大贡献。因此，2017年年初，我向全国哲学社会科学规划工作办公室提交了国家社会科学基金重大项目"情报学学科、理论、方法及情报工作未来发展研究"选题，在本学科专家学者的支持和关爱下，该选题得以立项招标。我们团队经过对选题的充分讨论，并请教多位情报学前辈、专家，最后确定以"情报学学科建设与情报工作未来发展路径研究"为题申报国家社会科学基金重大项目。有幸再次得到评审专家的垂青，使本申报课题得以成为2017年国家社会科学基金重大项目之一。

课题在申请时，设立了5个子课题，团队成员也只有30余人。但学科专家高度重视该课题的研究，提出了扩充项目研究内容的建议。根据专家们的建议，我们进行了充分的论证，并向全国哲学社会科学规划工作办公室提出了课题变更申请，即从原有的5个子课题扩大到9个子课题，同时也得到了全国哲学社会科学规划工作办公室批准，从而使这项研究从原有的情报学学科建设、情报学教育体系、情报学理论与方法体系、情报工作未来发展、国家安全情报工作发展等5个方面的研究，又拓展到情报与智库的作用与关系、国外情报学与情报工作、情报工作制度建设、中国情报事业发展史等研究领域。课题组也得到了壮大，成员达到了140余人，涉及南京大学、武汉大学、北京大学、中国人民大学、中国科学院大学、南开大学、南京理工大学、南京农业大学、上海交通大学、华东师范大学、军事科学院、国防科技大学、中国人民公安大学、北京市科学技术情报研究所等20多所高校和10余家科研机构。

新时代的到来，新的环境、新的需求、国家战略实施的期待，使得情报学与情报工作迎来了大好的发展机遇，同样也面临许许多多的挑战。为了探讨我国情报学与情报工作的未来发展，2017年10月，中国科学技术情报学会、中国社会科学情报学会在南京大学召开了"首届情报学与情报工作发展论坛"，会议发布了由本课题组执笔撰写的《情报学与情报工作发展南京共识》（简称《南京共识》）。《南京共识》针对新时代国家安全与发展对情报学与情报工作的要求，重点强调了5个重新：重新定位情报学科发展目标，重新认识情报工作的性质和作用，重新设计情报学课程体系，重新认识理论、技术、方法的重要性，重新认识情报能力。《南京共识》为我们开展重大项目的研究指明了方向，也促使我们下定决心出版一套反映新时代情报学与情报工作发展的学术论丛。

为了写好这套学术丛书，课题组进行了反复论证，召开了10余次书稿论证会，并邀请了情报领域前辈、专家到会指导，专家对书稿的题名、大纲、初稿、修订稿等提出了许多建设性意见，保证了书稿内容的全面和完善。本套丛书涵盖了情报学理论、方法和技术，情报学学科建设和培养体系，情报应用方面的情报工作、情报感知、情报与智库、竞争情报，国外的情报学与情报工作发展，情报制度，中国情报事业的发展等，其中多本著作的主题为国内首次出版。整套丛书从新时代、新使命、新任务的角度来阐述情报学与情报工作的新内容，为我国情报学研究、情报学教育、情报工作和情报事业的发展提供了有力指导。

综观全套丛书，每一本都具有自己的创新和特色：

杨建林教授等所著的《情报学学科建设与发展》以哲学的视角阐述了情报学基本原理和基础理论体系，并基于信息范式与情报范式融合的指导思想，构建了情报学学科体系基本框架，并以此探讨了情报学学科知识体系建设与学科功能单位建设的主要内容。这些研究对促进人们更清晰地认识情报学、助力情报学学科良性发展有很大的帮助作用。

王东波教授等所著的《情报学教育和人才培养研究》紧扣大数据和人工智能下"耳目、尖兵、参谋"情报学人才培养的总目标，通过内容分析、调查问卷和文本挖掘的方法，在所掌握的多个维度的第一手数据基础上，首次对新中国成立以来情报学教育体系进行了系统的探析和全面的梳理，并对情报人才培养方案给出了切实可行的建议。

王芳教授等所著的《情报学理论：哲学基础与应用发展》用历史主义的视角对情报学理论流派和研究范式进行了系统梳理，对情报学理论支撑的哲学思想，包括本体论、认识论、方法论、元理论和范式等命题进行了深入探析，首次以哲学视角对情报学的理论研究进行了系统的审视。该书对于情报学的发展和学术研究的深化具有十分重要的意义，将会在情报学教学和实际工作中发挥理论指导作用。

章成志教授等所著的《情报学研究方法与技术体系》综合使用了信息组织、自然语言处理、机器学习等理论与技术，构建了情报学研究方法与技术体系，开发了情报学研究方法知识库与检索系统，并针对特定场景下的情报学体系问题进行探索。该书开创了机器辅助构建学科研究方法体系的先河，提出多层次、细粒度的情报学研究方法与技术体系，推动了人工智能时代的情报学理论研究。

吴晨生、李辉研究员等所著的《新时代我国情报工作的发展》站在我国情报工作发展的时代潮头，以新时代、新机遇为背景，以"转型"和"融合"两大核心问题为主线，着力从情报工作的使命担当、重点任务、情报机构的智库能力提升、国家情报工作体制构建等方面规划勾勒新时代我国情报工作战略转型的总体方向，为我国情报工作未来发展绘制了新的蓝图和大展宏图的愿景。

初景利教授等所著的《国外情报学与情报工作》立足国外情报学与情报工作历史与现实发展，梳理了部分发达国家的情报学与情报工作起源与发展、情报学理论研究、情报工作机制、情报学代表人物、情报学教育等，并以比较的视角审视了中国情报学与情报工作发展对策。全书以宏观的视野展示部分发达国家情报学与情报工作全貌，总结情报学与情报工作发展的主要特点，揭示情报学与情报工作历史变化与发展现状。

王延飞教授和杜元清研究员所著的《情报感知论》是作者在情报实践基础上所进行的情报理论深耕创新之作。作者秉持"解决决策信息不完备问题"的情报宗旨，着眼"早醒远眺"的情报使命，创造性地提出情报感知理论，阐明了通过情报感知、刻画和响应去应对和解决新时期战略性情报研究所面临的不确定性问题，构建了适合中国国情的情报感知理论和方法体系。

栗琳研究员和初景利教授等所著的《情报与智库》在深入研究战略情报理论方法，系统梳理具有中国特色的科技情报工作、智库建设实践基础上，对学界争论多年的情报与智库若干基础问题提出了独到的见解。作者团队来自科技情报和智库领域，其独特的研究经历为该书奠定了理论与实践基础。作为第一本系统论述情报学、智库研究及相关联系的著作，它的出版对于新时代情报学发展具有很大的推动作用。

许鑫教授等所著的《竞争情报分析方法及应用》立足大数据环境，展现了竞争情报在数据采集、组织存储、数据分析等全链条上的方法变化。该书寻数据驱动之门而入，立方法拓展之地而耕，破应用创新之门而出，极大地丰富了竞争情报分析既有的理论与知识体系，既为学界开阔学术视野，也为业界提供更具洞察力、科学性、普适性的竞争情报分析新范式。

马海群教授等所著的《大数据观下的国家情报工作制度研究》针对信息技术所创造的情报工作新场景、新模式和新业态，构建了国家情报工作制度新思维、新理论、新格局，并指出这是新时期我国情报学内涵演变及情报工作路径创新的根本性的核心组织部分，尤其以《中华人民共和国国家情报法》为标志的国家情报政策法律制度，彰显了我国情报工作制度的新图景与新定位。

周晓英教授等所著的《中国情报学历史与发展进程》对20世纪50年代中期情报学（中国科技情报学）诞生以来的中国情报学发展演变历史展开研究，采用先梳理归纳后分析演绎的方法，梳理中国情报学发展过程中的事件，提炼出一般性的概念，分析发展过程和结果，并阐述情报学发展演变过程及其规律。迄今为止，我国尚没有关于中国情报学历史方面的专门著作面世，该书的出版填补了国内该领域的一项空白。

今天，世界正处于百年未有之大变局，这一"变局"为情报学与情报工作带来了前所未有的发展良机。国家安全、经济发展、社会进步需要情报学与情报工作勇于担当，国家战略的实施赋予了情报学与情报工作神圣的使命。情报学与情报工作需要在新的时期有所作为，必须能够在新的时期做到守正与拓展，即守住情报领域，坚持在新环境、新技术、新需求下，对情报学理论、技术和方法的创新，突出情报本质，体现学科的情报话语内涵，展现学科的情报核心话语权，建立以情报为核心的学科话语体系。另外，拓展情报的应用领域，引进先进的理论技术和方法，以完善情报学学科体系。拓展强调两个方面：一是以大情报观构建情报学学科体系，建立适应国家安全与发展战略的大情报学科体系，构成包括科技、经济、医学、环境、生态、能源、社会科学、军事、国防、安全、外交等领域的情报学学科体系，实现各领域情报工作相互融合又各守其职；二是将先进的理念、理论、技术、方法引入情报学研究领域，开展深度的情报学研究，而不是专门研究人工智能、深度学习、人文计算、区块链等。准确地说，是将这些成果更科学合理地应用于情报学领域，拓展情报学研究方法，促进情报研究更加科学和精准。本套丛书正是在守正与拓展这一思想指导下，集情报学领域集体智慧构思完成的。

本套丛书为国家社会科学基金重大项目（项目批准号：17ZDA291）"情报学学科建设与情报工作未来发展路径研究"成果，出版过程中得到2020年度国家科学技术学术著作出版基金的资助，同时也得到中国科学技术情报学会的大力支持和资助。本套丛书在撰写过程中，还得到情报学前辈和专家们的大力支持与指导，他们是黄长著先生、梁战平先生、马费成先生、张晓军将军、胡昌平先生、靖继鹏先生、赖茂生先生、王知津先生等。在丛书付梓之际，由衷地感谢在本套丛书撰写出版过程中给予我们帮助与支持的机构和专家们。

扬帆起航正当时，潮头掌舵逐浪高。在中华民族伟大复兴中国梦、强国梦践行时期，情报学与情报工作将以更加崭新的面貌，矗立在科学领域和国家安全与发展战略实施中。在这样一个契机下，《新时代情报学与情报工作论丛》面世了，相信这套丛书一定会在我国情报学建设及情报事业发展中发挥重要作用。

苏新宁

2021年元旦于南京

前　言

经历了几十年的学科发展，我国情报学取得了很大进展，但这种进展远未达到情报学发展的宏大目标。随着和平时期国家对外战略的调整、国家对情报工作的日益重视及《中华人民共和国国家情报法》的出台，对情报学的理论研究提出了新的需求，也为情报学学科重新定位、快速发展提供了极好的机遇。可以认为，厘清情报学的基本理论问题、重新建构情报学学科体系的时机已经成熟。因此，《情报学学科建设与发展》一书具有重要的理论价值与现实意义。

全书共 11 章。第 1 章主要介绍情报学学科的概况；第 2 章主要概述情报学学科建设当前面临的主要问题及后续面对的主要内容；第 3 章至第 6 章详细探讨如何重建情报学学科知识体系；第 7 章至第 11 章详细探讨如何合理拓展情报学学科的研究内容。

第 1 章为绪论。主要介绍情报学学科的概况，包括情报学的研究对象（情报与情报现象）、情报工作的产生与发展、情报工作的特点与功能、情报工作的任务与内容、情报学学科的起源、情报学的功能与作用、相关学科对当前情报学的影响及情报学应用的领域与范围，有助于读者掌握情报学的学科概貌，为后续探讨如何开展情报学学科建设、推动情报学学科发展奠定基础。

第 2 章为情报学学科建设及面临的主要问题。主要剖析当前情报学学科建设面临的主要问题及国内情报学界在情报学学科定位与发展方面面临的争议，在此基础上从学科知识体系建设、学科功能单位建设两个方面提出情报学后续建设的主要内容，对情报学学科的后续发展具有正面的引导价值。

第 3 章为关于情报学的哲学思考。通过对中国情报学界对情报学哲学基础研究的分析及相关哲学思想的研读与吸收，重新论述数据、信息、知识、智慧、计算等概念的本质，在此基础上分析信息与计算的关系，数据、信息、知识、智慧、情报等概念之间的递进或包含关系，在分析情报流程及情报流程中的信息交互的基础上，明确情报学特有的研究领域与研究问题。

第4章为情报学基本原理阐释。对现有情报学基本原理进行回顾与解析，深入分析一些基本原理的合理性与不足，在此基础上提出重建情报学基本原理体系的思路。

第5章为关于重构情报学基础理论体系的思考。在剖析情报学理论流派、情报学范式的基础上，分析了情报学各个研究领域之间的关系，进而给出重构情报学基础理论体系的方向及整合情报学现有理论体系的基本思路。

第6章为情报学学科体系阐述。主要介绍情报学界关于情报学学科体系的相关研究，思考在情报学现有研究成果的基础上如何重塑情报学学科体系，有助于学界加深对情报学知识体系的理解，推动军民情报学的融合。

第7章为"总体国家安全观"思想对情报学学科建设的影响。主要综述国家安全主题的情报学研究现状，分析国家安全形势对情报学发展的影响，讨论现阶段与国家安全相关的、亟须研究的关键性情报问题，包括面向国家安全的情报体系建设、情报需求识别、情报收集方法、情报融合方法、情报分析方法等多个方面。

第8章为国家智库战略对情报学学科建设的影响。从智库战略背景下情报学的机遇与挑战出发，引入范式理论分析情报学界投身智库研究之前需要思考的问题，并对情报学界开展智库研究的理论价值和实践价值，以及智库战略背景下的情报体系和情报流程进行探讨。

第9章为大数据环境对情报学学科建设的影响。主要讨论大数据范式对情报学的影响、大数据背景下情报学研究需要思考的问题和大数据背景下情报学研究的重点问题。

第10章为科技进步与社会发展对情报学学科建设的影响。主要探讨情报学研究面向科技进步与社会发展应该关注的问题。

第11章为国际竞争环境对情报学学科建设的影响。在分析国际大环境的基础上讨论情报学发展的契机与挑战，论述国际新形势下情报学研究方向的战略调整及情报学研究的重点领域。

本书的第1章至第7章主要由杨建林撰写（其中第1章第4节由唐明伟撰写、杨建林修改，第 7 章第 4 节由吕宏玉撰写、杨建林修改），第 8 章由李品撰写，第 9 章和第 10 章由钱玲飞撰写，第 11 章由陈芬、高小欢、王诗琴、陶子钧、王新岩撰写。杨建林教授对全书进行了认真的修改、校对，并最终定稿。

在本书的撰写过程中，参阅了很多前人的研究成果，在此表示衷心的感谢，也深深感谢那些帮助和支持我们的个人和单位。

2019 年 12 月 8 日

目 录

第1章 绪 论 ······ 1
1.1 情报及情报活动 ······ 1
1.2 情报工作 ······ 2
1.3 情报学学科 ······ 16
1.4 情报学应用的领域与范围 ······ 22
1.5 本章小结 ······ 32

第2章 情报学学科建设及面临的主要问题 ······ 34
2.1 情报学学科建设面临的主要问题 ······ 34
2.2 情报学学科定位与争议 ······ 41
2.3 情报学学科知识体系建设 ······ 46
2.4 情报学学科功能单位建设 ······ 54
2.5 本章小结 ······ 67

第3章 关于情报学的哲学思考 ······ 68
3.1 哲学基础对情报学发展的作用 ······ 68
3.2 国内情报学哲学基础研究概述 ······ 69
3.3 情报学基本概念及其关系 ······ 74
3.4 情报流程及情报流程中的信息交互 ······ 83
3.5 情报学特有的研究领域与研究问题 ······ 87

3.6 本章小结 ··· 89

第4章 情报学基本原理阐释 ··· 91

4.1 现有基本原理对情报学发展的作用 ································· 91
4.2 基本原理的来源与类型 ·· 92
4.3 现有情报学知识体系对情报学基本原理的解释 ················· 95
4.4 "对数透视原理"对情报学研究的影响 ···························· 105
4.5 "幂函数透视定律":对"对数透视定律"的修订 ············· 110
4.6 幂函数透视定律与情报学基本定律的统一 ······················ 114
4.7 提炼情报学基本原理的思想源泉 ·································· 117
4.8 本章小结 ··· 120

第5章 关于重构情报学基础理论体系的思考 ····················· 121

5.1 情报学基础理论体系建设的现状 ·································· 121
5.2 情报学理论流派分析 ··· 122
5.3 情报学领域的范式研究 ·· 124
5.4 情报学研究领域之间的关系:基于逻辑起点的分析 ·········· 131
5.5 情报学理论体系的整合方案:基于学科范式的思路 ·········· 133
5.6 本章小结 ··· 139

第6章 情报学学科体系阐述 ··· 140

6.1 情报学学科体系相关观点 ··· 140
6.2 情报学学科体系基本框架 ··· 144
6.3 本章小结 ··· 155

第7章 "总体国家安全观"思想对情报学学科建设的影响 ···· 157

7.1 国家安全形势对情报学发展的影响 ······························· 157
7.2 国家安全情报体系的建设 ··· 161
7.3 国家安全情报需求识别的方法 ····································· 170
7.4 国家安全情报收集的方法 ··· 180

7.5 国家安全情报融合的方法 ………………………………… 187
7.6 国家安全情报分析的方法 ………………………………… 191
7.7 本章小结 …………………………………………………… 195

第8章 国家智库战略对情报学学科建设的影响 …………… 196

8.1 智库战略背景下情报学的机遇与挑战 …………………… 196
8.2 情报学界投身智库研究之前需要思考的问题 …………… 205
8.3 情报学界开展智库研究的理论价值 ……………………… 208
8.4 情报学界开展智库研究的实践价值 ……………………… 209
8.5 智库战略背景下情报学研究的重点问题 ………………… 214
8.6 本章小结 …………………………………………………… 218

第9章 大数据环境对情报学学科建设的影响 ……………… 219

9.1 大数据范式对情报学的影响 ……………………………… 219
9.2 大数据背景下情报学研究需要思考的问题 ……………… 224
9.3 大数据背景下情报学研究的重点问题 …………………… 231
9.4 本章小结 …………………………………………………… 238

第10章 科技进步与社会发展对情报学学科建设的影响 …… 239

10.1 科技进步推动的情报技术研究 …………………………… 239
10.2 推动社会发展的情报支持研究 …………………………… 251
10.3 本章小结 …………………………………………………… 258

第11章 国际竞争环境对情报学学科建设的影响 …………… 260

11.1 国际竞争环境与情报学发展情势 ………………………… 260
11.2 国际竞争环境对情报学研究方向战略调整的要求 ……… 274
11.3 国际竞争环境下情报学的重点研究领域 ………………… 280
11.4 本章小结 …………………………………………………… 291

参考文献 …………………………………………………………… 293

索　引 ……………………………………………………………… 310

第 1 章 绪 论

情报学是研究人类社会情报活动的一门学科[①]。历经多年发展,我国情报学学科建设取得了丰硕的成果,但是与最初设定的宏大目标相比仍然存在较大差距。面对日益复杂的国家安全与发展形势,国家对情报工作日益重视,颁布了《中华人民共和国国家情报法》等情报保障措施,同时对情报学的理论研究提出了新的需求。因此,重新定位情报学的学科建设与学科发展成为当前我国情报学界的一项迫切任务。本章主要介绍情报学的学科概况,有助于读者掌握情报学的学科概貌,为后续探讨如何开展情报学学科建设、推动情报学学科发展奠定基础。

1.1 情报及情报活动

1.1.1 情报

情报是一种普遍存在的社会现象,情报活动则是人类与生俱来的一种行为,并随着人类社会的发展而发展。然而,究竟如何认识和解释情报现象,并给以科学的定义,则众说纷纭。人们对情报的理解大体可以分为 3 个层次。①传统的情报认知:已获得的与己方具有竞争关系或对抗关系的一方的军事、政治、经济、科学技术、地理等方面的情况被认为是情报;②扩展的情报认知:具有一定保密等级、关于某种情况的消息和报告被认为是情报;③泛化的情报认知:在一定领域内有价值的信息被认为是情报,如作为科学交流和传递对象的知识。

[①] 马费成. 我国图书情报教育的回顾与前瞻 [J]. 图书与情报, 1993 (4): 39-42.

1.1.2 情报活动

人类传递、接收与利用情报的活动被称为情报活动。人类社会早期的情报及情报活动比较原始,情报主要是指与人类生存相关的吃、住、安全等方面的基本情况和消息,情报活动主要交流攸关人类生存的基本情况和消息。随着社会的进步和社会实践活动的不断深入,人们的需求日益增多,情报内容变得越来越丰富,情报范围变得越来越广泛,交流方式变得越来越多样,情报作用变得越来越突出。在社会生活中,人们经常基于某种需要,自觉或不自觉地传递情报、接收情报与利用情报。农业、手工业和工业的发展,促进了科学技术情报的产生和发展;战争、贸易的出现,促进了军事情报和经济情报的诞生与发展。文字、造纸术、印刷术的发明使情报交流方式从单纯的口头传递进入利用文字进行传递的新阶段;现代计算机网络及相关应用的诞生,使人类的情报交流得以摆脱时间和空间的限制。不同的情报活动,尽管目标、任务可能不同,但是其过程存在共性。

情报活动的发展又进一步促进了人类社会的发展。实践表明,对比情报现象与其他社会现象,情报流程与其他社会活动过程已经密不可分。情报已经成为人类管理和各项决策活动不可缺少的一种重要因素。各种新技术在情报工作中的广泛应用,进一步突出了情报对社会发展的重要作用。

1.2 情报工作

情报工作是对情报信息进行收集、整理、选择,准确及时地报道、传递给用户的活动。情报工作早已有之,它经历了漫长的发展历程,并随着人类社会的发展不断变革,至今已发展成为一种复杂的活动。情报工作最早起源于军事活动,后分化出军事情报工作、科技情报工作等类型。情报工作的服务对象一般是组织或机构。在图书与信息科学领域,为普通用户提供科研资料信息的工作也被看成情报工作,被纳入科技情报范畴。在"大情报观"下,科技情报工作(包含社会科学情报工作等)是一种在国家层面为科技发展、国家发展、经济建设等服务的工作。

1.2.1 军事情报工作的产生与发展

"知彼知己,百战不殆。"(《孙子兵法·谋攻篇》)早在两千多年前的春秋时期,先辈们就著述指出情报工作的重要性。

早期的情报工作大都属于军事情报工作范畴,主要情报活动是间谍活动和侦察活动。在情报工作发展的萌芽期,情报活动多数属于自发性质,情报活动具有隐蔽性、保密性和危险性,但是缺乏专业性、连续性和管理性。随着情报活动的自发性发展,人们在社会实践活动中逐渐认识到,需要将某些与自己密切相关的事情隐蔽起来以维护自身安全和扩大自身利益。在这种意识的支配下,情报活动从自发向自觉,专门性的情报机构逐渐出现,情报工作慢慢地具有了专业性、连续性和管理性。人们开始自觉地对自己的信息进行保密,并刺探别人的保密信息,使自己在竞争或战争中处于有利的态势。在先秦时期,中国已经出现了专职情报人员,并且建立有结构严密、分工明确的情报组织。

政治制度的变革、战争的需要推动着情报工作的发展,促进情报体制的形成。第二次世界大战的爆发,使得预警在情报工作中的重要作用得到重视,各国纷纷建立自己的情报体制,以提高自身的情报分析能力。日本在第二次世界大战期间建立了军事情报机构、政府情报机构、民间情报机构,其中军事情报机构占有主要地位。1941年9月,中国共产党成立中央情报部,作为中共中央和中央军委统一的军政战略情报机关。1945年,法国成立国外情报暨反间谍局。1946年,英国成立联合情报局,而后改成国防情报局。1947年,美国成立中央情报局。1954年,苏联成立克格勃。1961年,美国成立国防情报局。

现代情报机构大多依情报搜集手段而设立,从而形成了所谓的"烟囱式"情报体制①。"烟囱式"情报体制确保了情报机构的效率,但也分割了情报机构之间的联系,使得情报界不同体系内的情报机构不能凝聚整体合力,无法整合情报资源,阻碍共享情报信息,难以取得情报共识。这样的体制不能适应急剧变化的国家安全形势对情报的需求。到了21世纪,各国情报体制不断变革,从"烟囱式"情报体制向协调化发展,建立网络化的协调情报体制。这是历史发展的必然趋势。在这种一体化的情报体制下,情报界不再强调机构、职能和手段的划分,情报的搜集、分析和管理、使用都将围绕情报任务展开分工协作,信息将能在整个情报界自由流动,真正的全源分析得以实现,情报失误的频率得以降低。

---

① 高金虎. 试论国家情报体制的管理:基于美国情报界的考察[J]. 情报杂志,2014,33(2):1-5.

在信息时代，传统的谍报方式依然有用武之地，而基于互联网的信息社会又为敌对情报机构的窃密、渗透提供了便利，使得网络环境下的反情报工作成为新时代情报工作的重要内容之一。敌对情报机构利用互联网开展谍报活动，网络协议的开放性为非法入侵者提供了机会，网络环境下的信息安全成为各国情报与安全机构亟待解决的难题。为了挫败敌对情报机构的入侵，维护国家安全，情报机构必须发展强大的反情报能力。同时，反情报工作必须具有战略思维，必须进行总体规划，必须熟悉对方情报工作的模式、特点与方法，必须研究对方的意图和目标，在对方行动之前主动采取反渗透措施。2005 年，美国政府将反情报搜集及行动作为促进国家安全目标的工具。2008 年，美国《国家反情报战略》首次将"针对敌对情报活动采取进攻性行动"增列为反情报能力的内容[①]。

在军事对抗中，情报实力是一种重要的软实力。在冷兵器战争时代和机械化战争时代，情报在整个战争中主要发挥支援作用，交战双方的政治实力、经济实力和军事实力，尤其是军事实力，起着决定性的作用。但是，随着科学技术的发展和情报工作的进步，情报工作在战争中的重要性越发显现，谋求信息优势成为各国军事情报工作的主要目标。首先是情报搜集技术的进步。从 20 世纪 70 年代开始，传感器、卫星导航、无人机、网络传播为战略家和军事指挥官们提供了一种前所未有的战场视野；从 21 世纪开始，网络信息技术迅速成为影响情报搜集能力的主要技术。在新技术、新装备的支持下，战场的透明度不断提高，军事情报逐渐成为体系对抗的核心资源和主导因素，在实施判断敌方作战体系的重心和薄弱环节、剥夺敌方信息优势、降低敌方作战效能等任务的过程中，情报发挥着重要作用。其次是情报分析技术的全面革新。搜集技术的发展和搜集能力的提升，带来的是海量信息。为了避免信息处理成为制约情报工作的瓶颈，人们开始创新情报分析模式，以适应信息海量化、威胁多样性的新形势。

科学技术的发展和全球化使得军事情报工作发生了翻天覆地的变化：情报范畴从纯军事领域渗透到国家安全的各个角落；情报体制从松散走向了协调；情报搜集从单一的人力搜集发展到全方位立体搜集；情报分析从简单的整理提升到评估预测；情报服务从信息服务层次提升到知识服务层次，甚至智慧服务层次。情报工作以加速度向前发展，呈现越来越新的面貌。

---

① 杨赛赛. "9·11"事件后美国反情报体系建设及对中国的启示研究[D]. 北京：中国人民公安大学，2017.

1.2.2 科技情报工作的产生与发展

科技情报工作是指根据科学研究、产品生产的需要，通过对科技情报的搜集、加工处理及序化处理，并以便于利用的形式及时将有关科学文献中所包含的情报提供给科研、生产人员的工作。尽管科技情报本身并不直接创造知识，但是它所提供的科技情报能够为科研工作的继承和借鉴创造条件，因而是科研、生产工作的重要组成部分。

科技情报工作的范围十分广泛，最为广义的理解将积累、传播知识看成科技情报工作。这种情报工作从早期的文摘工作逐渐演化为现代的科技情报工作（包括社会科学情报工作）。科技情报工作的发展大体可分为4个阶段，即文摘思想的萌芽、专门文摘的出现、科技情报工作的组织化、科技情报工作的国家化。

（1）文摘思想的萌芽

在19世纪末以前，科学研究主要以个体自由研究为主，人们将通过科学研究活动所获得的经验与知识加以记载和传播。为进一步促进经验与知识的传播，产生了一种文献情报工作形式，即文摘。东周时期的孔子就将这种形式用于整理编撰《诗》《书》《礼》《易》《乐》《春秋》"六经"，西汉时期的著名学者刘向对文摘工作进行总结，形成关于文献分类编目、提要撰写的论述，奠定了中国图书馆学、目录学的发展基础。随着科学文化的发展，各国开始出现图书馆这种专门积累和传播文献的机构，图书馆工作成为一种职业，科学家之间的交流得到增强，一些学术团体开始出现，进而科学期刊开始出现。

（2）专门文摘的出现

17世纪末和18世纪初，欧美各国先后向资本主义工业化方向发展，科学技术得到快速发展。为适应科学技术发展的需要，欧美各国纷纷组建全国性的学术团体，出版学术期刊。大量科技图书、期刊的出版，使得科学人员开始感到收集与阅览新出文献的困难。为了帮助科研从业人员及时掌握最新的科学技术成就和发展动向，人们开始创立专门的情报刊物，如1821年在瑞典出版的《物理科学进展年报》，1830年在德国创刊的专门文摘杂志《药学总览》[①] 等。这是科技情报工作的萌芽阶段，当时人们从事科学研究活动时所进行的新出文献收集工作主要还是依赖自身完成。

（3）科技情报工作的组织化

19世纪末至20世纪初，人们开始主动、有组织地进行科技情报活动。这是情报工

---

① 严怡民. 情报学概论 [M]. 武汉：武汉大学出版社，1983：17.

作的形成阶段，其方式主要是出版科技文摘杂志，文献情报工作开始成为一种新职业。实践证明：通过对含有所需情报的大量科学技术文献资料进行有组织的收集、加工整理、分析研究和传播，可以有效、系统地帮助科研人员吸收已有的知识。在这个阶段，查阅大量文献资料依然需要花费科研从业人员的大量精力。20世纪60年代以来，现代信息技术在科技情报工作中逐步得到广泛应用，大大提高了科技情报工作的服务效能，科技情报服务变得更加多样化、专业化、高效化。

（4）科技情报工作的国家化

20世纪40年代以后，科技情报工作上升为一项国家事业，科技情报工作得到真正的发展。为了确保文献资料原有的情报价值，情报工作开始受到重视，各种类型的情报服务机构纷纷成立，许多国家逐步建立起自己的国家情报中心和国家情报系统。

中国于1956年成立中国科学院科学情报研究所（1958年改名为中国科学技术情报研究所，现改名为中国科学技术信息研究所），同时，省级、市级情报机构也纷纷成立。在中国第一次科技情报会议上，科技情报工作被定位为"耳目、尖兵、参谋"。1978—1985年，中国开始规划建设情报图书资料的现代化检索系统和数据中心，同时提出培养和选拔情报人才的具体措施。20世纪90年代之后，中国开始建设数字化的科技文献服务网站和信息库，便于科研资料的共享。2003—2004年，中国各地开始以科技平台的方式开启科技文献资源建设。经过60年的发展，中国情报体系已经形成由3个层次的情报中心构成的网状结构，即国家综合性科技情报中心+地区情报中心+行业系统情报中心。

1.2.3 其他类型的情报工作

随着人类社会的发展和国际形势的变化，科技情报工作的主战场已不仅仅局限于科技情报领域，而是转移到与科技息息相关的政治、经济、文化等各个领域，产生了外交情报工作、经济情报工作、医学情报工作、竞争情报工作、社科情报工作、舆论情报工作等新的情报工作类型；军事情报工作的主战场也已不仅仅局限于军事情报领域，而是转移到与国家安全息息相关的各个领域。在信息技术快速发展的当代，国家安全的发展变化速度进一步加快，其内容和形式越来越丰富，问题越来越复杂。国家安全的基本内容大致有11个方面或11个要素，军事情报工作逐渐演化出国民安全情报工作、经济安全情报工作、国土安全情报工作、政治安全情报工作、军事安全情报工作、科技安全情报工作、生态安全情报工作、主权安全情报工作、信息安全情报工作、文化安全情报工作、核安全情报工作等新的情报工作类型。面向国家安全的情报工作也包括对应的反情报工作，如军事反情报工作、边防反情报工作等。

社科情报工作是对纷繁复杂的社会科学研究成果和观点进行搜集、加工、分析及传播的工作①，其收集的社科情报反映的是整个社会生活的各种发展趋势、社会思潮、政治现象，具有明显的政治倾向性和意识形态色彩②。社科情报工作与科技情报工作在目的、作用、工作方式等方面存在共性，但是在组织管理方式等方面存在差异。在社会需求推动下，社科情报工作逐步发展成为与科技情报工作不同的工作领域，具有其特有的工作方式与机制。社科情报工作、人文社会科学研究、社会发展三者关系密切：社科情报工作与人文社会科学研究在社会发展进程中得到繁荣和发展；社科情报工作为人文社会科学研究提供可以借鉴和传承的最新科学研究成果，以及与科研内容相关的政治、经济、文化、市场、金融等方面的情报；人文社会科学研究为社会发展提供坚实的理论支持。舆论情报工作可归于社科情报工作。竞争情报工作与社科情报工作存在一些重合，但是具有明显的区分。竞争情报工作主要是针对竞争对手开展的一系列情报工作。

1.2.4 情报工作的发展趋势

随着国际环境的不断变化，情报工作不断面临新的挑战。

第一，情报工作环境持续发生变化。随着信息社会、虚拟世界及大数据的发展，情报工作环境发生着日新月异的变化，情报工作面临艰巨的挑战。但是，这种变化也为情报工作带来了更加丰富的情报源及更加强大的数据处理方法和工具，情报人员需要主动适应技术变革所带来的情报工作环境的变化。另外，国家之间合作与竞争的关系并存，合作不断加强，竞争日趋激烈，部分国家或地区出现的危机经常超出国界，波及全世界。为了适应这种环境变化，各国情报机构不断调整情报职能，情报工作不仅服务于军事斗争，更加侧重服务于政治斗争、外交决策的制定。

第二，情报需求侧发生变化。在目标用户群体、情报产品时效、情报对象、目标导向、情报内容等方面都发生了变化。例如，科技情报工作从为科研人员和生产人员提供情报资料转变为围绕创新链、产业链、人才链和资金链，提供全方位的情报服务；情报工作更多地关注重大发展方向、发展趋势及关键组织；在全球化竞争日益加剧的背景下，中国政府先后推出大数据发展战略、国家创新驱动发展战略、国家情报智库发展战

---

① 李效筠. 社会科学情报工作与图书馆工作的联系与区别 [J]. 图书馆学刊，2012, 34 (7)：9-13.
② 赵素卿. 社会科学情报及其特点 [J]. 中共山西省委党校学报，1993 (3)：58-60.

略、总体国家安全战略等重大发展战略,表明中国政府更加重视战略层次的情报工作,需要得到关于国家科技、经济、社会发展及国家安全等方面的动态监测、态势分析、前瞻预测的结果。《中华人民共和国国家情报法》明确,国家情报工作的目的是维护国家安全和利益,坚持总体国家安全观,为国家重大决策提供情报参考,为防范和化解危害国家安全的风险提供情报支持,维护国家政权、主权、统一、独立和领土完整、人民福祉、经济社会可持续发展和国家其他重大利益①。

第三,情报供给侧发生变化。经典的情报工作模式正在受到数据、技术等多方面的挑战。在科技支撑方面,发生了以科技为中心向以创新为中心的转变;在科技情报专业工作方面,发生了从科技文献到科学数据、从题录数据到全文数据、从科学技术到社会经济、从文献服务到知识服务、从知识组织到基于证据进行决策的转变;情报工作更加重视隐性知识的显性化、非结构化知识的结构化、知识的利用与共享,以提高社会生产力与创新力的发展;情报工作不断注重信息的"先导"与"引领",突出"耳目、尖兵、参谋"的预测作用②。

第四,情报源与情报搜集手段发生变化。互联网技术的发生使得许多信息成为开源信息,情报搜集方式可采用群众运动、众包,情报搜集工具可使用百度、Google、Twitter等搜索引擎或社交网络平台。情报来源经过人际情报、信号情报、图像情报、网络情报/开源情报等阶段进入平行情报阶段,情报来源于物理空间、社会空间与信息空间,进一步增加了情报工作与情报系统的复杂性。

第五,科技情报工作与军事情报工作趋于融合。随着国家情报体制的日益完善和国家情报战略政策的推进,经过一系列的改革与发展,美国、中国等国家的情报工作呈现军民一体化、全局化的趋势。情报学作为一门交叉学科,不仅学科内要融合(科技情报、经济情报、军事情报、安全情报等),形成"大情报观"下的情报学,还要吸收计算机技术、社会学、管理学等学科所长,使年轻的情报学借助其他学科的东风,迅速成长。

第六,新兴科学技术对情报工作的引领作用。情报工作技术手段的发展一直受益于科学技术的发展。例如,各类信息检索系统的诞生与发展丰富了情报采集的途径,提升了情报获取的效率;自动标引、自动分类、自动摘要等智能信息处理技术的应用提升了

---

① 中华人民共和国国家情报法 [N]. 人民日报, 2017-07-14 (012).
② 魏明坤. 基于文献计量的情报工作发展演变分析 [J]. 情报资料工作, 2019, 40 (1): 6-14.

以内容分析为手段的情报处理效率；各类数据库技术的出现为情报资源的组织与存储提供了有效的工具；知识图谱等可视化技术的应用使得情报展示的效果更加直观；数据挖掘技术的应用进一步提升了情报分析的深度与准度。简言之，科学技术的进步不断地提升情报工作各个环节的水平，推动情报工作的技术手段发生革命性的变化。当今世界，人工智能技术快速发展，其重要性已经上升至国家战略层面，情报学界应当如何把握这一机遇推动情报学的学科建设及情报工作的变革。这就需要思考如何将人工智能引入情报工作，让机器部分代替人工从事情报工作。例如，开发并应用各类智能型的情报系统，减少参与情报工作的人力；开发并应用基于人工智能技术与语义技术的智能型情报检索系统，实现对隐性情报的检索。总之，情报学界未来必须要重视把握与应用先进技术成果，在技术应用的过程中提升情报工作能力[1]。

1.2.5 情报工作的任务与内容

综观情报工作的发展历史可以发现，情报工作的主要任务经历了一个从军事和外交领域的竞争性情报到对内进行政治控制的内政性情报的转变。情报工作的主要任务究竟是什么？《中国情报学百科全书》的阐释是：对信息进行针对性的获取和选择，进行深度的提炼加工和分析研究，使之有序化、浓缩化、增值化，成为各项决策的依据[2]。当今社会，情报工作的任务是多方面的，包括建立健全的情报体制，培养情报方面的专门人才，全面、及时地搜集、研究和报道国内外科学技术发展情况和新的成就，产出具有决策支持功能的竞争性或对抗性信息、知识或智慧，为维护国家的安全和发展提供必要的情报保障等。

情报工作源于战争，其维护国家安全的作用一直备受各国重视，情报工作一直是英国、法国、美国、德国、日本和以色列等国家维护自身生存与发展的盾牌和推进器。美国情报服务工作的主要内容包括负责国家情报评估，处理与国家法律、反恐等有关内容，收集秘密情报和公开情报等。英国情报服务工作的主要内容包括负责保证国家信息系统和基本设施安全，对直接或间接影响英国政治、军事和经济利益的行为提供预警，对与国家外交、国防、反恐、重大国际犯罪、科技和经济活动相关的事件和形势进行评

---

[1] 苏新宁. 不忘初心、牢记使命 展望情报学与情报工作的未来［J］. 科技情报研究，2019(1)：1-12.
[2] 《中国情报学百科全书》编辑委员会. 中国情报学百科全书［M］. 北京：中国大百科全书出版社，2010：175.

估。加拿大情报服务工作的主要内容包括就威胁加拿大安全的行为、法律及与人权相关的事项做出调查和报告，其独特价值在于担当了加拿大政府在国家安全事务上的决策顾问。澳大利亚情报服务工作的主要内容包括安全环境监测、威胁评估、安全评估和安全保护。

以文献为主要传递媒介的情报活动是早期科技情报工作的主要内容。具体工作可细分为以下几个环节：情报搜集，包括组织直接的交流活动，如学术会议、展览、参观、访问，搜集公开发表的科技文献；情报加工整理，即编目、分类和保管及编制检索工具等；情报分析研究；情报传播、报道；情报服务；情报事业的组织与管理；等等。各个环节彼此有机地联系在一起，共同组成统一的情报工作基本流程。科学文献资料是开展科技情报工作的物质基础，是科技情报的主要来源；情报搜集是情报工作的基础工作。为了做好情报搜集工作，必须根据情报机构的性质、任务和服务对象，有针对性地确定搜集范围和重点，必须了解情报来源及其变化规律，尽量选择情报密度大、情报内容丰富的文献资料，要注意保持情报资料的系统性与完整性。情报加工整理包括两个方面的内容：一是对情报资料本身的科学管理，如摘录、分类和保管等；二是编制检索工具，包括对情报资料的选择鉴定、主题分析、文摘和索引的编辑出版等。加工整理的目的是方便对情报资料的利用，发挥情报资料的重要作用。情报的分析研究是情报工作的重要内容之一，主要是指围绕具体的情报需求所进行的情报调查研究，在充分掌握情报资料的基础上进行归纳整理和综合分析，不仅需要介绍某些必要的情况、数据，而且需要经过分析对比，进行评价，并对未来进行预测，提出建议。情报服务工作是指传递或发布获得的情报给情报用户，其效率由情报服务体系的功能结构所决定。情报服务体系是由服务主体、服务客体、服务功能、情报流程、服务内容、服务模式等不可或缺的要素构成，各类要素之间存在着相互作用。及时优化情报服务体系的功能结构是提升情报服务水平的有效途径。情报服务部门要积极引进各类科技、经济、新闻等数据库，提供查新服务或自助式情报检索服务。情报机构的组织管理工作是搞好组织领导，保证情报工作的各个环节密切配合，协调一致，提高情报工作服务效率，使整个情报系统处于最佳运行状态，为情报用户提供最优化的情报服务。

1.2.6 情报工作的特点与功能

情报工作是一种复杂性的活动，具有决策性、引领性、科学性、政策性、服务性等特点，在国家安全、社会发展、科技进步等方面发挥着重要的支撑作用。了解情报工作的特点与功能对情报工作的实施及情报研究的开展具有一定的指导意义。

（1）决策性

情报工作产生于决策的需要，从情报工作产生之日起就服务于决策。服务于重大决策是情报工作的"第一项贡献"[①]。决策离不开情报，情报能够排除决策的不确定性，为政府部门提供决策咨询服务已成为科技情报机构的核心功能和业务。情报的本质属性是决策性[②]，支持决策是情报服务的核心功能，拥有准确、及时和充分的情报是成功或取胜的关键。美国情报界将建立决策优势作为未来情报界的主要任务。预测是决策科学化的依据，为决策科学化服务的情报工作要求情报人员提供的情报要具有预测性与连续性，即持续进行情报的搜集、加工整理与分析，得到能够反映发展动向的情报。连续的情报收集有助于拼凑出完整的动态变化及推测未来可能的变化。

（2）引领性

目前，我国科技创新能力显著提升，科技创新水平正加速迈向世界前列，在若干重要领域开始成为全球创新引领者。例如，蛟龙、天眼、悟空、慧眼、大飞机等一大批代表性重大科技创新成果相继涌现，深地探测、干细胞、基因编辑领域取得重要原创性突破。在科学研究体系中，基础研究是根基，决定着技术创新、技术推广及技术产业化。我国将着眼未来长远发展，加强基础研究顶层设计，壮大基础研究人才队伍，强化前瞻性基础研究部署；同时，将着眼战略高技术的选择和研发，探索科技创新的新动能，提升科技创新的培育速度。在这个过程中，情报工作者不仅要担当"耳目、尖兵、参谋"的角色，而且要担当引领科学技术发展、引领国家战略规划与实施的角色。"引领型"情报工作不同于"跟跑型"情报工作，它强调情报的先导性、引领性作用，强调情报工作的前瞻性、战略预见性，服务于战略规划布局、开拓创新、风险预测与应对，需要在分析当前局势的基础上预测下一步发展走向，为决策者或决策层选择正确发展方向、抢占发展先机做好情报支撑[③]。与此同时，作为新兴大国，中国的发展推动着国际秩序的进步与发展，其国际秩序观及其各种博弈选择体现着国家的战略智慧，而这个战略智慧的前提和基础也是"引领型"情报工作。战略层面的情报引领能力建设将是未来情报建

---

① 梁战平．情报学和情报工作的历史性贡献［J］．情报理论与实践，2004，27（4）：341-342．
② 徐峰，张旭．面向决策的情报研究与服务探析［J］．情报学报，2012，31（11）：1124-1130．
③ 张婧，吴晨生，李辉，等．新时代我国情报工作面临的机遇与挑战［J/OL］．情报杂志：1-5 ［2019-09-12］．http：//kns.cnki.net/kcms/detail/61.1167.G3.20190911.1054.005.html．

设的重点。

(3) 科学性

情报工作的科学性表现在许多方面，主要体现为对情报工作"广、快、精、准"的质量要求。广，是指通过各种方式、各种渠道，有目的、有计划地搜集各种具有情报价值的资料，为情报利用提供尽可能多的资源；快，是指情报人员必须有很强的时间观念，提供情报要快捷与及时，内容要新颖，这是由情报的时效性所决定的；精，是指情报工作的针对性，所提供的情报应该是经过选择与分析，并与用户实际需求切合紧密的情报；准，是指情报人员提供的情报要有充分的根据，应该尽可能地避免提供错误信息。

(4) 政策性

情报工作具有很强的政策性，必须紧密围绕国家安全与发展的需要来开展。不同层级、不同体系内的情报服务机构在情报工作的内容与任务方面存在差异，需要围绕对口服务对象的需要来开展。为此，就要深入研究、掌握国家和各级主管部门在不同时期所制定的有关国家安全与发展的方针、政策，并以此作为开展情报工作的依据。例如：1982年，中共中央提出科技工作必须面向经济建设，经济建设必须依靠科学技术的总方针；1984年，全国科技情报工作会议提出科技情报工作要延伸服务领域、扩大服务范围的方针；1992年9月，全国科技情报工作会议提出科技信息发展的总体目标，即建立与社会主义市场经济相适应的，功能社会化、结构网络化、信息生产产业化、手段现代化，面向经济、面向市场、面向社会、面向科技高峰的社会公益型和科技服务型并举的科技信息事业和信息产业[①]。又如，2017年6月27日，我国颁布《中华人民共和国国家情报法》，要求国家情报工作坚持总体国家安全观，为国家重大决策提供情报参考，推动国家情报服务工作能够更好地与国家安全与发展方面的情报需求相匹配，在战略层面履行"耳目、尖兵、参谋"之使命。

(5) 服务性

情报工作的根本任务是充分满足情报用户对情报的需要，保障国家的安全与发展，促进国家的稳定与繁荣，不是直接去进行科学研究或生产活动，也不是直接负责安全保卫活动，而是为这些活动提供情报服务，即为这些活动提供具有保障性的情报支持。因此，情报工作具有很强的服务性。

---

① 严怡民.情报学研究导论[M].北京：科学技术文献出版社，1992：49.

1.2.7 情报工作的作用

在现代社会，情报工作是生产力的重要组成部分。从国家层面来看，高效的情报工作不仅能够有效地促进经济和社会的快速发展，也是维持政治、军事、安全和外交等各项活动良序运行的重要保障。概括地说，情报工作的重要作用主要体现在以下5个方面。

（1）为科学研究服务，促进科技创新

人类社会的快速发展依赖于科学研究与技术创新的进步。人们通过科学研究认识世界、探索客观事物发展规律，通过技术创新为改造世界提供更有效的方法和手段。科学研究活动与技术创新活动都具有很强的连续性，不论是个体研究还是集体研究。人们在发展科学技术的过程中，都需要借鉴和继承已有的研究成果，进而产生创新性成果。有效的科技情报工作可以解决借鉴什么、继承什么，以及如何借鉴、继承的问题，从而能够提高科学技术发展的速度与效率。虽然科技情报工作不是直接从事创造发明，但是它可以使人类先前创造的知识发挥更大的效用；虽然科技情报工作不能直接生产物资，但是它能够产出与物资和能源同等重要的情报。因此，科技情报工作是了解科技发展动向、发展先进科技的尖兵，在现代社会，人们将情报看成一种重要的资源。情报价值的实现源于对情报资源的开发与利用。许多国家都在实践过程中认识到开发、利用情报资源的重要性，因而十分重视对情报资源的开发、利用，情报服务事业在世界范围内快速发展。随着现代科学技术的迅速发展，在科学技术的许多领域，部分领先的国家水平不相上下，彼此竞争十分激烈。在这种情况下，科技情报往往起着决定性的作用，其对国家重大战略和决策的支撑作用将直接关系到国家未来在全球竞争中的地位。技术领先的国家都会密切关注技术的发展趋势，为了确保自身的技术处于领先地位，会及时对技术指标进行动态调整。科技情报人员需要提供技术发展预测，以满足国家技术安全方面的情报需求。各国也会加强获取其他国家的科技情报及管控本国的科技情报。例如，美国计划对投资、出口管制、留学生、科研人员等各个渠道进行监控，对中国技术获得的可能途径进行监管，防止重要科技情报的流失。

科技情报工作具有显著的经济效益。首先，科技情报工作可以将科研人员从繁重的文献工作中解放出来。当代社会，情报资源增长快、分布广，科研人员处于"信息海洋"之中，如果自助完成查阅科研工作所需的情报资料，查阅所需时间和吸收利用所需时间会在全部工作时间中占有较高的比重。完善、高效的科技情报工作可以为科研人员提供高质量的情报服务，将科研人员从繁重的信息检索与阅读的工作中解放出来，节省大量人力、时间和经费，缩短科研周期。其次，科技情报工作可以确保科研工作的创新性。在科研工作中，选题很重要。科技情报服务机构的科技查新服务可以帮助科研人员了解选题的创新性、可行性，让科研人员了解社会需求，现有选题是否顺应社会需要，预期的经济效益与社会效益如何，现有课题是否已被实施，进展如何，如何获得相关的科研成果。在科研活动中应尽量利用别人已经取得的成果，少做重复劳动，以提高科研质量、工作效率，节约科研成本。

（2）为生产建设服务，加快经济发展

通过科技情报工作，在汲取他人最新经验的基础上去进行制度创新、管理创新和科技创新，可以低成本、高效率、持续性地为经济的增长提供动力。科技情报服务机构应该围绕客户需求开展情报工作。在互联网应用高速发展的背景下，人们对于科技情报信息的需求日益多样化、综合化、高端化。企业、科研院所、政府决策机构、公众等实体对科技情报的需求具有不同特点，服务机构通过提供个性化、高端化的情报服务，可以显著提升自身的服务能力与水平。例如：在企业进行新产品的开发、新技术的应用时，及时为其提供创新情报，在企业开拓市场时，及时为其提供竞争情报，企业选择合作伙伴、合作方式、预期目标时，及时为其提供分析情报①；围绕经济发展中的热点问题，主动收集、整理情报资料，撰写相应的调研分析报告、专题综述、述评等情报产品，为政府决策提供科学依据；深度挖掘科技文献资料，为科研人员提供科研定题、项目立项、科技能力评估、项目监测、科技查新、情报检索等方面的情报服务；等等。另外，通过构建智能化信息共享平台，对大量分散的情报资料进行整合，对多源情报资料进行融合，对无序的情报资料进行序化处理，并以科技查新、文献检索、业务咨询、科技成果转化、信息发布等方式提供情报服务，可以有效地助推各类实体发展经济的能力和水平。

（3）为技术转移服务，做好中介角色

作为中介，科技情报工作能够推动技术转移工作的顺利进行②。情报服务机构提供的科技情报对技术转移工作起基础保障作用。关于国内外科技政策、动态和科技成果，以及产品研发设计、技术状态等方面的重要信息，能为技术供需双方筛选、辨别技术真伪、合理评估技术价值及预测技术前景提供客观、真实、可靠的证据。充分利用这些情

---

① 董雪洁. 科技情报工作在经济发展新常态下的作用［J］. 创新科技，2017（6）：73-74.
② 李兴忠. 科技情报工作在技术转移中的作用研究［J］. 内江科技，2013，20（9）：136-137.

报，能够及时了解和掌握最新技术动态和市场情况，有效降低转移风险和成本，提高技术转移成功率。科技检索查新为技术转移提供客观依据。科技评估是技术转移工作的重要环节，通过科技评估有利于提高科技决策的质量和水平。科技信息共享平台是技术转移工作的有效载体。

（4）为管理决策服务，提升决策水平

决策是指借助于情报，利用科学的方法针对重大问题进行多种方案的制定，并从中做出最终决定的过程。决策的制定与实施都与情报密切相关，情报的提供是决策方案制定的基础与前提，决策的实施要对反馈的情报加以利用，进行方案的调整与修正。情报资源越丰富、越准确，越能够加深决策内容的广度、深度及正确性。作为情报产品，大量反映国内外科技发展水平、动向的专题研究报告为领导决策、编制发展规划或计划提供科学依据。竞争情报工作搜集、分析、传播有关经营环境、竞争者和组织本身的情报，可以帮助管理者分析对手、供应商和环境，降低风险，帮助管理者预测商业关系的变化，把握市场机会，预测对手的战略，发现潜在的竞争对手，帮助管理者学习他人经验，洞悉对企业产生影响的技术动向。

（5）为国家安全服务，提供安全保障

国家安全是国家的最高利益，情报工作成为维护国家安全的重要组成部分，其重要性呈现不断上升的趋势，已经成为提高国家综合实力的一个重要因素。情报工作在整个国家安全体系中的作用大体可分为以下4个方面：第一，情报搜集作用。了解对手的情况与意图，使国家能够及早发现来自多个方面的多类安全威胁，提前做好预警及应对准备。第二，反间谍与反情报作用。有效打击对手的情报搜集能力，确保国家利益不受侵犯。第三，情报研究与分析作用。依靠情报界提供的战略、战术分析，帮助国家应对军事、政治、经济等方面的潜在威胁，为面向国家安全的决策提供依据。第四，为国家各部门在维护国家安全时充分发挥自身职能提供保障①。当前，反恐怖斗争形势严峻复杂，情报工作成为反恐怖工作的重中之重，除了依靠传统的情报工作外，还要加强涉恐情报归口管理，积极运用高新技术从海量的人流、物流、信息流、资金流中及时发现涉恐线索，以提升情报感知、情报研判、情报分析等方面的能力。国家安全情报已经成为国家战略的决策依据、维护与获取国家利益的工具、国家安全预警的信号。

---

① 情报与国家安全课题组．情报与国家安全［M］．北京：时事出版社，2002：1．

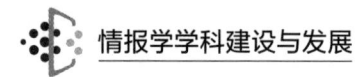

1.3 情报学学科

情报学学科是以情报与情报活动为研究对象所形成并逐步完善的知识体系。它起源于多个学科,是学科交叉的产物,并深受相关学科的影响。作为知识体系,情报学学科应对情报工作具有重要的指导作用。

1.3.1 情报学学科的起源

现代情报学研究起源于20世纪40年代,它与军事斗争、科技发展有着密切联系。随着情报学研究的逐步展开,各种基本概念、基础理论问题都先后不同程度地被触及,对情报学学科属性、研究内容及学科体系的描述也有了坚实的基础。1956年10月,中国科学技术情报研究所正式建立,标志着中国由科技情报工作催生情报学萌芽的土壤出现。"文化大革命"结束之后,中国第一个科技情报专业在武汉大学图书馆学系设立,中国科学技术情报研究所也开始招收情报学硕士研究生,标志着我国情报学学科发展的真正开始。1951年6月,中国组建解放军国际关系学院这一综合性的军事情报学院,标志着新中国开始重视培养专业化的军事情报人才,发展自身的军事情报理论,军事情报学逐渐成为中国情报研究的重要组成部分。1988年出版的许果复的《军事情报学》是中国军事情报学的奠基之作。

学科是关于某个特定研究对象的知识体系,一个学科诞生初期和发展过程中的学科源头对该学科的理论基础、发展走向和学科面貌产生明显的影响。作为一个专门研究情报与情报现象的知识体系,情报学的学科源头主要包括以下6个学科①,即文献学与图书馆学、信息科学、计算机科学、管理咨询学、军事情报学、科技情报学。

文献学与图书馆学是情报学早期发展最为重要的源头学科,是图书情报学诞生的母体。它不仅为图书情报学提供了重要的理论基础,而且为图书情报学研究提供了主力团队。早期的文献计量学,以及后续发展出来的信息计量学、科学计量学、网络计量学、补充计量学是图书情报学独有的、具有鲜明学科特色的理论,其中的布拉德福定律、洛特卡定律、齐夫定律、文献增长规律、文献老化规律是情报学基于统计方法得到的重要定律,在科技情报工作中有着广泛的应用。

---

① 杨志维. 情报学学科发展现状与问题浅议 [J]. 情报理论与实践,2016,39 (3):1-5.

信息科学是情报学早期发展的另一个重要源头。随着信息技术的发展，以信息的检索、存储、管理为研究对象的信息科学被人们视为情报学研究。1953 年，荷兰学者 Farradance 首次提出了"信息学家"（information scientist）这个名称。两年后，"信息科学"（information science）作为一个学科名称在他的倡导下首次被使用。1958 年，由美国科学院国家研究理事会、科学基金会和文献学会等牵头召开了"国际科学信息会议"，提出"信息科学"（information science）的基础概念，明确将满足科学家现实学术研究信息需求放在首位，从而使"情报"理论研究与应用从科技文献管理实践和图书馆学理论中分离出来，成为一门研究"如何进行科学交流及更好地利用科学文献"的学科，并迅速发展起来。与此同时，相应的学科协会、学会等研究机构在多国成立，以信息科学为核心的"情报学"逐渐兴起。

计算机科学对情报学的发展影响深刻。从时间维度来看，情报学的诞生、发展进程与以计算机科学为核心的现代信息技术的发展进程基本重合。情报学所处理的数据对象或信息对象形态更加多样化，规模增长加速化，处理手段越来越依赖于现代信息技术，信息技术已经成为情报学知识结构的重要组成部分，广泛应用于情报处理的各个环节。尽管计算机科学的快速发展为情报学的发展带来机遇，然而，二者在管理信息系统、信息检索、自然语言处理等诸多领域出现严重交叉，发源于图书馆信息科学领域的信息检索俨然已经成为计算机科学的自留地。在理论和应用成果丰富的计算机科学面前，情报学的学科地位遭受挑战和质疑。

管理咨询学是一门以管理咨询活动和管理咨询行业为研究对象的管理学分支，其主要任务是通过调查和分析提出针对特定问题的解决方案或决策建议。图书情报学与企业管理咨询的结合，产生了竞争情报、企业信息资源管理、知识管理等新领域；图书情报学与公共管理咨询的结合，产生了科技情报、信息经济学、信息法和信息政策等新领域。尽管将管理咨询学引入情报学拓宽了情报学的研究领域，但是也使得情报学的学科领域呈现发散化的发展趋势，至今没有形成具有统领性的学科理论基础。同时，引发情报学领域内关于研究对象到底是什么的困惑和争论，即情报学的研究对象究竟是"信息"（information）还是"情报"（intelligence）？在中国，由于学科名称采用"情报"一词（而非"信息"），上述困惑和争论更加严重。

军事情报学是情报学的重要分支之一，一直以来都是以相对独立的知识体系进行发展。情报工作源于战争。2500 年前，《孙子兵法》对情报工作进行了系统阐述。该书被称为世界上第一部微型情报学专著书，书中"知彼知己，百战不殆"的情报思想开启了中国情报学研究的先河，迄今仍被国内外情报界奉为经典。尽管在克劳塞维茨的《战争论》（1832）和若米尼的《兵法概论》（19世纪最著名、最畅销的军事学著作）中都有关于情报工作的探讨，但是对情报工作的系统性研究在第二次世界大战期间才开始，出版的军事情报学著作有郑介民的《军事情报学》（1943），乔治·S.佩蒂的《美国秘密情报工作的未来》（1946）。美国战略情报分析家谢尔曼·肯特于1949年出版的《战略情报：为美国世界政策服务》一书是军事情报研究领域的奠基之作。肯特认为，情报职业具备学科性质：具有被广泛认可的方法论、专业术语、理论、学说及复杂的情报工作技巧；情报事业拥有大量的从业人员。肯特指出，必要的情报文献储备是情报学作为一门学科发展起来的基础，为培育情报学科，他提议建立情报研究中心，创办相应的学术刊物。1955年9月，中央情报局的内部刊物《情报研究》创刊，此后，肯特在《情报研究》上就情报理论和情报工作建设发表了9篇文章和11篇书评，为情报理论和情报学科的发展奠定了极其重要的基础。

科技情报学是研究科技情报的记录、搜集、加工整理、传递、管理与利用的规律、原理和方法的科学。它起源于科技情报工作，主要发展时间是1965—1975年，专指用现代化手段处理大量资料和文献的一门既有理论又有技术的知识体系。"情报爆炸"及现代计算技术发展推动着科技情报学的产生与快速发展。人们编制各种分类法与主题表，出版各类文摘和综述，建立文献和翻译中心，开展形式多样的情报活动，在情报实践中不断产生与情报活动密切相关的理论、方法、技术等问题。为分析和解决这些问题，人们开始运用各种科学理论和科学方法开展研究，其结果产生了一门新的学科——科技情报学①。在20世纪80年代，国内情报学界所说的情报学一般就是指科技情报学。

综上所述，情报学学科的多学科起源一方面推动了情报学发展的繁荣；另一方面使得情报学后来的发展出现偏移和方向摇摆，导致了学科定位模糊的状况。中国情报学经过几十年的发展，无论是情报学的学科发展，还是情报工作，都取得了显著的成绩。但是，由于受到信息技术的冲击及信息概念的影响，情报学的学科定位与发展产生偏差，以文献、信息、知识管理的研究代替情报的研究模式几乎影响着整个中国情报界，造成情报色彩淡化，出现了情报学不研究情报与情报工作、情报科学等同于一般信息科学等种种不正常现象，情报工作更是把文献服务、信息服务作为主要工作，忽略了情报工作在国家创新与发展中的重要作用，从而大大削弱了情报工作本身的内涵。2007年，包昌

---

① 张永嘉. 科技情报学概论［M］. 北京：航空工业出版社，1989：19.

火指出,这种偏重文献及信息技术的情报学研究,使得目前的情报学成为"情报"缺失的情报学,情报学研究应该回归本原,以促进情报事业的蓬勃发展。

1.3.2 相关学科对情报学的影响

情报学是学科交叉的产物。正如前文所言,情报学学科源头包括文献学与图书馆学、信息科学、计算机科学、管理咨询学、军事情报学、科技情报学等多个学科。一方面,情报学学科地图呈现以信息理论为中心、逐渐向周边学科延伸的分布结构;另一方面,在时间维度上呈现热点逐步增多、领域不断扩展的趋势。但是,情报学在其发展过程中主要吸收其他学科的理论、方法来解决本学科的研究问题,对其他学科的知识输出相对较少①。在中国情报学界,学科的交叉与融合使得情报学研究方法更加多样,研究范畴更加广泛,但是也阻碍了情报学传统基础理论的建设与发展,使得情报学学科的独立性受到挑战。

(1) 大量的知识吸收使情报学的研究方法和研究内容更加丰富

传统情报学的研究方法主要源自相邻学科,如图书馆学、信息与知识传播等领域,研究内容主要包括图书馆建设、网络资源管理、信息服务、信息检索等主题。这些领域与情报学在研究主题方面有极高的重合度。

随着学科交叉的不断深入,计算机科学、经济学、法学、管理学等使得情报学的研究方法更加多样。其中,计算机科学是情报学的主要理论与方法来源。计算机科学对情报学的知识输入量大,对情报学研究的影响范围广泛且深入。自动化技术和计算机技术类参考文献在数量上占比大,其所属各个研究领域在情报学知识输入方面的影响程度的排名靠前,其中对情报学研究影响较大的研究领域有信息加工、计算机网络、程序设计、计算技术和人工智能(机器学习、专家系统、人工神经网络与计算)。其他学科对情报学的知识输入内容主要是理论,而计算机科学为情报学提供了大量技术方法支持,如语义技术、自动化技术、数据挖掘技术、人工智能技术、云计算技术等。经济学对情报学的知识输入程度和影响程度都排在第三,但与前两个学科差距较大,对情报学有一定的影响,但影响不够广泛和深入,对情报学研究有影响的研究领域较为分散。科学学、政治法律和管理学对情报学有知识输入,但影响程度一般,对情报学知识输入的影

---

① 王芳,陈锋,祝娜,等. 我国情报学理论的来源、应用及学科专属度研究[J]. 情报学报,2016,35(11):1148-1164.

响程度远没有自动化技术和计算机技术类及经济类量大，无论是参考文献的数量，还是对情报学各研究主题的影响程度都较低。科学学对情报学的影响主要集中在专利研究领域，社会科学总论大类对情报学的知识输入主要集中在管理技术和方法方面，政治、法律大类主要输入的是国家行政管理、电子政务的知识。

情报学从这些学科吸收和借鉴知识，可以挣脱情报学研究中固定思维模式的束缚，从不同研究视角、研究背景、多角度地对某一现象进行研究，能更深刻地揭露问题的本质，更完整地洞悉事物的发展规律，提出更有实际价值的解决方案。

（2）传统情报学领域被侵占，情报学学科独立性受到挑战

在知识交流中，情报学贡献的知识远小于它吸收的知识，情报学对其他学科的依赖度较高，尤其是计算机领域理论与技术的大量输入阻碍了情报学基础理论的建设，情报学传统研究内容缺少发展。20 世纪 70 年代以来，随着计算机技术的迅速发展，情报学中技术应用研究越发盛行，以计算机为中心的自动化情报检索系统及与之相应的处理技术成为情报学家们研究的重点。许多文章采用其他学科的先进技术来解决情报学的问题，技术主导的文章越来越多，而情报学理论研究日益薄弱，计算机技术被低水平引入也导致传统情报学的研究领域被明显侵蚀。

过多外来知识的吸收，使情报学能解决许多其他学科的问题，看似无所不能，无所不包，但情报学自身理论和方法的建设却受到忽视，情报学研究内容界限模糊。情报学成为一门应用型学科，但是对其他学科的指导价值不明显。

（3）情报学必须不失自我地借鉴和吸收其他学科的知识

在大数据时代，情报超载，情报现象复杂多变，经济状况、政治形势、社会环境、技术水平等都是影响情报流程的重要因素。情报学需要与计算机科学、经济学、管理学等学科进行知识交流，才能更好地解决情报流程中出现的新问题与新挑战。例如，随着知识产业的蓬勃发展，数字图书馆、网络图书馆的增多，图书馆作为各类知识载体的重要聚集地，亟须进行管理、服务的创新。这不仅需要从情报的角度出发，也需要吸收和借鉴经济学中企业管理的相关理论或方法。

总而言之，情报学作为一门年轻的学科发展至今，其进一步的突破需要知识创新，这就要求情报学与不同学科进行知识的交叉、渗透和融合，利用它们的研究成果，对原本的知识进行分化、整合和重组，从而丰富和充实自身。情报学界需重新认识情报学在当今科学发展中扮演的角色和所发挥的作用，在与其他学科进行知识交叉、渗透和融合的同时，不忘情报学的传统研究内容，不断加强自身理论与方法建设，不断提升其对其

他学科的支持与贡献。

1.3.3 情报学的功能与作用

情报学的出现脱胎于军事情报工作和科技情报工作，战争和科学技术的发展是情报工作发生、发展的催化剂，从而也为情报理论研究提供了丰富的养分。情报工作则是运用情报学方面的理论、方法和技术，去开发、组织情报，并帮助用户充分利用情报。作为一类特殊的知识体系，情报学对情报工作具有重要作用，具体体现在以下4个方面：为情报工作提供理论指导，使情报实践更加科学、高效与安全；指导构建科学的情报体系，协调各个机构、各个层级的情报工作；寻找更好的情报搜集技术、情报分析技术；构建合理的学科体系，科学、批量地培养合格的情报人才。

情报学理论研究与情报工作实践有着紧密的联系[①]。首先，情报学理论成果的内容源于情报工作的实践。情报学领域的本体研究主要就情报的基本概念、情报业务内容、情报产品和情报工作中存在的各种关系等情报专业的知识本体对象进行研究；组织管理评价研究主要就情报业务和情报事业的评价、组织、管理、人才培养和队伍建设等议题开展研究；内省研究主要从对情报人员主观认知、心理和心智活动的分析出发，探索情报分析质量的影响和控制机制；方法论研究主要总结、探索情报分析所采用的方法、工具、技术和手段。肯特所著《战略情报》、约翰斯顿所著《美国情报界的分析文化》、霍耶尔所著《情报分析心理学》、包昌火主编《情报研究方法论》及克拉克所著《情报分析：以目标为中心的方法》等著作都是源于情报工作实践而创作的情报学理论著作。其次，情报学理论是对情报工作经验的超越。情报学理论研究通过发现和预见来指导或引领情报实践，在自身发展的过程中实现对情报工作实践的超越。张晓军教授在《美国军事情报理论研究》一书中详细介绍了美国情报分析理论与实践相呼应的演进过程，并指出若干能够推动情报学理论顺利演进的经验，如厘清分析与决策关系、把握好主客观关系的平衡、重视利用技术对多源情报资料进行融合、强化人员互动、辅助分析判断和整合人力资源、将情报分析理论研究的重点放在适应环境和模式创建等方面。

情报学无论如何发展，其应用型学科的性质不会改变[②]。情报学的影响力在于情报

[①] 王延飞，钟灿涛，赵柯然，等. 论情报专业特色教育 [J]. 情报杂志，2016，35 (11)：1-4，38.
[②] 初景利. 新时代情报学与情报工作的新定位与新认识——"情报学与情报工作发展论坛 (2017)"侧记与思考 [J]. 图书情报工作，2018，62 (1)：140-142.

工作的影响力。情报学与情报工作只有在各领域发挥自身的作用，才会不断增强自身的社会地位与社会影响力。当前，情报学研究与情报工作实践之间存在着一定的脱节脱钩。我国情报学界关注的问题、研究的理论和提供的方法常常无法或者难以在情报工作实际中加以运用，或者难以取得良好效果。之所以产生这样的局面，学界和业界都有一定的责任，因为学界脱离实践，业界不够重视科学理论和方法。

1.4　情报学应用的领域与范围

情报学具有横断学科的性质，因为它可以为各个学科提供搜集、整理、传递、使用情报的方法[1]；情报学学科可以为其他学科的研究与发展指路，在其他学科处理与其相关的社会、经济、环境、国家安全等问题时提供分析方法和工具[2]。情报学学科的横断学科属性主要由情报学方法技术体系，以及DIKW层次结构、信息序化、情报流程、计量学等情报学支撑性理论所体现。本节主要从科学研究、军事、公共安全、科技、经济及决策支撑6个方面介绍情报学的应用领域，并通过具体案例来展示情报学在相应领域的应用效果。

1.4.1　情报学应用的领域

数据是信息时代大部分行业运作的基础，情报学的理论和方法可对相关领域的发展起到一定的指导作用。情报学可广泛应用于科学研究、军事、公共安全、科技、经济及决策支持等领域。

（1）科学研究领域

信息技术的快速发展，使得现代科学研究的手段发生翻天覆地的变化，部分领域的研究方式从定性研究转变为以数据为中心的定量研究。围绕数据而实施的采集、集成、组织、分析和利用等环节形成定量研究的主要过程，这一过程与典型的情报流程基本一致。面对快速涌现的大数据，数据源多样化、数据海量化、分析智能化将是科学研究的主要特点，情报学提供的理论与方法具有普遍的适用性，对于以数据为中心的科学研究具有一定的指导作用。

---

[1]　刘植惠．关于情报学学科建设的思考［J］．情报学报，1987（1）：13-18.
[2]　杨国立，苏新宁．迈向Intelligence导向的现代情报学［J］．情报学报，2018，37（5）：14-20.

(2) 军事领域

在军事领域，军事情报是指为了保障军事斗争需要而搜集、加工、整理的敌方情况、我方情况、友方情况、中立方及其他有关环境情况及其研判结论[①]。与一般情报工作和情报研究不同，军事情报具有严格的保密性、明确的目的性和直接的对抗性。因此，对于采取的工作手段和技术，在精度、效率及可持续性方面具有更高的要求。目前的信息技术虽然大多并非起源于军事领域，但是经过社会实际应用的考验，不仅能解决商业性的问题，而且完全符合军事工作的要求。情报学对大数据、物联网、人工智能等可适用于军事领域的技术进行了方法和应用描述，这可为军事情报工作或研究提供参考。

(3) 公共安全领域

公共安全事件不确定性强，危害性大，一旦发生将会严重威胁社会的稳定和民众的安全。因此，公共安全事件的快速响应不仅是政府应急部门的工作重点之一，也是学术界研究的热点问题之一。从目前的研究来看，公共安全研究热点主要集中在公共安全的基础理论、管理体系、风险评估及治理、应急响应、信息与舆情研究等方面[②]。其中，风险评估及治理、应急响应和信息与舆情研究3个研究点，可以从公共安全事件的数据采集、组织和分析角度出发展开研究，而这与情报研究的流程高度吻合。因此，情报学科学体系可为公共安全应急管理的研究提供新的方法和思路。

(4) 科技领域

在数据大爆炸的当前时代，大数据、物联网、云计算、人工智能等技术的快速发展，使得科技情报工作进入数据处理全息化、情报方法集成化、情报技术智能化及情报服务全程化的崭新阶段[③]。在这一阶段，新技术的引入和全面应用，一方面将促使科技情报工作的研究内容和工作模式发生巨大变革；另一方面将会催生新型的科技情报服务模式。情报学揭示了这些技术的应用方法及应用方向，从应用方向中又可反映出可能的新型情报服务模式，这些可为未来的科技情报工作提供方法和方向指导。

(5) 经济领域

经济情报工作一般可分为微观和宏观两类。前者主要是指企业为了生存和发展，从市

---

① 周军. 试论军事情报的概念 [J]. 情报杂志, 2004 (1)：33-37.
② 汤志伟, 钟宗炬. 基于CSSCI的国内公共安全研究知识图谱分析 [J]. 现代情报, 2017, 37 (2)：119-125.
③ 曾建勋. 花甲之年的惆怅：科技情报事业60年历程反思 [J]. 情报理论与实践, 2017, 40 (11)：1-4.

场搜集包括政治环境、经济环境、技术环境和自然环境在内的相关情报,进而进行分析,根据结果来辅助指导企业行为的情报工作;后者通常是国家层面的经济统计和分析工作,一般用于国家经济状况统计和经济形势分析及预测。不论是微观层面还是宏观层面,当前的经济情报工作均面临着海量、复杂的数据环境,而海量数据的背后隐含着以往传统分析方法难以挖掘的重要经济情报,经济情报工作极具挑战性。情报学以大数据分析为主线,构建了大数据环境下情报分析解决框架,可为将来的经济情报工作提供方法。

(6) 决策支持领域

决策支持一直是情报学及情报工作的主要属性之一[①]。我国于2017年6月起正式施行的《中华人民共和国国家情报法》中也明确指出,"国家情报工作坚持总体国家安全观,为国家重大决策提供情报参考"。由此可见,情报对决策的支持作用已经受到了广泛认可。情报对决策的支持,主要通过各类社科情报机构来实现,而这些机构一部分演变成了智库。尤其是发达国家的情报机构,他们非常重视社会政治、经济发展、国际关系、能源、环境问题、粮食、教育等方面情报的分析,通过科学的情报分析,向政府部门提供大量的科学决策依据。各级政府也很重视来自情报部门的分析和预测,尤其是关于社会发展的较为重大的问题决策。我国社科情报整体水平落后于发达国家,社科情报的决策功能有待加强,但随着社会政治、经济、科教、科技水平的发展,对分析情报的需求越来越旺盛,手段也越来越丰富,决策的支持作用也越来越明显。在新时期,情报分析的决策支持已经从原来的定性分析逐渐转变为以数据为中心的定量分析,从而可为政府的决策工作提供更为理性、客观和科学的支持。未来情报学在这一领域的应用,必定是集管理和技术于一体,涉及多个应用领域的综合性情报工作。

1.4.2 情报学应用的范围

不同的领域有着各自不同的运作特点,情报学理论与方法并不能完全覆盖科学研究、军事、公共安全、科技、经济、决策支持等领域的所有工作。本小节将针对这些领域的特点,分别探讨情报学在这些领域的具体应用范围。

(1) 在科学研究领域的应用范围

在科学研究领域,情报学可应用于文献资源的利用分析及绝大部分以数据为研究对

---

① 杨晓宁,刘杰. 论作为决策支持的情报分析——建议采纳的视角 [J]. 情报杂志, 2017, 36 (9): 19-23.

象或研究依托的应用场合。前者对应的是通过对文献内容的研究来进行更深层次的研究，可适用于任何学科，也是目前开展科学研究最常见的方法。通常包括引文分析、作者共现分析、知识网络分析等范围。而后者通常以解决业务问题为目标，将研究目标划分为数据采集、数据集成、数据组织、数据分析和数据利用等过程展开研究。目前，业务目标层面的研究主要包括知识管理、社交媒体、知识共享、电子政务、创新、电子健康记录、数据评价、社会网络分析和文献计量等方面的研究。在解决目标问题的过程中，又结合物联网、云计算、大数据、人工智能等技术，对数据采集等6个主要过程进行方法研究，一般包括物联网的数据采集、大数据的数据集成及人工智能的知识抽取等。这些均在情报学的应用范围内。

（2）在军事领域的应用范围

军事情报工作包含情报采集、情报组织和情报分析，这3个方面是情报学应用的主要范围。但与一般情报工作不同的是，军事情报要求高度保密、全面和准确。因此，情报学中应用的方法也必须满足这3个基本条件。根据军事情报工作的特点，物联网、安全传输、大数据和人工智能等技术是情报学中适用于军事领域的方法。这些技术分别对应了物联网的军事情报采集、军事情报的加密传输、海量军事情报的实时传输存储和分析、基于人工智能的人机协作、智能化作战中的军情识别和作战方案的自动化制定等。

（3）在公共安全领域的应用范围

情报学可应用于公共安全应急工作中的事发环境监控、网络舆情控制、情报感知、应急决策和快速响应4个主要方面。公共安全事件一般突发于社会公共环境中，相对于军事情报，公共安全情报面向全社会，从理论上来说，任何人都可以直接或间接地获取这些情报。与此同时，突发公共安全事件还会在网络中传播演变，形成网络舆情。这两条路径均是公开的。因此，情报学中包含的情报采集方法、网络舆情分析方法、知识组织方法和情报分析方法等可直接应用于上述4个方面。根据情报学中所含技术的应用特点，这4个方面的内容又可进一步细分为物联网和互联网协同的公共安全事件情报采集、公共安全事件网络舆情的大数据分析、公共安全事件的自动感知、公共安全事件案例知识库构建、基于案例知识推理的智能化应急决策及应急决策预案驱动的突发事件快速响应等。

（4）在科技领域的应用范围

情报学在科技情报工作领域的主要应用范围是创造新型的科技情报服务模式。现有情报学对大数据、物联网、云计算、知识组织和人工智能等技术的应用方法开展研究，并且已经提出新型的情报服务模式。这些服务模式有：基于 Flume、Kafka 和 Storm 技术的大数据离线/实时情报分析平台，基于物联网的环境感知平台，基于云计算的分布式资源服务平台，基于知识图谱的语义级文献检索和查重平台，以及基于人工智能的知识推理平台等。这些服务模式为未来科技情报工作提供了有力的工具。

（5）在经济领域的应用范围

情报学在经济情报工作领域的应用范围主要集中在微观经济情报的采集和分析及宏观经济情报的采集和统计。微观经济情报主要为企事业单位生存和发展服务，具体应用范围为网络经济数据的采集、经济数据的现状分析、趋势分析、与竞争对手的对比分析等。而宏观经济情报则是为国家单位掌握国家经济发展状况服务，具体应用范围为网络经济数据的采集、文本数据的识别和挖掘、消费者物价指数（CPI）、生产者物价指数（PPI）、国内生产总值（GDP）、国民生产总值（GNP）等经济指数的统计。在当前的数据和经济环境中，这些数据的采集、分析和统计均需要采用大数据相关方法来完成。

（6）在决策支持领域的应用范围

情报学在决策支持领域的应用范围主要集中在为政府、企事业单位提供决策咨询服务。为政府提供的决策服务一般分为宏观的国家管理层面及微观的应急决策层面，具体为国家经济形势分析、竞争情报分析、国家关系分析、国家及城市综合发展分析、应急决策服务等。而为企事业单位提供的决策支持服务则较为多样，但大部分是涉及生存、市场竞争和发展，主要为企业市场分析、产品特征分析、市场预测分析、战略规划分析及行业环境预警等。在当前的社会和数据环境中，除了大数据相关方法与技术外，决策离不开现有知识的支持，因此，基于知识组织理论的案例知识库也是决策支持实现的重要手段。

1.4.3 情报学应用的典型案例

本小节主要通过具体的例子对情报学在相应领域某一典型应用范围进行示例说明，为未来情报学在不同领域的应用提供参考。除经济领域外，本小节展示的案例均不是真实发生的案例，而是指情报学在相应领域可以达到的效果。

（1）在科学研究领域的应用案例

在科学研究领域，情报学侧重的是解决问题的方法。图1-1所示案例展示的是一个应用主流信息技术搭建的电子健康记录总体框架。

该框架以全民电子健康档案为大数据中心，以智能医疗系统和医院为数据采集终

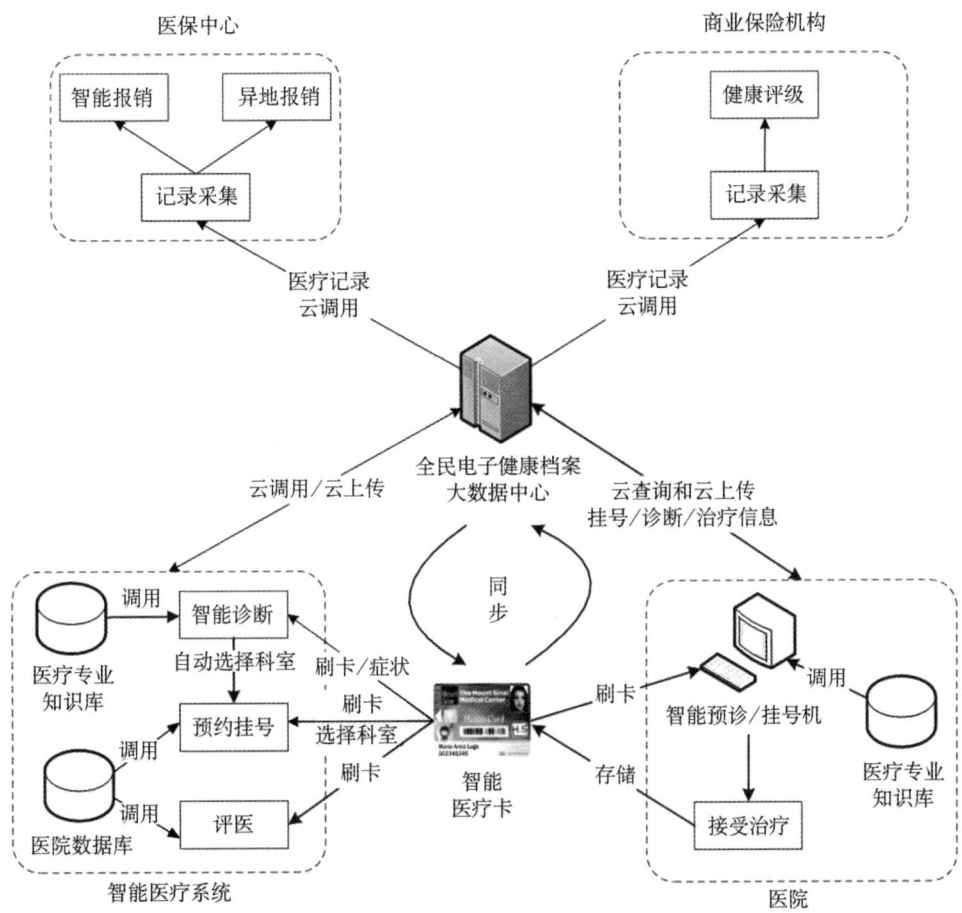

图1-1 电子健康记录总体框架

端，以医院、医保中心和商业保险机构为数据利用终端，以智能医疗卡为个人健康档案备份，体现了公民健康数据的采集、分析和利用的情报学的典型应用过程。其中，大数据和云计算技术用于构建全民电子健康档案大数据中心，实现公民挂号、诊断和治疗记录等健康信息的采集和利用。物联网和云计算技术则应用于构建智能医疗卡，该卡采用物联网中的近场通信技术（NFC），并且内置可编程芯片，具有数据存储和传输功能。这张卡与公民身份信息绑定，是公民健康信息的主要采集终端。知识组织、人工智能和云计算技术则应用于构建智能医疗系统和医院的智能预诊，通过医疗专业知识库和机器学习方法来实现病症的预约挂号、智能挂号和智能诊断，其挂号、诊断和治疗记录则通过云计算技术上传至全民电子健康档案大数据中心。在严格的授权机制下，医保中心可以利用这些信息实现自动化的医保报销和异地报销。商业保险机构可以对即将投保的公民进行健康评级,以避免因信息不对称造成的保险纠纷。该框架的构建正是充分利用了物联网、知识组织、人工智能、大数据和云计算等新兴信息技术的应用特点,可为其他业务层面的应用提供参考。

(2) 在军事领域的应用案例

图1-2所示案例展示的是智能化作战中决策方案智能生成的过程。由于军事工作使用的设备和工作过程均涉密,具有一定的特殊性,因此,该案例仅关注实现的信息流程。

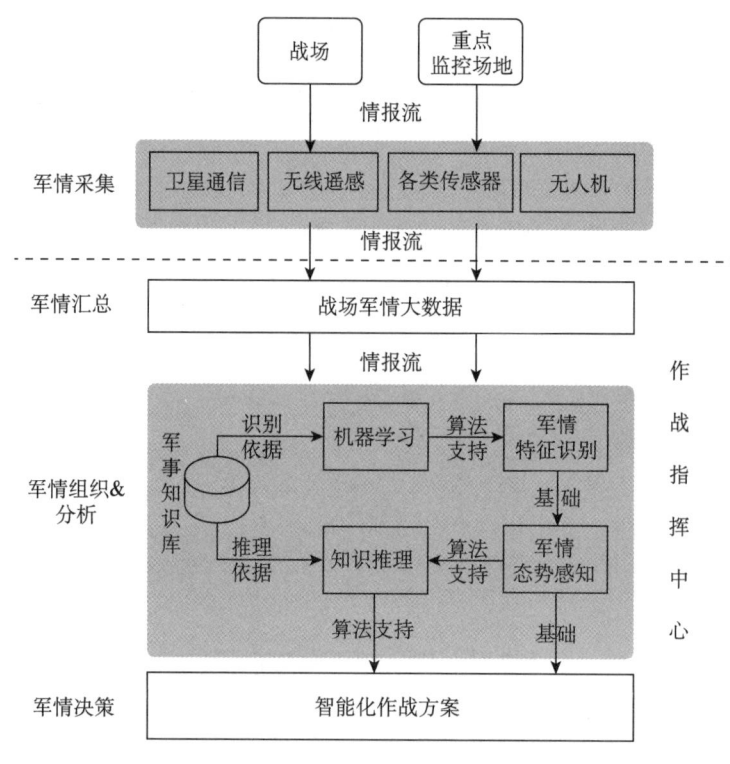

图1-2 智能化作战方案生成架构

该架构体现了军事情报源的构建、采集、集成、组织、分析和决策的过程。在战场或重点监控场地,部署各类军用采集工具,将军事情报汇总到作战指挥中心,形成战场军情大数据。再针对军情大数据,运用机器学习方法,根据事先维护的军事知识库,识别军情大数据中的军情特征,以此为基础实现军情态势感知。最后在军情态势感知基础上,针对军事知识库运用知识推理方法,根据特征推理得到与现有军事战争案例相类似的解决方案,以此形成智能化作战方案,提交给作战领导做决策参考。这一过程与情报学研究的主要路径保持一致,并充分利用了大数据、物联网、知识组织和人工智能等新兴信息技术,具有一定的通用性,可参考应用于军事竞争和对抗的多数场合中。

(3) 在公共安全领域的应用案例

图 1-3 所示案例为应用情报学方法和技术构建的突发事件应急响应情报体系的总体架构，这一应急体系理念是由 2013 年国家社科基金重大项目"面向突发事件应急决策的快速响应情报体系研究"课题组提出，是以突发事件应急决策为标，以大数据环境为基，以情报技术为力，以情报流控制为策，由情报人员、情报机构和情报工具等共同组成的有机整体①。

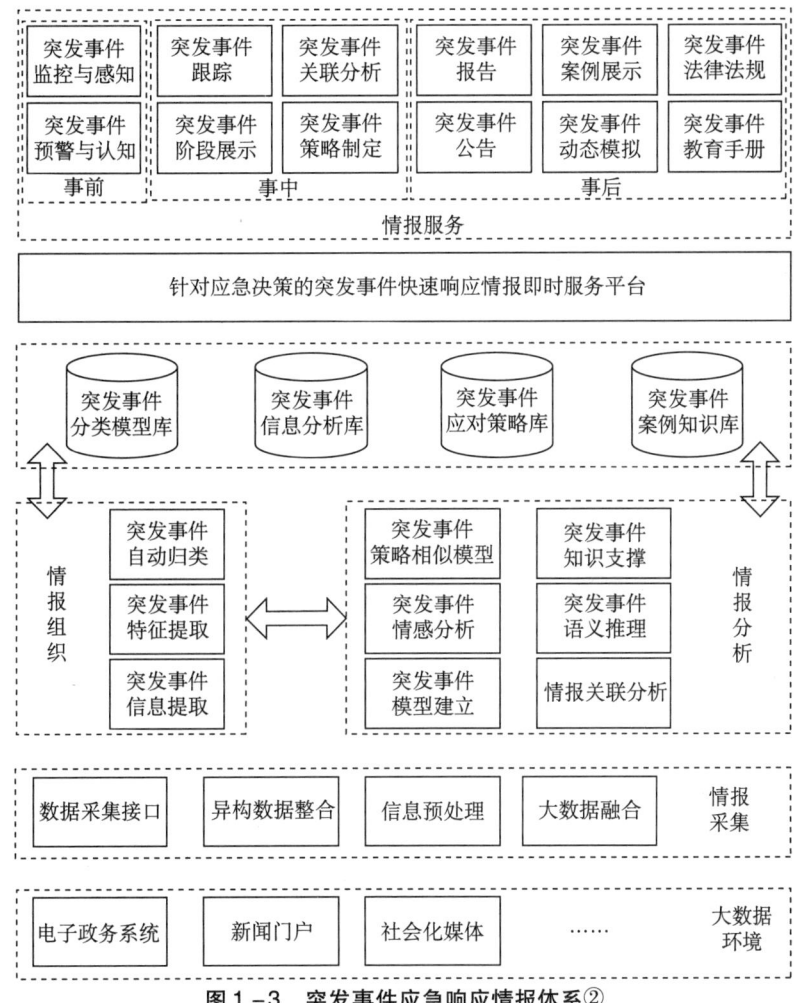

图 1-3 突发事件应急响应情报体系②

---

① 苏新宁，朱晓峰．面向突发事件应急决策的快速响应情报体系构建 [J]．情报学报，2014，33 (12)：1264-1276.
② 朱晓峰，冯雪艳，王东波．面向突发事件的情报体系研究 [J]．情报理论与实践，2014，37 (4)：77-80，97.

突发事件应急响应情报体系针对当前突发事件的海量、随机、难以捕捉等特有属性，利用大数据、知识组织、数据挖掘等情报技术，从社会环境中采集和分析事件数据，以此来解决突发事件应急管理的诸多问题。通过应用该体系，可以较为高效和准确地解决事前预警、事中分析、处理及事后管理等应急管理核心问题，为应急决策提供有力的工具。这一体系包含了情报采集、情报组织、情报分析和情报服务4个典型的情报学研究过程，对于公共安全领域的其他应用也具有一定的指导作用。

（4）在科技领域的应用案例

图1-4所示案例展示的是一个面向大数据的情报分析框架，该框架是根据大数据技术特点而构建的通用性的大数据计算平台。

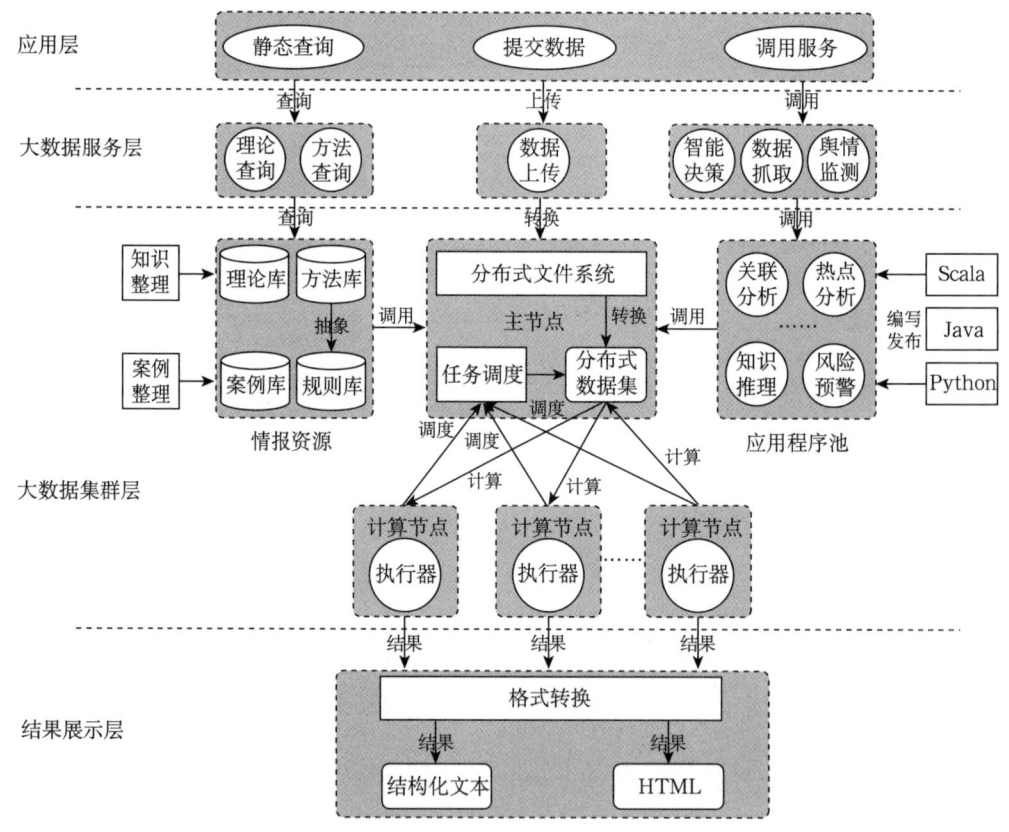

图1-4 面向大数据的情报分析框架①

---

① 唐明伟，苏新宁，肖连杰. 面向大数据的情报分析框架［J］. 情报学报，2018，37（5）：21-30.

该框架建立在 Spark 大数据技术平台上，其中大数据集群层是分析框架的核心，硬件上由一台服务器和多台工作站组成，其中服务器接收和分配计算任务，并协调工作站共同处理任务。集群层中又分配了情报资源和应用程序池，情报资源主要是对处理任务的知识支持，一般是不同行业的理论、方法、案例和规则库。如突发事件领域，则对应了突发事件的案例；应用程序池则是具体的分析应用程序，这些程序可使用 Scala、Java 或 Python 编写，编写完成后提交至应用程序池中，就成为情报分析的一个功能，具有可扩展性。科技情报工作人员根据这一框架搭建完成计算平台之后，其关注点仅在于针对不同的业务开发对应的大数据计算程序。用户只需按照规范调用和执行程序，平台就会自动协调计算资源，进行大数据处理与分析。该框架可为科技情报工作人员的大数据分析工作提供有力的技术支持。

（5）在经济领域的应用案例

数联铭品（BBD）公司研发了中国新经济指数（New Economy Index，NEI），该指数用于估算新经济在整个经济中的重要性，即当中国经济每发生 1 元钱的产出时，有多少来自新经济。目前收录的行业有节能与环保业、新一代信息技术与信息服务产业、生物医药产业、高端装备制造产业、新能源产业、新材料产业、新能源汽车产业、高技术研发与服务业、金融服务业及法律服务业。该公司通过对上述行业公开数据的采集，应用大数据挖掘方法，对中国新经济发展状况进行量化描述。该指数每月更新，已成为衡量中国新经济的权威指标体系。发布的信息包括月度新经济指数、新经济指数一级指标、一级指标对各月新经济指数变化的贡献、分行业新经济指数等内容①。这一系列指标的产生方法和过程与情报学研究技术、方法和过程高度吻合。该案例间接证实了情报学在经济领域应用中的可行性。

（6）在决策支持领域的应用案例

图 1-5 所示案例为情报决策服务的通用框架，其勾画了从情报学角度进行决策辅助工作的重要组成部分。

该框架总体上展示了情报决策支持的产生过程，一般从选择情报源开始，经过情报采集、情报组织、情报分析，最终产生各种面向政府和企事业单位的情报服务，提供给相关单位辅助决策。这一过程的特点主要表现在情报组织层，这是新时期知识组织理论

---

① 万事达卡财新 BBD. 万事达卡财新 BBD 中国新经济指数［EB/OL］.（2019-03-02）［2019-10-10］. http：//nei.caixin.com/upload/NEI201902c.pdf.

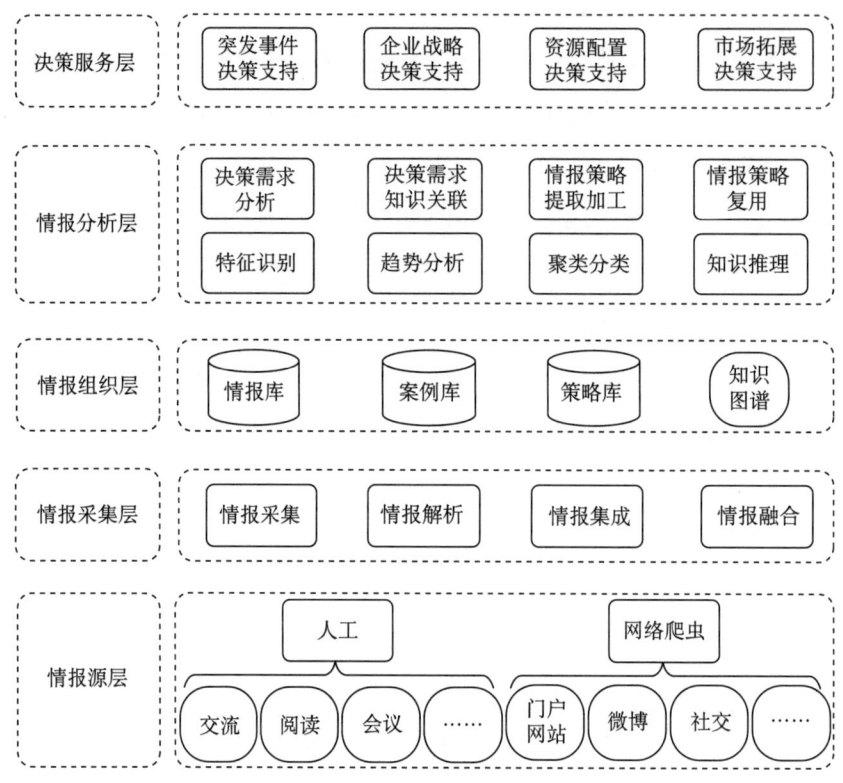

图1-5 情报决策服务通用框架

的集中体现。而在大数据时代,一方面,采集到的情报是海量的;另一方面,案例、策略和知识图谱的建立,也使得建立在知识组织基础上的情报分析需要应用大数据和人工智能的方法和技术展开。这种程度的分析也将使得产生的情报决策服务更具科学性和客观性。

1.5 本章小结

本章通过介绍情报学的研究对象(情报与情报现象)、情报工作的产生与发展、情报工作的特点与功能、情报工作的任务与内容、情报学的学科起源、情报学的功能与作用、相关学科对当前情报学的影响、情报学应用的领域与范围等内容,为读者描绘出情报学的学科概况。情报学学科是以情报与情报活动为研究对象所形成并逐步完善的知识体系。它起源于文献学与图书馆学、信息科学、计算机科学、管理咨询学、军事情报学、科技情报学等多个学科,是学科交叉的产物,并深受相关学科的影响。在中国情报学界，学科的交叉与融合使得情报学研究方法更加多样，研究范畴更加广泛，但是也阻碍了情报学传统基础理论的建设与发展，使得情报学学科的独立性受到挑战。作为一类特殊的知识体系，情报学应该能为情报工作提供理论指导，使情报实践更加科学、高效与安全，情报学学科的影响力在于情报工作的影响力。情报学与情报工作只有在各领域发挥自身的作用，才会不断增强自身的社会地位与社会影响力。当前，情报学研究与情报工作实践之间存在着一定的脱节脱钩。情报学学科具有横断学科属性，科学研究、军事、公共安全、科技、经济、决策支持等领域都是情报学的应用领域。本章通过具体的案例对情报学在相应领域某一典型应用范围进行示例说明，为未来情报学在不同领域的应用提供参考。

第 2 章
情报学学科建设及面临的主要问题

学科具有两个方面的含义：一是作为知识体系的科目和分支；二是高校教学、科研等的功能单位。因此，学科建设既包括学科知识体系的建设，也包括学科功能单位的建设。自情报学学科设置以来，我国情报学学科建设取得显著成绩，但是也面临不少问题。剖析当前情报学学科建设面临的主要问题，有助于针对现有问题提出合理的学科建设方向，促进情报学学科良性发展，提升情报学的学科地位。

2.1 情报学学科建设面临的主要问题

情报学学科建设既有学科知识体系建设的任务，又有学科功能单位建设的任务，需要解决多个方面的问题。作为一门年轻的、充满活力的学科，情报学的发展势头迅猛。然而，情报学的发展正面临着日益严重的危机和挑战，需要情报学界关注情报学学科建设面临的问题，主要是学科知识体系建设方面的问题。

2.1.1 情报学没有获得应有的学科地位

从情报学的研究性质、研究内容及应当发挥的作用来看，社会对它的认知与它应该获得的学科地位不相匹配。学科地位是指一门学科在国家学科体系中因其影响力而得到的认可度或声望度[①]，有时也指学科在学科体系中所处的等级关系，以及不同学科之间的等级差别。这种等级地位的提升与学科在社会中所得到的荣誉和声望密切相关。在我国，由于受到发展的制约及顾及二级学科之间的协调等原因，情报学目前是隶属于图书

---

① 刘海鹏，张敏. 国内图书馆学学科地位研究综述[J]. 图书馆建设，2014（5）：6-10.

情报与档案管理一级学科下的二级学科。部分学者建议设立情报学一级学科，认为这是提升情报学学科地位的有效途径。但实际情况并非如此，一门学科需要通过自身的内涵建设及自身对社会的贡献来奠定自身的地位。例如，在经济学领域，理论经济学、应用经济学并不是一级学科，但是，它们被社会普遍认可，是人们就读的热门选择。情报学界外部的群体大多将图书馆学、情报学看成一个学科，并不了解情报学、图书馆学在研究内容、研究方法等方面的差异，对情报学的目的与作用没有清晰的认识，对情报学的社会贡献感受不深。这是情报学没有获得应有的学科地位及学科影响力的重要原因之一。

情报学界的学者一直关注情报学的学科地位问题，探讨影响情报学学科地位提升的原因，部分学者给出了自己的看法，并提出相应的建议①。其中，苏新宁根据 CSSCI 的引证数据对图书情报学研究特征进行分析，指出情报学科研活动中存在的若干问题及其对图书情报学学科地位的影响；王芳对国内情报学理论文章进行内容分析后发现，国内情报学研究对本学科理论的应用、继承与发展不足，原创理论对情报学研究的指导作用偏弱，对其他学科的贡献有限。总体来看，理论基础薄弱、方法体系不完备、理论与实践脱节是情报学科研活动中存在的主要问题。从现状来看，情报学的学科地位并没有得到根本性的改变。

2.1.2 信息技术被低水平引入情报学

信息技术的发展推动着情报学理论与实践的发展，催生出情报学研究新方法、新技术，这是情报学界的共识。在国内情报学界，情报技术方面的成果很丰富，从表面上看，情报技术的发展取得了不小的成绩。但是，纵观情报技术的研究内容，似乎并非真正意义上的情报技术研究。它模糊了情报学的核心研究领域，反而成为影响情报学学科地位提升的重要原因之一。在情报学与相关管理学科群的整合过程中，信息技术起着重要的桥梁作用。然而，在实际的情报学研究活动中，信息技术被低水平引入情报学研究，具体表现为以下 3 个方面②。

（1）将情报技术简单等同于信息技术

对于国内情报学界，学者们大多认为，"情报技术是在情报的采集、整理、加工、存储、传播和利用等各个环节所采用的信息技术方法和手段的总称。情报技术是信息技

---

① 张云，杨建林. 从学科交叉视角看国内情报学的学科地位与发展思考［J］. 情报理论与实践，2019，42（4）：18-23.

② 同①。

术的应用分支。"① 国内情报学著作与期刊论文的内容基本反映这种现状。

国内以情报技术为题的情报学著作很少。南京大学2018年馆藏书目里只有2本，而且是多年前的出版物。其中，1980年出版的《情报技术现状及其应用》主要涉及自动化信息处理及联机检索等方面的信息技术，1993年出版的《情报技术》（石履超）主要介绍计算机语言与软硬件、数据库、激光照排、人工智能等计算机技术。孟宪文与冯文刚撰写的《情报技术》（2015）未被南京大学馆藏。该书主要介绍公安情报技术，作者将公安情报工作中用到的多种技术统称为公安情报技术，认为情报技术与信息技术的技术原理相同。现在，绝大多数学者不再刻意使用情报技术这一术语，不再专门探讨情报技术。

基于这种认知，情报学界的很多学者认为，只要是探讨采集、整理、加工、存储、传播和利用等信息技术的创新或应用就属于情报学领域的研究内容，导致情报学领域与计算机科学领域交叉渗透的深度和力度不够充分，使得情报学领域逐渐失去其原有的领地和优势。例如，搜索引擎已经代替图书馆门户网站成为人们获取信息的首选；各种信息服务商借助其强大的技术能力，在数据信息的规模化采集、加工、组织、整合和分析等方面正在提供远超情报服务机构的竞争性产品、服务和能力。

2012年，化柏林博士作为《情报学报》的编辑在2012年第4期"编者的话"栏目中提出了自己关于情报技术的思考，对这种观点进行纠正。他认为，现代情报工作中，对信息采集与检索、信息抽取与过滤、文本分类与聚类、知识挖掘与发现、情报跟踪与监测、情报预警与推送等问题的深入研究属于情报学的研究内容，纯粹讨论计算机技术的研究则不属于。例如，命名实体抽取任务属于计算机领域，但是如果将其用于科技热点监测就属于情报学领域的典型任务。然而，如何界定所探讨的问题属于情报问题，如何界定所探讨的问题是否面向情报流程。对情报学界而言，如果没有一个相对可信的标准，那么这些问题就会让人无所适从，亟须情报学界讨论与解决。

现有的信息技术针对情报处理任务有时并不适用，需要情报学界运用情报的思维对有关技术（如一些可视化信息分析软件）进行改造，使之适合于情报领域②。

（2）在理解不透的情况下探讨技术应用

许多情报技术类论文讨论得多，实践得少，技术研究欠缺深度。例如，关于大数

---

① 李广建，黄永文，孔敬，等．数字时代的情报技术［J］．数字图书馆论坛，2006（10）：61-71．
② 苏新宁．大数据时代情报学学科崛起之思考［J］．情报学报，2018，37（5）：451-459．

分析技术，翻开情报学期刊，对它的介绍比比皆是，但是对它在情报工作实践中的探索性应用则比较少见，大多探讨平台架构及应用场景。又如，关于大数据分析中的数据融合技术，在《借助网络技术实现科技期刊与专业学会的资源共享》一文中，作者给出的关键词包含数据融合一词，但是文章内容与数据融合没有一点关系；《基于核心业务系统的图书馆大数据平台构建策略研究》一文中，只有一句讲述如何进行数据融合处理，即"数据收集之后，对结构化数据、半结构化和非结构化数据，实时和非实时数据进行数据识别和唯一标识的关联"，该文作者对数据融合的理解过于简单化。在情报学研究领域，学者们更应关注情报分析涉及的数据源及将这些数据进行融合的具体方法。对于不同类型的数据集，融合的方法存在明显差异。情报学界缺少对数据融合方法进行综述的文献和著作。

（3）对新兴信息技术术语的引入不够细致

《数据科学及其对信息科学的影响》（朝乐门 等，2017）一文中有一段话介绍信息产品与数据产品的区别，即"与信息产品不同的是，数据产品的研发主要采用数据柔术、数据打磨、数据改写、数据规约等方法，强调的是产品开发过程中的原创性、增值作用及良好的用户体验"。对一般读者而言，数据柔术、数据打磨、数据改写是3个新概念，理解这3个概念的内涵和外延是理解和吸收该文内容的基础。可是该文并没有关于这3个概念的解释，当时国内学术期刊库中也没有关于这3个概念的其他文献。后来，该文作者在另外一篇文献《数据科学研究的现状与趋势》（朝乐门 等，2018）中给出了数据打磨、数据改写对应的英文表述 data wrangling 与 data munging，才为读者提供了在维基百科里获取对应解释的线索。因此，学界在初次引入新概念时为防止概念理解的错误，在翻译英文术语时应该附上原始的英文表述，必要时要附上相应的解释，以降低读者的阅读负担，加快新的信息技术在情报学界的渗透和应用。另外，也能增加论文被他人引用的概率。

2.1.3 情报分析被弱化为数据分析

情报分析技术是情报技术的重要组成部分，情报工作的重要一环是情报分析，但情报学领域的绝大多数学者或从业人员将其弱化为数据分析，与计算机领域的相关工作几乎没有区别。事实上，数据分析是情报分析的基础，但两者之间区别显著：从数据对象维度来看，数据分析方法以处理单源数据为主，情报分析方法以处理关联的全源数据为主；从产出结果维度来看，数据分析以生成新信息、新知识为主，情报分析以生成新信息、新智能为主；从驱动模式维度来看，数据分析流程主要是数据驱动，情报分析流程主要是目标驱动；从分析方法维度看，数据分析以定量分析为主，定性分析、归纳推理、演绎推理为辅，情报分析在产出新信息阶段以定量分析为主，在产出新智能阶段以归纳推理、演绎推理为主。完成一个复杂的情报任务通常需要分析多种类型的数据源，需要使用多种数据分析方法来实现。

科学定位情报分析与数据分析之间的关系，有利于情报工作和情报研究的健康发展。两者具有以下关系①。

（1）数据分析是情报分析的基础

随着信息技术环境的变化，数据的种类和规模也随之变化，但情报分析的本质没有改变，情报生命周期的规律性没有改变，改变的是情报流程中所依赖的数据采集、数据组织、数据分析、数据服务等方面的技术，不变的是数据分析与情报分析的关系，即数据分析是情报分析的基础。

在情报分析系统中，流动性（fluidity）和严谨性（rigor）是两个相互矛盾的设计要求，它们表征了情报分析工作的本质（Wong，2016）②。其中，流动性反映的是思维过程的多变性；严谨性反映的是系统处理的能力及结果能够承受考问以确保结论的有效性。Wong 推出一个由数据空间、分析空间和假设空间 3 个子空间构成的概念框架，被称为推理工作空间：在数据空间中，人们需要知道数据集中存在什么，以便自己可以知道在其中一个或跨几个数据集中寻找什么；分析空间是各种统计和语义分析发生的地方，它产生结果，帮助分析人员理解和识别模式、行为和影响等；假设空间是分析人员汇集数据的地方，创造了试探性的可能解释并试图证明各种论点的合理性。Wong 的推理工作空间概念模型有效地支持了本书的观点，即数据分析是情报分析的基础，完成一项复杂情报分析任务需要多种数据分析方法作为支撑工具。

相关分析是常用的一类数据分析方法，可以得到实体之间相关或不相关这类结论。例如，利用关联规则分析方法可以得到实体间的相关关系，利用负关联规则分析方法可以得到实体间的不相关关系。在数据分析阶段获得的实体之间的关系属于知识类型，可以用于预测。而在情报流程链的末端，需要找出相关关系或不相关关系背后的原因，这

---

① 杨建林，李品. 基于情报过程视角辨析情报分析与数据分析的关系［J］. 情报理论与实践，2019，42（3）：1-6.

② WONG B L W. Fluidity and rigour: addressing the design considerations for OSINT tools and processes［M］//Open source intelligence investigation. Cham: Springer，2016：167-185.

样才能洞察事物的本质，有效地将得到的知识升华为智能。

总而言之，情报分析是基于全局的分析，所依据的数据对象是全部来源的数据（all-source data）；数据分析是基于局部的分析，所依据的数据对象通常是全部来源数据的子集。在情报分析流程中，数据分析产生的新信息、新知识是后续环节产生新智能的基础。

（2）大数据分析无法取代情报分析

在现实生活中，用户信息需求的满足需要一定的数据集合作为支撑，特定的信息需求具有特定的、与之相匹配的数据集合与数据分析方法。也就是说，每种数据分析方法都有自己适用的特定应用场景，没有一种数据分析方法是万能的。大数据分析技术是计算机科学发展到现阶段的产物，具有其特定的应用场景，是传统数据分析技术的补充。

大数据分析得到的模式、相关关系或其他有用信息，传递给用户之后成为情报，但不是智能。例如，给用户欧氏几何的5个公理（相当于情报）和1个需要证明的命题（相当于目标或任务），用户给出证明过程（相当于智能），证明过程的具体表达是反映用户智力水平的有力证据。在商业应用中，大数据分析得到的结果只有经过数据科学家的解读，转化为商业解决方案并加以实施，这些结果的价值才能得到充分体现。

绝大多数情报分析任务的完成不需要大数据作为支撑，通常只需要分析关键数据或主导数据即可。由于数据的保密性或知识产权的限制，一般不可能获得完成情报分析任务所需的全部数据，由于任务的紧迫性和时效性，通常在获得完成情报分析任务所需的必要数据之后就开始数据分析工作。许多学者在分析学科研究进展时只分析有代表性的核心期刊或权威期刊论文，但其分析结论基本都能被学界和业界接受。也就是说，在完成情报分析任务时不必苛求大数据或全部数据，只要能够获取足够多的任务相关数据即可。情报分析的重要任务是要解决情报的不确定性和信息的不完全性，信息量并不是最重要的因素，而"认知能力是决定情报分析质量的根本因素"[①]。当然，如果既有全部的数据，又有对应的分析工具，使用大数据分析方法解决情报分析任务未尝不是一种更好的选择，但是，再大体量的数据也无法取代情报分析的智能属性。

2.1.4　情报学基础理论论述亟须完善

情报学目前还没有形成一个被广泛接受的基础理论体系，情报学领域内争议较多，

---

① 钱军. 情报分析过程的认知研究 [D]. 南京：南京大学，2008.

内行、外行对情报学的认知都不深刻。长期以来，情报学一直用信息代替情报的研究模式，造成情报淡化，情报工作更是把文献服务、信息服务当作主要工作，由此大大削弱了情报本身的内涵。因此，在《情报缺失的中国情报学》一文中，包昌火先生针对中国情报学研究中情报缺失和学科泛化等弊端，发出了"中国情报学什么都研究，就不研究情报，中国情报学什么都有，就没有情报"的感慨①。

情报学的内核是一套关于其哲学基础、范畴、基本原理、基础理论的论述。由于情报学研究对象本身所具有的复杂性，情报学理论基础建设、方法体系建设是费时费力的任务，很难在短时间内产出标志性成果，而信息技术的发展日新月异，将新的信息技术应用于情报研究容易出成果，因而国内情报学界重技术研究，轻基础性研究，导致理论基础薄弱、方法体系不完备。这是情报学的科学性一直被质疑的主要原因。而理论与实践的脱节，导致情报学科学理论总是在情报活动实践的推动下被动发展，情报学对情报实践的理论指导作用不明显。第4章将详细分析现有情报学知识体系中关于情报学基本原理论述的主要缺陷。

由于情报学基础理论依然不够完善，在后续的情报学学科建设过程中，我们需要对情报学根基进行改造，使得其内核（基础理论）更加科学。只有这样，情报学的发展才会更加健康，否则，它的前景堪忧。国内外的情报学通常是从图书馆学的视角来研究信息科学，与由情报概念推导而来的情报学的本质不吻合，因而给国内情报学的研究带来混淆视听的弊端，不利于情报学的发展。传统的情报思想和新环境下的情报拓展发生碰撞，推动着情报学理论和方法体系的进一步发展和重建。情报学界应该把握时代契机，重构情报学理论和情报工作方法体系，尤其是重构情报学基础理论体系，使其更契合国家安全与社会发展的需要。

2.1.5 情报学研究内容过于泛化

经过几十年的发展，我国情报学在学科发展与情报工作两个方面都取得了显著的成绩。但是，由于长期以来受到来自信息技术的冲击及信息概念的影响，我国情报学的学科定位与发展发生偏差，出现了情报学不研究情报与情报工作，情报科学等同于一般信息科学，情报工作将文献服务、信息服务作为主要工作等不正常现象。由于自身核心领域尚未达到共识，基础理论体系尚未完善，导致情报学研究领域过度扩张，研究对象过

---

① 包昌火，李艳. 情报缺失的中国情报学[J]. 情报学报，2007，26（1）：29-34.

于宽泛，在某种程度上出现学术研究的缺位和错位，学科定位无所适从，学科凝聚力、渗透力、影响力不足[①]。简言之，一直以来，情报学研究偏离了情报学的学科本原。

开展情报学研究时要具有"大情报观"，即情报工作不仅服务于科技发展，而且服务于国家发展、经济建设、国家安全等多个方面，是面向国家利益、强调领域融合的一项工作。情报学应该关注安全与发展、智库战略、引领科技、决策支持等领域的情报问题，源源不断地为这些领域的情报工作输送理论、方法和工具。

2.2 情报学学科定位与争议

为了促进情报学学科的可持续发展，情报学界对情报学学科定位与发展问题进行了探讨。这是涉及情报学发展方向的根本性问题，与确定情报学的研究领域与研究问题等任务密切相关。国内部分学者提出设立情报学一级学科、情报学与人文计算融合、情报学与数据科学融合、"图情一体化"、加入信息学院联盟等建议。本节主要介绍与分析情报学界在这些方面的争议。

2.2.1 关于设立一级学科

关于设立情报学一级学科，情报学界争议较大，部分学者认为条件还不成熟。例如：著名情报学家黄长著研究员指出，在中国，情报学、图书馆学、档案学关系密切，现阶段同属于图书情报与档案管理一级学科，如果情报学作为一级学科，那么图书馆学的归属和档案学的划归问题使得情况可能会变得比较复杂[②]；中国公安大学谢晓专副教授认为，将军事情报学、公安情报学、国家安全情报学、科技情报学、商业情报学（竞争情报学）从各个领域剥离出来进行融合，设立"情报学一级学科"，这是一种美好的愿景，难度很大[③]。部分学者认为设立情报学一级学科的条件已经成熟。例如：南京大学的袁勤俭教授明确支持建立情报学一级学科的观点，认为从学理上理应将情报学从"图书、情报与档案"一级学科中分离出来，并将其与公安情报学、军事情报学、商业情报学等一起设立情报学一级学科[④]；中国科学技术信息研究所陈峰研究员认为，我国

---

① 郭秋萍．情报学泛化和边缘化现象辨析[J]．现代情报，2008（10）：10-12.
② 黄长著．关于建立情报学一级学科的考虑[J]．情报杂志，2017，36（5）：6-8.
③ 谢晓专．关于设立"情报学一级学科"之浅见[J]．情报杂志，2017，36（7）：1-2，15.
④ 袁勤俭．关于设立情报学一级学科之我见[J]．情报杂志，2017，36（6）：8-9.

情报学界应该按照"intelligence"范式构建中国情报学学科，与其类似，包昌火、马德辉、李艳等学者认为我国情报界应尽快构建更为合理的国家情报学一级学科，而非现在的图书情报与档案管理。另外，国防科技大学高金虎教授有不同的观点，他建议在新设立的国家安全学一级学科下设立国家安全情报学学科。Julian Richards 则认为，情报是各国为保护和促进国家安全概念所定义的战略利益而开展的活动之一，情报研究（intelligence studies）可以作为国际关系的一个子级，可能位于安全或战略研究之下[①]。

2.2.2 关于与其他学科融合

在 20 世纪 90 年代初，人们就形成一门学科的最佳方式产生两种截然不同的态度：一种是基于一套共同的核心概念，形成学术共同体，以发展整体性（cohesive）理论的整体利益为出发点；另一种态度以更加开放的方式看待研究问题和理论发展[②]。部分学者将图书情报学视为一个广泛的研究领域，认为信息行为、知识组织和文献计量学、信息架构、信息素养等都属于图书情报学学科；部分学者以范式方式重新梳理图书情报学基础理论。

信息科学（information science）的分散性与多样化意味着信息科学缺乏可识别的核心内容和研究对象，一些学者担心信息科学可能会消失，进而图书情报学（library and information science）可能会消失[③]。Birger Hjørland 在"Information science and its core concepts：levels of disagreement"一文中列出了信息科学学科的 10 个名称，并分析了这些名称作为研究对象的内容[④]。他发现信息科学作为一门学科的情况非常严重，为了解决这个问题，他建议将该学科的名称与一些有效的理论框架联系起来，否则就会存在一种风险，即该学科将会消失或被分裂并合并到其他学科中。然而，出于实际原因，他认可信息科学术语和图书情报学术语是同义词。在另一个方向上，因为信息技术可能导致

---

① RICHARDS J. Reflections on contemporary intelligence studies [C]. Proceedings of the XXIst International Conference Intelligence in the Knowledge Society，2016：9-20.

② LIMBERG L. Synthesizing or diversifying library and information science. Sketching past achievements, current happenings and future prospects, with an interest in including or excluding approaches [J]. Information research，2017，22（1）.

③ BAWDEN D, ROBINSON L. Introduction to information science [M]. Facet Publishing, 2015：335-336.

④ HJØRLAND B. Information science and its core concepts：levels of disagreement [M] //Theories of information, communication and knowledge. Berlin：Springer, 2014：205-235.

图书馆的衰落。许多大学的信息科学系已经与其他学科合并，如计算机科学、新闻传播学或商业管理。反复出现的担忧进一步表达了对信息科学借鉴和使用图书情报学以外领域理论的担忧或不满，但是图书情报学的研究成果很少被其他研究领域引用①。

为了学科的可持续发展及自身的生存，部分图书情报学领域的学者提出将传统图书情报学学科与数字人文、数据科学等其他学科进行融合的观点。

（1）与数字人文学科融合的观点

Lyn Robinson 等②总结了数字人文与图书情报学两个学科相互关联的方面：①数字人文研究发生在图书馆、档案馆、记录中心、博物馆及其他馆藏机构之中或与之密切合作，数字人文应用可以帮助图书馆提供更好的服务，推动其变革信息服务，而这些环境和问题是图书情报学研究的主要焦点；②来自图书馆和信息服务的图书情报学及来自人文计算的数字人文都是学术学科，提供记录信息的学术使用服务，为其他学科的研究活动提供支持；③这两个学科普遍关注对以记录信息和文件形式存在的知识资源的学习与实践；④很多特定主题是两个学科共同感兴趣的主题，如搜索和检索、数字图书馆和档案馆、元数据和资源描述、本体、分类和聚类、出版和传播、开放获取、关联数据、馆藏管理和治理、门户和存储库、参考书目、数字化、保存、互动性和用户体验、界面和浏览、文化遗产、信息可视化、大数据和数据挖掘及文献计量等，而这些主题都是实践活动和理论分析的焦点；⑤作为同一机构的两个学术单位，图书情报学和数字人文经常（尽管并非总是）位于一起；⑥图书情报学中的教育计划越来越多地包含数字人文材料，而数字人文课程总是包含一些与图书情报学相关的材料；⑦尽管数字人文现在有自己的期刊，数字人文的工作可能会出现在人文科学或计算机科学的期刊上，但数字人文的研究成果经常发表在主要被视为图书情报学资源的期刊和其他网站。基于以上共性，正如 Sula 所言："鉴于利益、能力和机构结构的重大重叠，我们不禁要知道图书馆是否可以加入数字人文主义者的工作。"③

Sula 提出一个基于文化遗产和文化信息学的概念模型用于描述图书情报学与数字人

---

① CRONIN B. The waxing and waning of a field: reflections on information studies education [J]. Information research: an international electronic journal, 2012, 17 (3): n3.

② ROBINSON L, PRIEGO E, BAWDEN D. Library and information science and digital humanities: two disciplines, joint future? [EB/OL]. (2019-06-30) [2019-10-10]. http://openaccess.city.ac.uk/11889/8/LIS%20and%20DH.pdf.

③ SULA C A. Digital humanities and libraries: a conceptual model [J]. Journal of library administration, 2013, 53 (1): 10-26.

文之间的关系。该模型使用两个轴,主要—次要资源和人机处理,显示两个学科的主要关注点,体现出它们的互补性。他认为,试图将研究内容明确地分配给图书情报学或数字人文是不明智的,大多数数字人文工作落在创建和使用信息和文档方面,而大多数图书情报学工作落在组织、检索和管理方面。

(2) 与数据科学学科融合的观点

武汉大学吴丹教授 2019 年在图书情报与档案管理青年学者沙龙上的发言认为,数据科学的发展为图书情报与档案管理学科带来了巨大的机遇与挑战。她认为:①图书情报与档案管理学科、数据科学有相同的核心原则、理论逻辑、方法和技术,在数据泛滥的时代,信息科学与数据科学的目的都是将原始的、混乱的数据转化为可以支持决策的知识;②数据科学和信息科学的定位侧重于不同的应用领域,信息科学方向主要研究网站和信息系统的应用,数据科学方向主要研究大数据和机器学习的应用;③图书情报与档案管理等信息科学应该由面向传统业务流程、按专业培养人才的模式转向以数据融合应用为基础的复合型人才培养模式,并在知识发现、信息组织、数据管理、媒介融合等领域形成新的学科制高点;④计算机科学、统计学、图书情报学都为数据科学奠定了基础,其中图书情报学主要与数据管理、数据政策、数据监护和元数据有关,计算机科学、统计学主要与数据分析有关;⑤图书情报与档案管理学科、数据科学融合的知识体系包括图书情报与档案管理、数据科学基础理论,信息传播与新媒体,数据存储与可视化,信息组织与检索,数据分析与知识服务 5 个方面,国内信息管理学院在开设数据科学相关专业时要以图书情报与档案管理教育为基础,培养复合的数据人才。

(3) 关于"图情一体化"的观点

"图情一体化"首先是指"图书信息"和"情报"两大服务功能的一体化;其次是指承担这两大服务功能的实体的一体化,即图书馆与科技情报研究所的一体化。在国际图书馆界,广大的公共图书馆利用信息技术提升服务已经成为基本共识,传统的图书馆学改名为"图书馆和信息学"(Library and Information Science,LIS)已经被公认[①]。我国科技情报系统从诞生之初就是"图情一体",20 世纪 80 年代以来所议的"图情一体化"其实是"图信一体化",即图书服务与信息服务的一体化,偏离了科技情报工作的原始定位。图书馆与科技情报所的功能合并,有助于利用科技情报所的信息技术、情报研究优势和特色的文献资源促进图书馆发展,同时,通过图书馆扩大科技情报所的资源

---

① 陈超."图情一体化"的探索与思考[J].图书馆杂志,2008(8):18-20,40.

规模，奠定深入发展的基础①。

部分学者在"图情一体化"的基础上提出"图情档一体化"。"图情档一体化"管理不是简单地对行业、部门的增减，而是在强调利用现代信息技术，建立一个集图书、情报、档案等信息资源合作存贮、综合开发、集成服务于一体的新型信息服务体系，其理论依据是文献交流理论。文献交流理论强调图书、情报、档案管理的互相借鉴作用，将图书馆学、情报学、档案学的专业理论基础整合到文献交流理论上，揭示了图书、情报、档案工作的共性和基本规律②。

2.2.3 关于加入信息学院联盟

随着互联网技术的深入发展及数据分析技术的广泛应用，美国多所顶级图书情报院系成立声势浩大的顶级信息学院（iSchool）联盟，世界范围内的知名图书情报院系积极加入，截至2019年6月，成员达到102个。该联盟试图融合图书馆学、信息学、信息科学、计算机科学、传播学等与信息有关的多个学科，取长补短，促进各种教育及研究资源的有效整合。目前，联盟成员以计算机科学类、图书情报类及经济管理类院校为主。该联盟充分利用跨学科优势，探索学科交叉融合的新机制，形成学科发展的新优势，强化科研意识，为教职工提供跨学科、国际/国内学术合作与交流机会。联盟成员借助该平台进行最新成果与想法的交流与探讨。国内以武汉大学信息管理学院为代表的一流图书情报院系先后加入该联盟，并与联盟内多所国外高校签订战略合作协议，加快国际化进程，在研究理念、思维方式、研究模式及绩效评价等方面提升自己，缩小与国外同行的差距，准确把握全球视野下学科领域中的研究前沿和热点，推动图书情报学科的转型与发展。

南京理工大学赵宇翔教授则认为，目前，信息学院联盟导致图书情报专业的话语权被不断削弱。国外信息学院联盟成员的构成比较复杂，匹兹堡大学、密歇根大学、印第安纳大学、德雷塞尔大学等院校的信息学院联盟成员都是重组合并后的产物，很多已经被计算机科学领域的学者占据主导地位。这种情况无论是在NSF项目的申请、论文的发表，还是终身教职的遴选上都有所体现。

---

① 陈超. 整合与转型：从战略规划到战略管理——图情一体化进程中上海图书馆的战略管理实践[J]. 图书馆杂志，2016，35（1）：8-19.
② 徐亚男. 图情档一体化管理的理念与实践[J]. 兰台世界，2013（14）：86-87.

2.3 情报学学科知识体系建设

针对情报学学科建设面临的各种问题，我国情报学界重提情报学学科建设问题，尤其将学科功能定位、学科发展路径作为重点探讨的问题。本节主要探讨情报学学科知识体系建设的主要内容。

2.3.1 明确定位学科功能

情报学与情报工作关系密切。情报学源于情报工作，军事、科技、经济、文化、社会的发展是情报工作发生、发展的催化剂，并为情报理论研究提供丰富的素材，情报工作则是运用情报学理论、方法和技术开发情报、组织情报、帮助用户利用情报，是情报学研究成果的"试金石"。因此，情报学的学科功能定位取决于情报工作的功能定位。

1956年，周恩来、聂荣臻、张爱萍等先辈们将科技情报工作的功能定位为"耳目、尖兵、参谋"。几十年来，我国在军事、科技、经济、文化、公安、外交等各个系统开展的情报工作各具特色，不断发展，在保障国家安全、辅佐政府管理、推动科技进步、维护社会稳定、促进经济繁荣和社会发展等方面发挥出重要的支撑作用。当前，经济、科技、安全等全球化竞争日益加剧，我国更加重视情报事业的发展。2014年，我国设立国家安全委员会，2015年中共中央办公厅、国务院办公厅联合发布了《关于加强中国特色新型智库建设的意见》，提出"国家情报智库"发展战略，让"情报"引领并服务于国家安全和经济社会发展的重大决策，有效发挥情报工作的"耳目、尖兵、参谋"作用。

自20世纪70年代后期始，情报学作为一门学科逐渐在我国发展起来，学科发展较长一段时间以文献情报为主要研究对象，信息技术和网络的发展促进了信息科学的融入，并将情报学拓展到信息领域。这种既传统又扩张的现象，不仅体现在情报学教育中，也同样反映在情报工作中，即重点局限在文献和信息的情报工作，未能充分发挥网络和大数据时代情报工作"耳目、尖兵、参谋"的作用。情报学起源的多学科背景，一方面推动了情报学发展的繁荣；另一方面使情报学后来的发展出现偏移和方向摇摆，导致学科定位局限于短期的应用需求。我国政府先后推出大数据发展战略、国家情报智库发展战略、总体国家安全战略等重大发展战略，这些举措为我国情报学发展开辟出新的重要研究领域。

综上所述，为了因应情报工作的功能定位，情报学学科功能应该定位为：为情报工作实践提供配套的理论、方法及技术支撑，使情报工作能够更好地发挥"耳目、尖兵、参谋"功能。情报学学科将会随着时代的发展再次转型，并且由此成为与国家安全与发展紧密相关的重要学科。

2.3.2 形成发展路径共识

关于是否设立情报学一级学科，我们认同苏新宁教授的观点。从目前的学科规模来看，情报学尚没有成为一级学科的规模和影响力，具体是否成为一级学科，则有待情报学的未来发展[1]。

关于情报学与数据科学、数字人文科学等其他学科融合的建议，我们的观点是：情报学可以从这些学科吸收新的思维与方法，用于丰富情报学的方法论体系，而不必与这些学科融合。诚然，数据科学与情报学关系密切，两者之间的交叉现象将长期存在。但是数据科学与情报学在研究对象、学科内涵、基本任务及发展目标等方面都存在着较大差异，而且学科交叉不能等同于融合。融合不是知识体系的简单合并，而是通过对不同知识体系进行有机整合形成一个新的知识体系，并以新的学科范式的面目出现。吴丹等学者所说的图书情报与档案管理学科与数据科学的融合更像是图书情报与档案管理学科向数据科学的转向。这种转向是出于对图书情报与档案管理学科自身生存危机的自适应调整，是一种自然的变化。这种变化是否合适，是否违背情报学的初衷。这个命题值得中国图书情报与档案管理学界同人的深思。另外，"图情一体化"会严重限制情报学的发展空间。自从独立成为与图书馆学并列的学科之后，情报学在我国得到了快速的发展，产生了许多情报学分支，既包括科技情报学、社科情报学，也包括军事情报学、竞争情报学，情报服务的内涵已经大为扩大，情报服务的信息来源更加丰富，已经不限于图书信息。毕竟情报能力不仅是数据分析能力，更重要的是对情报流程的驾驭能力。情报工作的功能定位是"耳目、尖兵、参谋"，情报学学科的目标是为国家和社会培养适合从事各类情报工作的人才，而不仅是具有一定信息科学素养或数据科学素养的人才。

国内设有情报学专业的高校通过加入信息学院联盟相互取暖，或借助数据科学兴起的机遇向数据科学转型，在短时间内可以提升本单位在国内外学术界的参与度与曝光度，但对情报学学科自身的发展而言，其地位可能会被逐步削弱，甚至会导致自身的消

---

[1] 苏新宁. 大数据时代情报学学科崛起之思考 [J]. 情报学报, 2018, 37 (5): 451-459.

亡。主要原因体现在以下 4 个方面：①情报学的学科定位问题，即为情报工作实践提供配套的理论、方法及技术支撑，使情报工作能够更好地发挥"耳目、尖兵、参谋"功能；②情报学的学科边界问题正在被越来越弱化；③情报学学科长期存在研究问题泛化的短板；④情报学研究的理论体系缺乏，学科结构不清晰。为防止被边缘化，国内设有情报学专业的高校可以适度参与信息学院联盟的活动，但是在此过程中重点要放在情报实践的泛化上。

情报工作理应与国家战略相匹配，与国家安全与发展相关联，履行"耳目、尖兵、参谋"之使命。情报工作离不开情报教育和情报人才，而情报教育和情报人才离不开情报学学科体系的建设，情报学学科建设直接影响着新形势下情报人才的培养。情报学融合了军事、政治、经济、国安、公安、社会、外交、文化、科技等不同学科门类的知识，具有典型的交叉学科的特征①。科技情报学、竞争情报学、军事情报学、公安情报学、国家安全情报学等情报学分支在情报思想、分析方法、工作流程等理论层面具有相同的本质。因此，我们认为，国内情报学界应对各类情报学分支进行充分融合，重构具有中国特色的情报学理论体系和学科专业体系。

2.3.3 重构学科知识体系

学科一般是指相对独立的知识体系，科学则是一个建立在可检验的解释和对客观事物的形式、组织等进行预测的有序的知识体系。经过多年的发展，情报学已经形成一套系统的知识体系，但是其科学性不强、根基不牢。因此，需要重塑情报学内核，使其更加严谨与科学，否则，其发展前景堪忧。情报学内核（基础理论体系）由情报学的哲学基础、核心问题、基本原理、基本方法等方面的相关论述所组成。情报学界需要对情报学经典文献进行重新解读，找出其中不合理的部分进行完善，进而形成一套关于情报学基础理论体系的论述。

第 3 章至第 6 章将详细阐述情报学学科知识体系的重构问题，包括情报学的哲学思考、情报学基本原理阐述、关于重构情报学基础理论体系的思考、情报学学科体系重构等内容。这 4 章内容层层推进，关系密切。

2.3.4 合理拓展研究内容

情报学的发展充满着时代的烙印，其研究领域与社会发展、国家需求、技术进步等

---

① 薇子．推动中国情报学学科建设创新发展，培养新形势下的情报人才［J］．情报杂志，2017，36（2）：212．

方面有着密切关联。学科中任何研究热点和前沿领域都有其产生和发展的背景。在经济、科技、安全等全球化竞争日益加剧的背景下，中国政府先后推出大数据发展战略、国家情报智库发展战略、总体国家安全战略等重大发展战略，这些战略为情报学拓展了研究对象、深化了研究问题，中国情报学界应该抓住机遇，产出丰富的情报学理论成果和情报研究应用成果，进而奠定情报学不可或缺的社会地位。本小节将概要性地分析新形势给情报学发展带来的机遇，第7章至第11章将详细论述新形势给情报学学科建设带来的影响。

（1）关注国家安全主题

2014年4月，习近平总书记在中央国家安全委员会第一次会议上提出了"总体国家安全观"思想①，明确指出要既重视发展问题，又重视安全问题，发展是安全的基础，安全是发展的条件。2015年，习近平总书记在第十二届全国人民代表大会第三次会议解放军代表团全体会议上，明确提出把军民融合发展上升为国家战略，指出要加快形成全要素、多领域、高效益的军民融合深度发展格局，丰富融合形式，拓展融合范围，提升融合层次②。2017年6月，《中华人民共和国国家情报法》③ 颁布，体现了决策层对我国情报事业的密切关注，为国家情报工作在"总体国家安全观"框架下的发展提供了法律支撑。在此背景下，传统的情报学研究出现热点的扩充和转移，军民情报融合与面向国家安全的情报研究已成为情报学研究的热点和重要领域。

国家安全是国家的最高利益，情报工作成为维护国家安全的重要组成部分，其重要性呈现不断上升的趋势，已经成为提高国家综合实力的一个重要因素。情报工作在整个国家安全体系中的作用大体可分为以下4个方面：情报搜集作用，了解对手的情况与意图，使国家能够及早发现各类安全威胁，提前做好预警及应对准备；反间谍与反情报作用，有效打击对手的情报收集能力，确保国家利益不受侵犯；情报研究与分析作用，依靠情报界提供的战略、战术分析，帮助国家应对军事、政治、经验等方面的潜在威胁，为面向国家安全的决策提供依据；为国家各部门在维护国家安全时充分发挥自身职能提供保障④。长期以来，面向国家安全和社会发展的情报学分支力量处于相对隔离的状态，

---

① 习近平. 坚持总体国家安全观　走中国特色国家安全道路 [J]. 中国监察, 2014 (9): 4.
② 曹智, 李宣良. 习近平出席解放军代表团全会强调深入实施军民融合发展战略巩固发展军政军民关系, 为实现中国梦强军梦凝聚强大力量 [N]. 人民日报海外版, 2015-03-13 (01).
③ 中华人民共和国国家情报法 [N]. 人民日报, 2017-07-14 (012).
④ 《情报与国家安全》课题组. 情报与国家安全 [M]. 北京: 时事出版社, 2002: 1.

地方高校及相关情报科研院所与军事公安高校及相关情报科研院所在研究过程中没有形成完善的资源共享和协同创新体系，军（军事情报、安全情报等）、民（科技情报、社科情报等）情报学在理论、方法、人才、技术方面的融合形式、融合范围、融合层次都不够，难以形成优势互补。

在当前的国家安全形势下，国家安全要素（国家安全涉及的各个方面）相互交织影响，情报的存在和情报活动规律呈现新特点，情报学的研究视角、研究对象、研究内容也受到国家安全形势的影响。情报学界逐渐意识到，在复杂严峻的国际安全形势下，情报学研究分而治之的状况限制了情报学为国家安全和社会发展提供决策支撑的优势，如何加快拓展情报服务适用范围以满足新时代国家安全需求，构建情报法框架下的跨界融合的"大情报学"理论体系，实现军、民情报学理论、方法的融合互补，为国家安全与发展做出更大贡献是情报学研究的热点问题。

（2）关注情报智库主题

随着中国政府提出"建设新型高端智库"的要求，国内的情报工作思路发生了变革，情报功能与定位随之变化。

2015年，中共中央办公厅、国务院办公厅颁布了《关于加强中国特色新型智库建设的意见》①，进一步明确智库在健全中国特色决策支撑体系中的重要作用。由于智库的具体咨询研究需要情报研究的前端支撑功能，智库工作与情报工作在研究内容、工作机制、服务目标方面具有天然的相关性②，因而国家对智库建设的重视和支持也是中国情报学理论与实践发展的一次机遇。情报学自创立之初起就在社会发展过程中起到"耳目、尖兵、参谋"作用，在我国科技、经济、社会发展的关键时期，情报学更应担负起为科学发展提供引领、为政府决策提供支撑的重要职责，成为科学研究和社会工作的"智囊"。因此，情报学界应该积极参与中国特色新型智库建设，一方面，要为智库的建设提供理论、方法、技术、人才支撑；另一方面，要积极进行情报研究机构的转型，实现情报研究机构的智库化发展。

长期以来，各级科技情报研究所（信息所）的主要工作集中在文献和信息服务方面，依照科学研究和社会工作已有的需要被动地为他们提供"后勤保障"，较少通过情报搜集、情报分析主动发现问题、预测发展、参与决策。情报学界应该深入拓展情报学

---

① 加强中国特色新型智库建设［N］. 人民日报，2015-01-21（001）.
② 袁建霞，董瑜，张薇. 论情报研究在我国智库建设中的作用［J］. 情报杂志，2015，34（4）：4-7.

服务范围，推动情报学理论、方法、技术向其他学科渗透，吸引其他学科领域高端人才进入情报研究领域，使情报工作为中国特色新型智库建设添砖加瓦，同时，应该理顺情报教育与情报工作之间的关系，为建设中国特色新型智库输送高质量的情报人才。

（3）关注大数据主题

大数据是指无法在一定时间范围内用常规软件工具进行捕捉、管理和处理的数据集合，是需要新处理模式才能具有更强的决策力、洞察发现力和流程优化能力的海量、高增长率和多样化的信息资产[①]。随着现代信息技术的快速发展与广泛应用，人类进入了"大数据时代"，即数据已经渗透到每个行业和业务职能领域，成为重要生产因素的时代。

大数据本身并不是一项技术，但它具有巨大的技术、方法、社会和认识论意义。大数据在改善了人们生活方式的同时，也改变了科学研究的主导范式，以数据驱动的科学研究已成为主导范式。大数据范式开阔了研究视野，丰富了研究方法，也为情报学与情报工作带来了新的理念。但是，机遇和挑战并存。大数据具有大量、高速、多样、低价值密度、真实性的"5V"特征，大数据范式强调概率分析、趋势分析，这与大数据时代之前情报学研究与情报工作实践中强调的数据精准性及数据处理方法存在显著差别。

在大数据时代，传统的数据分析思想发生三大转变：一是转变抽样思想；二是转变数据测量的思想；三是不再探求难以捉摸的因果关系，转而关注事物的相关关系[②]。相应地，基于大数据范式的情报研究成为情报学界关注的重要研究领域之一，大数据中的情报采集、数据关联分析、情报分析模型、决策支持情报系统等成为情报学领域新的研究热点。

在大数据时代，情报学研究将发生以下变化。

①大数据范式不仅促进情报学理论研究与应用研究的深层次变革，而且对情报工作在数据管理、数据分析、数据使用及数据服务中的作用提出更高的要求。情报学领域组织与处理的对象从以文献为主向网络复杂数据拓展，从结构化数据为主向复杂结构数据扩展，因而需要研制与之相适应的大数据情报分析工具，需要重建情报学理论方法。

②大数据分析与情报研究两者在视角、分析过程等方面联系紧密，大数据技术与方

---

① 胡敏中. 大数据分析的认识特征[J]. 自然辩证法研究，2018（1）：112-117.
② 维克托·迈尔－舍恩伯格，肯尼思·库克耶. 大数据时代：生活、工作与思维的大变革[M]. 杭州：浙江人民出版社，2013：67.

法的应用将对情报学的理念、研究内容、主要技术方法等产生持续的重要影响。大数据分析方法可以作为情报分析方法的重要组成部分，而情报分析则为大数据分析提供目标定位。

③大数据时代的情报工作在范围、特征、作用、形式、对象等各个方面发生巨大变化，其主战场不仅是科技与军事领域，而是被拓展到社会、经济、文化等方方面面。

④基于大数据范式的情报学思维将促进情报学研究与情报工作实践彻底变革。例如，以"众包"为手段的集体智慧技术正在被引入情报学研究。大数据现象需要在许多领域实现更高的任务自动化，而数据驱动算法也需要不断的人力输入来学习和改进模型，从而提高性能。因此，存在一个矛盾的情况，即大数据最终导致通过算法替换人类，同时需要人工（众包）来提高所述算法的预测能力[①]。这种悖论被称为"异质性"，即大数据依赖于两种看似相反的模式共存：人工和自动化。随着大型科技公司的科学家和其他专业人士越来越多地依赖机器和志愿者，以公民科学家为主的在线社区的存在可能导致业余爱好者和专家之间的边界模糊。将集体智慧技术引入情报学研究可有效解决大数据环境下情报工作自动化方式与手工方式的共存问题。

综上所述，在大数据时代，无论是数据量还是数据类型，都要求情报学这一学科对于自身的技术和研究方法进行一次变革和完善。以往的技术不能解决的问题，在大数据时代的今天将会得到解决；以往的方法不能研究的问题，在大数据时代也将得到研究。情报学学科必须加强创新基于大数据范式的情报学理论、方法与技术，建立适用范围更广的情报理论、方法和分析模型，培养具有科技、文化等专业背景的情报专业人才，为社会发展做出突出的贡献。

（4）关注科技进步与社会发展主题

情报学是一个应用型的学科，是一个与时代发展紧密联系的学科，国家与社会的需要、科技与经济的发展都受益于情报学理论、技术与方法的发展与应用，从个人到组织、机构甚至国家无不受益于情报决策。个人进行电子购物需要情报分析获得具有指导价值的情报，同时需要保护个人隐私；企业需要竞争情报、商业情报、市场情报等信息获得竞争优势；政府需要战略情报、情报支援、情报预警等来获得对社会治理的支持。情报学界应以关注社会问题、国家经济问题为己任，在社会、科技发展中发挥更大作用。

---

① IBEKWE-SANJUAN F, GEOFFREY B. Implications of big data for knowledge organization [J]. Knowledge organization, 2017, 44 (3): 187-198.

当前，国家发展面临新挑战，科技、经济、社会发展步入全面改革的关键时期。互联网所带来的泛在数字环境使得用户获取信息的渠道呈现泛在趋势；物联网技术、互联网技术、大规模存储技术、海量数据挖掘技术及云计算技术等的逐渐成熟使海量数据的搜集、传输、处理和分析成为可能；数字资源信息形态、开放获取运动颠覆了原有的情报序化方式和情报研究方法。面向科技进步与社会发展，情报学界拓展研究内容，产生了智慧健康信息管理、品牌信息分析、智慧城市快速响应情报体系构建、公共数字文化服务、面向政府决策及舆情调控等热点研究。

相比其他国家，中国在大数据时代拥有不可比拟的优势：中国的政府体系在社会中的地位、能力和影响力明显强过大多数国家，同样地，中国拥有的公共数据资源及获取数据资源的能力也都优于其他国家，但到目前为止，我国政府在社会数据的开放程度上则相对较低，所以，一旦政府下决心实施开放数据战略，其推进力度和综合社会经济效益将会非常显著。

(5) 关注国际竞争主题

全球化使得情报工作的环境发生巨大变化。国家间的相互依存程度日益加深，使得区域危机很容易超越国界，在全世界蔓延；安全边界模糊，牵一发而动全身；跨国力量及次国家力量不断膨胀，各种国际组织、非政府组织和个人成为国际关系中的重要成员，安全主体呈现多样化。这些非国家行为体的活动导致各种非传统问题，产生各种各样的非传统安全威胁。传统安全威胁与非传统安全威胁相互交织，构成全球化时代国家安全威胁的多样性。情报工作必须适应这种变化，适时调整情报职能，重新确定情报工作的优先次序。

中国正在向着科技强国的目标大步迈进，与此同时，在经济、科技、安全等方面面临的国际竞争也日益激烈。应对国际竞争必须高度倚重竞争情报和科技情报。无论是高新技术引进，还是国家之间的贸易争端谈判，都需要情报能力的跟进支撑。面对复杂的国际竞争形势，情报研究领域应该寻找对策，帮助我国在经济、科技、安全等方面获取国际竞争优势地位，实现和平崛起。在全球化时代，情报服务于政治斗争、军事斗争和外交决策的传统职能没有改变，但是应对非传统安全威胁亦成为情报机构的重要职能，情报机构的保障任务明显加重。情报研究领域也需将国际反恐情报合作、国际竞争情报、外交情报、对外涉华舆情等主题作为重要的研究内容。

2.4 情报学学科功能单位建设

学科功能单位建设是高校科学研究和人才培养的重要基础,学科的综合实力体现了学校的水平。学科功能单位建设是一项基础性、系统性和长久性的工作,是学校教学、科研、高层次人才培养及师资队伍建设的结合点,也是专业建设的重要依托。学科功能单位建设是学科知识体系建设的保障,因为学科功能单位能够为学科知识体系建设培养学术共同体。本节主要讨论情报学学科队伍建设、学科科研选题、学科人才培养3个方面的内容。

2.4.1 学科队伍建设

学科发展以人才为核心,学科背景影响办学理念、人才培养质量,甚至影响学科在学界和国际上的影响力。通过高端人才的引领、带动和支撑,打造一支具备国际学术视野、能够把握学术前沿的学术领军队伍,可以全面提升教师队伍整体水平,为情报学学科的教学、科研、学科建设及社会服务提供人才保障。

然而,目前国内高校推行的一些改革,如"一流学科建设""以本为本"等,对情报学学科的队伍建设产生一定的冲击。

2017年9月,教育部、财政部、发展改革委公布"一流学科"建设名单,助力名单中的这些学科实体单位迈向世界一流。学科既承担着知识创新、传播与应用等职能,又是价值凝聚体。一流学科建设的本质目的在于通过知识创新体系的系统性优化与现代性重构,实现知识生产、创新、传播与应用能力的全面提升,牵引人才培养、科学研究、社会服务及文化传承的整合联动,以一流学科引领一流大学建设[1]。从高校来看,实施一流学科建设的目的更多的是获取政府资源,从而提高办学声誉,赢得优秀生源和师资。但是,学科"一流身份"的动态进退被各种各样的学科评价和排名所支配,参与一流学科建设的最大动力和最高报偿就是尽可能多地发表高水平学术成果[2]。因此,在第一批"一流学科"建设名单公布之后,"一流学科"总量成为衡量国内高校科研实力的

---

[1] 赵渊. 世界一流学科建设的"中国范式":价值建构及实践路径[J]. 浙江社会科学,2019(4):95-102.

[2] 刘小强,彭颖晖. 一流学科建设的三种导向:价值的冲突与统一[J]. 研究生教育研究,2019(1):64-68.

一项重要指标，而创建能够冲击"一流学科"荣誉的学科也成为很多高校学科建设的重要任务。学校根据国际一流学科建设要求，推进国际一流学科培育计划，有机会冲击"一流学科"的学科被投入更多的资源，一些弱势学科被撤销或被合并于一些优势学科。

在许多高校，情报学是传统意义上的小学科，人才队伍小，学术影响弱，在院系合并调整的大潮中，往往是优先调整的对象。国外的信息学院联盟运动，使得很多图书情报学科与计算机技术、新闻传播等专业重组为新的学院；国内情报学专业很多存在于经济管理、公共管理、工程管理等类型的学院中，处于弱势地位的情报学学科的从业人员往往忧虑被取代或被合并。高校专业结构调整直接导致许多高校的情报学科研队伍规模萎缩。例如：浙江大学情报学学科曾经单独建系，现在被并入公共管理学院，目前只有10名教师，一些科研能力很强的教师被引进到南京大学等其他院校担当学术骨干；南京某大学的情报学学科队伍被拆分，分别归入计算机学院、管理学院、物联网学院。被归并到其他院系的情报学界的学者为了更好地适应新环境中的考核指标，提升自身在新环境中的竞争力，通常会调整研究方向，慢慢偏离情报学研究领域。

2018年6月21日，教育部在四川成都召开新时代全国高等学校本科教育工作会议。会议强调，坚持"以本为本"，推进"四个回归"，即以本科教育为本，实现"回归常识、回归本分、回归初心、回归梦想"，推动本科教育重新回到大学办学的核心基础地位。这标志着建设一流本科教育成为我国高等教育发展的又一重要任务，追求本科专业排名的名次则成为学科建设中的重要之重，因为本科专业排名的好坏直接关系到学校声誉及学校对本科优质生源的吸引力。多个本科专业的整合，可以在短时间内明显提升一个本科专业的评价指标值，使其能够在本科专业评估中获得更好的位次。学校对院系有本科专业排名名次的要求，发展状况不好的弱势专业往往会失去生存空间，被并入其他具有相对优势的专业。另外，从现有情报学专业设置来看，情报学作为一个学科专业在本科基础教育中消失，只有硕士专业与博士专业，没有实现本科、硕士、博士3个层次的贯通。同一个队伍承担3个层次的教学，授课内容向"信息""信息管理"等方向偏移，影响了学生对情报学基本术语的理解认识，从长远看，可能会导致情报学教育的萎缩，不利于情报学学科的健康发展[①]。由此可见，"以本为本"可能会进一步加快"情报学科研队伍萎缩"这一进程。

---

① 赵柯然，王延飞. "情报"术语争议对学术交流与学科建设的影响反思[J]. 图书情报工作，2018，62（2）：35-39.

通过引进计算机科学、管理科学与工程等专业背景的教师，情报学学科在完善专业教师队伍结构的同时需要解决好跨学科融合的问题。在一些情报学专业实力较强的高校，引进人才更多地看中学校平台，而不是学科平台，更多地从事原有学科的研究方向，而不是基于原有学科优势进行跨学科的情报学研究。因此，情报学学科的功能单位在引进人才的同时应该建立配套的管理机制，使这些人才能够更好地为情报学发展服务，而不能让他们带偏情报学的发展方向。

2.4.2 学科科研选题

情报学学科的存在价值是为情报工作实践提供配套的理论、方法及技术支撑，使情报工作能够更好地发挥"耳目、尖兵、参谋"的功能。因此，情报学学科的科学研究必须与情报工作紧密结合。也就是说，情报学研究的选题应该源于情报工作实践，情报学研究的成果应该是能够对情报工作实践具有指导作用的理论或能够提升情报工作效率的方法、技术或工具，要有一定的理论深度和创新性。这是情报学研究的选题基本原则。本小节将以科技情报研究为例，简单阐述如何进行研究选题。

前些年，国内科技情报机构疏忽了与高校情报学界进行交流，双方似乎越来越疏远。目前，双方开始走近，交流逐渐增多，其主要原因就是双方已经认识到，前些年国内的情报工作与情报学研究没有形成一个相互配合的良性生态系统，双方所认知的"情报"与"情报工作"不是一回事。情报工作的职能定位是"耳目、尖兵、参谋"，情报学研究的职能定位是"为情报工作提供理论、方法、工具"。实际情况是，国内情报学界提出了一些理论、模型、方法或工具，但是情报工作一线的从业人员无法理解或应用。也就是说，国内情报学界已经产出很多成果，这些成果不是没有意义，而是已经偏离情报学研究的初心，而且越走越偏。最典型的现象是，为普通老百姓推荐电影这样的信息服务任务也成为情报学界常见的研究内容，"情报"被泛化为"信息"。国内情报学界关于"情报"与"信息"的争议暂时不会平息，学者们应该少争议、多干事，把"intelligence"思维贯彻于情报研究过程。只要具有"intelligence"思维的情报学成果源源不断地产出，自然会对其他学者产生影响，让情报学研究逐渐回归本原。

科技报告是一种重要的情报资源，对科技报告资源的开发与利用是目前情报界的重要任务，而探讨开发与利用科技报告资源的理论、方法与工具则是目前情报学界的重要任务。在开发与利用科技报告资源时，人们会遇到各种需要解决的情报问题。例如，如何判断一篇科技报告的质量。受资助的科研项目在结题时需要提交一定数量的科研成果，这些成果通常是以刊载论文的形式发表，并标注受到资助的项目名称及项目编号。为了应对项目评估对成果数量的要求，部分学者要求他人在发表论文时标注自己的项目，尽管论文的内容与自己项目的研究内容没有什么关系，这是一种学术不端行为。另外，部分学者提交科技报告时，其内容与申请书的研究任务不符，但是由于学术社交关系的作用，部分不合格的科技报告被评价为合格，甚至优秀。科技报告质量评估方法的创新与使用可以有效地探测科技报告评估中的不正常现象，对评估过程的学术不端行为具有一定的震慑作用。

上述例子表明，情报工作界与情报学界应该相互合作，共同发展。情报工作界在情报实践过程中发现并提出具体的情报问题，情报学界将情报问题一般化，从情报理论的高度对情报现象进行解释或针对情报问题给出对应解决方案、方法或工具。

情报工作从业人员与情报学学科从业人员的互补性表现为：前者实践能力较强，但是科研能力较弱，论文欠缺乏创新性；后者实践经验欠缺，但是科研能力较强，论文常在理论或方法方面寻求创新，但是脱离情报实践，对情报工作缺乏指导价值。例如，情报所与高校情报学界合作，既可以解决稿源质量问题，也可以解决情报学研究队伍建设问题。情报所既拥有部分重要的情报资源，也拥有来源于情报实践的各类情报问题，为情报学研究提供了重要的数据支撑及丰富的研究内容；情报学界与情报所以立项的方式解决情报问题，既为高校情报学界解决部分科研经费问题，也使得情报学界的科研活动变得有的放矢，成为真正为情报工作提供理论与方法支撑的学科；同时，在合作的过程中，情报所的从业人员可以参与科研活动，共同完成学术论文的写作，在项目完成的过程中实现情报学素质及科研能力的提升，进而成为情报学科研队伍的生力军。

长久以来，数量庞大的科技情报机构从业人员中有众多高学历的研究人员，这些研究人员每年在各类学术期刊上发表大量的学术论文。然而，由于高校科研团队对学术期刊版面的挤占，以及科技情报机构本身比较关注情报工作且不太重视对情报学理论与方法的更新，导致自2015年起我国省级科技情报机构核心期刊发文数量持续下降。省级科技情报机构在研究上整体呈现"重科技管理，轻情报"的趋势，研究主题与科技情报机构的核心业务相关，主要包括科技情报、科技查新、专利分析与研究[①]。省级科技情报机构发文学术质量的下降主要原因在于情报学理论、方法、技术、工具的快速更新，其

---

① 刘明珠. 基于期刊论文的我国省级科技情报机构科研现状分析 [D]. 南京：南京大学，2019：46.

速度远快于情报工作从业人员专业知识更新的速度。

综上所述,情报学研究与情报服务的开展相辅相成,高质量的研究成果来源于业务实践,同时可以升华业务实践过程中的思考与收获,促进新方法、新知识的传播与交流,进而更好地服务科技情报行业。

2.4.3 学科人才培养

情报学学科的人才培养目标是向社会输出能够从事情报工作或情报研究的人才。情报能力不仅是数据分析能力,更重要的是对情报流程的驾驭能力。情报学的人才培养过程要解决好学科边界的相对稳定性、课程体系的合理性、理论与实践的结合性、子学科教学内容的平衡性等问题。

(1) 突出情报意识的植入与塑造

情报学教育效果的好坏直接影响情报学学科及情报事业的未来发展。与情报学研究的现状类似,当前情报学教育的定位存在偏差,培养的人才"情报素质"不足,虽然能够较好地满足国家建设与发展对信息人才的需求,但是不能胜任国家安全与发展对情报人才的需求。

情报学教育过程应该重视"情报"(intelligence)教育与"信息"(information)教育的一体化,突出情报意识的植入与塑造①。多年来,情报学教育的重心和发展方向始终存在争论,课程体系不断演变。由于国内普通高校的情报学学科功能单位大多脱胎于图书馆学,因此,该专业的教育内容存在比较严重信息倾向,将情报教育泛化为信息教育。尽管后来图书情报领域引入竞争情报等具有情报属性的教育内容和研究方向,但是情报教育被泛化为信息教育的境况没有得到明显的改善。国内军事、公安、政治、外交等院校和领域的"情报"教育所占的份额相对较少,对图书情报学界产生的影响微不足道。实际上,由于情报与信息在本质上存在高度的关联,尽管侧重点有差异,但是从信息链视角来看,"intelligence"式情报学教育与"information"式情报学教育具备相通性,两者可以信息链为基础进行融合。目前,需要在图书情报学范式的基础上重点关注情报研究范式的情报对抗、情报智能化再造、智慧情报等理论与应用,让情报学教育回归本原。

---

① 孙建军,李阳. 论情报学与情报工作"智慧"发展的几个问题 [J]. 信息资源管理学报,2019 (1):4-8.

培养能够适应情报工作的情报人才是情报学教育的终极目标。目前，开展情报学教育的主要实体是普通高校，其优势是系统化的学科教育、理论教育，其弱势是缺乏紧扣情报工作的实践教育，情报学学科教育人员的"intelligence"思维普遍弱于情报工作从业人员。理论教学和实践教学是人才培养的两个重要环节，在教学内容和功能上互为补充和融合。因此，高校应与科技情报所等专业情报服务机构、企事业单位的竞争情报服务部门开展情报教育合作，实现情报学学科教育、理论教育、实践教育的有机统一。

可在以情报学为优势学科的高校率先改革情报学学科建设模式。以"大情报观"作为情报学学科建设的指导，从安全与发展相结合的战略高度出发对情报学进行专业规划，将社科、科技、军事、公安等各类情报学纳入学科范畴；在教学过程中，进一步丰富情报学内涵，注重情报实战技能的培养；在师资队伍方面，广泛吸纳国家安全、国际关系、外交、战略研究等各领域的高水平人才；在就业指导方面，通过开展国家安全情报工作实践等方式，使学生将发展方向拓展到国家安全相关领域。

（2）培养对情报流程的驾驭能力

情报能力是指情报服务主体在进行情报规划、情报搜集、情报处理、情报分析、情报研判、情报共享及情报应用等一系列过程中所展现出来的综合性能力。对情报人员而言，情报能力主要体现为情报规划能力、情报搜集能力、情报处理能力、情报分析能力，以及在情报流程中表现出来的综合能力。情报规划能力是明确用户情报需求的能力。情报人员要具备一定的沟通交流能力，在特定情境下，通过与用户的交流识别用户的情报需求，确定情报需求的优先次序，明确情报活动的方向，编制情报活动的规划，列出情报搜集的任务。情报搜集能力是利用各种工具或手段从多种渠道获取情报资料的能力，包括信息采集能力、信息检索能力。情报人员既可以亲自搜集，也可以利用集体智慧等手段由他人辅助搜集。有价值的情报信息往往隐藏于大量无价值的情报信息之中，只有了解和掌握多种检索工具的使用方法，充分利用智能搜索引擎、信息自动推送、隐含信息挖掘、敏感词汇过滤、海量数据管理、跨语言检索等信息技术手段，才能确保快速高效地查找到所需的情报信息。情报处理能力是指对搜集到的情报资料进行加工，将其转化为适合情报分析的形式的能力，包括资料筛选、去伪存真、鉴别质量、资料关联、资料序化（利用一定的科学规则和方法，对信息的外在特征和内容特征进行表征和排序）等方面的能力。只有掌握科学的情报处理方法，才能使情报处理更加规范、高效。情报分析能力是指利用各种分析工具和方法，对情报资料进行综合、分析、联系、评估与推断，生成情报的能力。情报分析是基于全局的分析，所依据的数据对象是全部来源的数据（all-source data），数据分析是基于局部的分析，所依据的数据对象通常是全部来源数据的子集。在情报分析流程中，数据分析产生的新信息、新知识是后续环节产生新智慧的基础[1]。不能将情报分析能力等同于信息分析能力或数据分析能力。

组织的演变和由新的协作情报范式决定的变革与技术进步同时发生，已经在情报的组织层面及可操作层面发生巨大变化。尽管通过信息与通信技术生成的工具不能替代人类思维，也无法指导情报流程，但是它们可以优化信息流，提供支持信息集成的分析功能。使用这些工具的能力已经成为情报人员情报能力的重要组成部分。

北京大学王延飞教授认为，情报人员的情报能力还应该包括情报感知能力，而且这种能力贯穿整个情报流程。情报感知能力是指将资料和背景知识结合形成对有关形势进行解释的能力[2]。情报流程的规范性与情报感知的创造性互补与融合，对情报人员和情报体系的感知能力都提出更高的要求，情报流程各环节应当具备的情报感知能力及情报感知能力的提升路径等问题有待情报学界的深入探讨[3]。

根据"情报流程"理论，情报机构的主要任务是支持情报用户的决策，其活动应该通过提出情报用户的情报要求来启动。情报机构的"情报服务能力是指情报机构针对用户的问题、任务和需求，将情报机构自身拥有的各种资源进行有机整合优化，通过控制与协调情报服务流程的有效运作，使资源转化为可外化的知识，形成价值更高的情报产品或者服务，解决用户的问题，并使自身获取竞争优势的能力"[4]。为了提升情报机构的整体情报服务能力，需要在以下4个方面加以完善[5]：①改进连接情报用户和情报机构的机制；②改进情报收集；③改进情报分析和分享；④增强信息安全。

---

[1] 杨建林，李品. 基于情报过程视角辨析情报分析与数据分析的关系［J］. 情报理论与实践，2019，42（3）：1-6.

[2] BABER C, ATTFIELD S, WONG B L, et al. Exploring sensemaking through an intelligence analysis exercise［J］. International conference on naturalistic decision making, 2013（4）：125-131.

[3] 唐超，王延飞. 融入情报流程的情报感知能力研究［J］. 情报理论与实践，2019，42（5）：14-18，22.

[4] 李辉，张惠娜，侯元元，等. 情报3.0时代科技情报服务能力研究——基于工程技术视角的服务能力四层结构模型［J］. 情报理论与实践，2017，40（3）：1-4.

[5] KOBAYASHI Y. Assessing reform of the Japanese Intelligence Community［J］. International journal of intelligence and counterIntelligence, 2015, 28（4）：717-733.

（3）探索情报人才联合培养模式

信息化社会的纵深发展，使得情报分析面对的数据源体量越来越大、种类越来越多、结构越来越复杂，对情报的搜集、整序、组织、分析等环节带来全新挑战，对情报人员的知识结构、综合能力的要求越来越高。为了满足情报体系的多样化诉求及情报工作的现实需求，情报人才需要具备丰富的知识储备，包括掌握情报学基础知识及特定情报领域的专业知识，完善情报专业技能，并拥有一定的人文社科、应用科学、统计科学、逻辑学等学科知识素养。因此，情报学教育需要突破"门第"之见，探索跨学科、跨院校、跨领域、跨系统的情报人才交流和联合培养模式。首先，需要形成国家层面的情报人才战略，并由各教育机构贯彻实施；其次，调查与梳理各个领域、各个系统对情报人才的需求，并制定不同类型情报人才的职业发展规划，在此基础上进行情报人才教育和培训的课程体系设计；再次，选择相关军、警、地方高校进行教育试点，根据试点经验，逐渐掌握情报人才的培养模式，依据情报职业发展的规律，形成情报人才培养的机制和制度；最后，构建国家层面的情报人才体系，搭建人才培训交流平台，组建军、警、地方高校的情报教育联盟，加速信息共享，加强经验分享机制，提升情报人才的培养质量，满足国家安全与发展对情报人才的需求[①]。

情报人才培养可分为3个阶段。初期以普通综合性大学的情报后备人才培养为主，培养基本功，使学生能够掌握与灵活运用管理学、信息学、计算机学、经济学、语言学、数学等方面的理论、方法、工具，最大限度地拓展知识储备。中期以特定领域情报人才培养为主，增加特定领域的情报专业知识及专业技能培训。可在以情报学为优势学科的普通高校设立情报学军事院校与普通高校的人才交流试点[②]。一方面，充分发挥地方高校教学资源优势，通过军校军事情报学院系与具有情报学专业优势的地方高校签订校际合作培养协议等方式，将军事情报学科研人才纳入地方高校培养体系，将军校教员引入地方高校情报院系兼职，实行"双导师"制度，联合培养情报人才；另一方面，充分发挥情报学强关联机构与地方高校的人才合作优势，通过工作交流，如资助学术活动、专家互聘等方式推动军地科研工作者的互动，在工作实践中开展人才交流。后期以高级情报人员的培养为主，由特定的军事院校承担情报教育任务。

---

① 孙瑞英，马海群. 总体国家安全观视域下中国特色的国家情报工作安全体系构建研究[J]. 情报资料工作，2019，40（1）：33-43.
② 齐欣. 军民融合视角下的情报学科研合作发展对策初探——以军事学领域为参考[J]. 情报理论与实践，2019，42（4）：6-11.

情报人才可以实行职业化认证机制，具体可采取：继续教育后经职业化认证走向工作岗位，或者走向工作岗位后进行与职称评定相关联的职业化认证①。职业化情报学教育可分为三级。一是通识性教育，以培养"情报素养"为目标，主要面向大学本科生，以提高他们的情报意识、情报认知和情报基础知识为主。基本的情报素养包括以下方面：具有一定的数学和科学知识基础；能够识别、描述和批判性地评估适用的情报技术；能够专业地说、读和口头理解至少一门外语；具有从事情报工作的职业道德；能够创建一般性的专业报告和演示文稿；具有在不同群体中协同工作的能力；能够通过实习、合作或体验等方式在非学术环境中展示情报知识、技能和能力；能够通过毕业论文评估情报问题或挑战；能够评估在商业、执法、国土安全、国家安全或区域研究方面当前和新出现的威胁、挑战及问题；能够解释情报战略和情报行动在商业、执法、国土安全、国家安全或区域研究方面的应用；了解情报历史、情报组织方面的知识；掌握基本的情报规划、情报收集、情报分析技能；等等。二是应用型教育，以情报技术与方法教育为主要目标，主要面向硕士研究生，以情报规律揭示，情报分析理论与技术、方法等为主要教育内容。例如，可围绕"基础理论课—必修课—选修课"开展课程体系建设，将基础理论课程教学内容充满"情报元素"，在必修课中强化对方法与技术类课程的设置（如数据科学类、统计学类、认知科学类等），在选修课中强调领域知识的教育（如经济学、社会学、医学等）。三是高级型教育，主要面向博士研究生。情报学博士教育应以培养能够胜任真正情报工作的"耳目、尖兵、参谋"+"引领"式的高端人才为主要目标，为此，可以在情报学博士招生中鼓励将其他学科的优秀硕士毕业生引入情报学领域，从而培养具有相关专业背景的高端情报人才；同时，可以采取"项目制""任务型"为引导，加强博士生的情报实战能力培养。另外，还可以创造条件与军事、国防和安全情报学教育部门一起联合培养博士生。

由于情报工作的保密性、敏感性、重要性，以及政府与企业对高质量情报人才需求的迫切性，美国等西方国家开始建立专业性的情报大学进行特定领域情报人才的培养。特定的情报领域包括信号和预警、反间谍、政治/经济情报、恐怖主义、监督和潜在的滥用、IMINT、军事情报、科技情报、SIGINT、识别高价值的个人、危机管理、政治化的情报（politicized intelligence）等。美国中央情报局于2000年开设谢尔曼·肯特情报分析学校，于2002年成立中央情报局大学。随后由联邦调查局（FBI）成立了分析研究

---

① 杨国立，苏新宁. 迈向 Intelligence 导向的现代情报学［J］. 情报学报，2018，37（5）：14-20.

学院,以及国家情报总监办公室(ODNI)国家情报大学。后者被设计为一个"虚拟"机构,负责改善不同情报机构培训计划之间的协调。

自从面向国家安全与发展的情报专业开设以来,大学和情报界之间一直存在着密切但隐蔽的关系。然而,随着更大尺度的公共/政治开放和问责制,大学与情报界之间的历史性隐蔽关系变得更加公开。例如:非国防部门的情报教育工作者可以从主流情报教育中学到很多与国家安全情报有关的东西;情报机构通过网站发布信息来通知、指导、激励对情报工作这一职业感兴趣的公众,但是不允许公众进入网站查看其他内容[1]。

与此同时,无论是在美国还是在欧洲,各国政府开始资助一些旨在为大学毕业生提供情报界所需的具体知识和技能的课程。自2005年成立以来,美国情报社区学术卓越中心(ICCAE)计划为通过竞争方式选定的美国四年制学院和大学提供资助,以支持情报相关课程的设计和开发[2]。ICCAE计划的使命是"为情报界培养更多的文化、种族、学科多元化的求职者"。为了实现这一使命,该计划与全国选定的大学建立长期合作伙伴关系,以支持可持续发展国家安全和情报教育计划,培养出一批合格的求职者。

美国情报界与学术界的合作导致学术情报界网络的激增,如国际情报历史协会(IIHA)、前情报官协会(AFIO)、FBI独立分析师协会(FBI IAA)、国际情报教育协会(IAFIE)、Roger Schwarz&Associates、TheCapitol.Net、美国地理空间情报基金会(USGIF)等。其中,最大和最重要的学术情报社区网络是IAFIE,包含来自各种情报学科的成员,包括国家安全、执法和竞争情报等。学术情报界网络的发展进一步推动着情报教育事业的良性发展,其经验值得我国政府借鉴。

(4)设置合理的情报教育课程

一个有效的情报教育课程(program)不仅应该教会学生如何执行一个情报流程以获得分析性产品,而且应该教给他们与情报流程相关的结构、技术和步骤。课程设置应以培育对情报流程的驾驭能力为目标,兼顾信息采集能力、信息组织能力、信息融合能力、信息分析能力、情报洞察能力的培养,将数据科学、人文计算、信息管理、国家情报等学科的基本要求融合在一起。

随着大数据和数据科学的急速发展,国内情报学界开始强调以数据驱动为科学研究

---

[1] GEARON L. Education, security and intelligence studies [J]. British journal of educational studies, 2015, 63 (3): 263-279.

[2] MARTIN I, DAN-ŞUTEU A. Trends and challenges in intelligence education and training [C]. International Conference Knowledge-Based Organization. De Gruyter Open, 2016, 22 (1): 78-86.

的主导范式,而作为与数据紧密相关的情报学学科将如何发展下去,情报学教学如何更加高效和有针对性地推行下去,成为情报学研究者、工作者和教育者必须关注和思考的问题①。从现有的专业设置来看,情报学作为一个学科专业在国内本科基础教育中消失,情报学研究生专业通常与本科阶段的信息管理专业(广义的信息管理专业包含图书馆学、档案学、信息资源管理、信息管理与信息系统)对接,本科阶段的授课内容通常向"信息""信息管理"等方向偏移,导致情报学研究生教育的授课内容也逐渐发生同样的偏移。在数据科学与大数据技术这一本科新专业出现之后,图书情报学界试图将情报学研究生教育与数据科学本科教育对应,导致情报学研究生教育的授课内容开始向数据科学转向②。这也许在某种程度上迎合了当前社会对数据科学人才的迫切需求,但是从长远看,可能会带来情报学教育的萎缩,不利于情报学科的健康发展。国内情报学界应该厘清情报学与其他学科之间的关系,追求本科—硕士—博士教育的一体化,明确本科—硕士—博士3个阶段的培养目标与课程体系,保持培养目标与课程体系的一致性与延续性。

情报学界需要在历史传统、学术发展与社会需求的整体视野中,来综合思考情报学学科的走向。美国的图书情报学院依发展方向不同,分为L-School与I-School,前者以传统的图书馆学为基础,对图书情报领域进行理论性与实践性的研究;后者以计算机科学为基础,对图书情报领域进行技术性与系统性的研究,设置少量必修课程,配备丰富的选修课程。以北卡莱罗纳大学为例,其本科生的计算机类课程中,就仅有信息系统与数据库作为必修课程,其他大量的计算机课程均作为选修。这样的设置有利于学生依据其自身特点与偏好,系统地学习某一方面的课程,如编程、数据库、网络、信息系统等,侧重研究方法与工具的教育。无论是在本科生阶段还是在研究生阶段,都重视对学生研究方法与研究工具使用能力的培养,设置科学研究方法、专业论文写作、报告与演示、信息学科中的制图、信息统计学、调查设计等针对不同研究阶段的工具类课程③。在美国信息学院联盟的课程设置中,传统的图书馆学基础与理论等相关课程日趋减少,信息管理、信息技术和信息利用等相关课程占相当大的比例。该联盟更加重视数据科学和大

---

① 苏新宁. 大数据时代情报学与情报工作的回归[J]. 情报学报,2017,36(4):331-337.
② 王东波,高瑞卿,苏新宁,等. 面向情报学课程设置的数据科学技能素养自动抽取及分析研究[J]. 情报理论与实践,2018,41(12):65-70.
③ 徐艳. 大数据背景下图书情报学科人才培养模式研究——以GSLIS和SILS为例[J]. 现代情报,2016,36(10):123-128,148.

数据分析，只有少数项目在数字治理（digital curation）领域提供重点课程①。

情报人才的培养也需具有"大情报观"，应该能够培养胜任科技发展、国家发展、经济建设、国家安全等情报工作的人才，应该将安全与发展、智库战略、引领科技、决策支持等领域的情报问题与情报实践纳入课程体系。鉴于情报人才培养的特殊性，情报教育应以面向社会情报需求的情报人才培养与面向国家情报需求的情报人才培养两条线并行开展。基于情报本身的敏感性，传统的图书情报学课程及竞争情报学课程的教学计划及教学大纲可以公开，其他敏感性情报能力培训的教学计划及教学大纲不公开，只公开简单的培养目标。情报学教育必须与时俱进，坚持面向国家安全和发展大局，围绕实战搞教学和科研，使培养的人才符合国家安全和发展的需要。情报实战能力包括情报工作能力和情报应用能力，应当积极探索情报学实战化、对抗式的教学模式，形成外向型的知识结构和能力结构。应加大案例分析教学，引入虚拟模拟等手段，丰富情报学的教学和实践。

一个表达和吸引更多利益相关者的声音的课程设计模型将更好地感知、响应和适应情报知识体系的演变②。因应情报工作的新特点，当前美国情报课程设计包括三大知识支柱（pillar）：程序性知识、核心知识、领域知识③。程序性知识涉及如何执行情报任务的知识，而不是学习情报任务。例如，课程内容为学生提供技术性收集的介绍，但没有提供如何进行技术性收集的指导。程序性知识内容领域包括数据管理、分析、沟通和操作技能等。在数据管理领域，学生将学习有关收集和操作数据的特定技能；分析领域涉及将原始信息转化为情报产品的情报流程，该领域的课程教授学生如何使用特定的分析方法和批判性思维技能；沟通领域涉及如何将完成的情报产品传达给客户的程序性知识；操作技能领域涉及情报的非分析技能，如"安全基础"课程可以让学生有机会学习如何进行私人和政府调查。核心知识涉及情报组织和流程、情报的历史研究，以及道德和法律问题，这类知识为理解围绕情报的核心问题提供情报与理论框架。核心知识中的大部分内容侧重于国家安全，但也可以推广到犯罪和商业领域。领域知识涵盖与应用情报领域相关的热门话题，包括国家安全、犯罪及竞争情报等。例如，描述犯罪组织如何

---

① ORTIZ-REPISO V, GREENBERG J, CALZADA-PRADO J. A cross-institutional analysis of data-related curricula in information science programmes: a focused look at the iSchools [J]. Journal of information science, 2018, 44 (6): 768-784.

② PEPPLER B. Innovating curriculum design in intelligence education: a design thinking approach [J]. Journal of the Australian institute of professional intelligence officers, 2018, 26 (2): 3-13.

③ COULTHART S, CROSSTON M. Terra incognita: mapping American intelligence education curriculum [J]. Journal of strategic security, 2015, 8 (3): 46-68.

运作的课程内容最适用于犯罪领域。总体而言，美国情报教育既包含离散的训练技能，也包含更抽象的理论知识。

在国内图书情报学领域的教学与研究中，信息搜集主要采用观察法、社会调查法、信息采购和交换法、信息索取和捐赠法、信息检索法、咨询法和信息征集法，竞争情报分析主要采用定标比超法、SWOT 分析法、业务流程重组法、专利分析法，一般性的信息分析主要采用聚类分析法、相关分析法、引文分析法、比较分析法[①]。"军口"情报学的课程重点放在情报搜集、反情报搜集、情报分析、隐秘行动、特种作战和非常规战争等方面。其中：情报分析主要从甄别问题、制定方案、搜集数据、探讨分析、报告整理、解决问题、评估方案等几个方面进行；具体搜集方式则分为 HUMINT（人工情报）、SIGINT（通信情报）、GEOINT（地理空间情报）、MASINT（测量与特征情报）、OSINT（公开源情报）等方式；传统的情报分析方法带有明显的学科和专业侧重，常用的方法包括历史分析法、经济分析法、科技分析法、社会网络分析法、政治分析法、内容分析法、贝叶斯分析法等；图书情报界和科技情报界所擅长的贝叶斯分析法、交叉影响分析法、回归分析法、内容分析法、文献计量分析法等传统信息分析方法已经逐渐被应用于军事情报领域；各种引文分析、模式分析、模型分析、大数据分析正是目前军事情报分析所缺乏的，在军事情报分析中引入定量分析方法，提高情报分析的科学性，使传统的定性分析与定量分析相结合，是摆在军事情报研究人员面前的任务[②]；传统的情报分析方法在很大程度上取决于分析师在特定主题上的专业知识，被认为越来越过时，因此，分析师越来越多地使用结构化分析技术，包括头脑风暴、魔鬼代言人（devil's advocacy）、红队分析、团队 A – 团队 B、竞争假设分析、关键假设检查和选择性未来学（alternative futures）等。

显然，国内图书情报领域所传授的方法、技术和手段已经落后于国家安全与发展形势所需要的方法、技术和手段，应该借鉴美国情报界所采用的方法、技术和手段。

（5）强化情报学学科的基地建设

作为学科建设的关键因素之一，学科基地是学科组织活动、科学研究和人才培养的载体，是学科建设与发展的重要支撑条件。它们在培养与汇聚拔尖人才、承担国家重大课题、开展国际科研合作、产生原创成果等方面发挥着越来越大的作用。国内情报学学科功能单位充分发挥自身在情报采集、情报组织、情报分析、情报服务等方面的优势，纷纷与企业

---

① 王君，彭玉芳，张巍巍. 美国高校的国家安全与情报教学研究［J］. 情报杂志，2017，36（2）：20-24.

② 高金虎. 军事情报学研究现状与发展前瞻［J］. 情报学报，2018，37（5）：31-39.

界、图书馆、信息研究所等其他单位合作建立联合实验室等多种形式的学科平台基地，情报学学科的社会服务能力与社会影响力得到快速提升。例如，南京大学信息管理学院作为中国人文社会科学评价中心（CSSCI）的智力支持中心，在业内具有重要影响力。2013年建成开放数据分析与处理综合训练中心省级示范中心。2014年建成江苏省知识服务与数据工程重点实验室，是全省为数不多的文科重点实验室和实验平台。参建国家南海协同创新中心、国家科技信息资源综合利用与公共服务中心、国家工程技术研究中心和江苏省信息安全与保密工程技术研究中心，并联合中国科技信息研究所等单位建设了知识分析与服务研究中心等学科平台基础。基于这些平台，南京大学情报学学科快速成长为国内一流学科。

2.5 本章小结

本章主要剖析当前情报学学科建设面临的主要问题及国内情报学界在情报学学科定位与发展方面面临的争议，在此基础上，从学科知识体系建设、学科功能单位两个方面提出情报学后续建设的主要内容。

本章首先分析当前情报学学科建设面临的主要问题，包括情报学没有获得应有的学科地位、信息技术被低水平引入情报学、情报分析被弱化为数据分析、情报学基础理论论述亟须完善、情报学研究内容过于泛化等多个方面，然后介绍国内情报学界在情报学学科定位与发展方面面临的争议，包括关于设立一级学科的争议、关于与其他学科融合的争议、关于加入信息学院联盟的争议。为了情报学学科后续的良序发展，本章提出情报学学科建设的后续发展方向：一方面，要加强情报学学科知识体系的建设，包括明确定位学科功能、形成发展路径共识、重构学科知识体系、合理拓展研究内容等内容；另一方面，要加强情报学学科功能单位的建设，包括等学科队伍建设、学科科研选题、学科人才培养等内容。本章将情报学学科功能定位为"为情报工作实践提供配套的理论、方法及技术支撑，使情报工作能够更好地发挥'耳目、尖兵、参谋'功能"，呼吁国内情报学界应对各类情报学分支进行充分融合，重构具有中国特色的情报学理论体系和学科专业体系，呼吁情报学研究应与社会发展、国家需求、技术进步等方面密切关联，在全球化竞争日益加剧的背景下及时抓住机遇，产出丰富的情报学理论成果和情报研究应用成果。情报学学科知识体系重构包括情报学哲学基础论述、情报学基本原理体系重构、情报学基础理论体系重构、情报学学科体系重构等多个方面，相互之间关系密切，层层推进。重建过程难度很大，需要情报学界的共同努力。

第 3 章
关于情报学的哲学思考

寻找情报学的哲学基础是情报学发展过程中不可缺少的一个环节。通过合适的哲学理论,可以真正揭示出信息的本质,以及数据、知识、智能、智慧等相关概念的本质,进而为解释情报与情报流程的本质提供合适的工具,明确情报学特定的研究领域与特定的研究问题。通过对中国情报学界对情报学哲学基础研究的分析及相关哲学思想的研读与吸收,本章重新论述数据、信息、知识、智慧、计算等概念的本质,在此基础上,分析信息与计算的关系,数据、信息、知识、智慧、情报等概念之间的递进或包含关系,在分析情报流程及情报流程中的信息交互的基础上,明确情报学特有的研究领域、研究问题。

3.1 哲学基础对情报学发展的作用

自从"信息科学"(information science)这一概念出现之后,产生了 3 种自称为"信息科学"的知识体系,即以计算机科学与技术为核心的"计算机信息科学"、以文献处理自动化为核心的"图书馆信息科学"及以申农通讯信号计量理论为核心的"全信息信息科学"。这 3 种"信息科学"都是充分关注特定领域中的某些信息,并不热衷于形成一体化的知识体系。国内自成体系的情报学对应于"图书馆信息科学",属于信息科学大家族中的一员,但是不完全等同于国外的"图书馆信息科学",具有中国特色。英国学者 B.C. 布鲁克斯是情报学界公认的泰斗之一,他的系列论文"The foundations of information science"对情报学的后续研究影响巨大。

该系列论文的第一篇专门讨论了情报学的哲学基础。布鲁克斯为什么专门讨论图书馆信息科学(国内所称的情报学)的哲学基础?国内情报学界普遍将情报学的哲学基础上升为情报学研究的世界观和方法论,认为它决定着情报学的整体观和发展方向①。这种认知其实错误理解了布鲁克斯的本意。讨论情报学的哲学基础并不是继续讨论思维和存在、意识和物质的关系问题,而是从哲学的高度探讨将情报学作为一个新的科学分支的正当性(超越当时的哲学、精神心理学和大脑神经生物学),以及明确情报学自身的研究领域与研究问题。布鲁克斯认为,信息的概念给理论科学家带来了特殊的困难,借助于卡尔·波普尔"三个世界"理论可以明确情报学界的任务,即收集和组织使用世界3(客观知识世界)的记录,研究世界2(精神世界)和世界3之间的相互作用,以帮助组织知识及更有效地使用知识②。他认为,这是一个其他学科尚未宣称的领域,通过建立情报学这一新的科学分支,能够摆脱2000年前的知识理论方法、主观心理学及传统哲学的主观性,但是情报学必须发展自己的原理和技术,如果只是随意从一组学科中抽取成分并将它们拼凑在一起,形成支离破碎的组合,那么它将没有未来。因此,寻找情报学的哲学基础是情报学发展过程中不可缺少的一个环节。

在现阶段,哪种哲学最适合充当情报学的哲学基础,情报学的特定研究领域是什么,特定研究问题有哪些。我们将对这些问题进行论述并给出自己的答案。

3.2 国内情报学哲学基础研究概述

中国情报学界对情报学的哲学基础进行了深入探讨,学界的观点主要包括3类,即科学哲学观点、信息哲学观点、马克思主义哲学观点③。这些观点都能在某一方面解释情报学的本质,但其中没有被广泛认可的观点。

3.2.1 科学哲学观点

科学哲学是一门从哲学角度考察科学的学科。它以科学活动和科学理论为研究对象,主要探讨科学的本质、科学知识的获得和检验、科学的逻辑结构等有关科学认识论

---

① 靖继鹏,马费成,张向先. 情报科学理论[M]. 北京:科学出版社,2009:70.
② BROOKES B C. The foundations of information science. Part I. Philosophical aspects [J]. Journal of information science,1980,2(3-4):125-133.
③ 李亚琴,钱厚斌,杨月全. 我国情报学哲学基础研究进展[J]. 现代情报,2012,32(4):34-38.

和科学方法论方面的基本问题①。波普尔、库恩、托卡拉斯、夏佩尔等学者是这一哲学流派的杰出代表,他们的哲学思想都直接或间接地对情报学的理论构成和研究方法产生影响。

波普尔（Karl Popper）在《客观知识》一书中提出客观知识的本体论——客观知识的"三个世界"（物质世界、精神世界、客观知识世界）理论,该理论经布鲁克斯引入情报学界,引起了情报学界的关注和争论。使"世界3"的知识有序化正是情报学的任务之一②。

托马斯·库恩（T. S. Kuhn）认为,"范式"（paradigm）是指一个共同体成员所共享的信仰、价值、技术等的集合,是常规科学赖以运作的理论基础和实践规范,是从事某一科学的研究者群体共同遵从的世界观和行为方式③。美国学者 Miksa 借用库恩的范式理论,比较深入地研究了情报学领域的基本范式,并提出了机构范式和情报运动范式。梁战平先生将情报学领域的主要范式归纳为 8 种,即机构范式、信息运动范式、解释学范式、技术主导范式、认知范式、知识主导范式、经济学范式和人文范式④；王芳将情报学领域的主要范式归纳为 7 种,即信息检索范式、认知范式、资源范式、管理范式、经济范式、过程范式和其他范式⑤。由学者们对情报学领域范式的命名方式可以看出：范式理论有助于情报学界将自己的研究任务进行细化,有助于情报学界从整体上把握情报学学科的基本框架及其发展；范式理论从一个侧面反映出情报学的多学科特性及情报学的研究视角（如信息科学、认知科学、技术科学、系统科学、社会科学等）,但是无法揭示出情报学独特的领域、独特的问题、独特的视角,对构建情报学自身的原理与技术帮助不大。因此,从某种意义上讲,范式理论不能作为情报学的哲学基础。同时,由于过度强调跨学科性,情报学界的许多学者在从事情报学研究的活动中偏离了情报学的本质,做着"耕别人家田,荒自家地"的事情。

伊姆雷·拉卡托斯（Imre Lakatos）认为,科学中的基本单位和评价对象不应是一个个孤立的理论,而应是在一个时期中由一系列理论有机构成的研究纲领。科学研究纲领由 4 个部分组成：由最基本的理论构成的"硬核"；围绕在硬核周围的许多辅助性假设

---

① 周林东. 科学哲学 [M]. 上海：复旦大学出版社,2004：1.
② 张新华. 情报学理论流派研究纲要 [M]. 上海：上海社会科学院出版社,1992：143.
③ 托马斯·库恩. 科学革命的结构 [M]. 金吾伦,胡新和,译. 北京：北京大学出版社,2003：7.
④ 梁战平. 情报学若干问题辨析 [J]. 情报理论与实践,2003,26（3）：193-198.
⑤ 王芳. 情报学的范式变迁及元理论研究 [J]. 情报学报,2007,26（5）：764-773.

构成的"保护带";不准放弃或修改研究纲领的硬核的原则;丰富、完善和发展研究纲领的原则①。拉卡托斯的"科学研究纲领方法论"作为哲学方法论基础具有一定的普适性,引起了多个学科及情报学界的广泛重视。该理论为情报学理论体系的建立和完善提供了方法论工具,如国内情报学界以该理论为指导提出了以情报用户为核心的情报学理论体系②。显然,拉卡托斯的理论也无法揭示出情报学独特的领域、独特的问题、独特的视角,不能作为情报学的哲学基础。

达德利·夏佩尔(Dudley Shapere)认为,科学理论研究的不是孤立事实,而是由一个个相互联系的因素或项所构成的整体。基于该思想,他创立了信息域理论。信息域是指包含事实与理论的科学研究领域,它由一系列"信息项"结合而成,"信息项"之间有密切联系,并且具有某个当前科学水平已有可能解决的重大问题③。该理论可用于指导情报学学科建设,化解情报学跨学科的学科性质争论,但是不能作为情报学的哲学基础。

3.2.2 信息哲学观点

信息哲学涉及两个方面:一方面是信息的本质研究及其基本原理,包括它的动力学、利用和科学的批判性研究;另一方面是信息理论和计算方法论对哲学问题的详细阐述和应用④。其中,信息动力学由3个部分组成:信息环境的构成和模式,包括其系统的性质、交互的形式、内部的演化等;信息的生命周期,即各阶段信息的形式和功能的活动,从信息发生的初始到它最后的利用和可能的消失;计算,包括图灵机意义下的算法处理及更广意义下的信息处理。

信息哲学的理论要旨包括4个方面⑤:①核心。寻求统一的信息理论,其基本问题就是对信息本质进行反思,同时对信息的动力学和利用进行分析、解释和评价,重点关注在信息环境中引发的系统问题。②创新。以①为基础,为各种新老哲学问题提供信息

---

① 伊姆雷·拉卡托斯. 科学研究纲领方法论[M]. 兰征,译. 上海:上海译文出版社,2005:56-62.
② 靖继鹏,李勇先. 试构造以用户为核心的情报学理论体系[J]. 情报业务研究,1991(4):193-198.
③ 达德利·夏佩尔. 理由与求知:科学哲学研究文集[M]. 褚平,周文彰,译. 上海:上海译文出版社,2006:38-40.
④ FLORIDI L. What is the philosophy of information?[J]. Metaphilosophy, 2002, 33(1-2):123-145.
⑤ 刘钢. 从信息的哲学问题到信息哲学[J]. 自然辩证法研究,2003,19(1):45-49.

理论的哲学方法。③体系。以②为基础，为上述创新目标的各个分支提炼理论分析框架，利用信息的概念、方法、工具和技术来对传统和新的问题进行建模、阐释和提供解决方案。④方法论。以②为基础，对信息与计算机科学、信息与通信技术及其相关学科中的概念、方法和理论进行系统梳理，为其提供元理论分析框架。

统一信息理论是信息哲学的核心，它要解决"信息是什么"这一哲学问题。张福学认为，情报学界的学者也在苦苦探寻信息的本质，如果以信息哲学为基础，情报学就可以明确自己的研究对象和对这些研究对象的处理方式①。陈忆金从研究对象、研究范畴、研究方法和伦理规范等方面分析了情报学与信息哲学的紧密联系，认为信息哲学可以作为现代情报学的理论基础，有助于建立科学的情报学理论体系，决定着情报学的整体观和发展方向②。纵观其他哲学流派对信息的定义可以发现，信息哲学对信息的定义并没有真正抓住信息的本质，只是很好地吻合了计算机科学与技术领域对信息的认知，并不能很好地适用于情报学领域的研究与实践。2016年11月，马里胡安教授与邬焜教授达成一些共识，认为对信息的理解要上升到元科学和元哲学的层次，统一的信息科学应该首先在哲学领域完成统一③。

3.2.3 马克思主义哲学观点

中国情报学界认为，马克思主义是科学的世界观和方法论的统一，对情报学领域的各项工作具有普遍的指导意义。首先，马克思主义哲学是情报学一切实践活动的理论指导；其次，马克思主义哲学是情报学学科理论体系研究唯一的认识工具和思想武器；最后，马克思主义是制定情报政策的理论基础。不少学者认为，马克思主义哲学可作为情报学的哲学基础。刘植惠认为，"三个世界"理论属于唯心主义哲学，不能作为情报学的哲学基础，他提出自己的"四个世界"（天然物质世界、人工物质产品世界、人类精神产品世界和人类精神世界）理论④。秦铁辉也提出一种"四个世界"（自然物质世界、精神世界、准人造物世界和人工创造物世界）理论⑤。与"三个世界"理论相比，这两

---

① 张福学. 信息哲学论要 [J]. 情报理论与实践, 2003, 26 (2): 123-125.
② 陈忆金. 现代情报学的理论基础——信息哲学 [J]. 图书情报工作, 2005, 49 (8): 55-59.
③ 王振嵩. 关于信息科学和信息哲学的性质和统一性关系——记邬焜与佩德罗的对话 [J]. 情报杂志, 2018, 37 (1): 114-121.
④ 刘植惠. 试论情报学的哲学基础 [J]. 情报学报, 1989 (3): 161-167.
⑤ 秦铁辉. 波普尔的世界3理论与情报学的哲学基础 [J]. 情报学报, 1991 (2): 136-143.

种"四个世界"理论并未提供新的视角和内容。另外，朱奎华认为，毛泽东的矛盾学说可作为情报学的哲学基础[1]；马费成先生认为，马克思主义的实践论可以成为情报学的哲学基础[2]；王知津先生认为，对立统一、可知论、联系和发展、能动性观点等马克思主义哲学理论对情报学研究具有指导作用[3]。然而，现有的马克思主义哲学并没有很好地解决"信息是什么"这一哲学问题，它可以用于指导情报学理论研究与情报实践，但是不能胜任情报学的哲学基础这一角色。

3.2.4 情报学哲学基础研究述评

情报学的哲学基础问题既不是讨论思维和存在、意识和物质何者为本原的问题，也不是讨论思维和存在的同一性问题，而是从哲学的高度探讨将情报学作为一个新的科学分支的正当性及明确情报学自身的研究领域与研究问题。一个哲学理论体系能够作为情报学的哲学基础，关键在于基于这个哲学理论体系，能够厘清情报学自己独特的研究领域与研究问题，而不是纠结于信息或知识的客观性或主观性，以及信息与知识的区别。在现阶段，信息哲学理论体系最能满足情报学对哲学基础的迫切需求，基于信息哲学的理论体系基本能够明确情报学自身独特的研究领域与研究问题。然而，信息哲学本身还处于发展与完善之中，可以期待，最终完善的信息哲学理论体系将为情报学提供完美的哲学基础。

国内的情报学不完全等同于国外的图书馆信息科学。尽管情报与数据、信息、知识、智能、智慧等概念有着密切的关系，但是中国情报学知识体系里最为核心的概念应该是情报与情报流程。中国情报学界认为，情报学是研究情报的产生、传递、利用规律和用现代化信息技术与手段使情报流通过程、情报系统保持最佳效能状态的一门科学。中国情报学界在讨论情报学哲学基础时应该重视情报学的中国特色，不要将情报学与整个信息科学混为一谈。

Bawden 与 Robinson 认为，图书情报学需要一个新的概念框架，信息哲学适用于此目的[4]。信息哲学基本可以胜任情报学哲学基础这一角色，但是其理论体系需要进一步

---

[1] 朱奎华."三个世界"与"矛盾说"——对情报学哲学基础的探讨[J].现代情报，1995(8)：1-3.
[2] 马费成.论情报学的基本原理及理论体系构建[J].情报学报，2007，26(1)：3-13.
[3] 王知津.情报学理论的哲学研究进展[J].图书情报工作，2009(22)：5-11.
[4] BAWDEN D, ROBINSON L. Curating the infosphere: Luciano Floridi's Philosophy of information as the foundation for library and information science [J]. Journal of documentation, 2018, 74(1): 2-17.

完善；从哲学视角可以发现，情报学作为一个独立的科学分支具有正当性，它具有自身特有的研究领域与研究问题；情报学已经发展出自身特有的研究方法。基于对情报学哲学基础的重新认识，可以重新透视情报学现有的知识体系，重新表述情报学的理论体系、技术体系与方法体系，进一步推动情报学知识体系向更加科学的知识体系这一方向发展与完善。

3.3 情报学基本概念及其关系

由于信息科学领域不断发展，该领域的学者需要定期重新定义其基本构建模块。2007年，Chaim Zins发表论文"Conceptual approaches for defining data, information, and knowledge"，记录了由45位学者制定的数据、信息和知识的130种定义，并绘制了定义这3个关键概念的主要概念化方法①。这些专家来自信息科学领域，对数据、信息、知识的定义大多没有上升到哲学的高度，并没有有效地揭示出这些概念的本质。数据、信息、知识、情报、智能、智慧是情报学知识体系中的核心概念，只有从哲学高度理解这些概念，才能从本质上分清它们在内涵与外延方面的差异，从而能确保构建的情报学知识体系在术语使用方面保持一致性，才能明确情报学特有的研究领域、研究问题及研究视角，才能厘清情报学与其他学科之间的关系，才能保证情报学的发展健康、有序、长久不衰。本节将对情报学基本概念的关系进行重新梳理，以解决认知混乱的问题。

3.3.1 数据及其本质

现有的哲学理论并没有将数据作为自己的研究范畴。科学哲学界与信息哲学界对数据及数据与信息之间的关系进行了论述，对数据的本质产生了两种理解：一种为表征论，认为数据是事实的表征；另一种为关系论，认为数据只是事物之间关系的单纯体现。前者认为数据本身具有"意义"，可以表征"事实"；后者的关注点是数据本身及大数据，不关注数据本身是否具有"意义"。从科学哲学的视角来看，科学数据本身是有意义的，而大数据范式则不再关注数据的具体意义，而是试图从大数据中发现"意义"②。基于表征论，数据是一种信息；基于关系论，数据是信息的组成要素。这里的信

---

① ZINS C. Conceptual approaches for defining data, information, and knowledge [J]. Journal of the American society for information science and technology, 2007, 58 (4): 479-493.

② 张贵红. 论数据的本质及其与信息的关系 [J]. 哲学分析, 2018, 9 (2): 119-132.

息一般是指认识论信息中的自为信息。如果忽略认识论信息中的意义，那么认识论信息就成了数据（关于信息的解释见3.2节）。情报学界一般将产生新的认识论信息的原料称为数据。

3.3.2 信息及其本质

信息在很多学科领域里都属于基本概念，具有十分重要的意义。但是，到目前为止，学术界仍然没有给出一个能够被普遍接受的信息的定义，各个学科对信息的定义不完全相同。哲学、认知科学、计算机科学、情报学、传播学、通信学等领域都有学者努力寻找解决方案，给出一个能够被普遍接受的信息概念及统一的信息科学理论。现有的重要成果包括弗洛里迪的统一信息理论、钟义信的全信息理论等。

人们拥有的最初的信息概念是由狭义信息论（通信理论）的创立者申农提出的，他把信息定义为"减少或消除一种情况不确定的东西"，狭义信息论的另一创始人维纳认为信息是"系统组织程度（或有序性）的标志"。申农与维纳给出的信息定义是关于信息的一种功能性定义，没有考虑信息的内容和价值，但是维纳引出了"信息的本质"这一问题，即"信息是一种什么性质的存在"这一哲学问题。以Farradane为代表的学者认为信息本质上是物理的，是一种本体论范畴，它独立于被感知而存在，通过它可以获得所有知识[1]。以B. C. Brookes为代表的学者认为信息是非物质的，纯粹是人类社会建构的实体[2]。Mingers和Standing提出一种解决信息本质的基本问题的理论，其核心观点是"信息既客观又真实，信息的主观解释或影响实际上是意义而非信息"[3]。

中国学者钟义信教授在深入研究狭义信息论的基础上发展出自己的信息科学理论，即全信息理论。他将"事物所呈现的运动状态及状态变化的方式"称为事物的"本体论信息"，将"认识主体从本体论信息所感知的事物的运动状态及其变化方式的形式、含义和效用"称为"认识论信息"，将"人所感知的事物运动状态及其变化方式的形式"称为语法信息，将"人所理解的事物运动状态及其变化方式的含义"称为语义信息，将

---

[1] MORÁN-REYES A A. Contribution to the ontological status of information: development of the structural-attributive approach [J]. Library trends, 2015, 63 (3): 574-590.

[2] HJØRLAND B. Information: objective or subjective/situational? [J]. Journal of the American society for information science and technology, 2007, 58 (10): 1448-1456.

[3] MINGERS J, STANDING C. What is information? Toward a theory of information as objective and veridical [J]. Journal of information technology, 2018, 33 (2): 85-104.

"事物运动状态及其变化方式的效用"称为语用信息,将同时计及语法信息、语义信息、语用信息的认识论信息称为"全信息"①。计算机科学界和人工智能界普遍认为,信息就是智能主体可以进行收集、存储、加工和传输的数据。

哲学层次的信息概念从最基本、最普遍的意义上揭示信息的本质、特征和形态,是最为广义的信息概念。在众多学科层次信息概念和日常生活层次信息概念的基础上,可以抽象、概括出哲学层次的信息概念。"信息是物质运动的一种存在形式,它是以物质的属性或运动状态为内容,是物质运动的一种反映,它的传播或储存借助一定的物质作为载体",这是引用率比较高的一个哲学层次的信息定义。信息哲学创始人弗洛里迪认为,信息的一般性定义应该从数据+含义来看:①信息由数据组成;②数据基于一定的语法被正确地放在一起;③数据具有意义,即数据必须遵守选定的系统、编码或语言的意义②。

国内的信息哲学流派将信息分为3类:自在信息、自为信息、再生信息。信息哲学将物质世界自我显示的信息称为自在信息,这种信息在物质世界是普遍存在的;将人类对于物质世界自我显示的信息进行表征的结果称为自为信息;将人类在不断认识自然、改造自然的过程中通过思维对自为信息进行加工创造后得出的信息称为再生信息,这种信息是人类通过思维活动对自为信息进行改造的过程中创造的新信息③。这种分类方法既说明信息在自然界、社会和思维领域普遍存在,也为揭示各层次信息概念间的关系奠定了基础④。自在信息是物质信息的原始的、客观自在的态的阶段,自然的物形编码中凝结着关于事物自身历史、性质和未来发展趋势的三重信息⑤。

按照信息依附的物质载体和信息的来源,某些哲学观点将信息分为物像信息、构像信息和映像信息3种类型⑥。其中,本基载体自身的静态属性和运动规律被称为物像;慧基载体构造的信息被称为构像;异基载体承载的物像、构像被称为映像。本基载体是指物质本体自身;慧基载体是指能够创造信息和应用信息的载体,以人类大脑为典型;异基载体是指能够承载其他物体的物像或其他慧基载体构像的载体。

---

① 钟义信. 从信息科学视角看《信息哲学》[J]. 哲学分析, 2015 (1): 17-31.
② FLORIDI, L. Information: a very short Introduction [M]. Oxford: Oxford University Press, 2010: 21-23.
③ 邬焜. 哲学信息论 [M]. 西安:陕西人民出版社, 1987: 30.
④ 杨建林. 信息技术导论 [M]. 南京:南京大学出版社, 2009: 1.
⑤ 邬焜, 夏群友. 再论自在信息 [J]. 科学技术哲学研究, 2012, 29 (2): 8-12.
⑥ 张承伟, 刘凡儒, 郝绪彤. 论知识的本质和知识创造 [J]. 情报学报, 2016, 35 (4): 369-379.

由上述定义可以看出：本体论信息即为自在信息；认识论信息由自为信息、再生信息组成，自为信息、再生信息均可分为语法信息、语义信息、语用信息3种类型；物像信息即为自在信息；构像信息即为认识论信息；映像信息的内容源自本体论信息与认识论信息；信息哲学中的统一信息理论与全信息理论对信息的定义在本质上是一致的；信息哲学的信息定义比较具体，具有较强的可操作性，适合作为计算机科学领域的信息定义，但是不能包括所有信息类型。

一个恰当的信息理论框架应该是一个涵盖客观规律、主观意义和主体间规范的跨学科框架，这3个方面涉及次个体层次、个体层次和群体层次①。这3个方面、3个层次的结合点就是符号（或信号）。符号是生命体与外部世界打交道的工具。生命体通过符号来获取外部世界的信息，与其他生命体进行交流，并根据获取的这些信息来达到自己的目的②。在情报学文献中提到的信息通常是人类采用特定符号系统对不同层次信息进行表征的结果，可以看成认识论信息的一种替代物。在不引起混淆的前提下，情报学界的学者们一般将这种信息替代物简称为信息。

3.3.3 知识及其本质

知识的定义问题是知识论（或认识论）的基本问题之一。什么是知识？柏拉图在《泰阿泰德篇》中提出"知识是得到论证的信念""知识就是感知""知识是正确的观点"③等论述知识本质的观点。基于柏拉图的观点，可以采用形式化的方式将知识定义如下④：S知道P当且仅当（Ⅰ）P为真；（Ⅱ）S相信P；（Ⅲ）S有理由相信P；（Ⅳ）S相信P的理由可证实P为真。简言之，知识就是能用理由证实的真信念；换言之，知识就是被人们的生活实践所验证并被普遍认同的关于事物性状的认识。上述4个条件合起来就构成了S拥有知识P的充分条件。德国著名现象学哲学家马克斯·舍勒将知识定义为"一种存在关系，并且是一种以整体和部分的存在形式为前提的存在关系"⑤，该定义更强调知识与社会的双向互动关系。

---

① 周理乾，索伦·布赫尔. 具有中国特色的信息哲学？——评邬焜教授的信息哲学体系［J］. 哲学分析，2015，6（1）：4-16，197.
② 同①.
③ A. E. 泰勒. 柏拉图——生平及其著作［M］. 谢随知，译. 济南：山东人民出版社，1996：492.
④ 柴生秦. 什么是知识？——盖梯尔反例评析［J］. 西北大学学报（哲学社会科学版），1995（4）：26-30.
⑤ M. 舍勒. 舍勒选集［M］. 上海：上海三联书店，1999：1395.

上述关于知识的定义并没有揭示出知识的本质。知识的本质是什么？关于此问题的观点主要有3类：①知识是信息的子集；②信息是知识的一部分，是知识的一种形式；③知识和信息存在割裂，两者之间没有严格意义上的联系。上述观点存在冲突对立，本质上是对信息有不同的理解。基于信息的哲学范畴，知识可定义为慧基载体创造的寓意编码信息。知识的本质是信息，具有信息的全部属性——载体依附性、共享性、不可量化性和非守恒性。作为智慧创造的特殊信息，知识具有编码—解码属性①。

赖尔在 The concept of mind 一书中将知识分为两类，即"知道如何"型知识（陈述性知识）与"知道什么"型知识（程序性知识）②。由于知识的抽象性，人们在讨论知识时往往讨论的是知识的表征，而不是知识本身。在这里，表征是指在实物不在的情况下指代这一实物的任何符号或符号集，知识的表征就是用这些东西代表知识。表征用的符号被称为代码，用这些代码指代这一实物的过程就称为编码。这些符号既可以是客观的物理符号，也可以是主观的心理意象；既可以是静态的事物，也可以是动态的机制。

知识的表征有外部表征和内部表征两种形式。知识的外部表征是指用外部的事物，如某种语言文字甚至某种行动来代表知识；知识的内部表征则是用大脑内的心理和生理结构及过程，如某种心理意象或者某种神经系统的生化机制来代表知识③。陈述性知识与程序性知识都可以用内部和外部形式表征④。陈述性知识的内部表征可以采用概念、意象、命题等形式，其外部表征可以采用反映这些概念和命题的术语和语句等形式；程序性知识则可以通过执行任务的实际行动来表征，有效的行动就是程序性知识的外部表征⑤。对于某些具有规律性的程序性知识，人们可以建立起一套"如果（条件）—那么（行动）"的形式规则，并可以将这套规则用语言文字的形式表达出来。这样的一套规则，如人工智能领域的产生式系统，也被视为程序性知识的外部表征。

---

① 张承伟，刘凡儒，郝绪彤. 论知识的本质和知识创造 [J]. 情报学报，2016，35（4）：369-379.
② RYLE G. The concept of mind [M]. Routledge，2009：16.
③ 王建安，叶德营. 知识分类与知识表征——评赖尔的知识分类和围绕它的争论 [J]. 自然辩证法通讯，2010，32（4）：13-18.
④ 斯滕伯格 R J. 认知心理学 [M]. 杨炳钧，陈燕，邹枝玲，译. 北京：中国轻工业出版社，2006：166-168.
⑤ SQUIRE L R. Memory systems of the brain: a brief history and current perspective [J]. Neurobiology of learning and memory，2004，82（3）：171-177.

基于知识的表征，知识可以被定义为认知主体以内在认知图式结合、同化认识客体而再现出来的或原则上可以再现出来的被符号化、观念化的有序信息组合[1]。定义中的"再现出来"和"原则上可以再现出来"分别表示知识的两种不同的存在方式，"认知图式"是指人们为了应付某一特定情境而产生的认知结构。

哲学家波兰尼在其著作《个人知识》一书中首次提到隐性知识一词。他把人类知识分为两大类，即显性知识和隐性知识，其中隐性知识是高度个性化、依赖环境而存在的不可编码的一类知识[2]。

3.3.4 智慧及其本质

从哲学的视野看，智能是智慧和能力的结合和统一，智能并不等同于智慧。人类智能一般是指为了不断提升生存发展的水平，人类利用知识去发现问题、定义问题（认识世界）和解决问题（改造世界）的能力[3]。"人类智能是自然的物质、能量和信息在人那里所达到的主体化、工具化和对象化的运动形式。"[4] 自然进化所造就的智能，称为自然智能；与此对应，由人类所制造的智能，称为人工智能或机器智能。人类智能的特别之处在于它有观念构造的演化；人工智能一般只能完成某种特别的事情，而不能完成其他事情，完成过程所依靠的不是认识，而是预设的部件结构。

智慧是在知识的基础上建立的，是人对世界与人生的博大圆融的理解。智慧能用语言表达，但更多地体现于主体的行为选择和处世态度[5]。与纯理性的知识相比，智慧既是一种获得知识的普遍、一般的方法，又是一种获得知识的能力。这种能力是全面、综合性的能力，不仅包括关于如何正确获得知识的能力，而且包括关于如何确立合理的人生观和价值观的能力[6]。

3.3.5 情报的定义

"情报"是情报学中一个最基本的概念，它是情报学研究的起点，其定义是划分情

---

[1] 昌家立. 试论知识的本质 [J]. 青海社会科学, 1995 (4): 50-55.
[2] 迈克尔·波兰尼. 个人知识: 迈向后批判哲学 [M]. 许泽民, 译. 贵州: 贵州人民出版社, 2000: 130.
[3] 钟义信. 高等人工智能原理: 观念·方法·模型·理论 [M]. 北京: 科学出版社, 2014: 39-54.
[4] 徐才, 郭凤海. 物质、能量和信息与人类智能的起源和本质 [J]. 自然辩证法研究, 1992 (12): 22-26.
[5] 卢风. 知识与智慧: 现代文明中的二律背反 [J]. 社会科学辑刊, 2000 (3): 14-19.
[6] 左亚文, 王颂. 再论智慧与知识 [J]. 湖北社会科学, 2014 (2): 84-86.

报边界的基础,对情报学研究、情报学学科建设及情报工作均产生直接、重要的影响。对情报概念的不同理解,往往会导致研究道路的歧异。

情报与数据、信息、知识、智能、智慧共同构成情报学学科的一组基本概念。但是有关这些概念的内涵与外延,国内外学界莫衷一是,对六者之间的相互关系亦是众说纷纭,导致情报学基本术语长期处于混用的局面,影响着情报学的学科发展,阻碍情报学在社会、科技、经济领域中发挥作用。通过对六者关系的正确定位,将有助于人们更准确地把握情报流程的特征和本质,构建更合理的情报流程模型。因此,我们将对数据、信息、知识、智能、智慧、情报这6个概念之间的关系进行重新梳理。

经过多年的研究积累,学界对数据、信息、知识、智能、智慧、情报这6个概念的讨论逐渐深入、准确、全面,有助于人们更加准确地认识和描述它们之间的关系。国内外有学者以链式法表达这些概念之间的区别及其转化关系。例如:1988年,Debons等人从信息系统的角度考察这些概念之间的关系,使用"事实→符号→数据→信息→知识→智能(intelligence)"这一概念链刻画它们之间的区别与关系[1];1989年,Russell Ackoff提出DIKW概念链,用于描述数据、信息、知识、智慧之间的递进关系[2]。

智能与智慧是人类特有的能力。2013年,Anthony Liew总结出智能与智慧的差异[3]。智能水平主要由下列6个维度体现:①实际解决问题的能力(如倾向于看到可实现的目标并完成它们,能够改变方向并使用另一个程序,能够将知识应用于特定问题);②言语能力(如几乎可以与他人交谈任何主题,表现出良好的词汇量,具备良好的语言能力);③在平衡和整合方面表现出来的才智(如能够识别相似点和不同点,倾听问题的各个方面,能够掌握抽象的想法并将注意力集中在这些想法上);④目标定向和成就方面的能力(如倾向于为特定目的获取和使用信息,善于制定目标并由目标驱动取得高成就);⑤情境智能(如学习和记忆,从过去的错误或成功中获取信息,有能力理解和解释其所处的环境,能够了解世界上正在发生的事情);⑥流畅的思想(如具有较高的智商水平,能够快速思考)。智慧水平主要由下列6个维度体现:①推理能力(如具有独特的查看问题或情况并解决问题的能力,具有良好的解决问题的能力,具有逻辑思维能力);

---

[1] DEBONS A, HORNE E, CRONENWETH S. Information science: an integrated view [M]. GK Hall, 1988: 5-9.

[2] ACKOFF R L. From data to wisdom [J]. Journal of applied systems analysis, 1989, 16 (1): 3-9.

[3] LIEW A. DIKIW: Data, information, knowledge, intelligence, wisdom and their interrelationships [J]. Business management dynamics, 2013, 2 (10): 49-62.

②睿智（如通过与各种人交往来理解别人，总能向别人学习）；③从思想和环境中学习（如重视思想，理性对待不同的观点，从别人的错误中学习）；④判断能力（如在自己的身体和知识限制范围内行事，在任何时候都有良好的判断力，在行动或者做决定之前进行思考）；⑤迅速使用信息（如经验丰富，能够寻找信息，特别是细节，学习和记忆并从过去的错误或成功中获取信息）；⑥洞察力（如提供的解决方案更加公正、符合实情，能够理解和解释其所处的环境）。在此基础上，Anthony Liew 提出 DIKIW 层次结构模型（图 3-1），用于描述数据、信息、知识、智能、智慧之间的递进关系，特别对智能与智慧加以区分，并将智能与智慧都作为知识的高级形式。

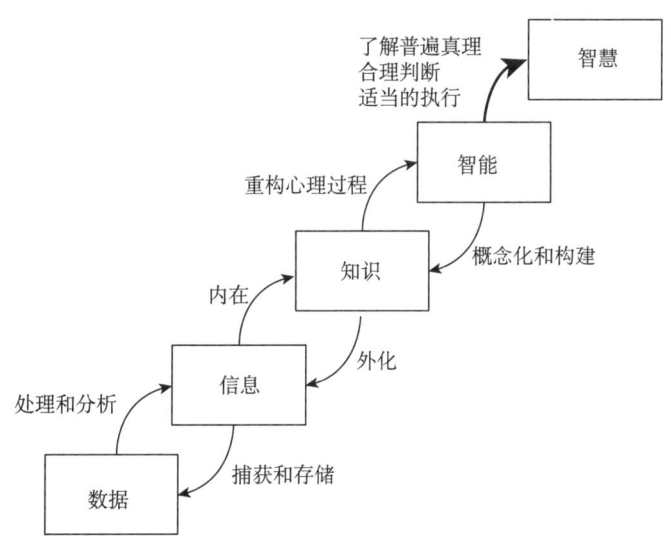

图 3-1 DIKIW 层次结构模型

由 Anthony Liew 的论述可以看出，作为能力，智能与智慧存在明显的差异，但是，在剔除主体在行为选择和处世态度方面的能力之后，智能与智慧的内涵大体相同。由于智慧能用语言表达，因而信息科学领域通常将能够体现智能（或智慧）水平的产物也称为智慧，智慧被作为知识的高级水平。我们倾向于接受 DIKW 概念链，而不是 DIKIW 概念链。

对情报本质的认知，即对情报的定义是情报学理论建构的先决条件。自从 Sherman Kent 的 *Strategic Intelligence for American World Policy* 于 1949 年出版以来，出现多个版本的情报定义，但是其中大多数只是描述情报的作用，而不是在严谨的理论论述之后形成结论性的定义。情报定义中最常见的特征是保密观。这些定义强调情报主要是一种秘密的国家活动。大多数学者将他们对情报的定义局限于国家实践，将情报活动描述成为传统国家安全目标服务的"无声的"或"秘密的"战争。对保密性的强调并不意味着排除情报的公开要素，如收集开源情报或制作公开报告和威胁评估。这类定义强调情报被对手保护以防外泄，而且公民通常也无法接触到，但是它在国家治理中起着重要作用。情报是通过减少无知来提高"决策质量"，加强国家安全，"情报不是产品或有形的东西；它是领导者与其下属之间的过程、服务或互动，提供了一种增强决策的附加功能"。赵冰峰认为，在国家治理中，情报活动广泛分布在军事、政治、文化、外交、公安、经济、新闻传播、信息管理甚至自然科学等领域，具有深刻的战略价值与社会意义，国家情报体系成为服务于国家战略的最重要的参谋与智囊团，使情报成为与外交同等重要的国家治理手段。因此，在更广泛的国家治理背景下概念化情报是有帮助的。另外，情报与现代政治和政治运动密切相关。Fry和Hochstein强调，情报积极地"参与国际政治现实的创造和再生"。除了简单的定义外，Warner还确定了构成任何情报系统的3个特征：战略、制度和技术。

我国伟大的科学家钱学森也曾给出一个情报的定义，即"情报是激活的知识"①，情报学研究和情报工作实践的核心问题是激活信息或知识②。然而，至今没有人能够合理阐述激活"信息或知识"究竟是什么。如果重新定义"智慧"这一概念，就可以较好地解决这个问题，同时能够较好地反映它们之间的这种复杂关系。我们参考论文《基于情报过程视角辨析情报分析与数据分析的关系》③，在增加阅读多篇文献之后给出新的情报、智慧的定义如下。

定义3-1：情报是基于用户所需解决的竞争性问题及所处环境约束而从全部利益相关者外部获得的信息。

定义3-2：智慧是基于用户所需解决的竞争性问题及所处环境约束，激活来源于全部利益相关者内部的信息及来源于全部利益相关者外部的情报所生成的策略或思想。

3.3.6 DIKW层次结构与情报

与已有的观点不同，我们将情报限定为来源于全部利益相关者外部的信息，因为人们使用的情报与信息在存储方式、表示方式及使用方式上没有明显区别，这是情报与信息的

---

① 钱学森. 科技情报工作的科学技术：关于思维科学 [M]. 上海：上海人民出版社，1986：426-444.
② 孟荫龙. 维护情报学科地位加快情报学科建设 [J]. 情报理论与实践，1996，19 (4)：1-3.
③ 杨建林，李品. 基于情报过程视角辨析情报分析与数据分析的关系 [J]. 情报理论与实践，2019，42 (3)：1-6.

共性，我们对情报的认知就是基于该共性。在日常生活中，智慧被看作一种能力，包括理解、分析、解决问题的能力，归纳推理能力和演绎推理能力，自适应环境而生存发展的能力等。如果将能够体现智慧水平的产物也称为智慧，那么智慧就是一类特殊的知识，它是利用事实型知识（简单信息）和规则型知识，经过推理之后得到的有助于决策的策略或思想，是情报分析结果的重要形式之一，智慧的质量由推理的过程及结果来体现。这样，情报、智慧也能像数据、信息、知识那样用显性的符号系统进行表示，而数据、信息、知识、情报、智慧之间的区别及转化关系也可以被科学地描述出来。

通过上述定义可以看出：事实、数据、信息、知识、智慧在概念层次上具有递进性，但是相互之间的区分又具有相对性。数据产生于事实，信息是数据加工的产物，知识是数据或信息加工的产物，智慧是数据或信息或知识加工的产物。信息可以作为数据再加工产生新信息，知识可以作为信息再加工产生新知识，智慧可以作为知识再加工产生新智慧。在人类使用的各种符号化系统中，数据、信息、情报、知识与智慧的表达形式是一致的。情报是数据、信息、知识或智慧传递给特定用户后的别称，它既可以是智慧，也可以是比较原始的信息或数据。因此，从资源的角度来看，智慧是知识的子集，知识是信息的子集，信息是数据的子集，数据产生于事实，但不是事实的子集。符号是表征数据、信息、知识和智慧的工具，是构成数据、信息、知识和智慧的最基本成分。情报是（数据∪信息∪知识∪智慧）的子集，五者之间的关系如图3-2所示。这里的数据、信息、知识、智慧均属于认识论信息中的映像信息。

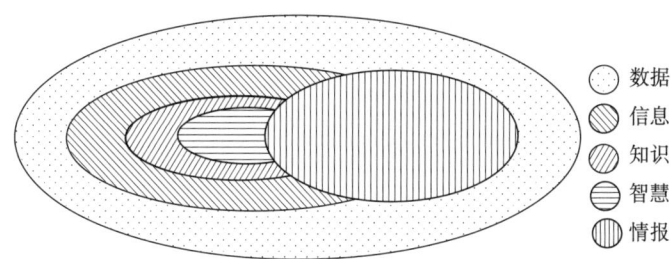

图3-2 基于资源视角的数据、信息、知识、智慧、情报之间的关系

3.4 情报流程及情报流程中的信息交互

情报流程被俄罗斯学者称为与特定形式、特定目标的情报相关联的活动的总和。任何情报流程都发生在某个情报系统之内，系统中包含着某些要素，这些要素能够激发这

个系统的各种活动①。简单地说,情报流程就是将信息转化为情报的过程。在情报流程的每个环节都存在着信息交互活动,涉及不同类型的信息载体与不同类型的信息。

3.4.1 计算与信息

"计算"是一个数学概念,通常是指具体的抽象数字运算。在20世纪30年代,由于哥德尔、丘奇、图灵等数学家在数理逻辑、算法理论、自动推理机等方面取得的巨大成就,吸引了众多领域研究者的注意,使得计算、算法作为一种哲学范畴被正式提出,计算逐渐演化成一种哲学性观念和方法。

图灵等科学家将计算定义为以下过程:从已知符号串开始,一步一步地改变符号串,经过有限步骤,最后得到一个满足预先规定的符号串的变换过程。与计算具有同等地位和意义的基本概念是算法。一般而言,算法就是求解某类问题的通用法则或方法,即一系列符号串变换的规则。学者们将计算概念引入认知科学研究,提出一系列新的认知科学理论。这些理论的一个共同观点就是:思维(认知)是一种信息加工过程,亦即计算过程。例如,问题求解这种思维(认知)活动就是通过一定的算法从对初始态空间进行操作开始,逐步演化,直至达到目标态空间。进而,智能本质上也可视为计算。一些学者将视觉过程看作一种计算过程,构建出视觉计算理论②。一些学者将计算主义引入脑科学研究,将大脑的生物结构看成硬件,大脑的运作规律看成软件,大脑的(广义)思维过程看成计算过程,提出新的脑科学理论。1994年11月,美国科学家阿德勒曼发布的DNA计算机理论更是从另一个角度揭示了生命就是算法、进化就是计算的观念③。

基于人的计算(human-based computation),或称人工辅助计算或分布式思维,是一种计算机科学技术,其中机器通过将某些步骤外包给人类来执行其功能。这种方法利用人与计算机代理之间的能力和替代成本的差异来实现共生的人机交互。在传统的计算中,人类使用计算机系统来解决问题,人为计算机系统提供形式化的问题描述和算法,并接收解释的解决方案。基于人的计算经常颠倒角色:计算机系统要求一个人或一大群

---

① 张洪艳. 俄罗斯情报学研究中的情报过程观[J]. 情报科学,2012(8):21-25.
② D 马尔. 视觉计算理论[M]. 北京:科学出版社,1988:18,27-29.
③ ADLEMAN, L. Molecular computation of solutions to combinatorial problems[J]. Science,1994,266(5187):1021-1024.

人解决问题,然后收集、解释和整合他们的解决方案①。

计算与信息实际上是不能分开的两个方面:信息是计算的输入和输出对象,计算是对信息的加工。一个信息处理过程是一个信息映射的过程或一个计算过程,输入一个初始的信息集合,输出一个作为结果的信息集合。通常人们将计算过程中输入的信息称为数据,计算过程产生的最终结果称为信息。情报分析过程是有着特定情报目标的信息处理过程。

3.4.2 情报搜集活动中的信息交互

源自非利益相关者的数据、信息、知识或智慧(统称为信息)经过传递到达情报搜集人员手中,成为情报,成为情报分析过程中的分析对象,这个过程被称为情报搜集过程。信息的来源丰富多样,有些信息来自物质世界,情报搜集主体通过自身的感官或依赖专门的信息技术设备对物质世界进行感知,将本体论信息(物像信息)转化为认识论信息,这些事实型的信息可作为思维过程中推理用的原子型知识;有些信息来自精神世界,情报搜集主体通过与他人的交流,将他人所拥有的意识化的认识论信息或隐性知识(构像信息)显性化,转换成物质化的认识论信息,作为存储在物质载体上的认识论信息的补充;有些信息来自其他的信息载体(映像信息),情报搜集主体从其他信息载体上获取已经符号化的(包括数字化的)认识论信息。情报搜集活动涉及的信息载体类型及其与情报搜集主体的信息交互关系如图3-3所示。

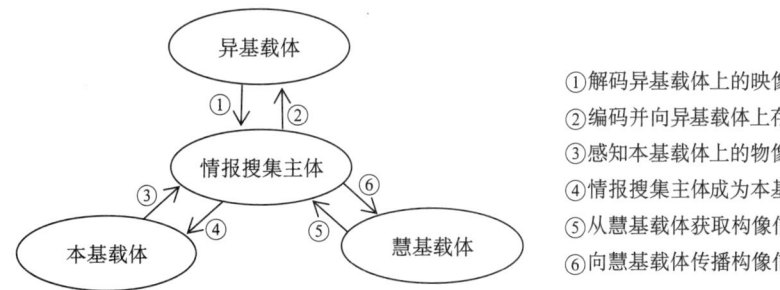

图3-3 情报搜集活动涉及的信息载体类型及其与情报搜集主体的信息交互关系

从不同类型的信息载体上搜集情报,先后产生了不同类型的情报学分支,如人力情报(HUMINT)、技术情报(TECHINT)、地理空间情报(GEOINT)、信号情报(SI-

---

① Human-based computation [EB/OL]. [2018-12-08]. https://en.wikipedia.org/wiki/Human-based_computation.

GINT)、通信情报（COMINT）、电子情报（ELINT）、量度与特征情报（MASINT）、开源情报（OSINT）、Web资源情报（WEBINT）、社交媒体情报（SOCMINT）等。

3.4.3 情报分析活动中的信息交互

情报通常是战略性的信息产品，是思维过程的产物。一个复杂的情报分析任务需要由多种角色承担完成，如接受情报分析任务的主体本身、社会系统、计算机系统。情报分析主体主要通过人力（人脑）计算完成分析任务，当自身的人力计算不能满足情报分析的需求时，情报分析主体会求助于社会系统，通过社会化计算（以人力计算为主，如头脑风暴法）完成分析任务，或借助于计算机系统，通过机器计算完成分析任务，或由社会系统与计算机系统通过基于人的计算共同完成任务。承担复杂情报分析任务的角色及其相互关系如图3-4所示。

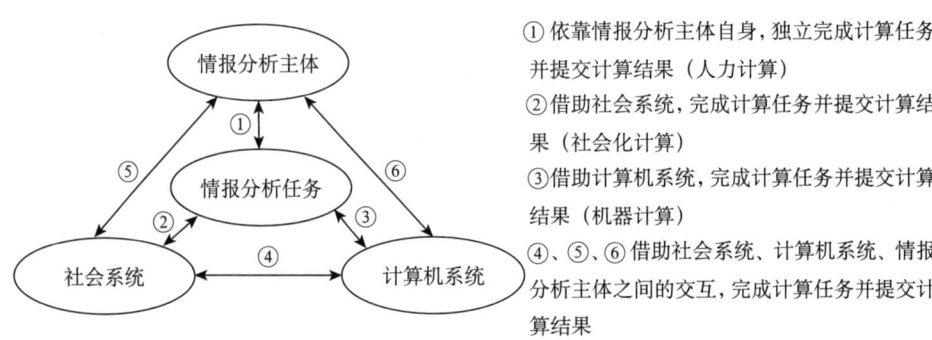

图3-4 承担复杂情报分析任务的角色及其相互关系

与情报搜集活动类似，信息的输入与输出活动需要在不同类型的信息载体之间完成信息交互，在计算过程中主要是慧基载体之间（如人与人之间的交流完成的计算）、慧基载体与异基载体之间（如人与计算机系统的互动）、异基载体之间（如信息在虚拟空间中的传输与存储）的信息交互。

3.4.4 情报流程中的其他广义计算过程

情报流程中还包括其他广义的计算活动，如情报规划、情报处理、情报分发、情报应用与反馈等①。情报规划的主要任务是确定情报需求。情报部门需要通过与用户的沟

---

① 彭知辉. 情报流程研究：述评与反思［J］. 情报学报, 2016, 35 (10): 1110-1120.

通交流识别出用户的情报需求，界定情报能够发挥作用的问题或领域；然后确定情报需求的优先次序，编制情报活动规划；最后向情报搜集主体发出情报搜集指令。从输入初始情报需求到输出情报搜集规划的过程就是一个广义的计算过程。情报处理的任务是对收集到的情报资料进行加工，使之转化为情报分析适用的形式，包括信息的筛选，剔除虚假信息，缺失信息的补充，信息的泛化，信息的重要性、可用性、新颖性的辨别，信息的有序化与融合等。从输入原始情报资料到输出适合情报分析的情报资料的过程就是一个广义的计算过程；从输入潜在的情报用户到输入确定的情报分发对象也是一个广义的计算过程。情报应用的任务是将情报产品运用到具体实践活动中，检验情报产品的实效；情报反馈的主要任务是反映情报活动的效果，为情报活动的调整与评估，以及产生新的情报需求提供依据。从输入情报产品到输出新的情报需求的过程就是一个广义的计算过程。

3.5 情报学特有的研究领域与研究问题

3.5.1 特有的研究领域

信息交互过程涉及对信息的理解、计算与传播等环节。人类在对信息交互过程进行认知的过程中形成多门学科或学科中的子学科，如传播学、通信学、认知科学、计算机科学，以及试图对这些学科的发展进行指导的信息哲学等。

传播学研究信息在人类社会中的传播过程，主要涉及口头的、书面的、非口头及书面的3种类型的信息交流。口头的信息交流包括倾听一个人去理解一条信息的含义；书面的信息交流包括书面内容被阅读与理解；非口头及书面的信息交流主要是指面对大众传媒的信息交流，包括观察一个人和推断意义。传播学对如何通过环境的政治、文化、经济、符号学、解释学和社会维度来解释信息感兴趣。

通信学研究信息在不同类型物质载体中的传播过程，研究传播过程中的信息传输和信号处理的原理和应用，包括过滤、编码和解码等。

认知科学研究心智及心智过程，目标是发现心智的表征和计算能力，以及它们在人脑中的结构和功能表示。研究内容包括认知的性质、任务和功能，研究智力和行为，关注语言、感知、记忆、注意、推理和情感等心理能力，重点研究神经系统如何表示、处理和转换信息。

计算机科学研究具有计算功能的机器（计算机），以及与计算机有关的各种现象和规律。研究内容包括计算机系统结构、程序系统（软件）、人工智能及计算本身的性质与问题。目前，从抽象的算法分析、形式化语法，到具体的编程语言、程序设计，都是计算机科学领域关注的重点。

信息哲学研究信息的本质及其与信息有关的基本原理，形成包括信息动力学在内的信息理论和计算方法论，并将其应用于对哲学问题的详细阐述。信息哲学领域试图形成统一信息理论，为上述各个学科的发展提供认识论工具。

有学者将心理学、计算机科学、神经科学、语言学和哲学等传统学科纳入广义的认知科学范畴，认为认知科学是研究人类感知和思维信息处理过程的科学，包括从感觉的输入到复杂问题求解，从人类个体到人类社会的智能活动，以及人类智能和机器智能的性质。

尽管上述各个学科之间有着比较明确的界限，但是，随着各个学科的发展，成果日益丰富并得到广泛应用，各个学界之间的交叉现象越来越明显，学科之间的界限逐渐模糊。例如，在现阶段，计算机科学领域的技术成果被广泛地应用于其他学科领域，尤其是各类新型的算法和分析软件。又如，计算机技术应用于通信学领域形成了程控交换等技术。

前文回顾了与信息科学有关的各个学科及它们之间的关系，似乎有点偏题。下面回归正题，回答"情报学特有的研究领域是什么"的问题。

为了便于从另一个视角揭示这些学科在研究领域方面的差异，我们换一种表达方式重新对上述学科进行简单描述：研究以人脑为计算工具，以意识化的本体论信息或认识论信息为本源产生新的认识论信息（知识、智能、智慧）的机制与规律性的科学是认知科学；研究计算机的设计及以计算机为计算工具，以数字化的认识论信息为本源产生新的认识论信息（知识、智能、智慧）的机制与规律性的科学是计算机科学；研究认识论信息在人类社会中传递的机制与规律性的科学是传播学；研究以电子波、光波等作为信息载体，认识论信息在不同类型的传播介质中传递的机制与规律性的科学是通信学。

情报学的研究领域究竟是什么？简言之，情报学是一门研究以人脑与计算机为计算工具，以本体论信息或认识论信息为本源，围绕特定决策需求产生能够满足决策需求的情报（数据、信息、知识或智慧）的机制与规律性的学科。为了确保情报流通过程与情报系统的效率，情报学不仅需要利用信息论、系统论、控制论、结构论、协同论、突变论等横断学科的理论用于指导和构建自身的理论，也需要利用传播学、通信学、认知科学、计算机科学、哲学等领域的相关成果来构建新的或优化旧的情报流通过程与情报系统,以提高情报流通过程与情报系统的效率。同时,情报学需要揭示情报流通过程与情报系统运作的机制与规律性,包括人类在获取信息、知识、智能或智慧的过程中所体现出来的规律性。

3.5.2 特有的研究问题

特有的研究问题由特有的研究领域所决定。在明确了情报学特有的研究领域之后,情报学界大体就可以找到情报学学科的一些特有的研究问题。例如:如何明确或预测用户的情报需求,如何有效满足用户不同层次、不同粒度(数据、信息、知识或智慧)的情报需求,如何判断哪些信息与情报需求相关,如何有效收集与情报需求相关的信息,选择何种算法能够确保信息处理、信息分析、信息评估、信息分发的效率与质量,如何评价情报的准确性和价值,如何筛选出潜在的情报用户,如何构建科学的情报流程模型,如何评价已有情报流程模型的科学性或合理性,如何确保情报流程更加有效,如何使情报系统达到最佳的性能状态,人类在从信息到情报的过程中体现出哪些规律,人类在获取信息、知识、智能或智慧的过程中体现出哪些规律性,如何计量情报流通过程的效率,如何计量所获得的情报量等。

作为情报学对应的学科,情报学领域又派生出相应的研究问题。例如:情报学科的发展目标是什么,情报工作的性质与作用是什么,如何构建情报学课程体系,情报学的理论、技术、方法是什么,如何定义与发挥情报的能力等。

这里我们只是列举出一些情报学领域特有的研究问题,没有对这些问题展开论述,其目的是让情报学界的从业人员能够大体区分情报学界自身的研究任务,尽量避免跨界研究。然而,这种区分不是绝对的。我们提倡跨学科研究,条件允许的话可以在多个学科领域进行耕耘,但是不提倡将其他学科的研究任务作为自身的本职工作,甚至影响或误导他人。例如,关于信息安全问题,研究保密算法、保密软件不是情报学的本职任务,但是情报学领域需要新的保密算法、保密软件来优化情报流通过程与情报系统。情报学界需要借用其他领域的成果来解决本领域的问题。

3.6 本章小结

2017年10月29日,中国情报学界在南京形成共识,其中一条是"重新定位情报学科的发展目标"。情报学界首先要形成关于情报学特有研究领域、特有研究问题的共识，然后来探讨并形成关于情报学未来的发展目标与发展路径的共识，这样的做法才会更加合理、有效。Bawden 与 Robinson 认为，图书情报学需要一个新的概念框架，信息哲学适用于此目的①。通过对情报学哲学基础的再认识，可以看出：信息哲学基本可以胜任情报学哲学基础这一角色，但是其理论体系需要进一步完善；从哲学视角可以发现，情报学作为一个独立的科学分支具有正当性，它具有自身特有的研究领域与研究问题；情报学已经发展出自己特有的研究方法。基于对情报学哲学基础的重新认识，可以重新透视情报学现有的知识体系，重新表述情报学的理论体系、技术体系与方法体系，进一步推动情报学知识体系向更加科学的知识体系这一方向发展与完善。本章对情报学特有的研究领域、研究问题与研究方法进行了探讨，限于笔者自身水平，分析深度和全面性尚需改进，有待学界同人共同探讨，将其完善。

---

① BAWDEN D, ROBINSON L. Curating the infosphere: Luciano Floridi's Philosophy of information as the foundation for library and information science [J]. Journal of documentation, 2018, 74 (1): 2-17.

第 4 章 情报学基本原理阐释

情报学基本原理是用于揭示情报活动机制的基础性理论，在情报事业、情报业务和教育实践等方面发挥着解释与指导的价值，与各种情报学研究范式相结合产生了各种情报学分支理论。然而，现有情报学基本原理的应用频次普遍偏低。本章将对现有情报学基本原理进行回顾与深入解析，深入分析一些基本原理的合理性与不足，在此基础上，提出重建情报学基本原理体系的思路。

4.1 现有基本原理对情报学发展的作用

在中国情报学界，"基本原理"的内涵具有中国特色，英文表述方式没有明确的对应词组。这种情况正如"情报学"本身一样，一直是令中国情报学界尴尬的问题。"基本原理"不是一般意义上的 principle、axiom 或 theory，"基本原理"一定是"重要理论"，但并不是所有的"重要理论"都可以作为"基本原理"。基本原理术语与西方学术理论体系里的元理论术语和范式术语存在共性与差异，讨论情报学基本原理并不是为了得到一个普适的、具有指导意义的理论工具，而是为了保证情报学理论体系的严谨性及揭示整个情报学理论体系的内核。学科内的基本原理、元理论、范式都是阶段性的产物，都会在各个子学科分化与融合的进程中不断更新。中国学界有其自身的传统，无须按照西方方式进行知识体系的表达。

情报学领域现有知识体系里有一组"基本原理"一直支撑着情报学学科发展，指导着情报研究活动。然而，王芳对国内情报学理论文章进行内容分析后发现，在马费成先生所列出的 6 条情报学基本原理中，除离散分布原理之外，其他 5 条的应用频次偏低。她认为，导致情报学基本原理应用频次偏低的原因可能是：①一些原理属于元理论范畴，是被情报学界广泛接受的既定前提，因而较少被论及，如有序性原理、最小努力原理；②随着部分研究领域的成熟，某些基本原理不再成为热点研究问题，如相关性原理；③个别原理在情报学的基础地位需要重新考虑，如对数透视原理①。

信息论、系统论、控制论、结构论、突变论、协同论、复杂系统理论等横断科学从不同侧面揭示了客观物质世界的本质联系和运动规律，彻底改变了世界的科学图景和当代科学家的思维方式。要想使情报学成为真正意义上的情报科学，必须以马克思主义哲学及部分横断科学的理论为指导，认知和解释本范畴内的现象或规律，构建出具有情报学学科特色的一组基本原理。期望在情报学界的共同努力之下，尽快推出一组新的具有共识的情报学基本原理，进一步推动情报学知识体系的科学化。

4.2 基本原理的来源与类型

从已有的知识体系中识别出一个学科范式的基本原理至少存在以下3种方法。

第一种方法是应用频次排序法。即先从本学科特定的学术文献中识别出作者论述时所使用的理论，然后统计这些理论的词频，应用频次高的理论被认为是基本原理。该方法存在明显缺陷。首先，该方法容易受到研究热点的干扰，研究的热度越高，某种理论被应用的概率就越高。例如，用户行为的影响因素研究是近期情报学领域的研究热点之一，为了合理筛选潜在影响因素及解释用户行为所表现出来的规律性，作者们经常应用社会科学领域的社会资本理论。显然，尽管社会资本理论在情报学领域的应用频率高，但是它不能作为情报学的一个基本原理，因为它揭示的规律不属于情报学的研究领域。其次，作者们容易混淆理论与原理两个概念的内涵与外延。理论是指人们关于事物知识的理解和论述。"理论"是一个用"概念"组织起来的信息体系，可以被用来解释自然界和社会的各种现象及这些现象之间必然、本质、稳定和反复出现的关系②。原理通常指某一领域或学科中具有普遍意义的基本规律③。科学的原理以大量的实践为基础，故其正确性能被实验所检验与确定，从科学的原理出发，可以推演出各种具体的定理、命题等，从而对进一步实践起指导作用。仅仅通过应用频次这一指标不能将原理与理论区

---

① 王芳，陈锋，祝娜，等. 我国情报学理论的来源、应用及学科专属度研究 [J]. 情报学报，2016, 35 (11): 1148-1164.
② 理论 [EB/OL]. [2018-12-10]. https://baike.baidu.com/item/理论/1732500? fr = Aladdin.
③ 原理 [EB/OL]. [2018-12-10]. https://baike.baidu.com/item/原理/85014.

分开来。

第二种方法是专家总结法。在中国情报学界，王崇德先生、靖继鹏先生、马费成先生、梁战平先生等前辈先后给出关于情报学基本原理的看法。他们在情报学理论研究和情报工作实践方面有着丰富的成果和经验，比较熟悉与理解情报学的知识体系，他们所罗列的基本原理已在之前的理论研究与实践工作中发挥着重要的指导作用，与情报学界的普遍认知基本保持一致，因而他们的观点在情报学界得到普遍认同和沿用。然而，4位前辈没有形成统一的观点，所列出的基本原理在名称和数量方面存在差异。1991年，王崇德在《情报科学原理》一书中重点研究了6个原理[①]：相似原则、耗散结构原理、马太效应原理、最小努力原则、大世界悖理和随机过程原理。1996年，靖继鹏等学者在著作《情报学理论基础》中给出4个基本原理，即情报产生原理、情报序化原理、情报传递原理、情报吸收原理。2007年，马费成先生在《情报学报》发表文章，从科技情报的属性和信息链视角论证了情报学的6条基本原理：离散分布原理、相关性原理、有序性原理、易用性原理、小世界原理、对数透视原理。2007年，梁战平先生在此基础上增加了4个基本原理，即隐藏原理、重组原理、转化原理、可视化原理。靖继鹏先生所提的"情报产生原理"即为"相似原理"，所提的"情报序化原理"对应于"耗散结构原理"及"有序化原理"，所提的"马太效应"基本对应于"离散分布原理"，所提的"最小努力原则"对应于"易用性原理"。最小努力原理还包括著名的穆尔斯定律："一个情报检索系统如果对用户来说，取得情报比不取得情报更伤脑筋和麻烦的话，用户就会倾向于不使用该系统"。对比4位前辈的观点可以发现，王崇德先生的观点被后续的研究者继承与发展，而其他学者没有提出比较有影响的观点。

第三种方法是科学家自身的感悟。作为理论逻辑基础的"基本原理"及由此原理推演的结论是组成一个科学理论的核心内容。理论能否成功建立关键在于能否找到一组作为理论逻辑演绎出发点的"基本原理"。概念及构成"基本原理"的"基本概念"产生于人类大脑中的"概念世界"。理论的基本原理来源于"概念世界"，由这些"基本概念"表述而成，被命名为某个"公理"或者"基本假设"，也是人类精神世界的产物。因此，某些"基本原理"的产生由感觉经验引起，在它们的产生过程中，经验对概念世界起到某种"触发"作用。例如，爱因斯坦在创建狭义相对论这一理论的过程中花了10年的努力，最终找到作为理论逻辑基础的"基本原理"——"光速不变原理"和"狭义

---

① 王崇德. 情报科学原理[M]. 台北：农业科学资料服务中心，1991：28-65.

相对性原理"①。

不同的科学都是以一组基本原理为核心而构成的知识体系。不同的科学所依据的基本原理存在差异，来源各不相同。根据原理的来源可以将基本原理分为3种类型：①哲学层次的原理，如辩证法里的客观性原理、能动性原理、全面性原理、决定论原理、历史主义原理、一分为二原理、辩证否定原理、系统性原理、从抽象到具体原理、分析与综合统一原理等；②横断科学层次的原理；③科学自身内部产生的原理。来自哲学理论体系的基本原理可以统领或协调低于它的其他层次的原理，从哲学高度对物质世界、意识世界发生的现象进行解释，能够更深层次地揭示现象的本质及运行机制，或者对其他科学领域内的研究活动、实践活动具有方向性的指导作用；信息论、系统论、控制论、结构论、协同论、突变论等横断科学里的理论具有普适性，对其他科学领域内出现的有一定共性的研究问题具有较好的解释能力，可以成为具体科学的基本原理；学科自身知识体系内部产生的基本原理则专门用于认知和解释本学科内的特殊现象或特殊规律。

根据原理的复杂程度可以将基本原理分为3种类型：①公理类的基本原理；②具有配套理论进行阐述的基本原理；③由定律转换成的基本原理。公理是被认为天然成立、不需要证明其正确性的判断。因此，在特定理论的知识体系中，只有关于公理的语言描述，没有关于公理是否成立的配套解释。例如，狭义相对论中的两个基本原理——狭义相对性原理与光速不变原理都是以公理形式出现的，其中狭义相对性原理被表述为"在一切惯性坐标系内，不能通过物理实验来判断该惯性系是静止还是匀速直线运动"，光速不变原理被表述为"真空中的光速与光源（或接收器）的运动速度无关，在各个方向都等于一个恒量C"。来自哲学或横断科学的基本原理往往具有配套的理论阐述，如文艺批评方法论的中介性原理、阶段性原理、统摄互补原理②，其中统摄性是指高层次的方法可以统领或协调低于它的其他层次的方法，互补性是相对于同一层次的方法的横向展开而言的，是指看来彼此对立的二元或多元之间的相互补充。在自然科学领域有许多由定律转换成的原理，而定律一般都有对应的数学公式。例如，物理学里的"万有引力原理"对应于"万有引力定律"，而万有引力定律可以用万有引力公式来表达。

---

① 钱时惕. 相对论的基本原理及其哲学意义［J］. 哲学动态，1985（10）：29-36.
② 董运庭. 关于文艺批评方法论的基本原理［J］. 重庆师范大学学报：哲学社会科学版，1995（2）：9-17.

4.3 现有情报学知识体系对情报学基本原理的解释

靖继鹏、马费成、梁战平3位前辈先后在论著中给出了关于情报学基本原理的论述,并且得到了我国情报学界的普遍认同与沿用。因此,对他们的观点进行回顾与解析并找出其中的不足之处,将有助于推动情报学基础理论体系的重构与完善。

4.3.1 靖继鹏先生观点述评

靖继鹏等学者在著作《情报学理论基础》[①] 中给出 4 个基本原理,即情报产生原理、情报序化原理、情报传递原理、情报吸收原理。

(1) 对"情报产生原理"的解释

情报产生原理的理论基础是相似原理。相似包括几何相似、运动相似、动力相似等类型。"相似"常被定性地解释为"客观事物时间、地点、人物、情节、前因、后果等要素的接近或一致的程度",这 6 个要素至少成分不一、份额不等、比例不同才能被认定为"相似",否则是"一模一样"。相似要素数量越多,相似要素力度越强,则相似程度就越高。相似的产生、发展与功效的规律有以下 3 条:①相似产生的基本依据。只有相似单元、相似层次的构造,才能产生相似。组成事物内部结构中最基本的单位被称为单元,自然语言的词汇是科技文献的单元。由单元进而组成层次。层次是指事物内部相互作用、相互联系与相互制约的最为紧密的相对独立部分,它在微观上是结构、运动、时空的统一表现形式。②相似产生的重要条件。具备相似过程、相似环境,相似才能产生。③相似属性、特征与功能。如果客观事物中相似属性、相似特征越多、越强烈,那么这种相似的功能就越多、越大。情报产生原理涉及情报基本概念、情报与其他各种社会现象的相互联系和作用及情报源等基本概念群。"相似"是人们开展情报活动、建立情报系统与操作手段、发展情报事业的重要启发与借鉴。许多情报流程的执行条件、情报系统的程序与操作都源于相似原理,受相似理论的控制与支配。例如,文献计量学里有 3 个统计定律:布拉德福定律、洛特卡定律、齐夫定律。这 3 个定律的共性异常明显,其分布均呈反"J"形,可一般地表示为通式 $f(x) = c(x+a)^k$,c、a、k 为常数。它们之所以出现如此之多的共性,就是相似原则使然。

---

① 靖继鹏,毕强. 情报学理论基础 [M]. 长春:吉林科学技术出版社,1996:26-44.

(2) 对"情报序化原理"的解释

序化就是将杂乱无章、随机的知识加以整序、分析,综合成人们解决问题的形态。在情报产生(情报源)、序化、传递、吸收4个主要现象中,序化起主导作用,也是情报这一社会现象中最为本质的现象。从哲学上讲,人们认识和改造客观事物是一种从混沌到有序、从初级有序到高级有序的进化过程。情报序化原理依据耗散结构理论来阐述,因为耗散结构理论同样是人类情报现象和行为的基本原理。耗散结构理论建立在对热力学第二定律的研究之上。该理论将宏观系统分为3种:孤立系统,即指与外界既没有物质交换又没有能量交换的系统;密闭系统,即指那些与外界仅有能量交换,但却没有物质交换的系统;开放系统,即指那些既与外界进行物质交换,又与外界进行能量交换的系统。热力学第二定律引进"熵"这种系统状态函数,熵与外界的能量交换有联系,它们与能量相反,但是不守恒。耗散结构理论引入"耗散结构"概念,远离平衡态的系统被称为耗散结构。该理论解释了系统的变化及有序程度与熵、能量之间的关系。具有耗散结构的系统能够在一定的外界条件下,通过内部相互作用,自行产生组织性和相干性,即自组织现象。使系统由无序到有序,形成耗散结构,必须具备4个条件:系统必须是一个开放系统;系统应当远离平衡态;系统内部要素之间存在着非线性的相互作用;系统从无序向有序演化通过随机的涨落来实现。任何一个具有一定功能与任务的情报系统都可被视为一个远离平衡的开放系统。因此,耗散结构理论可应用于解释情报系统中出现的现象。情报系统的情报堆积、情报系统的运行与维护,需要不断地输入能量、信息、物质,以维护其有序性,使之发挥其功能,使其成为自组织系统。文献有序性的建立与维护、文献的分类、旧文献的剔除等活动均可用耗散结构理论进行解释。然而,耗散结构理论强调物质和能量的交换,而对信息的重视与处理远没有控制论那样深入,将该理论运用于具有较高社会属性的情报科学具有局限性,以自组织理论来解释人类情报流程略显表浅。

(3) 对"情报传递原理"的解释

情报传递研究传递交流的行为和过程,研究传递、交流的模式,情报存取的理论和方法,研究正式交流、非正式交流的理论和方法,研究通信技术、联机检索系统、网络技术、接口技术、机器翻译、数字、图像、声音的传递技术和应用等。情报传递必须处于激发状态,即$I \geq I_0$。传递情报所需的时间(T)与其自身的价值(I)和情报用户对它的需求强度(F)成正比,与传递环境阻力(f)成反比。米哈依洛夫的交流理论、申农的通信数学原理、维纳的控制论、萨拉塞维克的人类知识通信理论等知识体系都有与

"情报传递原理"相关的深入研究。

（4）对"情报吸收原理"的解释

著作中首先提出"接受"这一哲学术语，然后阐述情报接受的内涵。接受是关于情报客体及其体认者相互关系的范畴。情报接受的内涵包含3个方面：第一，情报接受首先是指用户与情报之间保持的一种关系，这种关系决定着两者在相互作用中各自的存在方式和运动形式。正是用户主体结构与情报客体之间的相互作用又相互规定，相互贯通又相互转化，构成了情报接受活动的现实基础。第二，情报接受是情报主体为了追求和实现情报价值的一种合目的性和合规律性行为。情报接受的实质是情报价值的选择性实现。第三，情报接受是接受主体能动的行为。情报接受作为一种普遍存在的行为过程，上述3个方面可概括其本质、特点。情报接受有其普遍存在的意义、普遍联系的意义、普遍作用的意义、普遍差异性和变异性的意义，因此，情报接受问题的重要性日益突出。

靖先生试图在情报学基本概念的基础上演绎、衍生、推论出情报学的基本原理，以揭示情报的内在运行机制。靖先生所列基本原理与情报流程中的部分环节大体上存在对应关系。靖先生书中将情报流程分为4个阶段：情报产生、情报序化、情报传递、情报吸收。情报学界目前一般将情报流程分为7个阶段：情报规划、情报搜集、情报处理、情报分析、情报分发、情报应用与情报反馈[1]。其中，情报产生与情报搜集对应、情报序化与情报处理对应、情报传递与情报分发对应、情报吸收与情报应用对应，但是这些对应的术语在内涵方面存在细微的差别。靖先生认为，相似原理可以指导对情报源及情报的相关判断与选择，耗散结构理论可以指导对情报的有序化操作，现有的情报交流理论、通信理论、控制论、传播学理论可用于指导情报的传递，情报接受的实质是情报价值的选择性实现。

靖先生的前3个基本原理对某些情报现象的规律或机制的解释直接借鉴其他学科中相对成熟的理论，只是将原理重新命名为与情报学知识体系相适应的说法，没有重新使用情报学语言对情报流程中的行为机制进行表述；第4个原理过于简单，既没有对情报接受行为的机制进行解释，也没有揭示情报接受过程中的规律性。如果将情报产生、情报序化、情报传递、情报吸收分别看成情报系统的子系统，那么，每个子系统的构成要素是什么，各要素之间是如何相互作用的，系统整体运行的机制是什么。对这些问题的

---

[1] 彭知辉. 情报流程研究：述评与反思 [J]. 情报学报，2016，35（10）：1110-1120.

系统性解释才是对应情报流程各个阶段的基本原理。总而言之，这4个基本原理对情报流程的概括能力与解释能力缺乏足够的力度。情报流程中的其他环节是否应该配套对应的基本原理，整个情报系统是否应该配套对应的基本原理。情报学界的学者也应该对这些问题进行斟酌。

另外，靖先生对4个基本原理的阐述没有严格区分信息与情报的差别，具有时代局限性。

4.3.2 马费成先生观点述评

2007年，马费成先生在《情报学报》发表文章，从科技情报的属性和信息链视角论证了情报学的6条基本原理[①]：离散分布原理、相关性原理、有序性原理、易用性原理、对数透视原理、小世界原理。

(1) 对"离散分布原理"的解释

信息、知识和情报是以离散形式分布的，在离散分布基础上趋向集中。由于信息、知识和情报的离散分布是绝对的、复杂的，所以才需要研究如何用科学的方法获取情报密度最大的情报源，为用户情报需求提供最优服务。对情报分散规律的研究将揭示情报学具有奠基性的定律。信息、知识和情报的离散分布表现为其内容单元以不同的方式从不同的角度分散于各种著作或不同形式的载体中。情报的离散分布具有复杂的机制，本质上由知识体系自身的分化和综合决定，与情报的生产、利用，情报的累积性、再生性、老化性，以及创造者的独立性有密切的关系。情报的离散分布现象是全部情报活动的基石。离散分布原理主要由布拉德福定律、洛特卡定律和齐夫定律组成。

(2) 对"相关性原理"的解释

任何一种情报结构都是按一定规则相互关联的。研究和揭示情报相互关联（相关性）的规律和规则，是有效组织和检索信息、知识、情报的基础。情报学的主要任务之一是要解决"查找相关情报"的问题。情报学中的相关性存在于两个方面：一方面是用户的情报检索；另一方面是客观知识体系的自组织建立起来的相关性。①情报检索涉及两种相关，即系统相关与用户相关。系统相关明确地描述了情报检索及情报检索系统运行的目标，它揭示情报表示、组织、匹配等在系统控制中的相关结构和相关过程。如果没有系统相关性，情报检索系统就不可能存在，用户就不可能获得自己所需要的情报。

[①] 马费成. 论情报学的基本原理及理论体系构建 [J]. 情报学报，2007，26 (1)：3-13.

系统相关性是连接系统和用户的桥梁，同时又是约束系统和用户的潜在规则。用户相关是用户对检索结果做出的相关性判断，实现对检索结果的筛选。无论哪类相关性，实质上都是指情报用户（主体）与情报（客体）之间的关系，这种关系对情报检索系统组织、设计、分析、算法都形成约束。而情报主体的情报问题和情报需求多种多样，知识储备各不相同，这使得情报检索系统的组织设计异常复杂。情报主体与情报客体之间普遍存在的相关性便成为情报学的一种基本现象，揭示这种基本现象的原则和思想显然是情报学最基本的原理。②知识系统中的情报相关性。情报必定是进入科学系统的某种知识。由于知识体系的整体性、综合性、继承性、累积性和国际性，使得情报在纵向和横向都有极强的相关性。在纵向，情报的不同级别之间存在着内在的逻辑联系；在横向，各知识领域之间是一个不可分割的整体，其情报单元也自然相关联。情报的相关性可以反映为概念之间的关系；对概念的内涵进行限制、外延实施划分，便可组织起相互关联而有序的现代情报检索系统。

(3) 对"有序性原理"的解释

信息、知识和情报的有序性是指其结构处在运动变化的开放系统中，在交流和传输过程中具有稳定性、规则性、必然性、确定性及相互因果关联性。借助于有序性，系统可以实现体系目标全过程按照逻辑关系程序化，从而得到有效利用。情报结构无论是以自然系统存在，还是以人工系统存在，都具有某种"序性"。研究和揭示这种"序性"，是设计最优情报系统的基础。情报结构的有序性来源于科学体系的有序性和人的创造过程的有序性。情报的产生在许多情况下可能是随机的、无目的的，但它们一旦被生产出来并进入知识体系，成为科学结构中的一分子，便具有特殊意义。它们可能属于知识体系的不同级别（事实、假说、构想、理论等），在知识体系结构中具有不同的功能，但都会通过知识的自组织而形成有序结构。这对于自然科学、技术科学等累积性特别强的学科尤其如此。其他类信息不存在像科学体系一样的自组织结构，而是由人工构建的各类信息系统使其有序化。当新信息进入这些系统时，必须有人的干预和调整才能实现有序添加，否则，输入的信息越多，系统就会越混乱。当然，情报在知识体系中的有序性结构并不意味着它能自动生成有序的情报检索系统，只是表明人们可以通过情报的有序结构研究情报的规律和组织，建设更有效率的情报系统。情报的有序性结构既来自情报创造过程的机制，也来自知识体系自身的自组织功能。前者是主观知识结构的有序过程，后者是客观知识系统的有序结构。有序性原理主要包括布鲁克斯方程和耗散结构理论。

（4）对"易用性原理"的解释

人类总是通过信息进行交流，并千方百计地采取简单、方便、快捷、易用的手段来获取和利用信息、知识和情报。研究和揭示人类情报行为的最小努力特性，可以使情报获取和服务达到成本小、效率高的目的。齐夫定律的数学公式反映了人类追求简捷精进的天性，"信息构建"理论强调信息服务平台的清晰、美观、易用。在情报组织中，不同属性的字段（著者、篇名、主题等）都是由词组成，通过统计每一个词在不同记录中出现的频次并根据频次加以排序，从中选出最适合的词，可以将倒排档的规模控制在适当的范围之内，即对信息组织和用户来说都是"最省力"的规模。易用性原理由最小努力原则和穆尔斯定律组成。

（5）对"对数透视原理"的解释

对数透视原理是普遍存在的人类感官系统对外界物理刺激的反应机制，它描述"物理空间的对象特征及其在人的感觉系统中的影像之间的差异"符合对数转换律。英国科学家布鲁克斯进而提出"对数透视原理"，即物理空间中信息获取和接收的对数透视原理，认为人类获取和接收信息、知识和情报的认知过程遵循对数转换机制。研究这一转换机制可以揭示物理空间的信息与进入认识空间中的信息、知识和情报之间，信息载体和信息内容之间在数量和特征上的差异，为情报、情报学的定量化提供理论、方法和途径。不同的学科专业领域及不同行业之间也存在这样的对数透视效应。

（6）对"小世界原理"的解释

通过对特征路径长度和聚类系数的测量，瓦茨等人发现，许多领域的合作网络都存在小世界现象，于是断定小世界现象是大型现实网络的内在属性。小世界原理是情报相关性的具体表现，广泛存在于信息生产、信息系统、信息获取、信息传递、信息利用过程及信息对象的分布特征中。如果以知识体系、信息载体、信息系统、情报结构或用户群体中的独立元素为节点，都可以通过有限的路径将它们联系或整合到可识别和交流的范围。传统的引文分布与引文系统，以及互联网上的各类网站、网页、网络目录、网络用户之间的有效链接所形成的各类网络，均具有小世界现象。这说明小世界现象作为情报学基本原理具有的普遍意义和广泛应用性。

"离散分布原理"只是关于客观知识世界的原理，与强调"基于全源数据的情报分析"理念存在差距。情报流程是否可以只关注客观知识世界，而不考虑物理世界无所不在的本体论信息及精神世界内意识化的认识论信息。答案显然不是。中国的情报学学科体系严格意义上不是纯粹的情报学，它源于图书信息科学知识体系，主要对以客观知识世界为情报源的情报流程进行研究。由于客观知识世界是以符号系统为基础进行表征的，因而其中的信息、知识和情报必然是以离散的形式分布于客观知识的载体中。计算主义是建立在有限状态机理论的基础上的，其数学描述是离散的；但自然科学理论，包括量子力学的理论，描述它们的数学都是连续的。对于连续和离散的问题，著名物理学家多奇（David Deutsch）认为，在每一个宇宙中，所有可观察的量都是离散的，但多宇宙作为一个整体则是连续的。本体论信息是以连续的形式存在的，人类对本体论信息的离散化处理是为了便于后续的表征与利用。然而，对原始信息的离散化会产生信息损失，这与数据泛化的情况类似。为了便于提升信息检索的效率，人们用一组离散的关键词作为原始文档的替代物，用一组离散的检索词作为真实信息需求的替代物，匹配的结果是一组文档。如果只通过阅读文档替代物，人们无法获取原始文档中蕴含的绝大部分信息。数据的泛化使得信息产生不同的信息粒度，而不同粒度的信息子集里隐藏着不同的规律或定律。建议将"离散分布原理"依然作为"离散分布定律"使用，无须将其上升至基本原理这一地位。

对相关性原理的解释过于简单。马先生关于该原理的基本观点可以浓缩为以下一段话：情报主体与情报客体之间普遍存在的相关性便成为情报学的一种基本现象，揭示这种基本现象的原则和思想显然是情报学最基本的原理；情报的相关性可以反映为概念之间的关系；对概念的内涵进行限制、外延实施划分，便可组织起相互关联而有序的现代情报检索系统。而实际上，情报流程中的相关不仅包括系统相关、用户相关、主题相关。在情报流程中，相关性判断与情报流程中的行为选择处于共生状态，相关性判断无所不在。相关性的种类繁多，对应的机制也各不相同。其他的相关种类包括：算法相关、数据相关、用户相关；全局相关、局部相关；语法相关、语义相关、语用相关、语境相关；主题相关、价值相关、信任相关；等等。要使相关性原理能够充分胜任解释情报流程中的各种相关性判断行为这一角色，必须进一步完善相关性原理的表述，尤其是对各种相关性判断对应机制的阐述。

"对数透视定律"作为基本原理有点勉强。韦伯－费希纳定律说明，物理刺激的主观反应与感官刺激的物理量度的对数成正比。这些刺激包括声音的强度和音调，以及光的强度。布鲁克斯推导出视线具有对数的距离尺度这一结论，进而断言人类所有的神经机制，包括精神神经系统的机制，都可能以同样的对数方式运行。由此，布鲁克斯给出对数透视定律：人类获取和接收信息、知识和情报的认知过程遵循对数转换机制。这一原理源于布鲁克斯的直觉，类似于情报学知识体系里的一个公理，以马先生为代表的中国情报学界的学者大多理所当然地认定该定律是成立的,从而接受了它。由于该原理是思维类比平移的产物,其在信息空间里的普适性,或在某些受限的信息空间里的存在性并没有得到证明。布鲁克斯本人也没有证明。其他人由于不能对该定律进行有效的理解或者出于对该定律的不信任,使得其从诞生之日起就很少被使用。对数类定律的一般形式是 $z = k \log x$,其中 k 为一个常量,x 是实际的物理量,z 是测得的感知量,x 和 z 是同一量纲的数值。然而,包括布鲁克斯本人在应用对数透视定律时也具有令人费解之处:他将人类视线具有对数距离尺度这一规律间接用于人类对信息空间的感知,而不是验证"感知信息量与实际信息量的对数成正比"这一规律是否成立。这就给其他学者带来困惑:布鲁克斯的对数透视定律到底是什么意思,哪些案例能够支持对数透视定律,支持对数透视定律的案例比例有多大。没人回答这个问题,也没法回答这个问题。归根结底,这是对数透视定律本身的问题。至于对数透视原理,不管它成立与否,都属于定律范畴,应该可以通过实验进行验证。人类对世界的感知不仅依赖自己的感官系统,还有为了扩展自身感官系统能力的人造感官系统。人造感官系统以现代高度发展的信息技术为基础,对世界的感知能力远远强于人类自身的感官系统。人对世界的感知结果是人类感官系统与人造感官系统共同作用的结果,不能简单地认为混合感官系统的共同作用依然遵循对数透视定律。或许,它本就不是一个能够反映情报规律的定律。

"小世界原理"直接将小世界现象当作原理使用,不够科学与严谨。小世界效应的定义是[1]:如果网络中任意两点间的平均距离 L 随着网络格点数 N 的增加呈对数增长,并且网络的局部结构上仍具有较明显的集团化特征,则称该网络具有小世界效应。网络可分成规则网络和复杂网络两种,而复杂网络分为随机网络、小世界网络和自相似网络。小世界网络和自相似网络都介于规则网络和随机网络之间。小世界网络的定义并不明确,只说它是规则网络和随机网络的中间物。因此,小世界网络特征只是某些信息子集表现出来的一种规律。小世界理论是用于对小世界现象进行解释的理论,并不具有普适性,可作为基本定律使用。

"易用性"只是相关判断的依据之一,关于它的认知和解释,只能作为相关论的组成部分。

---

[1] 小世界效应[EB/OL]. [2018-12-10]. https://baike.baidu.com/item/小世界效应/10280833?fr=aladdin.

4.3.3 梁战平先生观点述评

梁战平先生在马费成先生观点的基础上增加了4个基本原理①，即隐藏原理、重组原理、转化原理、可视化原理。

（1）对"隐藏原理"的解释

信息、情报的隐藏是情报工作者历来所关注的问题。发送方将信息和情报通过嵌入算法嵌入某种载体中，接受方通过信息提取算法从载体对象中提取原先的信息和情报。对伪装对象的正常处理不应破坏隐藏的信息、情报。信息嵌入算法与信息提取算法遵循同一套密钥体系。

（2）对"重组原理"的解释

信息、知识和情报都可以进行重新排列组合，形成全新的概念和形态。重组可通过连接、分割、结合的方法，使对象获得改进的机会。重组可以产生无限的可能，是获取情报的重要手段之一，是知识创新的基础。重组的步骤是：归零思考；重新定位和思考信息（知识）元的价值，搞清楚每个信息（知识）元的角色和相互关系；重组是使用片段的信息（知识）来组织知识的全貌或建构完整的概念；重组要有明确的目标；找出新的目标，加入新的信息（知识）元，产生新的关联，形成新的信息（知识）。

（3）对"转化原理"的解释

广义的信息包含符号、事件、数据、信息、知识、情报，它们之间可以相互转化，通过信息链将它们连接在一起。它们之间存在着并列关系、转化关系、包含关系、层次关系。"知识转化模型"描述了组织从隐性知识到显性知识的循环转化过程，以及个人到组织的知识流动形式。知识的转化、传递和创造是一个动态、递进的过程，当组织的隐性知识完成一次知识螺旋运动并转化为新的隐性知识时，就开始了新一轮的知识螺旋。B. C. 布鲁克斯的知识方程式反映出信息和知识的相互转化关系。卡尔·波普尔的"三个世界"理论刻画出"事实、信息、知识、情报序化原理"的真实途经，"三个世界"只能通过人的智慧达到事件、数据、信息、知识、情报的相互转化作用。

（4）对"可视化原理"的解释

"信息爆炸"使得人们很难从海量数据中找到有用的知识。数据、信息、知识、情报等以视觉表达的方式来呈现，可以帮助人们在视觉上对比信息，认识、理解、分析和

---

① 梁战平. 我国科技情报研究的探索与发展[J]. 情报探索，2007（7）：3-7.

解释信息，能够从海量的数据中找出隐藏的规律，从而增强人们对数据、信息、知识、情报的感知能力。

梁先生对其所列基本原理的解释都不够详细。其主要的问题是将情报流程中某些现象或处理步骤直接作为原理，而不是对这些现象或处理步骤背后的运行机制进行解释，从而没有将其阐述真正上升至原理层次。

梁先生的原理列表里只提及"隐藏原理"，而实际上，对信息的隐藏和揭示是一对互逆的对抗性过程，两者往往处于共生状态。情报流程中涉及情报隐藏或揭示方式的选择，受到情报系统的控制，受到所处环境和技术条件的限制，可以从信息论、控制论、系统论的角度对情报隐藏行为与情报揭示行为进行解释。

"重组原理"对信息、知识产生机制的阐述过于简单化，不够深入、全面。认知科学、智能科学对信息、知识产生机制的阐述有着比较成熟的理论。推理是产生再生信息（知识）的主要方式，而不是重组。推理、重组、数据挖掘都是产生知识的方式，推理主要产生事实知识和规则型知识，重组主要产生相对复杂的陈述性知识和程序性知识，数据挖掘主要产生隐藏在海量数据中的隐性知识，生成的知识可以以规则、判定树、概念描述、分类器等多种形式输出。情报生成是多种知识生成方法的综合运用，各种分析算法起着十分关键的作用。

"转化原理"对符号、事件、数据、信息、知识、情报之间关系的认知存在争议。前文进行过相关讨论，这里不再赘述。隐性知识与显性知识之间的转化实质上通过信息采集过程中的信息交互行为来实现，"转化原理"实质上就是"情报产生原理"。"转化原理"过于抽象，没有对转换机制和相关要素之间的相互作用进行论述。

"可视化原理"将情报现象直接作为情报学基本原理，缺乏科学性论述。信息物质化的表现形式多样，为了便于人类感知，以可视化的形式进行展示只是其中的方式之一，作为原理使用不妥。可视化只是信息输出方式的一种，输出哪些信息、以何种形式展现，涉及相关性判断。

4.3.4 论述的主要缺陷

根据原理的来源，上述情报学基本原理大体可归为2种类型：

①来自其他横断科学的基本原理：有序性原理、小世界原理。

②学科内部产生的基本原理：情报产生原理、情报序化原理、情报传递原理、情报吸收原理、离散分布原理、相关性原理、对数透视原理、最小努力原理、隐藏原理、重

组原理、转化原理、可视化原理。

根据原理的复杂程度，上述情报学基本原理大体可归为3种类型：

①公理类的基本原理：对数透视原理、最小努力原理。

②具有配套理论进行阐述的基本原理：情报产生原理、情报序化原理、情报传递原理、情报吸收原理、相关性原理、有序性原理、小世界原理。

③由定律转换而成的基本原理：离散分布原理。

现有情报学基本原理体系的不合理之处主要体现在以下5个方面：

①对部分基本原理的阐述过于简单。

②将情报流程中的某些现象或处理步骤直接当作原理。

③部分基本原理缺乏配套的解释，或者已有的解释不够透彻。

④对数透视原理缺乏足够的科学依据与实践案例。

⑤缺乏以情报为核心概念的基本原理。

4.4 "对数透视原理"对情报学研究的影响

4.4.1 "对数透视原理"的应用现状

原理通常指某一领域或学科中具有普遍意义的基本规律，基本原理则是一个学科范式的核心组成部分。科学的原理以大量的实践为基础，故其正确性能被实验所检验与确定。从科学的原理出发，可以推演出各种具体的定理、命题等，进而被用于指导实践。由于B. C. 布鲁克斯的"The foundations of information science"系列论文在情报学领域影响深远，使得他提出的"对数透视定律"逐渐被情报学界认为是情报学学科的基本原理之一[①]。

布鲁克斯本人及马费成等国内情报学界前辈认为，人类获取和接收信息、知识和情报的认知过程遵循对数转换机制，研究这一转换机制可以揭示物理空间的信息与进入认识空间中的信息、知识和情报之间，信息载体和信息内容之间在数量和特征上的差异，为情报、情报学的定量化提供理论、方法和途径。然而，在情报学的发展历程中，"对数透视定律"的实际表现差强人意，它并没有成为情报、情报学定量化的有力工具。

---

① BROOKES B C. The foundations of information science. Part Ⅲ. Quantitative aspects: objective maps and subjective landscapes [J]. Journal of information science, 1980, 2 (6): 269-275.

布鲁克斯"对数透视定律"被国内外的研究引用时，大部分是作为"The foundations of information science"系列论文之一与另外3篇论文被同时引用。这一类研究通常只是介绍布鲁克斯在哲学层面关于情报学的阐述，极少涉及对数透视原理的内容。例如，Cibangu[①]在论文中指出，布鲁克斯的系列论文是情报学介入定性研究方法的最早讨论之一，但是没有对该观点进行具体阐述。在有限的单独引用对数透视定律的文章中，也没有人对这一定律进行分析和验证，都是默认该定律的正确性及其在情报学理论领域的地位。例如，Egghe L和Guns R[②]在研究"本福德定律"在信息计量中的广义应用时指出，布鲁克斯对信息的对数结构的探索有助于阐明"本福德定律"对计量数据的适用性，但是没有对该观点进行进一步的解释。使用"对数透视"作为检索关键词检索相关文献的结果也较少，而且研究的内容也较为单一。例如，肖楠等[③]研究对数透视原理在网络环境中的应用、适用性，并没有在本质上思考这一原理。由此可见，作为情报学界的知名定律，对数透视定律既很少被具体讨论，也没有被广泛应用。有学者曾经质疑过该原理[④]，但是没有引起学界的共鸣。王芳对情报学理论文章进行内容分析后发现，在马费成提出的6条基本原理中，对数透视原理的专属度最高，达到72.73%，但应用频次最少，认为需要重新考虑对数透视原理在情报学中的基础地位。

4.4.2 布鲁克斯推导"对数透视定律"的过程

欧几里得写过一篇关于物体的外观尺寸（apparent dimensions）与物体和观察者之间的物理距离呈反比的基本定律的论文。该定律被称为欧几里得定律，我们将其简称为欧氏透视定律。该定律可以表示为：

$$z = k/x 。 \quad (4-1)$$

其中，k是在单位距离处观察到的一个物体的任何线性高度（dimension），即物体的外观尺寸；z是物体在与观察者之间的距离为x时的表观尺寸（apparent size）。这个透视定律通常只适用于视线末端的物体和与视线成直角的场景，线性尺寸通常是指物体的高度。布鲁克

---

① CIBANGU S K. A memo of qualitative research for information science: toward theory construction [J]. Journal of documentation, 2013, 69 (2): 194-213.

② EGGHE L, GUNS R. Applications of the generalized law of Benford to informetric data [J]. Journal of the association for information science & technology, 2012, 63 (8): 1662-1665.

③ 肖楠,任全娥,胡凤. 网络环境下的对数透视原理 [J]. 图书情报知识, 2007 (3): 60-64.

④ BELTAOS L. A critique of Brookes' logarithmic 'law' [J]. Journal of information science, 1985, 11 (3): 109-112.

斯认为，该定律可以应用到视线本身，如果一个元素在视线上的物理长度为 dx，那么从距离 x 观察时，该元素的相应表观长度由式（4-2）给出［在式（4-1）中用 dx 替换 k］：

$$dz = dx/x。 \quad (4-2)$$

对式（4-2）做积分，得到：

$$z = \ln x + constant。 \quad (4-3)$$

由于选取 $x=1$ 的点作为计算表观高度和表观长度的参照点，因此，在 $x=1$ 时，$z=0$。从而可知，$constant$ 取值为 0。在透视的世界里，没有客观的测量，只有比率。因此，对数基数的选择是任意的，可以一般地写为：

$$z = \log x。 \quad (4-4)$$

式（4-4）就是布鲁克斯给出的表观距离公式。布鲁克斯将该定律用文字描述为：物体的表观距离与它的物理距离的对数呈正比。后人将其称为对数透视定律，我们将其简称为布氏透视定律。

布鲁克斯对对数透视定律的发现很是自豪，他直觉地认为该定律符合人类对各种信息空间的透视。布鲁克斯提出著名的信息对数透视定律：人类获取和接收信息（知识）的认知过程遵循对数转换机制。

4.4.3 布鲁克斯推导过程的不完美之处

上面的文字是布鲁克斯给出的表观距离公式推导过程。这段表述比较简洁，没有一定的物理、数学与绘画知识，很难理解推理过程是否合适，以及这个公式是否能够正确反映物理世界的真实状况。该推导过程中是否存在不合理之处或错误之处？如果有，为什么是不合理的或错误的？这些问题如何改？经过仔细研读原文，追溯布氏透视定律学术思想的来源及所涉及的物理学定律，推理其所用的数学工具，发现布鲁克斯在推导表观距离公式的过程中至少存在两个不完美之处。

首先，单纯从数学的角度来看，在式（4-1）中同时使用 dz 替换 z、dx 替换 k 的步骤不合理。此时 z 可看作关于变量 k 的函数（与 x 无关），对 z 求解关于变量 k 的导数，可得：$dz = 1/x \, dk$。如果不是精通微积分知识的读者，看到这段文字时都会感到费解，"这段话是什么意思？为什么可以这么操作？"

其次，布鲁克斯认为："欧氏定律可以应用到视线本身，如果一个元素在视线上的物理长度为 dx，那么从距离 x 观察时，该元素的相应表观长度由公式 $dz = dx/x$ 给出。"其实，$dz = dx/x$ 对应的是该元素对应的表观物理距离在 x 处的变化速率，因为观察者所处的位置为原点，不管是对物体的高度还是物体的物理距离进行透视，其所选的位置均是 $x=1$。

为方便读者理解，我们对这段文字的叙述进行重新表述：

设任意一点 P，其物理距离为 x_0，公式 $z=k/x_0$ 表示在 P 点之处，z 是关于 k 的函数，对其求解关于 k 的导数，则有 $\frac{dz}{dk}=\frac{1}{x_0}$，即表观高度在 P 处的变化速率为 $\frac{1}{x_0}$。

如果式（4-1）可适用于视线本身，则存在一个在（0，+∞）区间内连续、可导的函数 $z=f(x)$，使得物理距离为 x 的点的表观距离为 $f(x)$。$\frac{dz}{dx}\bigg|_{x=x_0}$ 表示表观距离在 P 处的变化速率，它与表观高度在 P 处的变化速率相同，此时 P 点可看作高度为 0 的点。由于在 P 点之处满足 $\frac{dz}{dx}\bigg|_{x=x_0}=\frac{1}{x_0}$，即 $f'(x_0)=\frac{1}{x_0}$。

由于 P 点选择的任意性，因此有 $f'(x)=\frac{1}{x}$，从而有 $f(x)=\ln x+constant$。

由于选取 $x=1$ 的点作为计算表观高度和表观长度的参照点，因此，在 $x=1$ 时物体的表观距离为 0。从而可知，$constant$ 取值为 0。因此，依据上述推导过程，最终得到一个函数：

$$z=\ln(x), x\geq 1。 \qquad(4-5)$$

4.4.4 "对数透视原理"论述的先天性不足

前文比较详细地分析"对数透视定律"推导过程存在的问题，重新改写"对数透视定律"的推导过程，目的是让读者能够清晰地看到布鲁克斯得出"对数透视定律"的过程与依据。首先，布鲁克斯根据物理学里的欧几里得定律推导出人类对距离的感知定律，即感知距离与物理距离的对数呈正比。这是人类在物理空间里对距离的透视规律。其次，布鲁克斯结合韦伯和费希纳建立的韦伯-费希纳定律（物理刺激的主观反应与感官刺激的物理量度的对数呈正比，这些刺激包括声音的强度和音调，以及光的强度）及文献统计学中的布拉德福定律在形式上的相似性，大胆做出假设："如果我们的感觉器官按某种对数规则工作，那么我们所有的神经系统，包括脑神经系统都可能按某种对数方式工作。"

事实上，如果将"对数透视定律"直接引入情报学基础理论体系，布鲁克斯的论述存在一定的片面性。

①基于距离透视定律、韦伯-费希纳定律、布拉德福定律在形式上的相似性归纳出人类信息空间里的"对数透视定律",从方法论角度来看,没有对通过在形式上的相似性归纳出的结论进行论证或实验验证就进行应用,研究过程缺乏严谨性。形式上的相似性并不能说明本质上的一致性。

②在对人类信息空间里的"对数透视定律"的表述中使用了"可能"一词,表明该定律是他的猜想,该定律的正确性和普适性缺乏理论或实验的佐证。采用与布鲁克斯类似的推导方法可以得出以下结论:在某些条件下,感知距离与物理距离的 μ 次方呈正比(推理过程见第 4 章)。也就是说,在某些条件下,"感知距离与物理距离的对数呈正比"不成立。这也从一个特殊角度说明,布鲁克斯的"对数透视定律"不具有普适性。

③将单位尺度上的感知规律与累积尺度上的感知规律混为一谈。韦伯-费希纳定律描述的是人类感官对物理刺激在单位尺度上所表现出来的规律,如声音的强度和音调,以及光的强度,它们是单位时间尺度内释放的物理量。而人类对距离的感知定律描述的是人类视觉对物理刺激在累积尺度上所表现出来的规律。距离是人到物体之间的长度总量,不是单位长度。事实上,"物体的表观长度与它的物理长度的对数呈正比"这个命题并不正确(可由布鲁克斯关于距离的透视定律直接推得)。这也表明透视定律可能存在多种。

另外,由于情报学界没有对"对数透视定律"进行充分论述,导致部分学者对其产生错误解读,或者该"定律"本身就是错误的"定律"。因此,情报学界在应用"对数透视定律"时存在以下问题。

①将"对数透视定律"作为公理接受,承认它的正确性与普适性。应用"对数透视定律"的作者大多数是入门不深的学者,学界专家很少公开承认"对数透视定律"的正确性与普适性,也很少应用该"定律"去解决情报学问题。可以说,"对数透视原理"对情报学界的入门者具有一定的"误导"作用。

②用"最小省力原则"验证"对数透视定律"的合理性。这种做法不合理。假设变量 y 随着变量 x 的增大而增大,那么 y 与 x 之间是线性函数关系、幂函数关系、指数函数关系,还是其他类型的关系。人们不能利用某个函数的单调性证明它是哪类函数。类似地,人们不能使用"最小省力原则"的合理性证明"对数透视定律"的合理性。然而,在国内情报学文献中使用"最小省力原则"验证"对数透视定律"合理性的学者为数不少。

③通过寻找两个变量之间的对数函数关系来验证某种情报现象符合"对数透视定

律"。"人类获取和接收信息（知识）的认知过程遵循对数转换机制"，该定律是否正确？在现实生活中如何对该定律的正确性进行检验？由于布鲁克斯本人没有在论文里加以解释，绝大多数读者不知如何回答这两个问题。

4.5 "幂函数透视定律"：对"对数透视定律"的修订

4.5.1 "幂函数透视定律"的假设基础

在现实生活中，人类借助于现代信息技术，可以实现对时空的透视不失真，即达到"表观垂直距离＝物理垂直距离，表观水平距离＝物理水平距离"的状态。在此类情况下，欧氏透视定律与布氏透视定律中的一种或两种透视定律将不成立。例如，人对黑板上文字的感知，在视力可以感知的范围，感知结果都一样，与水平距离无关。此时，感知到的信息密度与真实的信息密度一样，与观察者和黑板之间的距离大小无关。又如，如果观察者采用专用设备对远处黑板上的文字信息进行感知，对信息密度及距离的感知均不会失真。

当欧氏透视定律或布氏透视定律不成立时，是否依然存在透视定律？如果有，可能是何种情况，如何对这类透视定律进行解释？我们依然从欧氏透视定律入手，寻找解决问题的突破口。我们大胆猜测，在某些情况下，垂直方向的透视定律并不一定严格遵循"物体的外观尺寸与物体和观察者之间的物理距离呈反比"。我们将欧氏透视定律的公式进行一般化处理，如式（4-6）所示。设想一下，如果是式（4-6）的形式，将会产生何种推导结果？

$$z = akx^{\mu} \qquad (4-6)$$

其中，k 是在单位距离处观察到的物体的任何线性尺寸；a 是真实尺寸与 k 之间的倍数关系，为一个常量；z 是物体在与观察者的距离为 x 时的表观垂直距离，$\mu \neq -1$。当 $\mu = -1$ 时，式（4-6）反映的就是传统的欧氏透视定律；当 $\mu = 0$ 时，则表示表观垂直距离始终等于物理垂直距离，透视对物理垂直距离的感知并没有产生信息损失。因此，可以假设在一个物理空间中存在类似于式（4-6）所描述的垂直距离透视定律。进一步可以设想，μ 的取值区间为 $[-1, 0]$，分别对应不同空间的欧氏透视定律。当 $\mu \neq -1$ 时，此时物体的表观水平距离与它的物理水平距离之间的关系有没有规律？如果有，其具体形式是什么？

假设此时物体的表观水平距离与它的物理水平距离之间存在函数关系，则存在一个在$(0,+\infty)$区间内连续、可导的函数$z=f(x)$，使得物理水平距离为x的点的表观水平距离为$f(x)$。如果式（4-6）可适用于视线本身，则存在一个在$(0,+\infty)$区间内连续、可导的函数$z=f(x)$，使得物理距离为x的点的表观距离为$f(x)$。$\left.\dfrac{dz}{dx}\right|_{x=x_0}$表示表观水平距离在$P$处的变化速率。由于以水平距离为1的点为参照，表观垂直距离在x处的变化速率与表观水平距离在x处的变化速率相同，因此，$\left.\dfrac{dz}{dx}\right|_{x=x_0}$与表观垂直距离在$P$处的变化速率相同，从而有$f'(x_0)=ax_0^\mu$。

由于P点选择的任意性，从而有$f'(x)=ax^\mu$，以及$f(x)=\dfrac{a}{\mu+1}x^{\mu+1}+constant$。

由于在$x=1$处$f(x)$为0，从而可推知：

$$z=\frac{a}{\mu+1}(x^{\mu+1}-1)。 \quad (4-7)$$

由式（4-7）的推导过程可以看出，式（4-6）与式（4-7）是一对共生的定律，它们同时存在，同时作用于空间内的点。

不同于现实的物理空间，在一般的信息空间内，表观垂直距离在x处的变化速率与表观水平距离在x处的变化速率不一定相同，而是呈现某种倍数关系，因此，可以使用下面一对公式来表示耦合的垂直距离透视公式与水平距离透视公式。

垂直距离透视公式：$z_v=k_v y^\mu$； $\quad (4-8)$

水平距离透视公式：$z_h=\dfrac{k_h}{\mu+1}(x^{\mu+1}-1)$。 $\quad (4-9)$

其中，k_v、k_h是两个常数；z_v表示点(x,y)的表观垂直距离；z_h表示点(x,y)的表观水平距离；μ为一个常数系数，$\mu\leqslant 0$、$\mu\neq -1$。

基于式（4-8）、式（4-9），我们给出以下新的视线透视定律，并将其称为物理距离透视定律。

物理距离透视定律：若物体的表观垂直距离与物体的物理水平距离的μ次方呈正比，并且$\mu\leqslant 0$、$\mu\neq -1$，则物体的表观水平距离与物体的物理水平距离的$\mu+1$次方减去1呈正比。

4.5.2 幂函数透视定律

回看前文的推导依据及推导结果可以发现，这些公式在形式上具有一致性，均可以

看成关于 x 的幂函数：

$$\text{欧氏透视公式：} z_v = kx^\mu \text{（其中 } k \text{ 为一常数，} \mu = -1\text{）；} \quad (4-10)$$

$$\text{垂直距离透视公式：} z_v = kx^\mu \text{（其中 } k \text{ 为一常数，} \mu \leq 0 \text{、} \mu \neq -1\text{）；} \quad (4-11)$$

$$\text{水平距离透视公式：} z_h = \frac{k}{\mu}(x^\mu - 1) \text{（其中 } k \text{ 为一常数，} 0 < \mu \leq 1\text{）。} \quad (4-12)$$

垂直距离透视公式中 μ 的取值可以小于 -1，μ 值越小于 -1，说明垂直方向透视距离的变化幅度越大。

前文讨论了由欧氏透视定律推导出布氏对数透视定律的过程，布氏对数透视定律对应的水平距离透视公式为：

$$z = \ln(x), x \geq 1。 \quad (4-13)$$

如何看待对数函数形式的透视公式与幂函数形式的透视公式在形式上的差异。其实，在实际的应用场合，对数函数可以用一个幂函数近似地替代。

取一个比较接近于 0 的正数，如 0.0001。下面考察在 $x \geq 1$ 时，$\ln(x)$ 与 $(x^{0.0001}-1)/0.0001$ 的差值，如表 4-1 所示。在实际应用过程中，x 通常取 1000 以内的数。由表 4-1 可知，在特定场合，对数透视公式可用式（4-12）替代，只要 μ 取一个比较接近于 0 的正数即可。

表 4-1　$\ln(x)$ 与 $(x^{0.0001}-1)/0.0001$ 之间的误差对照

x	$\ln(x)$	$(x^{0.0001}-1)/0.0001$	误差
1	0	0	0
10	2.302 585	2.302 850	0.000 265
100	4.605 170	4.606 231	0.001 061
1000	6.907 755	6.910 142	0.002 387

由此可见，在实际应用中，可用幂函数透视公式替代对数透视公式，用幂函数透视定律替代对数透视定律。自然界与社会生活中存在各种各样性质迥异的幂律分布（power law distribution）现象。使用幂函数定律透视替代对数透视定律具有天然的合理性。

4.5.3　信息空间中的幂函数透视定律

如何探索人类获取知识的规律性？人们可以选择时间轴、水平距离轴或排序名次作为参照地平线，采集参照地平线轴上各点对应的量，如信息密度、区间内累积信息总量，通过函数拟合，观察人们对信息密度或区间内累积信息总量的感知是否满足透视定律。

考察某种量随水平距离变化而变化的规律，这类规律通常被称为信息密度类透视定律，如果表现为幂函数形式，则进一步将这类规律称为信息密度幂函数类透视定律。也可以使用地平线、时间线、排序名次等作为水平参考线，考察某种量的累积随水平距离变化而变化的规律，通常将这类规律称为信息总量类透视定律，如果表现为幂函数形式，则进一步将这类规律称为信息总量幂函数类透视定律。

透视定律既不是揭示如何生成新信息的定律，也不是直接反映原有信息与产出信息之间关系的定律，而是揭示人类对所拥有的信息用了多少的定律。如文献引用定律，考察的是来源文献发文数量与其被引数量之间的规律，引用数量可看作对发文数量透视后的结果。信息类型不一样，人类对其感知的结果存在差别，即在不同类型的信息空间内，人类对其进行感知，获得的规律有些满足信息密度幂函数透视定律，有些满足信息总量幂函数透视定律。

在特定的信息空间里，透视规律如何体现？验证某种透视定律需要测量哪些量？假设在某个信息空间里，信息密度均匀分布，为ρ。如果只是验证人们对信息密度的感知是否满足透视定律，那么只需验证样本点的感知密度与样本点的物理距离μ次方是否成反比（$-1 \leq \mu \leq 0$）。如果需要验证人们对区间内累积信息总量的感知是否满足透视定律，可采用下面所述的方案。

假设在某个信息空间里，信息密度均匀分布，为ρ。由于透视是以$x=1$的点作为参考点，因此，考察某种量是否具有信息密度类透视定律与信息总量类透视定律时，往往从$x=1$的点开始。若以ρ对应垂直距离，以x轴为水平透视方向，则有：

信息密度幂函数类透视定律$z = k\rho x^{\mu}$（其中k为一常数，$\mu \leq 0$、$\mu \neq -1$）； (4-14)

水平距离幂函数类透视定律$z = k(x^{\mu} - 1)$（其中k为一常数，$0 < \mu \leq 1$）。 (4-15)

从而有：

1点到距离为x点的信息总量$I = \rho(x-1)$；

1点到距离为x点的基于水平距离透视的信息总量$PI = k\rho(x^{\mu} - 1)$（其中k为一常数，$0 < \mu \leq 1$）。

从而有：

$$PI = Ik\frac{x^{\mu} - 1}{x - 1} \text{（其中}k\text{为一常数，}0 < \mu \leq 1\text{）。} \quad (4-16)$$

对于某个密度均匀分布的信息空间，密度为ρ，如果能够找到两个常数k、μ，$\mu\leq 0$、$\mu\neq -1$，使得对于x轴上任意大于1的点，近似满足式（4-14），那么可认为，人类对该信息空间信息密度的感知符合幂函数透视定律。对于某个信息空间，如果能够找到两个常数k、μ，$0<\mu\leq 1$，使得对于x轴上任意大于1的点，近似满足式（4-16），那么可认为，人类对该信息空间信息总量的感知符合幂函数透视定律。

由于距离透视有两种，它们是共生的，验证前者比较容易，验证后者比较烦琐，可以先验证前者，如果前者成立，那么后者也成立，就可以只需要拟合k值，然后用来预测。

4.6 幂函数透视定律与情报学基本定律的统一

本节旨在以幂函数透视定律为工具，揭示情报学3条基本定律在表达形式上的统一性，从而证明幂函数透视定律的普适性及使用幂函数透视定律替换对数透视定律的合理性。

4.6.1 相关探索

情报科学的基本定律主要为布拉德福定律、齐夫定律、洛特卡定律、文献增长规律、文献老化规律等。普赖斯提出普赖斯曲线公式用于揭示文献的增长规律。该定律是一个理想模型，有其合理性，也有明显的局限性。学者们后续又提出一些新的描述科学文献增长规律的公式，有的是指数函数模式，有的是逻辑曲线函数模式，有的是线性函数模式。同时，人们多角度研究科学文献的老化规律，提出负指数模型、巴尔顿-开普勒老化方程、布鲁克斯老化方程、阿弗拉米斯库方程等多种数学模型。这表明，科学文献增长与老化均是十分复杂的过程，很难用统一的数学公式进行描述。因此，我们不尝试使用幂函数透视定律解释文献增长规律与文献老化规律。前三大定律都是经验分布定律，其中，布拉德福德定律揭示期刊的分布规律[①]，齐夫定律揭示词频的分布规律[②]，

[①] BRADFORD S C. Sources of information on specific subjects [J]. Engineering, 1934, 137: 85-86.
[②] ZIPF G K. Human behavior and the principle of least effort [M]. Cambridge, MA: Addison-Wesley, 1949: 306.

洛特卡定律揭示作者论文生产率的分布规律①。国外学者对三大定律之间的关系进行了研究。例如：Egghe（1985）② 分析了布拉德福定律与洛特卡定律之间的等价关系；Chen（1986）通过索引的方法考虑变量的观测值序列，推导出洛特卡定律、布拉德福德定律和齐夫定律在一定条件下具有等价性③；Bailon-Moreno（2005）通过引入分形和分形指数等概念，建立一个的计量学模型来统一齐夫定律、布拉德福定律和洛特卡定律等计量学模型，说明它们在数学上具有一致性④；Egghe（2014）⑤ 指出，如果一个信息生产过程满足 Naranan 定律，那么该过程同时满足齐夫定律、洛特卡定律，且齐夫公式的幂常数 α、洛特卡公式的幂常数 β 满足关系 $(\alpha-1)\beta=1$。

4.6.2 布拉德福定律

原始的布拉德福定律可以表述为：如果将科学期刊刊载某一学科的相关论文数量统计起来并按递减顺序排列，那么核心区与相继各区的期刊数量满足关系 $n_1:n_2:n_3=1:\alpha:\alpha^2$，其中，$n_1$ 为第1区（核心区）的期刊数，n_2 为第2区（相关区）的期刊数，n_3 为第3区（边缘区）的期刊数，α 为一个大于1的常数，α 被称为布拉德福常数。莱姆库勒定律是布拉德福定律的一个等价形式，其公式为：$R(r)=a\log(1+br)$，其中，a 和 b 是常数，r 是期刊的排名，$R(r)$ 是等级低于或等于 r 的期刊的论文累积数量。

如果以期刊按载文量递减排列时的顺序号 n 的对数 $\ln(n)$ 为横坐标，以相应的文献累计数 $R(n)$ 为纵坐标进行图像描述，可以绘制出布拉德福分散曲线，如图 4-1 所示。

B. C. 布鲁克斯给出布拉德福分散曲线的数学解析式，即布鲁克斯定律：

$$R(n)=\begin{cases}\alpha n^{\beta},1\leqslant n\leqslant c\\ k\ln\dfrac{n}{s},c\leqslant n<N\end{cases}。 \tag{4-17}$$

---

① LOTKA A J. The frequency distribution of scientific productivity [J]. Journal of the Washington academy of sciences, 1926, 16 (12): 317-323.

② EGGHE L. Consequences of Lotka's law for the law of Bradford [J]. Journal of documentation, 1985, 41 (3): 173-189.

③ CHEN Y S, LEIMKUHLER F F. A relationship between Lotka's law, Bradford's law, and Zipf's law [J]. Journal of the American society for information science, 1986, 37 (5): 307-314.

④ BAILÓN-MORENO R, JURADO-ALAMEDA E, RUIZ-BAÑOS R, et al. The unified scientometric model. Fractality and transfractality [J]. Scientometrics, 2005, 63 (2): 231-257.

⑤ EGGHE L. Zipfian and Lotkaian continuous concentration theory [J]. Journal of the association for information science & technology, 2014, 56 (9): 935-945.

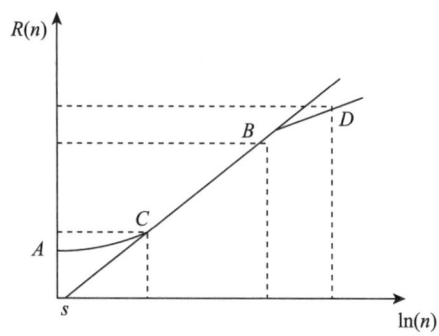

图 4-1 现代布拉德福分布曲线

其中，α 为第一级期刊中相关论文数 $R(1)$，c 为核心区的期刊数，N 为参与等级排列的期刊总数，k 为分散曲线中直线部分的斜率，s 为图形直线部分反向延长线与横轴交叉点的 n 值①。格鲁斯认为，布拉德福分散曲线应该由3个部分组成：上升的曲线部分、直线部分、弯曲下垂部分（格鲁斯下垂），波普的研究证实了格鲁斯观点的正确性。这表明理论值与实际值存在差异。

1967年，莱姆库勒从布鲁克斯定律的文字描述出发，推导出按等级排列的期刊中论文分布的规范化公式，即莱姆库勒累积分布函数：

$$F(x) = \frac{\ln(1+\beta x)}{\ln(1+\beta)}。 \quad (4-18)$$

其中，$F(x)$ 表示在 x 的比例下期刊论文数与期刊论文总数的比例，$\beta = \alpha^2 - 1$，α 是布拉德福系数，x 用来定义全部期刊中含有某一指定数量相关论文的最少期刊与期刊总数之比。

后来，斯马利科夫提出一个统一的公式 $R(n) = k\lg(q_1 n + q_2 e^{-\beta n})$ 来代替布鲁克斯的两个公式，利用此方程所绘制的分布曲线与实际数据的吻合度高。

对布鲁克斯定律关于变量 n 求导数，得：

$$R'(n) = \begin{cases} \alpha\beta n^{\beta-1}, & 1 \leq n \leq c \\ kn^{-1}, & c \leq n < N \end{cases}。 \quad (4-19)$$

式（4-19）反映的是期刊论文密度与期刊等级排列序号 n 之间的关系。显然，式（4-19）是分段负幂函数的形式。

---

① 邱均平. 信息计量学 [M]. 武汉：武汉大学出版社，2007：109-123.

4.6.3 齐夫定律

齐夫定律可用公式表示成以下形式：
$$f(r) = C * r^{-\alpha}。 \tag{4-20}$$

其中，C 为一个常数，$0 < C < 0.1$，f 为排名为 r 的单词出现的频率，r 为单词的排名序号。

显然，齐夫定律及齐夫定律的修正均满足负幂函数的形式。

4.6.4 洛特卡定律

洛特卡定律可以用公式表示为：
$$f(x) = Cx^{-\beta}。 \tag{4-21}$$

其中，$f(x)$ 是发表 x 篇论文的作者在作者总数中所占的百分比（作者频率），C 是常数，β 为某个主题领域的特征常数，$\beta > 1$。

显然，洛特卡定律满足负幂函数的形式。

4.6.5 幂函数透视定律更具普适性

综上所述，布拉德福定律的导数形式、齐夫定律、洛特卡定律在公式结构上是统一的，均可看成是信息密度幂函数类透视定律，由此也证明了幂函数透视定律的普适性及使用幂函数透视定律替换对数透视定律的合理性。情报、情报学的定量化需要在理论、方法和途径等方面提供合适的工具。通过对布鲁克斯"对数透视定律"的物理学意义进行重新解读，发现布鲁克斯的"对数透视定律"不具有普适性。这对情报学的基础理论体系重构及学科发展具有一定的指导价值。

4.7 提炼情报学基本原理的思想源泉

到目前为止，情报学依然处于理论完善期，情报学界还没有形成统一的认识。许多情报学界的学者都有这种困惑：自己所开展的研究问题究竟属于信息学、知识科学、智能（智慧）科学，还是情报科学。情报学的核心概念应该是情报，而不是信息、知识或智能。情报学应该关注从信息到情报的过程，包括在这个过程中为了提高情报效率所采取的各种行为。如何使这些行为更有效，这些行为中蕴含着什么规律，如何选择适当的原理解释这些规律。这就需要重构情报学基本原理体系，即由业界专家形成共识，推出一组新的情报学基本原理。

如何重新构建情报学基本原理体系？参照前人的研究成果，我们可以从以下4个方面进行探索。

（1）以情报流程为着眼点提出一组基本原理

对于情报规划、情报搜集、情报处理、情报分析、情报分发、情报应用、情报反馈等环节，均可以考虑提出一个对应的基本原理对其运行机制进行解释。

（2）以情报行为为着眼点提出一组基本原理

以选择为核心概念，将隐藏、揭示、序化、离散、重组、转化、传递、生产、吸收作为基本概念，对每种行为进行解释，以信息论、系统论、控制论、突变论、结构论、协同论等横断学科的理论或语言对每种行为涉及的相关问题进行解释。从全局的角度对情报现象进行认知和解释，其基本工具是系统论；信息处理的对象是数据，对数据的认知和解释，其基本工具是信息论和信息哲学；对系统的运行机制进行认知和解释，其基本工具是控制论；对处理对象选择过程进行认知和解释，其基本工具是相关性理论，即对"相关"本身进行认知和解释的理论。另外，协同论已经被广泛应用于探讨基于协作的情报问题，如协同过滤、协同检索、基于协同机制的突发事件应急管理等；结构论已经被国内情报学界用于解释"情报序化原理"；情报学界极少使用突变理论解释情报现象，使用复杂系统理论的频次较高，但是使用者大多是中国学者。现在最缺乏的就是相关论，虽然有很多关于相关性的论述，但是没有从哲学高度进行论述的。在情报学研究实践中，学者们都在自觉或不自觉地使用未成体系的相关性理论。突变论、结构论、协同论是信息论、系统论、控制论的继承和发展。在有序与无序的转化机制上，突变论、结构论、协同论把系统的形成、结构和发展联系起来，成为推动系统科学发展的3门重要学科，成为解释复杂系统运行机制的重要工具。可考虑应用复杂系统理论阐述情报学基本原理。

（3）从情报学范式的相关论述中汲取有价值的思想

有关学科基础理论的论述是学科知识体系的重要组成部分，通常以《＊＊学科基础理论》的著作方式进行发表。它是学科教育中最为重要的入门书籍，对学界新成员具有重要的指导价值。因此，各个学科都很重视其基础理论著作的撰写与发行。

通过比较国内外有关基础理论的论述，我们发现，两者在知识体系的表述形式上存在明显差异。国内学界的论述主要由以下3个方面构成：①关于学科哲学基础的论述，包括在哲学层次对基本概念的本质的论述、对学科问题领域的界定；②关于学科基本原理的论述；③关于学科基本方法论的论述。西方学界的论述主要由以下两个方面构成：①关于学科元理论的论述；②关于学科研究范式的论述。学科的元理论一般由3个部分构成：①关于学科基本概念及其本质的论述；②关于学科问题领域的论述；③关于学科假设前提的论述。例如，Brian Vickery 在 "Metatheory and Information Science"[①] 一文中指出：元理论是业内学者通过研究哲学家的思想，提取原则，并将它们作为学科所依据的假设前提来提供，而这些假设前提通常是隐含的，主要来自"常识"或来自相对非理论的直觉。他在文中讨论了情报学在研究与实践方面的假设前提，论述了信息、知识、消息、消息指定、信息需求、查询、相关性及信息搜索等概念的本质，以及这些概念与情报活动相关的假设前提，并总结出35个命题作为情报学的假设前提。范式则是以元理论为基础所形成的学科共识，包括基础理论、基本观点或假说、基本原则、实验手段、研究方法等多个方面[②]。学科假设前提往往在学科理论背后以未明确陈述的隐匿状态存在，需要进行深入的反思和考察才能得到外显化的阐明[③]，通常由业内学者通过研究哲学思想，提取原则，并将它们作为学科所依据的假设前提来呈现。

从形式上看，两者差异明显，但是本质基本一致。概括地说，两种表述形式主要有以下关系：学科元理论与学科哲学基础基本对应，都是一个学科体系得以独立存在的基础；范式包含基础理论与方法论，但是不能完全等同于基本原理与方法论的综合；元理论方式一般通过一组假设前提来揭示概念的本质，哲学基础方式一般通过定义来揭示概念的本质，前者相对具体，后者相对抽象；范式通常对应于特定的研究视角，在此基础上会形成对应的子学科，所包含的基础理论一般只适用于该子学科，基本原理通常是对各个子学科基础理论概括的结果，对母学科的整体发展都有指导作用。

表述形式上的差异性导致国内情报学界在吸收西方情报学界的研究成果时短时间内难以适应，甚至混乱。在目前强调学术国际化的时代背景下，做好国内外基础理论体系表述的互融互通显得尤其重要。

（4）从 Intelligence Studies 学科范式的相关论述中汲取有价值的思想

赵冰峰认为，情报的本质是组织认知对抗运动，认知对抗可以作为情报学的第一原

---

① VICKERY B. Metatheory and information science [J]. Journal of documentation, 1997, 53 (5): 457-476.
② KUHN T S. The structure of scientific revolutions [M]. Chicago: University of Chicago Press, 1962: 175.
③ 王琳. 情报学的元理论探析 [J]. 情报理论与实践, 2009, 32 (9): 10-13.

理,在第一原理的规定下,可派生出基本原理和次生原理。其基本原理是影响和关系部分情报要素的客观规律,是情报活动的充分条件。他在《情报论》中给出一组情报学基本原理:整体原理、对抗原理、进化原理、价值原理、融合原理、先知原理[①]。

4.8 本章小结

信息论、系统论、控制论、结构论、突变论、协同论、复杂系统理论等横断科学从不同侧面揭示了客观物质世界的本质联系和运动规律,彻底改变了世界的科学图景和当代科学家的思维方式。要想使情报学成为真正意义上的情报科学,必须以马克思主义哲学及部分横断科学的理论为指导,认知和解释本范畴内的现象或规律,构建出具有情报学学科特色的一组基本原理。现有情报学基本原理的应用频次普遍偏低。本章对现有情报学基本原理进行回顾与深入解析,对一些基本原理的合理性与不足进行深入分析,发现现有情报学基本原理体系的不合理之处主要体现在 5 个方面:对部分基本原理的阐述过于简单;部分基本原理将情报流程中的某些现象或处理步骤直接当作原理;部分基本原理缺乏配套解释或者解释不够透彻;对数透视原理缺乏足够的科学依据与实践案例;缺乏以情报为核心概念的基本原理。在此基础上,我们认为重建情报学基本原理体系可以从以下 4 个方面进行探索:以情报流程为着眼点提出一组基本原理;以情报行为为着眼点提出一组基本原理;从情报学范式的相关论述中汲取有价值的思想;从 Intelligence Studies 学科范式的相关论述中汲取有价值的思想。期望在情报学界的共同努力之下,尽快推出一组新的具有共识的情报学基本原理,进一步推动情报学知识体系的科学化。

---

① 赵冰峰. 情报论 [M]. 北京:兵器工业出版社,2011:69-84.

第 5 章
关于重构情报学基础理论体系的思考

与人文社会科学其他学科相比,情报学的学科地位不显赫,不是主流学科,在众多学科中似乎是一个"配角"。究其原因,除了情报学是一个新兴学科,尚未形成较大规模外,另一个重要原因就是它还没有形成一个被广泛接受的基础理论体系,情报学领域内争议较多,内行、外行对情报学的认知都较模糊。本章在剖析情报学理论流派、情报学范式的基础上,分析了情报学各个研究领域之间的关系,进而给出重构情报学基础理论体系的方向及整合情报学现有理论体系的基本思路。现有关于情报学知识体系、情报学范式的论述为本章工作提供了有益的思路,也间接验证了本章工作的合理性与可行性。

5.1 情报学基础理论体系建设的现状

一门学科的理论体系是指该门学科系统化的知识体系。是否具有一个被广泛认可的理论体系是判断一门学科是否成熟的重要标志之一。而构建一门学科的理论体系的重中之重是构建该学科的基础理论体系,因为学科的基础理论体系是其内核。基于不同的视角对同一学科内产生的知识进行整合,会产生结构不同的理论体系。如果一门学科在某个阶段产生了多个不同结构的理论体系,那么就说明该学科的理论发展还没有成熟,还处于百家争鸣阶段。而一个不成熟的学科很难获得比较高的学科地位。对学科内各个子学科或理论分支的知识体系进行整合,形成能够被该学科学术共同体广泛接受的基础理论体系,这是推动学科走向成熟的有效手段,也是必由之路。

第 4 章的 4.7 节对国内外有关情报学基础理论的论述进行对比,发现两者在知识体系的表述形式上存在明显差异,表述形式上的差异性导致国内情报学界在吸收西方情报学界的研究成果时短时间内难以适应，甚至混乱。然而，这两种表述形式本质上基本一致，在目前强调学术国际化的时代背景下，做好国内外基础理论体系表述的互融互通显得尤其重要。因此，对情报学学科内已有的知识体系进行梳理，包括完善哲学基础论述、划分理论体系、提炼研究范式等工作，是重构情报学基础理论体系的前期工作。在此基础上，明确学科内的基本概念、这些概念的内涵与外延，以及这些概念之间的关系，基于各个子学科（或理论分支）所对应的研究范式重构学科的基本原理体系与基本方法论体系，最终可形成情报学的理论内核。

由于情报学是由社会科学、自然科学交叉而成的综合性学科，其研究对象、研究范围、研究方法涉及多学科、多领域，没有形成明确的学科边界，加之情报学形成的时间较短，对信息、知识、智能、智慧、情报等基本概念的认识还未统一，因此还未形成被情报学界广泛接受的基础理论体系。国内外的情报学实际上是从图书馆学的视角来研究信息科学，与由情报概念推导而来的情报学的本质不吻合，因而给国内情报学的研究带来混淆视听的弊端，不利于情报学的发展。

5.2 情报学理论流派分析

20世纪90年代初，国内学者开始对现有情报学知识体系进行梳理，提出一些关于情报学理论体系划分的观点及关于情报学理论体系建设的意见与建议。国外关于情报学理论体系的研究极为稀少，但是研究情报学基础性问题的成果较多，如关于信息、知识、信息科学等研究对象的本质的探讨。这也是国内学者划分国外情报学理论流派的主要依据。

1990年，万庐山①以理论的逻辑起点为划分依据，将情报学理论流派归纳为10种。1995年，靳娟娟②根据理论流派的理论基础、研究对象和范围、研究方法、应用目标、对相关学科的借鉴等主要特征，将已有的情报学理论流派分成情报源流派、古典信息理论流派、科学交流派、决策功能派、情报技术应用派、社会传播派、智能过程派、属性结构派、系统理论派及用户研究派等类型。该划分得到后续研究的广泛认可。这些流派全部属于传统的图书情报学。庞恩旭③认为，刘植惠的宏观情报学—中观情报学—微观

---

① 万庐山. 情报学理论体系结构比较研究 [J]. 技术与市场，1990 (2): 81-87.
② 靳娟娟. 情报学理论体系比较研究 [J]. 图书情报知识，1995 (3): 17-23.
③ 庞恩旭. 从情报学理论体系的建构看情报学的发展 [J]. 现代情报，2003，23 (5): 8-10.

情报学理论体系是属性结构派和科学交流派的继承和发展。2011年，成颖等①构建了一个情报学理论体系模型，将古典信息学派、决策功能派、社会传播学派、智能过程派、属性结构派、系统理论派统一在一个模型之中，表明它们是情报学理论体系重要组成部分。

情报研究流派是一直游离于传统的图书情报学之外的一个情报学流派，有着相对独立的学术共同体。美国战略情报分析领域的开拓者、著名情报理论专家谢尔曼·肯特（Sherman Kent）指出：可将情报活动归结为若干步骤或行动；情报作为一种活动，可以将其表述为"过程"进行阐述②。西方学者以肯特的思想为源头，形成一个学科，称为"Intelligence Studies"，国内翻译为"情报研究"。可以认为该流派的逻辑起点为"Intelligence"。经过多年的发展，"Intelligence Studies"在情报理论建设方面取得了丰硕的研究成果。英、美等国的专家学者及情报机构对情报的历史、情报的界定、情报循环、情报搜集（情报源、方法、技术）、情报分析（思维、心理、方法、技术）、情报系统、反情报（情报保护与虚假宣传）、情报评估、战略预警、情报失误、情报文化、情报监督、情报与法律、情报与决策、情报与政治、情报与社会，以及情报与国家安全等若干问题开展研究，产生了丰富的成果③，与图书情报学的成果形成良性互补。国内以包昌火为代表的学者们认为"Intelligence Studies"视域是情报学未来的发展方向，未来的情报学将走向以情报研究为主导、以信息资源建设为基础、以信息技术为手段的情报工作发展模式④。国内从事具体情报工作（包括科技情报工作、社会情报工作、军事情报工作、安全情报工作）的学者大多可以归入"Intelligence Studies"派，他们认为自己所从事的情报研究才是真正的"情报学研究"。

中国"Intelligence Studies"派已经形成丰富的情报学派理论体系，包括情报历史理论、知己知彼理论、情报研究理论（情报研究实质是情报获取与情报分析的综合）、情报实践理论、因敌变化思想、谋略思想（谋略是情报转化为行动的过程）、保密与预警

---

① 成颖，孙建军，柯青. 基于系统观的情报学理论体系模型构建 [J]. 情报科学，2011（10）：1462-1466.
② 谢尔曼·肯特. 战略情报：为美国世界政策服务 [M]. 刘微，肖皓元，译. 北京：金城出版社，2015：123，130-147.
③ 马德辉，苏英杰. "Intelligence Studies"视域下的中国公安情报学若干基本问题研究 [J]. 情报理论与实践，2013，36（5）：50-57.
④ 包昌火，马德辉，李艳. Intelligence视域下的中国情报学研究 [J]. 情报杂志，2015，34（12）：1-6.

理论、情报治理理论、情报与创新（对新技术、新理论和新生事物的研究）① 等。但是整体而言，还存在不足，主要体现在以下几个方面：①基础理论薄弱，对核心概念缺乏系统的逻辑论证，无法对本质性问题、情报侦察、情报行动、情报策略、情报治理、情报控制、情报立法等重大现实问题展开全面的学理阐述；②大部分研究范围局限于部门情报范畴，缺少跨越军事、安全、政治、外交、经济、科技、新闻等领域的融合理论，研究内容缺乏与意识形态、公共外交、社会化、传播、软实力等方面的深度互动；③将情报作为特定的信息或报告，轻视情报的社会矛盾与冲突属性，在整合微观与宏观的情报规律、整合不同部门的情报规律时，逻辑生硬、冲突；④学术研究严重依赖美国的情报理论体系，创新不足，在课题设立、问题假设、逻辑推导、实证研究等方面与中国国情的结合度不够，导致引进的理论对现实问题的解释力较差、指导能力较弱。

5.3　情报学领域的范式研究

5.3.1　范式、学科与理论流派

20世纪90年代，范式概念和理论被引入情报学领域，之后国内情报学界就很少讨论情报理论流派。

按照美国著名的科学哲学家汤姆斯·库恩的定义，范式是指特定的学术群体内部共同接受的一组范例。这些范例包括基础理论、基本观点或假说、基本原则、实验手段、研究方法等多个方面，为内部成员提供共同的理论模型和解决问题的框架，从而形成一种共同的科学传统，规定共同的发展方向，限制共同的研究范围②。

对"范式"这一术语的含义的理解存在较大争议，库恩本人也在《科学革命的结构》一书中提到21种不同含义的"范式"。因此，一些研究人员倾向避免使用"范式"一词，而是使用"视角"（perspective）、"传统"（tradition）、"方法"（methodology）等术语来描述假设和研究活动中使用的方法范围。这些术语类似于库恩给出的"范式"，包含模型和理论。中国学术界（包括情报学界）对范式的解释也有分歧，存在"一种理

---

① 赵冰峰. 中国情报学派的兴起与历史使命 [J]. 情报杂志, 2016, 35 (4): 1-4.
② 托马斯·库恩. 科学革命的结构 [M]. 上海: 上海科技出版社, 1980: 294.

论和方法""一种信仰或信念""一种解释模式""一种全新的体系"等多种认知①。但是，范式是学科在哲学层面上的整体认识，对学科具有普遍性、前瞻性的指导价值，这是学界共识。英国学者玛格丽特·马斯特曼把库恩书中提到的"范式"概括为3种类型②：①形而上学类范例，这是范式的核心，包括某些基本原则、科学信念乃至世界观等；②学术传统类范例，指各种对科学发展产生影响的社会因素、心理因素；③科学成果类范例，包括定律、理论、模型、解决问题的方法或工具。国内学者一般将范式内容分为本体论、认识论和方法论3类，与上述分类本质一致。

在一定时间内，一个学科内部通常有多种范式共存，其中标准化程度最高和持有范围最广的价值观或思想体系被称为"主导范式"。基于相对独立、完善的范式通常会发展出新的子学科（或理论分支）。Hutchin③概述了一些促进思想体系成为公认的主导范式的条件：专业组织，为范式提供合法性；引入和声称范式的动态领导者；撰写思想体系的期刊和编辑，他们既传播对范式至关重要的信息，又赋予范式合法性；政府机构对这种范式给予了信任；教育者通过向学生传授范式来传播范式的思想；举行的会议致力于讨论范式的核心思想；媒体报道；等等。

当一个领域里出现新的学术成果，打破了原有的假设或者法则，从而迫使人们对本学科的很多基础理论做出根本性的修正时，就会产生新的范式。这种范式的变化现象就是paradigm shift，国内学者称作范式转移或范式转换。

所谓学科就是根据科研或教学的需要，为特定的知识系统或学问积累所规定的时空界限或边界范围。而在这个特定的时空界限里研究对象或教学内容，有相对的规范性、稳定性和谱系性④。

范式有时被区分为学科范式和研究范式两种类型。学科范式是一种综合体，包括形而上学、学术传统、科学成果等方面。如果一个时期的知识理论体系符合学科范式的标准，那么它就能获得"学科"的殊荣及由此而带来的权力⑤。学科范式这一术语与理论

---

① 徐秀丽. 中国近代史研究中的"范式"问题[J]. 清华大学学报：哲学社会科学版, 2015 (1): 40-50.
② MARGARET M. The nature of a paradigm [M] // LAKATOS I, MUSGRAVE A E, KUHN T S. Criticism and the growth of knowledge. Cambridge University Press, 1970: 59-89.
③ HUTCHIN T. The right choice: using theory of constraints for effective leadership [M]. Productivity Press, 2016: 105-132.
④ 朱德发. 论中国现代文学史学科范式的重建[J]. 中国现代文学研究丛刊, 2016 (6): 57-70.
⑤ 李晶. 学科范式转型与高等教育学学科建设[J]. 高教探索, 2013 (5): 52-56.

流派高度相关，一个理论流派会自然而然地形成一种特定的学科范式，并以某个主导概念为核心在一定程度上限制学派的研究进路和逻辑操作①。人们通常所说的研究范式就是指学科范式，但是，一些研究范式并不涉及理论框架及特定研究领域，被应用于多个学科。这种研究范式其实就是一种特定的方法论（methodology），如经验范式、理论范式、模拟范式、数据范式、定性范式、定量范式、混合范式、多元范式②等。一个学科的研究活动往往涉及多种研究范式。

学科内部可能会存在相互冲突的范式，尤其在学科的发展初期阶段。这些范式对应于不同的理论流派。当学科发展到一定阶段，这些相互冲突的范式就会在相互修正、相互融合之后形成更具代表性的范式，对应的学科知识体系就会更加完善。学科内部同时存在多个子学科，它们的边界具有开放性，结构具有层次性。子学科群中存在带头学科，其对其他子学科产生辐射与凝聚作用。在不断分化及不断交叉融合这两种相悖力量的作用之下，这些子学科共同推进母学科的发展。

5.3.2 情报学界对情报学范式的探讨

1989年，陈文勇分析了情报学领域中的5种范式，分别为情报交流范式、情报吸收范式、情报工程范式、语义情报学范式、情报基因学范式。这5种研究范式分别对应于情报学领域的5个理论流派，更多的是指情报学特定的研究领域。

1992年，Francis Miksa指出，机构范式和信息运动范式是图书情报学领域特征最明显、接受度最广的两种范式③。这两种研究范式对应着两种不同的研究视角及特定的研究领域：机构范式将图书馆或文献中心视为社会机构之一，探讨馆藏资源的建设与利用；信息运动范式基于"系统观"研究信息检索系统的设计与应用，基于"认知观"研

---

① 任翔，田生湖. 范式，研究范式与方法论——教育技术学学科的视角［J］. 现代教育技术，2012，22（1）：10-13.

② PATRÍCIO L, E CUNHA J F, FISK R P, et al. Addressing marketing requirements in user-interface design for multiple platforms［C］. International Workshop on Design, Specification, and Verification of Interactive Systems. Berlin: Springer, 2003: 331-345.

③ MIKSA F L. Library and information science: two paradigms［J］. Conceptions of library and information science: Historical, empirical and theoretical perspectives, 1992: 229-252.

究用户对于信息的接收与转换。同年，Rafael Capurro[①]指出，情报学领域内存在3种具有一定局限性的研究范式，即表达范式、源—渠道—接受者范式、"柏拉图主义"范式，分别划定情报学的一个核心研究领域，但是他没有对每种范式所采用的研究方法加以说明。

1993年，在ASIS第56届年会上学者辩论了情报学研究的4种方法，即Ling Hwey Jeng提出的客体范式（object paradigm）、Donald Case提出的认知范式、Nicholas Belkin提出的行为范式、Brenda Dervin提出的交流范式。其中，客体范式认为分析信息对象本身的性质是理解应该如何组织信息的途径；认知范式认为探索信息组织的最佳方式是研究人们如何思考及如何模仿这些思维规律；行为范式认为研究组织信息的最佳方法是观察人们如何与潜在信息来源互动；交流范式认为理解信息的最佳方式是研究交互式的信息搜寻与信息使用，通过交流可以考察人们如何构建查询问题及如何为这些问题创建答案。陈文勇所说的情报交流范式不同于Brenda Dervin所说的交流范式，前者对应于科学交流派，侧重于探讨基于社会关系的交流，没有在理论或方法上提出明确的共同信念；而后者侧重于探讨基于交流的信息搜寻与使用，且有明确的共同信念。1995年，情报学家Birger Hjørland受上述4种范式的启发提出一种新的情报学研究方法，称为领域分析范式[②]。领域分析范式的信念包括：情报学研究的是学科、专业、领域、环境之间的交流，而非个体之间的交流；领域类型决定了信息需求和检索策略；情报学的基础必须植根于社会认识论。另外，该范式提出了多个核心研究领域及对应的解决框架。例如，引入更多的心理学方法以解决情报学领域中的某些认识论问题。"领域分析"属于社会学范式，将情报作为一种社会现象，利用集体主义方法论等观点研究图书情报学领域的问题。

2003年，梁战平将情报学研究范式归纳为8种，即机构范式、信息运动范式、解释学范式、技术主导范式（情报工程范式）、认知范式、知识主导范式、经济学范式（经济范式）、人文范式[③]，主要介绍了这些范式所对应的特定研究领域与研究内容，几乎没

---

① CAPURRO R. What is information science for? A philosophical reflection [M] //Conceptions of library and information science: historical, empirical and theoretical perspectives. London: Taylor Graham, 1992: 82-96.
② HJØRLAND B, ALBRECHTSEN H. Toward a new horizon in information science: Domain-analysis [J]. Journal of the American society for information science, 1995, 46 (6): 400-425.
③ 梁战平. 情报学若干问题辨析 [J]. 情报理论与实践, 2003, 26 (3): 193-198.

有说明这些范式所对应的研究方法。其中，解释学范式是指利用解释学理论对情报流动和情报利用过程进行解读的研究领域；知识主导范式是指以知识与知识活动为研究内容的研究领域；经济范式是指情报学与经济学交叉产生的研究领域；人文范式是指情报学与人文科学交叉产生的研究领域，主要研究以人为主体的信息环境中人与人、人与社会、人与文化的相互关系。

2007年，王芳将情报学的主要范式归纳为7种，即物理范式（或信息检索范式）、认知范式、资源范式、管理范式、经济范式、过程范式、其他范式[①]。其中，资源范式是指基于"信息或知识对个人、组织或社会是有价值的"这一命题所形成的特定研究领域；管理范式是指管理学与情报学学科交叉之后产生的研究领域，基于资源范式、管理范式及知识主导范式，后续逐步发展出信息资源管理、知识管理这两个情报学子学科；过程范式是指以人类信息活动中信息运动的过程作为一种基本的理解方式，来考察不同类型的信息在运动过程中的规律、不同阶段的信息运动的规律等。

2008年，马费成等[②]对已有的范式进行了研究，认为情报学范式的演变过程反映出情报学研究由原先的系统导向转向对用户心理和行为等方面的关注；他们提出IRM-KM范式，从IRM（信息资源管理）和KM（知识管理）的角度研究情报学与IRM和KM之间的关系。

2017年，赖茂生先生[③]提出自己关于情报学研究范式的观点。他认为，情报学传统的研究范式主要是文献范式（包括文献计量范式、文献分类和文本研究范式）、计算范式（技术主导范式）、认知范式、综合研究范式；情报学新的研究范式主要是竞争情报研究范式、社会学研究范式、经济学范式、制度范式、情报工程范式。他分别列出若干理论作为情报学研究新范式的主要特征，但是没有对这些范式进行具体说明。

另外，情报学领域的学者们还使用社会网络范式[④]、以用户为中心的范式[⑤]、网络

---

① 王芳. 情报学的范式变迁及元理论研究 [J]. 情报学报，2007，26（5）：764-773.
② 马费成，宋恩梅，张勒. IRM-KM范式与情报学发展研究 [M]. 武汉：武汉大学出版社，2008：87.
③ 赖茂生. 新环境、新范式、新方法、新能力——新时代情报学发展的思考 [J]. 情报理论与实践，2017，40（12）：1-5.
④ 王晓光. 社会网络范式下的知识管理研究述评 [J]. 图书情报知识，2008（4）：87-91.
⑤ 柯青，王秀峰，孙建军. 以用户为中心的研究范式——理论起源 [J]. 情报资料工作，2008（4）：51-55.

化协作范式①、以信息为中心的范式②、媒体范式③、新媒体范式④等术语来命名新的研究范式。

5.3.3 情报学范式研究存在的问题

作为情报学基础理论中的重要内容，情报学的研究范式与主流理论在学科发展中起着支柱和基本骨架的作用，是情报学理论大厦的基石⑤。但是，国内情报学范式研究存在一些问题，在一定程度上削弱了已有范式在情报学研究与实践中的指导作用。问题主要包括以下几个方面。

（1）对情报学范式的论述过于简单

国内情报学界在引入和介绍新的范式时表述内容过于简单，没有逐项介绍范式的基础理论、基本观点或假说、基本原则、实验手段、研究方法等，相关论述不便于读者对这些范式的理解和应用。国内情报学界缺少一本详细介绍情报学各个范式的著作。

（2）范式命名过于随意

被广泛认可的情报学范式，它们的名称来源具有多样性：以核心方法或理论工具的学科来源命名，如认知范式、解释学范式、管理范式、经济范式、人文范式、社会范式等；以研究领域涉及的关键对象命名，如机构范式、资源范式等；以主要的研究领域命名，如信息运动范式、信息资源管理范式、知识管理范式、信息检索范式等；以特定的研究视角或方法命名，如过程范式、领域分析范式等。由于对范式的命名方式没有统一的标准，因而在情报学学术文献中，学者们对新"范式"的命名具有随意化的特点，许多作者在没有学界共识、没有形成系统性论述的情况下就推出所谓的"某某范式"，如"数字图书馆范式"。关于数字图书馆研究什么、怎样研究的解决框架中如果没有包含具有创新性及自身特色的方法，那么就不适合将该框架命名为一种范式。同理，不应该将

---

① LIPSETT M, ANDERSON P. Networked collaboration: the emerging paradigm in information science [C]. Proceedings of the Annual Conference of CAIS/Actes du congrès annuel de l'ACSI, 2013.

② 赵艳丽，董宏伟，马丽华，等. 大数据时代以信息为中心的图书信息学研究范式转换 [J]. 情报杂志，2015（3）：46-49.

③ SKENDERIJA S. The media paradigm for information science [C]. Proceedings of the Annual Conference of CAIS/Actes du congrès annuel de l'ACSI, 2013.

④ PAYNE M E, NGO L B, APON A W. Academic publishing as a social media paradigm [C]. 2013 IEEE International Conference on Big Data. IEEE, 2013: 9-12.

⑤ 王琳. 情报学研究范式与主流理论的演化历程(1987—2017)[J]. 情报学报，2018，37（9）：100-114.

特定的学科分支看成一种学科范式，如命名"农业信息计量学范式""教育信息计量学范式"就不合适，否则，会给人"范式"泛滥的不良观感。另外，大多数学者对新范式的声称缺乏权威性与合法性，导致响应者寥寥无几。

（3）范式被简单地理解为一种研究方法

例如：王晓光认为，"社会网络分析与知识管理交叉研究被列作会议的焦点议题，这表明知识管理界对社会网络研究范式的兴趣正在增加，一种新型的知识管理研究范式——社会网络范式已经形成"；洪星等[1]认为，"在图书情报工作研究中引入行动研究这种研究方法可解决理论研究与工作实践脱节的问题，这种研究方法的应用就是一种新的研究范式"。他们只看到了范式的方法论属性，分别将社会网络分析方法、行动研究方法看成范式，而忽略了范式的形而上学属性与学术传统属性。

（4）对范式融合的研究力度不足

情报学是一门多重范式的科学，这些范式都是构成完整社会情报活动现实的一个组成部分，视角不同，但是都属于情报学多维研究的一种。人们无法从一种理论范式中找到对现实社会情报活动的满意解释，因此，在一定的时期内，情报学的多种范式或多或少地同时存在，指导着情报学范围内不同子学科的研究与实践。但是，随着社会情报实践的发展、认识观念的进步及情报学理论的不断丰富，范式变迁和范式整合将成为情报学理论研究的趋势。从现有文献看，情报学界对范式融合的研究力度不足，到目前为止，还没有形成一个统一的情报学范式将绝大多数的情报学研究领域纳入其中。

（5）极少关注情报学范式的概念和内涵

国内关于情报学范式的探讨主要以引入国外的说法为主，与国外情报学界一样，极少探讨情报学范式的概念与内涵，缺乏关于情报学范式具体内容的阐述，对于情报学范式的考察、提出都是限定在较小的专业范围内，如信息检索、知识管理、信息社会等某一具体问题领域。国内情报学界对于情报学范式的研究依然没有形成统一的认识，对已有情报学范式的总结归类不是建立在确定的情报学范式内涵之上，可信度不高[2]。

---

[1] 洪星，邓喜清．行动研究：图书情报工作研究的新范式［J］．图书情报工作，2008，52（10）：26-28.

[2] 蔡骏．基于历史和科学革命的社会科学范式新审视——以情报学为例的研究［J］．情报资料工作，2013（5）：11-14.

5.4 情报学研究领域之间的关系：基于逻辑起点的分析

逻辑起点、逻辑终点和逻辑中介是科学理论体系的逻辑三要素，其准确确定是该理论体系严密科学性的根本保证。不同的逻辑起点决定了不同的学术关注点和学科增长点。

关于逻辑起点的认识，黑格尔提出3条有关逻辑起点的本质规定：第一，逻辑起点应是一门学科中最简单、最抽象的基本概念；第二，逻辑起点应揭示对象最本质的规定，以此作为整个学科体系赖以建立的基础，而理论体系的全部发展都包含在这个胚芽中；第三，逻辑起点应与它所反映的研究对象在历史上的起点相符合①。有学者在此基础上增加一条规定：逻辑起点的抽象性应受它所反映的研究对象的限制，既不可抽象不足，也不应抽象过度②。明确学科的逻辑起点有助于学科研究对象的确立及学科理论体系的构建。因此，对情报学领域的研究人员而言，非常有必要了解已有情报学"逻辑起点"的科学内涵。

逻辑起点根植于理论流派的土壤当中。一个学科如果存在多个理论流派，就可能存在多个逻辑起点。一个理论越不成熟，它的逻辑起点就越不清晰。只有当它比较成熟时，后续的研究者才能相对容易地识别并指出它的逻辑起点。在某一历史阶段，关于同一学科的逻辑起点的看法通常存在争议，而正是这些争议推动着学科的螺旋式发展。

在情报学的发展历程中，存在若干理论流派，下列短语都曾经被"认为"是某个情报学流派的逻辑起点：文献、控制与通信、科学交流、决策、情报系统与情报技术、计算机在情报学中的应用、情报的社会传播过程、情报传播的动力过程、情报的人本社会传播过程、情报流的活动规范、情报的意向改变智能过程、情报的智能过程、情报的思维状态过程、情报的智能状态过程、情报的客观结构属性、客观知识及客观情报、人的情报处理机制是一个适应性情报系统、人是整个世界生态系统中的一个主动式的管理生态系统、系统动力学和耗散结构、情报使用、情报流程、科技情报、情报与交流、知识有序化、置情报于人类知识中、情报—情报需求、情报交流过程、分层理论、情报需求—

---

① 黑格尔. 逻辑学（上）[M]. 北京：商务印书馆，1982：33-40.
② 瞿葆奎，郑金洲. 教育学逻辑起点：昨天的观点与今天的认识（一）[J]. 上海教育科研，1998（3）：2-9.

情报之间的矛盾等①。情报学"逻辑起点"的多样性恰恰反映了情报学界对情报学的研究对象和理论体系有着相当不同的认识和理解，具有统领地位的关于情报学理论体系的表述还没有出现。

逻辑起点与理论体系、研究对象（任何一种思想、理论、学说、流派）都有联系。一般来说，如果研究对象不同，那么对应理论体系的基本构造就会不同，对应理论体系的逻辑起点就会不同。即使研究对象相同，如果研究视角不同，那么对应理论体系的具体构造就会不同，对应理论体系的逻辑起点可能不同。逻辑起点要具有本体论、认识论和实践论的价值，具备较强的理论解释力和现象涵盖面②。对于同一现存的理论体系，如果不同人对它的理解不同，那么他们分别识别出的逻辑起点有可能不同。相比起来，逻辑起点的表述比研究对象的表述更加多样，更加缺少共同点③。显然，情报学"逻辑起点"存在多样性有其必然性。

如果将这些情报学"逻辑起点"进行泛化，它们大体可以归为以下10类：情报源（包括文献）、情报传播（包括科学交流）、情报需求、情报认知、情报使用、情报用户、情报系统、情报技术应用、情报流程、控制与通信。这些"逻辑起点"之间的关系如图5-1所示，其中双向箭头表示控制与通信。

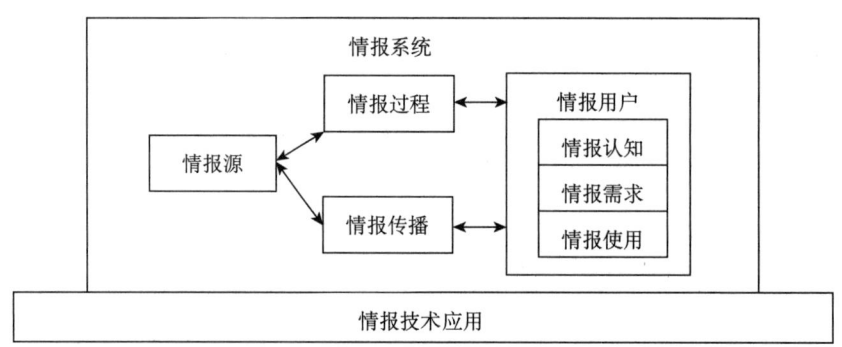

图5-1 情报学逻辑起点之间的关系

尽管图5-1的构建并不严谨，但是它能够佐证以下判断：情报学各流派的逻辑起点均是情报学的基本概念之一，演化出的各个理论体系均是情报学理论体系的重要组成

---

① 靳娟娟. 情报学理论体系比较研究 [J]. 图书情报知识, 1995 (3): 17-23.
② 金泽. 略论信仰作为宗教学理论研究的逻辑起点 [J]. 世界宗教文化, 2014 (5): 1-7.
③ 李道中. 科学社会主义的研究对象、学科性质、逻辑起点和理论体系 [J]. 科学社会主义, 2014 (4): 33-41.

部分，它们分别从不同视角揭示出情报活动中的规律性。

对于逻辑起点，不能孤立地就其本身来理解，必须将逻辑起点与整个理论体系建构所必需的中介环节和逻辑终点辩证统合起来加以理解。这是因为逻辑起点需要经历一系列的中介环节，最终演绎到逻辑终点。逻辑终点是从抽象上升到具体的逻辑行程中的最后一个环节，标志着一定认识过程的结束[①]。绝不能把情报学逻辑起点的内涵僵化、单一化，而是要根据不断变化的社会背景，以问题研究为目的，从最能体现问题本质的基本概念出发，根据对情报学的合理解读来确定不同历史时期情报学的逻辑起点。这将是新的情报学理论分支的逻辑起点，而不是整个情报学理论体系的逻辑起点。

5.5 情报学理论体系的整合方案：基于学科范式的思路

如前所述，国内情报学界一直有学者关注情报理论体系的发展，相关研究主要是概述与比较现有的情报学理论流派，很少探讨如何构建一个能够被广泛认可的情报学基础理论体系。寻找一个能被各界接受的、统一的情报理论是合乎情理的，这是因为：首先，学者和实践者想要了解事件、参与者和结构，以及背后的原因；其次，理论化会促进更好的情报实践，有助于决策者更好地理解和使用情报；最后，理论化将极大地促进公众认知和教育，因为公民对情报的理解的深化促进了他们对信任、人类安全及在集体利益中限制个人权利的理解[②]。本节主要探讨情报学理论体系的整合问题，包含相关研究及解决整合问题的思路。

5.5.1 情报学理论体系整合相关研究

长期以来，面向国家安全和社会发展的情报学分支力量处于相对隔离的状态，地方高校及相关情报科研院所与军事公安高校及相关情报科研院所在研究过程中没有形成完善的资源共享和协同创新体系，军（军事情报、安全情报等）、民（科技情报、社科情报等）情报学在理论、方法、人才、技术等方面的融合形式、融合范围、融合层次都是属于浅层次的融合，难以形成优势互补。这种状况限制了情报学为国家安全和社会发展提供决策支撑的优势，在此背景下，如何构建跨界融合的情报学理论体系成为情报学界

---

① 骆耕漠. 社会主义商品货币问题的争论和分析：总论 [M]. 北京：中国财政出版社，1980：118.
② DOVER R, DYLAN H, GOODMAN M S. The palgrave handbook of security, risk and intelligence [M]. UK: Palgrave Macmillan, 2017: 6.

的一个热点问题。

国内外多名学者曾经探讨情报学理论的整合问题。严怡民（1996）[①] 指出，情报学理论界逐渐出现以交流—认知—决策的全过程、有机综合为基础的情报学研究范式。王芳（2005）认为：情报学领域内不同的范式都是以 information 及其相关运动过程为研究对象，隐含着较为一致的元理论，只不过是借用不同的研究方法或不同的研究视角而已；情报学研究应以信息为核心研究对象，并致力于在不同的范式中构造可以统领所有信息形式（包括知识、智能或竞争情报）与信息活动的统一的理论体系；在这一进程中，过程范式将是将来情报学不同子学科共同体所公认的"专业母体"。吕斌（2006）[②] 认为，整合 information 和 intelligence 研究可实现情报学的可持续发展。赵冰峰（2016）认为，图书情报学解决的理论问题是图书馆管理和信息资源管理，与安全与军事学界解决国家安全治理等问题的 intelligence 理论及学理根基截然不同，根本不存在两大学科整体融合的可能[③]。韩正彪等（2012）[④] 尝试构建由元理论、范式理论、方法论和主题理论 4 个层次组成的情报学理论框架，坚持 information 和 intelligence 功能整合。肖勇（2017）[⑤] 认为，从学科角度看，中国情报学多年的发展已经形成三大范式，即基于信息管理框架与知识管理框架的管理科学范式、基于 intelligence 的软科学范式、基于 information 的图书情报学范式，并认为这三大范式实质上内在地构成了当代中国情报学的学科体系。Gnoli（2018）[⑥] 通过哲学层面的分析，认为图书情报学与知识组织学可以被整合在更一般的模型中。王琳（2018）[⑦] 通过回顾数据科学和信息科学两个学科的现有工作并绘制 DIKW 层次结构，分析两个学科的使命陈述和性质，认为它们可以相互补充：信息科学可以为数据科学研究做出独特贡献，包括数据概念、数据质量控制、数据图书

---

① 严怡民. 现代情报学理论［M］. 武汉：武汉大学出版社，1996：45-47.

② 吕斌. 整合 information 和 intelligence 研究，实现情报学的可持续发展［J］. 图书情报工作，2006，50（8）：82-86.

③ 赵冰峰. 论面向国家安全与发展的中国现代情报体系与情报学科［J］. 情报杂志，2016，35（10）：7-12.

④ 韩正彪，景璟，马婧. 情报学哲学问题及情报学理论构建：研究主体视角［J］. 图书情报工作，2012，56（12）：32-37，129.

⑤ 肖勇. 论基于"三大研究范式"之上的当代中国情报学学科体系与学科群体系构建［J］. 情报学报，2017，36（9）：894-907.

⑥ GNOLI C. Mentefacts as a missing level in theory of information science［J］. Journal of documentation，2018，74（6）：1226-1242.

⑦ WANG L. Twinning data science with information science in schools of library and information science［J］. Journal of documentation，2018，74（6）：1243-1257.

馆管理；在构建统一的信息科学时应该引入数据科学来解决学科之间的鸿沟。

5.5.2 重构情报学基础理论体系的方向

基于严怡民、王芳、肖勇等学者的观点，对于重构情报学基础理论体系，我们给出以下建议。

①重新界定数据、信息、知识、智能、智慧、情报等概念的内涵与外延，统一在情报学领域的说法。数据、信息、知识、智能、智慧、情报共同构成情报学学科的一组基本概念，如果对这些概念的内涵与外延、概念之间相互关系的认识能够在情报学领域形成共识，那么就可以避免情报学的基本概念长期处于混用的状态，从而可以促进情报学的学科发展，推动情报学的广泛应用。

②兼顾情报学的自然科学属性与社会科学属性。情报问题具有两重性：自然科学属性、社会科学属性。社会科学主要解决不确定性问题，自然科学主要解决确定性问题。情报学定位于社会科学，其基本原理注定不能选择公理类的原理。但是，情报学应该尽量采用自然科学类的研究范式，以便最大限度地保持情报学理论成果的客观性和科学性。

③以基于信息管理框架与知识管理框架的管理科学范式、基于 intelligence 的软科学范式、基于 information 的图书情报学范式为基础进行情报学理论体系的整合。将情报流程一般化为面向广义目标的情报流程，将面向信息需求的信息获取过程涵盖其中。人们获取信息或情报的目的不仅是为了决策，也可能是为了学习、娱乐或生活。制定情报流程，有助于情报活动的规范化、科学化。获取信息或情报的目的可统称为广义目标。围绕广义目标，就可以最大限度地找到三大研究范式的共性，并将它们统一于一个理论框架之中。

④情报学基础理论体系应该将 DIKW 分层结构理论融入其中。基于信息管理框架及知识管理框架的管理科学范式研究将情报学定位在事实—数据—信息—知识—智能这条信息链之上，以信息链当中的信息管理和知识管理充当学科的核心领域[1]。一般来说，获取情报的过程始于收集数据，由于海量数据，获取情报并不容易，必须了解数据和情报之间的关系，以便获得准确的情报。情报的基础源于信息和知识。决策者必须深入学

---

① 肖勇. 论新世纪中国情报学的三大研究范式：成因、内容与影响［J］. 情报学报，2007，26（5）：780-789.

习从数据到智慧的过程,以便感知相关事件。这种关系由 DIKW 金字塔提供①。知识获取过程象征性地表现为"知识之树"的成长,这种"知识之树"种植在"数据地球"上,充满了"信息汁液",并被"智慧之阳"的光芒照亮②。

⑤基于广义情报系统体系结构模型,重新明确与阐述情报学基本原理。如前所述,可以以情报流程为着眼点提出一组基本原理。对于情报规划、情报搜集、情报处理、情报分析、情报分发、情报应用、情报反馈等环节,均可以考虑提出一个对应的基本原理对其运行机制进行解释。可以以情报流程中的一组情报行为为着眼点提出另外一组基本原理。以选择为核心概念,将隐藏、揭示、序化、离散、重组、转化、传递、生产、吸收作为基本概念,对每种行为进行解释,以横断学科的理论或语言对每种行为涉及的相关性进行解释。

⑥将相关性原理进一步抽象为相关性理论,推动情报学基础理论向横断学科的方向发展。情报学领域目前存在很多关于相关性的论述,但是没有从哲学高度进行论述的相关性理论。在情报学研究实践中,学者们都在自觉或不自觉地使用未成体系的相关性理论。

基于上述建议,情报学界就可以尝试为情报学学科提供一个完善的概念体系、一组严谨的基本原理及一套科学的方法论体系。从中国情报学界的视角看,情报学基础理论体系由情报学哲学基础、情报学基本概念体系、情报学基本原理体系、情报学基本方法论体系、情报学理论体系框架等部分构成,完成相关内容的论述就是完成了情报学基础理论重构的任务。从国外情报学界的视角看,情报学基础理论体系就是各个情报学范式构成的体系,不需要重构。但事实上,情报学界需要一个统一的理论框架来整合各个情报学范式,使得已有的理论成果更像一个整体。撰写并完善《情报学哲学基础》《广义情报系统》《情报学基本原理》《情报学基本方法论》《情报学基本范式》等著作,不仅可以完成情报学基础理论体系的重构任务,而且可以更好地引导中国情报界的学者实现研究活动的国际化,赢得应有的话语权。

---

① AYDIN B, OZLEBLEBICI Z. Should we rely on intelligence cycle?[J]. Journal of management and information science, 2015, 3(3): 93-99.

② BOSANCIC B. Information in the knowledge acquisition process[J]. Journal of documentation, 2016, 72(5): 930-960.

5.5.3 整合情报学理论体系的可行路线

情报学的理论流派是在情报学发展的不同阶段产生的，都受到学者所处时代、自身认知水平等多种情境的影响，不够完美。但是，这些理论流派大多不具有排他性，它们从不同角度在一定程度上对情报活动的规律性进行了揭示，为未来形成统一的情报学理论体系奠定了坚实的基础。经过多年发展，情报学界形成多个情报学分支，如社会科学情报学、科技情报学、军事情报学、公安情报学、图书情报学等，它们都是情报学这个完整的学科体系中不可分割的组成部分，彼此互补，不可替代，没有孰优孰劣、孰高孰低之分。

情报研究领域的学者认为，构建面向国家安全的情报学理论体系应该以军事、政治、公安、经济、管理等与情报的学科交叉为重点，注重研究情报活动对国家和社会的实质性影响，突出军事斗争、安全斗争、经济竞争和科技竞争的特殊性，并且在理论建构上，深度融合中国情报经典思想与美、欧、日等当代发达国家和地区的情报实践。在这个进程中，图书情报学领域的学者应该承担何种角色，已有的图书情报学理论与方法应该发挥何种作用。理性的做法是，整个情报学界既不要将情报泛化为一般的信息，也不要过分强调情报的竞争性或对抗性。多年的实践表明，图书情报学领域与情报研究领域相互取长补短，已经取得很多共识，产生了很多交叉性的成果。例如，图书情报学领域的知识管理理论与方法被广泛应用于军事情报系统，积累的各种采集、录入、加工、处理、传递、利用与管理基础信息的技术与方法适用于情报研究领域，而情报研究领域的情报流程模型则被广泛应用于描述从信息需求到信息应用这一信息过程。

经过多年发展，这些理论流派经过分化、融合，形成多个学科范式。在重建情报学基础理论体系时应该以整合现有学科范式为基础。基于前人的研究成果，我们提出一个基于学科范式进行情报学理论体系整合的方案，其基本思路如下。

（1）第一步，基于过程的视角构建广义情报系统体系结构模型

该模型用于刻画广义情报系统涉及的要素及其关系，其对情报学理论发展的作用类似于计算机体系结构模型对计算机理论的作用，可以将情报学领域主要的理论成果统一在一个框架之中。

广义情报系统涉及的要素包括信息来源、参与对象、情报环节、资源类型等要素，参与对象承担的任务包括资源建设、信息存取、情报任务等。我们构建广义情报系统体系结构模型如图5-2所示，其中，参与对象与资源类型之间的建设关系对应于IRM-KM

范式，参与对象与资源类型之间的存取关系对应于图书情报学范式，参与对象与情报环节之间的关系对应于基于 intelligence 的软科学范式。

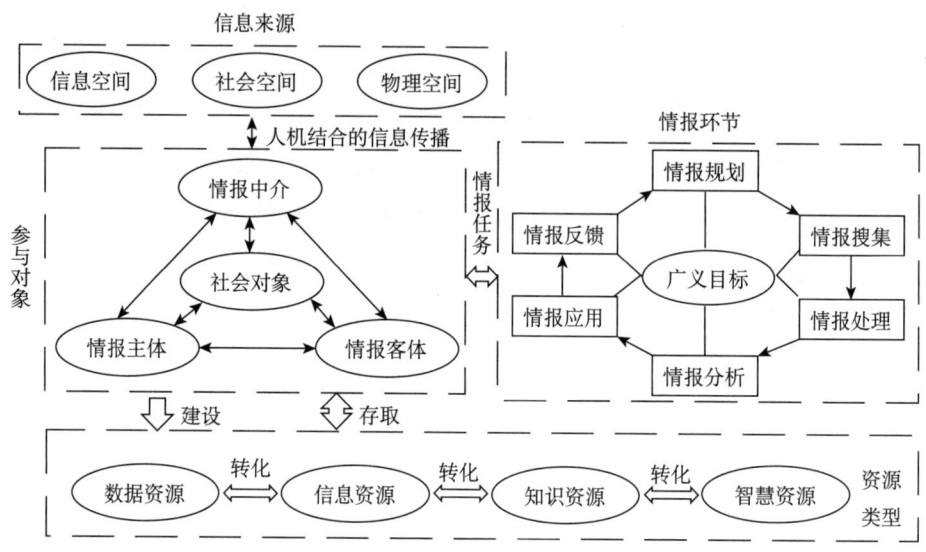

图 5-2　广义情报系统体系结构模型

（2）第二步，完善核心情报学研究范式的论述

情报学领域最初的开拓者主要关心的是科学和技术信息的管理，并致力于为研发机构和行业的研究人员组织及提供这类信息。这一直是情报学研究的主要任务。围绕情报学领域的核心问题，梳理出与其密切相关的一组研究范式作为其核心研究范式，如系统范式（systemic paradigm）、资源范式、管理范式、经济范式、人文范式、社会范式、知识范式、过程范式等。然后由情报学界组织力量，完善对这些范式的论述，补齐这些范式在基础理论、基本观点或假说、基本原则、实验手段、研究方法等多个方面的内容。

（3）第三步，完善情报学哲学基础及情报基本概念的相关论述

情报学各个研究范式中包含关于学科基本概念及其本质、学科问题领域、学科假设前提的论述，结合广义情报系统体系结构模型对这些论述进行整合，可以梳理出情报学的一组基本概念，得到关于情报学哲学基础、情报学问题领域及情报学基本概念的论述。

（4）第四步，完善情报学基本原理、情报学基本方法论的相关论述

情报学各个研究范式中包含关于学科基础理论、方法论的论述，结合广义情报系统体系结构模型对这些论述进行整合，可以梳理出情报学的一组基本原理、基本方法论，

得到关于情报学基本原理体系、情报学基本方法论体系的论述。

（5）第五步，完善情报学理论体系框架

梳理各个分支学科之间的关系，将它们分别放入情报学理论体系树的合适位置。

5.6 本章小结

由于情报学是由社会科学、自然科学交叉而成的综合性学科，其研究对象、研究范围、研究方法涉及多学科、多领域，没有形成明确的学科边界，加之情报学形成的时间较短，对信息、知识、智能、智慧、情报等基本概念的认识还未统一，因此，还未形成被情报学界广泛接受的基础理论体系。国内外的情报学实际上是从图书馆学的视角来研究信息科学，与由情报概念推导而来的情报学的本质不吻合，因而给国内情报学的研究带来混淆视听的弊端，不利于情报学的发展。本章在剖析情报学理论流派、情报学范式的基础上，探讨情报学各个研究领域之间的关系，构建一个广义情报系统体系结构模型，进而给出重构情报学基础理论体系的方向及整合情报学现有理论体系的基本思路。其中，广义情报系统体系结构模型是重构情报学基础理论体系的基础，它将基于信息管理框架与知识管理框架的管理科学范式、基于 intelligence 的软科学范式、基于 information 的图书情报学范式三大范式统一在一个模型之中。希望情报学界的同人共同努力，在不久的将来能够推出新的、严谨的、能够被广泛接受的情报学基础理论著作，为提升情报学学科地位迈出重要的一步。

第 6 章
情报学学科体系阐述

随着社会发展和时代进步,情报学的学科体系一直处于不断调整之中。因应国家战略需求,以及大数据、人工智能等技术的发展,情报学迎来了发展机遇,情报学学科体系必须调整和重构。本章主要介绍情报学界关于情报学学科体系的相关研究,思考在情报学研究现有成果的基础上如何重塑情报学学科体系,有助于读者进一步认知情报学,正确把握情报学的发展方向。

6.1 情报学学科体系相关观点

2001 年,Donald T. Hawkins 对众多信息科学定义进行分析,归纳出信息科学的学科地图①,用于描述信息科学的基础主题及与基础主题关系最紧密的学科:计算技术、行为科学、图书馆学、统计学、传播学,法律和政府、通信学及其他学科。部分相关学科的研究领域与信息科学的研究领域存在交叉。2003 年,Hawkins 又与其他学者合作,提出一个信息科学学科领域分类表,其中包含信息科学研究、知识组织、信息职业、社会问题、信息产业、出版发行、信息技术、电子信息系统和服务、特定主题来源和应用、图书馆和图书馆服务、政府法律信息问题等 11 个一级类目和 61 个二级类目②。

---

① HAWKINS D T. Information science abstracts: tracking the literature of information science. Part 1: Definition and map [J]. Journal of the American society for information science and technology, 2001, 52 (1): 44-53.

② HAWKINS D T, LARSON S E, CATON B Q. Information science abstracts: tracking the literature of information science. Part 2: A new taxonomy for information science [J]. Journal of the American society for information science and technology, 2003, 54 (8): 771-781.

2004年，沙勇忠、牛春华采用内容分析法对国内情报学核心期刊的刊载论文进行分析，得到一个情报学研究主题分类表，包含11个一级类目、83个二级类目[①]。其中，列出的一级类目为：情报学基础理论、"情报源、情报采集与存储"、"情报加工处理、信息组织"、情报传递与传播、情报检索、情报服务、情报技术、情报事业管理（产业）、信息系统、情报学分支学科、相关学科与领域。列出的情报学分支学科包括文献计量学、信息计量学与网络计量学、社会信息学、信息经济学、竞争情报、知识管理、信息政策、信息法学、信息资源管理、信息伦理、信息分析；列出的相关学科包括档案学、图书馆学、电子政务、电子商务、科学学、语言学、管理学、博物馆信息学、出版发行、经验人类学。该划分主要覆盖图书情报学领域，极少涉及 intelligence studies 领域。

2007年，以色列学者 Chaim Zins 通过德尔菲法，综合关于信息、信息科学的各种定义并进行比较分析之后，提出一个包含三级类目的信息科学知识地图[②]。该地图列出10个基本类别：基础、资源、知识工作者、内容、应用、操作与过程、技术、环境、组织、用户。该地图为制定信息科学理论体系、开发和评估信息科学学科课程体系和书目资源奠定了基础。Zins 提出6个关于信息科学的模型，分别是高科技模型、技术模型、文化模型、人类世界模型、生活世界模型、生命和物理世界模型[③]。这6个模型意味着6种不同的知识体系，但是都带有相同的名称——信息科学。文化模型代表了当代信息科学的主流，包含在线学习、信息伦理、信息需求与使用、用户研究、科学传播、社会信息/传统和转型社会的信息、信息政策的法律和道德方面（版权、知识产权、隐私等）、公共信息政策、信息素养、数字包容（digital inclusion）等子领域。Chaim Zins 与其他学者合作，记录28个学术界领先学者编写的信息科学分类方案，描绘和记录了21世纪初信息科学的概况[④]。

2012年，王知津教授等采用文献综述和思辨的方法，秉承"理论—应用—技术—管

---

① 沙勇忠，牛春华. 当代情报学进展及学术前沿探寻——近十年国外情报学研究论文内容分析[J]. 情报学报，2005，24（6）：643-650.

② ZINS C. Knowledge map of information science [J]. Journal of the American society for information science and technology，2007，58（4）：526-535.

③ ZINS C. Conceptions of information science [J]. Journal of the American society for information science and technology，2007，58（3）：335-350.

④ ZINS C. Classification schemes of information science：twenty-eight scholars map the field [J]. Journal of the American society for information science and technology，2007，58（5）：645-672.

理"的四分法，提出中国情报学学科体系的基本框架，包括理论情报学、应用情报学、技术情报学、管理情报学4个一级类目及28个二级类目[1]。其中，理论情报学被细分为：情报学元理论、情报学理论、情报学方法论、情报学史、情报学分支学科、情报学交叉学科、情报学相关学科；应用情报学被细分为：情报搜集、情报组织、情报检索、情报分析与研究、情报咨询、情报服务、情报用户、竞争情报；技术情报学被细分为：情报技术、情报系统、情报网络、情报数据库；管理情报学被细分为：情报机构、情报事业、情报产品、情报经营、情报产业、情报工作标准化、情报伦理、情报政策与法规、情报教育与培训。列出的情报学分支学科包括科技情报学、企业情报学、经济情报学、军事情报学、商业情报学、政治情报学、医学情报学、专利情报学、比较情报学；列出的情报学交叉学科包括情报心理学、情报经济学、情报社会学、情报教育学、情报语言学、情报行为学；列出的情报学相关学科包括图书馆学、档案学、文献学、目录学、信息管理、信息资源管理、知识管理。该划分覆盖图书情报学领域与 intelligence studies 领域。一般情况下，情报学界将信息管理、信息资源管理、知识管理看成是情报学的分支学科，而非相关学科。

2018年，包昌火等提出建设中国情报学一级学科，并将中国情报学学科体系定义为"以总体国家安全观和总体国家发展观为指导思想，围绕 information 的 intelligence 化这一研究任务展开的知识结构体系和理论框架"[2]。他们将中国情报学理论框架分为情报流程层、基础理论层、方法技术层、应用研究层及基础条件保障层5个层次，将中国情报学分为科技情报学、竞争情报学、军事情报学、公安情报学、国家安全情报学等分支学科。

科技情报学学科体系包含科技情报学理论研究、科技情报学应用研究两个部分[3]，图书情报学、计算机科学、系统科学、管理科学、数学和哲学是科技情报学的支撑学科。其中，科技情报学理论研究包含基本概念、理论基础、研究对象、学科归属、与相关学科的关系等内容；科技情报学应用研究包含信息检索（信息序化理论、信息检索系

---

[1] 王知津，李赞梅，周鹏. 二十年以来我国情报学学科体系研究进展[J]. 图书馆，2012（1）：50-54.

[2] 包昌火，金学慧，张婧，等. 论中国情报学学科体系的构建[J]. 情报杂志，2018，37（10）：5-15，45.

[3] 李艳，赵新力，齐中英. 钱学森的情报思想与我国情报学学科体系重构[J]. 情报理论与实践，2010，33（6）：1-4.

统、信息检索语言、信息检索应用）、情报研究（信息转化理论、情报研究方法、情报研究工具）两个部分。

竞争情报学学科体系包含竞争情报理论、竞争情报管理、竞争情报教育、竞争情报应用 4 个一级类目[①]。其中，竞争情报理论包含竞争理论、情报理论、博弈理论、人际网络理论、信息转化理论等基础理论，以及竞争情报含义、竞争情报功能等基本问题；竞争情报管理包含竞争情报循环、情报需求识别、关键情报要素研究、竞争分析、竞争情报产品制作、竞争情报作战室、竞争情报发布等二级类目；竞争情报教育包含竞争情报教育体系、学历教育、继续教育、竞争情报课程、案例建设、校企结合等二级类目；竞争情报应用包含商业竞争情报、技术竞争情报、企业竞争情报、产业竞争情报、政府竞争情报、国家竞争情报等二级类目。

军事情报学学科体系分为情报史、情报基础理论和情报应用理论三大分支（高金虎，2018）[②]。情报史类目包括中国情报史、外国情报史、情报思想史、情报技术史、情报战等二级类目；情报基础理论类目包括情报定义、情报功能、情报与决策的关系、关于隐蔽行动研究等二级类目；情报应用理论类目包括关于联合作战情报保障问题的研究、关于情报分析的研究两个二级类目。

公安情报学理论是情报学的一个应用分支学科，主要以服务国家安全和社会稳定相关决策为己任。公安情报学学科体系分为公安情报理论研究、公安情报技术研究、公安情报业务研究、公安情报管理研究等分支；也可根据公安情报学的研究对象和内容，将公安情报学学科体系分为公安情报学理论、公安情报史、公安情报技术、公安情报实务、公安情报管理、公安情报教育、公安情报政策、中外警务情报比较研究等分支，公安情报实务又可细分为搜集、录入、处理、分析、增编、服务、评估等内容[③]。与一般性的情报学相比，公安情报学在信息搜集方面以社会犯罪、公共安全、社会治安等方向为主，犯罪心理学、犯罪统计理论、应急管理决策、刑事侦查、刑事侦查技术等都是公安情报学特有的研究内容。

国家安全情报学学科体系由 4 个部分组成：学科本体论、学科认识论、学科方法

---

① 包昌火，李艳，包琰. 论竞争情报学科的构建 [J]. 情报理论与实践，2012，35（1）：1-9.
② 高金虎. 军事情报学研究现状与发展前瞻 [J]. 情报学报，2018，37（5）：31-39.
③ 谢晓专. 公安情报学学科体系的构建 [J]. 情报资料工作，2012，33（4）：17-21.

论、学科实践论①。其中，学科本体论主要探讨国家安全情报学的概念、研究对象、学科特点、学科体系、学科地位，以及国家安全情报工作原则、规则、运行规律等；学科认识论主要探讨国家安全情报的国家安全哲学基础、情报学基础、行为科学基础及软科学基础；学科方法论主要探讨国家安全情报技术方法和国家安全情报学研究方法；学科实践论探讨国家安全情报的运行、国家安全情报工作的实践规范、国家安全风险情报应急方案等内容。

综上所述，由于构建学科体系的视角与方法不同，情报学界对情报、情报工作、情报学本身的认识还没有形成共识，因而上述所列多种情报学学科体系存在明显差异。作为一门面向社会实践的应用性学科，适应时代需求是情报学的特点和发展规律，理论与实践的双向创新是情报学学科发展的基本路径。社会需求和学科体系不断创新构成了推动情报学学科发展的两大动力。为积极响应"大情报观"理念，以及情报工作回归本原为国家安全与发展服务的态势，重新设计情报学学科体系已经成为国内情报学界一项必要的任务。相对于以往的情报学学科体系，新的情报学学科体系应该能够融合"信息"与"情报"两种思维范式，覆盖与融合多个情报学分支的知识体系，将满足国家战略层面的情报需求作为情报学实践的重要领域，为高层次情报人才的培养提供坚实的学科支撑，以适应国家不同部门对多类型高层次情报人才的需求，因势利导地推进情报学学科发展，培养卓越情报人才。

6.2 情报学学科体系基本框架

整合各方观点，提出一个争议相对较小、能够被情报学界普遍接受的新的情报学学科体系论述，不仅有利于情报学学科的良序发展，而且有利于情报学学科地位的提升及情报学知识体系的传承。基于此，本节给出一个融合 information 思维与 intelligence 思维的情报学学科体系基本框架，并简述该框架中的情报学学科知识体系层级及内容。

6.2.1 构建情报学学科体系的指导思想

包昌火等对情报学发展长期偏离本原忧心忡忡。在中国情报学界提出情报学与情报

---

① 商瀑. 国家安全情报学学科建设论纲：研究对象、学科特点、体系及研究方法 [J]. 情报杂志，2018，37（8）：10-15，21.

工作应该回归本原的呼声中，包昌火等提出，情报学学科体系应将科技情报学、竞争情报学、军事情报学、公安情报学、国家安全情报学等分支学科纳入一个统一的情报学学科体系之中，并将其称为中国情报学学科体系。该观点得到传统的军事情报学界、科技情报学界、竞争情报学界、公安情报学界的普遍认同。然而，这种学科体系划分将中国传统的、研究人数占多的情报学学术团体——图书情报学界置于一个尴尬的位置，认为图书情报学不应该纳入中国情报学学科体系，而是中国情报学的支撑学科，其对中国情报学的贡献如同数学、哲学等基础性学科。

在中国，情报工作一直被定位于后勤服务保障，情报学学科领域长期存在研究内容泛化的问题，情报学学科边界越来越弱化。这是中国情报学界的共识，包括图书情报学。图书情报学应该与其他情报学分支处于同等地位，中国情报学界应该提出一套更抽象、更具普遍性的理论体系，即情报学基础理论体系，用于解释各种情报现象及描述各种情报工作的规律性，作为各种情报学分支的支撑性理论。新《国家安全法》的出台对探求相对统一的情报学提供了强大的推动力。情报学界应抓住这一契机，对各种情报学说加以梳理整合，构建出与时代共振、与实际相符的情报学学科体系①。

一门学科的学科体系是由若干相对独立的知识单元按照学科知识的内在联系和一定的逻辑关系所形成的一个知识集合。构建一个学科的学科体系没有统一的标准或固定的模式，通常取决于学者对这一学科知识体系发展现状的解读。在构建一门学科的学科体系时，必须要考虑这样一些问题：如何科学地表述这一学科的内容；如何正确地描述这一学科内各项具体内容之间的内在联系及相互关系，使之成为一个有机的整体。

6.2.2 情报学学科知识体系层级及内容

融合上述各位学者的思想，我们提出一个新的情报学学科体系基本框架，将基于information 范式的情报学分支学科与基于 intelligence 范式的情报学分支学科统一在一个架构之中：由情报学基础理论、情报学支撑理论、情报与情报学史、情报方法技术体系构成情报学基础性知识体系；基于情报学基础性知识体系，与特定领域的情报问题结合，演化出一组情报学分支学科；情报学与其他学科交叉融合而成的、以其他学科为主导的

---

① 闫志开，王延飞. 新《国家安全法》背景下的中国情报学 [J]. 情报杂志，2016, 35 (7)：1-6.

交叉型学科；每个情报学分支学科细分出具有自身特色的理论、应用、技术、管理、实践、教育等方面的分支性知识体系；每个分支体系内包含着若干研究主题。具体内容如表6-1所示。

表6-1 情报学学科体系基本框架

知识体系层级	知识体系所含内容
情报学基础性知识体系	情报学基础理论（哲学基础、基本概念、基本原理、基本方法论）、情报学支撑理论（DIKW层次结构理论、信息序化理论、情报流程理论、计量学理论、系统理论、竞争理论、博弈理论、社会网络理论、决策理论、管理理论等）、情报与情报学史、情报方法技术体系（情报输入、情报输出、情报存储、情报规划、情报收集、情报侦查、情报组织、情报分析、情报服务、情报共享、情报感知、情报解读、报告撰写、情报系统、情报装备等方法与技术的集合）
与其他学科融合所形成的情报学分支学科	以情报学为主、其他学科为辅的交叉学科（图书情报学、教育情报学、科技情报学、社会情报学、竞争情报学、军事情报学、公安情报学、国家安全情报学等）；以情报学为辅、其他学科为主的交叉学科［情报心理学（又名信息心理学）、情报经济学（又名信息经济学）、情报社会学（又名信息社会学）、情报语言学（又名信息检索语言学）、情报行为学（又名信息行为学）等］
情报学分支学科的分支	各个情报学分支学科具有自身特色的理论、应用、技术、管理、实践、教育等方面的知识体系。情报学分支学科内又形成文献计量学、科学计量学、网络计量学、补充计量学、信息管理学、知识管理学、信息检索学、信息构建学、数字保存学、数字治理学、战略欺骗学、情报保障学等子学科
情报学研究主题	安全情报、参考咨询、大数据、反情报、个性化服务、公安情报、国家安全、核心竞争力、核心期刊、互联网、机构知识库、计量学、教育情报、经济情报、竞争情报、决策咨询、军事情报、开放存取、科技评价、科技情报、可视化、情报斗争、情报分析、情报获取、情报监督、情报教育、情报立法、情报能力、情报失误、情报体制、人工智能、社会化媒体、社会化网络、社会科学情报、数据共享、数据管理、数据科学、数据库、数据挖掘、数据质量、数字保存、数字参考咨询、数字图书馆、搜索引擎、图书馆、网络信息、网络舆情、文本挖掘、文献计量、信息安全、信息传播、信息分析、信息服务、信息公开、信息共享、信息行为、信息化、信息技术、信息经济、信息生态、信息搜寻、信息用户、信息整合、信息政策、信息咨询、信息资源、信息资源管理、信息组织、虚拟社区、虚拟团队、学科馆员、隐蔽行动、隐性知识、影响因素、影响因子、用户行为、用户认知、预警情报、元数据、云计算、运行机制、战略欺骗、知识表示、知识产权、知识发现、知识管理、知识链接、知识评价、知识图谱、知识网络、知识转移、知识组织、指标体系、智库、资源共享等

6.2.3 情报学基础性知识体系

情报学基础性知识体系由情报学基础理论、情报学支撑理论、情报与情报学史、情报方法技术体系等部分构成。

(1) 情报学基础理论

第3章分析了国内外情报学界在情报学基础理论体系表述方式方面的差异。国内情报学界通常将情报学基础理论分为情报学哲学基础、情报学基本原理、情报学基本方法论3个部分；国外情报学界通常将情报学基础理论分为情报学元理论、情报学研究范式两个部分，而情报学元理论包括关于情报学基本概念及其本质的论述、关于情报学基础理论的论述、关于情报学假设前提的论述3个部分。从形式上看，两者表述方式差异明显，但是本质基本一致。鉴于国内外情报学界缺乏关于情报学范式具体内容的阐述，对于情报学范式的研究依然没有形成统一的认识，我们对情报学基础理论体系的表述方式采用国内学界常用的方式。

情报学基础理论是构建情报学学科理论的逻辑基点。只有以严谨的情报学基础理论层次作为基础，情报学学科理论才能建立在稳固的根基之上，才能茁壮发展并形成情报学理论体系。情报学基础理论是关于情报学哲学基础、基本概念、基本原理、基本方法论的知识体系，是从情报现象、情报研究及情报实践中提炼出的最为一般性的知识，是情报学理论中最接近于哲学层次的知识体系，对情报研究及情报实践具有重要的指导价值。遗憾的是，到目前为止，情报学界还没有形成关于情报学基础理论的、被学界广泛接受的论述。第3章至第5章完成了部分工作，但距离形成体系性的论述还有较大的差距。

(2) 情报学支撑理论

情报学理论研究必须有足够的其他理论做支撑，才能尽可能地保证研究过程与研究结论的科学性。在情报学界自身的探索过程中产生了一些重要的基础性理论，对情报学的可持续发展起着重要的支撑作用。这些情报学内部形成的支撑理论主要包括DIKW层次结构理论、信息序化理论、情报流程理论、计量学理论等。另外，一些源于其他学科的理论也对情报学的发展发挥着重要的支撑作用，主要包括系统理论、竞争理论、博弈理论、社会网络理论、决策理论、管理理论等。

1）DIKW层次结构理论

事实、数据、信息、知识、智慧在概念层次上具有递进性，但是相互之间的区分又具有相对性。数据产生于事实，信息是数据加工的产物，知识是数据或信息加工的产物，智慧是数据或信息，或知识加工的产物。信息可以作为数据再加工产生新信息，知识可以作为信息再加工产生新知识，智慧可以作为知识再加工产生新智慧。从资源的角度来看，智慧是知识的子集，知识是信息的子集，信息是数据的子集，数据产生于事实但不是事实的子集。符号是表征数据、信息、知识和智慧的工具，是构成数据、信息、知识和智慧的最基本成分。情报是（数据∪信息∪知识∪智慧）的子集。DIKW层次结构理论揭示了数据、信息、知识、智慧之间的转化关系，对于生成特定层次的情报信息具有一定的指导价值。

2）信息序化理论

信息序化也称信息整序或信息组织，是指使用一定的科学规则和方法，通过对信息的外在特征和内容特征进行表征和有序化，将相对无序的信息转变成更加有序的信息，使其能够更加清晰地反映事物的本质联系，更加有利于人们对信息的存储、检索、传播、开放与利用，进而有利于人们基于已有的信息去认识和改造客观世界。信息所具有的题名、作者、出版社、日期等属性值是信息的外部特征；信息包含的内容、涉及的中心事物和学科属性等属性值是信息的内部特征。信息序化既包括认识并表述客观存在的事物序性的过程，也包括根据事物序性或已表述的事物序性对事物进行分类、归并的过程。前者是指对本体论层次信息的序化活动；后者是指对认识论层次信息，即以文献、知识、事实、数据、资料等知识性信息为对象及结果的序化活动。两种层次的信息序化相辅相成，互为条件，共同构成完整的信息序化概念①。对认识论信息的序化可分为语法信息序化、语义信息序化、语用信息序化3个方面。信息序化理论主要以方法论的形式体现，而信息序化理论与方法源自多个学科，如哲学、数学、系统论、信息论、控制论、耗散结构论、协同论、突变论、计算机科学、语言学、逻辑学等，其中，计算机科学、语言学、逻辑学、信息论、系统论等学科对信息序化理论与方法的贡献最为直接。信息序化过程中需要遵循一定的原则，如信息的整体性原则、信息的层次性原则、信息的目的性原则、信息的动态性原则、信息的综合优化原则等②。

3）情报流程理论

情报流程（或情报过程）是开发以任务为中心的情报支持的过程框架，对情报流程

---

① 熊志云. 信息整序漫谈[J]. 湖北大学学报：哲学社会科学版，2003，30（5）：117-120.
② 储节旺，郭春侠. 信息组织：原理、方法和技术[M]. 合肥：安徽大学出版社，2002：13.

进行建模便于整体性把握情报工作的规律。情报工作具有明显的过程属性，需要根据一定的流程开展。一个完整的情报流程主要包含情报搜集、情报加工、情报分析、情报传递、科学预测、决策研究等多个环节，但它不是必须在所有场合以相同方式执行的一套严格的步骤序列。换句话说，情报流程涉及的环节大体不变，但是各个环节的关系及相互之间的信息流动方式在具体的情报实践之中存在差异，受技术水平、情报环境等多种因素的影响。决策者必须单独考虑每项情报请求，并以最有效的方式应用情报流程，以生成所需的情报。情报流程建模问题远未达成共识，尚有许多问题值得深入探索。完善的情报流程理论有助于优化情报系统，提升情报活动效率。

4）计量学理论

计量学理论是关于测量原理、规律、方法等测量知识的归纳总结。情报研究中遇到的测量问题主要包括信息序化计量与信息转化计量，包括信息序化、转化过程及效果评估测量，相关计量学理论包括科学知识的产生、增长、老化、分布、传播及利用等过程的规律，常以定律的形式进行表述。除了计量学理论，还有一些基于统计学的描述性统计分析方法，用于对一组数据的各种特征进行分析，以便于描述测量样本的各种特征及其所代表的总体的特征，如关于位置量数的全距中值、众数、中位数、平均数，关于变异量数的全距、四分位数差、方差、标准正太分布曲线与Z分数等。描述性统计分析是比较初级的情报分析，其分析结果是进行深度情报分析时方法选择的依据。

5）源于其他学科的支撑理论

任何情报流程都发生在特定的情报系统之内，系统理论对情报学的重要意义在于将情报活动所涉及的要素及所处的环境视为一个有机的整体，从系统理论的视角可以有效解释情报活动的机制、各要素在情报活动中所起的作用等问题；竞争理论对情报学的重要意义在于将情报活动视为竞争过程，用于分析情报活动的竞争性或对抗性，解决或弥补情报工作中的信息不对称性问题；博弈理论属于竞争理论，理论涉及竞争对手、决策、参与者信息掌握的充分程度、信息分析与预测能力等多个方面，其对情报学的重要意义在于将竞争过程视为博弈过程，请情报问题转化为数学问题；社会网络理论对于充实中国传统情报学理论体系具有重要意义，因为情报活动离不开社会网络；服务决策是情报学的核心任务，弄清楚决策的过程与规律，才能游刃有余地为其服务，而决策过程理论为人们了解不同领域、不同性质决策活动的过程与规律提供了依据，以决策理论为指导可以有效解决如何实现情报向决策转化的问题，包括情报在发挥参谋作用时的时机把握、渠道建设、效果评估等多个方面；管理理论对情报学的重要意义在于提升对管理数据（或信息）的科学性，促进从数据（或信息）到情报的转化、生产及利用。

（3）情报与情报学史

情报史是关于情报工作的起源、发生、发展过程的论述，解释人类历史上的情报活动，总结情报工作的经验教训，揭示情报工作在国家安全与发展中的重要作用，指导情报工作实践。情报学史是关于情报学学科的起源、发生、发展过程的论述。"以史为鉴"，通过情报史与情报学史教育，可以促进受教育者对情报工作及情报学学科的理解，正确定位情报研究与情报实践的功能与发展方向。

（4）情报方法技术体系

情报学方法技术体系是指由各种彼此独立而又互相联系的情报学方法技术组成的有机统一整体。情报学经过多年的发展，形成了丰富的情报方法与技术。化柏林、李广建使用多面分类的方法对先前的情报方法体系进行归纳与总结，将已有的情报方法体系分为层次型、过程型、属性划分型、应用对象划分型四大类型①，并基于情报流程视角，将情报方法体系划分为情报需求定义计划制订、信息检索与数据采集、多来源信息的融合与清洗、信息分析与内容挖掘、结果解读与情报提炼、报告撰写与情报传递等方法集。我们充分考虑情报流程可能的所有环节，将情报学方法技术体系分为以下方面：情报输入、情报输出、情报存储、情报规划、情报收集、情报侦查、情报组织、情报分析、情报服务、情报共享、情报感知、情报解读、报告撰写、情报系统、情报装备等。

6.2.4　学科交叉产生的情报学分支学科

交叉学科是指超过一个学科范围的研究活动，也是指不同学科之间相互作用、彼此融合而形成的超越单一学科性的知识体系。科学史表明，科学经历了综合、分化，再综合的过程，而交叉科学又集分化与综合于一体，实现了科学的整体化。学科交叉是学科增长点的重要来源之一，进一步增强学科交叉意识，积极探索学科交叉途径，能够激发创新活力，提升学科竞争力。

从交叉作用看，情报学与其他学科的交叉可划分为基础类交叉、应用类交叉、技术方法类交叉3个类别。基础类学科交叉主要从哲学、社会学、经济学等多个视角研究情报现象及情报学本身，探索情报活动蕴含的规律及情报学学科的发展规律，完善情报学

---

① 化柏林，李广建. 面向情报流程的情报方法体系构建 [J]. 情报学报，2016，35（2）：177-188.

学科的基本原理，揭示情报与人、情报与社会的关系，其主要作用是认识情报学学科的发展历史和发展机会，构建情报学学科的体系与结构，建立健全能够有效解释情报现象的学科范畴、理论，为情报工作提供方法论指导；应用类学科交叉主要以情报学基础性知识体系为指导，研究不同领域、不同层次情报活动的方式与规律，并运用情报学在技术、方法方面的研究成果解决情报实践中的各种问题；技术方法类学科交叉主要是指借鉴其他学科内形成的技术与方法，形成适合情报学研究或情报实践的新技术与新方法，为情报学研究或情报实践提供技术与方法指导。

情报学与其他学科的交叉渗透产生了若干新的学科，包括以情报学为主、其他学科为辅的交叉学科，以及以情报学为辅、其他学科为主的交叉学科。

（1）以情报学为主的交叉学科

以情报学为主、其他学科为辅的交叉学科一般被称为情报学分支学科，这类学科是以某个特定领域的情报现象为研究内容，以情报学基础性知识体系及该特定领域对应的学科知识体系为指导，所形成的交叉型学科，主要包括图书情报学、教育情报学、科技情报学、社会情报学、竞争情报学、军事情报学、公安情报学、国家安全情报学等学科。现有的图书情报学、教育情报学、科技情报学、社会情报学等情报学分支学科是以 information 思维为主体的知识体系，竞争情报学、军事情报学、公安情报学、国家安全情报学等情报学分支学科是以 intelligence 思维为主体的知识体系。在强调情报学分支学科融合的大背景之下，information 思维与 intelligence 思维将和谐共存于新的情报学知识体系之中，各分支学科的理论表述也将更加科学，关于"信息"与"情报"的争议也将归于平息。

图书情报学是指图书馆业务学科和信息学科结合的一门学科。国内目前所说的情报学基本是指图书情报学，主要研究认识论信息的产生、传递、利用规律，以及利用现代化信息技术与手段使信息交流过程、信息系统保持最佳效能状态的一门科学。国内学界将图书情报学划分为图书馆学、情报学两个子学科，但是两者之间的界限比较模糊，研究内容重叠程度较高。在情报学的发展历程中，图书情报学对情报学的贡献最大，其关于情报学哲学基础、DIKW 层次结构、信息序化、信息计量等方面的论述成为情报学基础性知识体系的重要组成部分。

教育情报学（Education Informatics）也被称为教育信息学或教育信息科学，其本质是图书情报学在教育领域的应用，关注的教育情报信息包括国外的教育情报、科研情报和国内的政治信息、经济信息、社会的人才需求信息、教育指令、教育管理信息等，以及教育单位内部的教学科研信息、师资信息、学生活动信息、行政管理信息、教育外事信息、生产信息、后勤信息等①。研究内容包括学习的信息加工理论、教学的信息优化研究、教育情报信息的传播、教育科研信息研究等方面。相对于图书情报学界而言，教育情报学界规模很小，教育情报学著作很少，代表性的成果还是2001年由孙绍荣撰写、人民教育出版社出版的《教育信息学》。

科技情报学是研究科技情报活动的理论、方法与技术的学科，以当代科技领域的新成果为主要对象，结合政治、经济、环境、生态等方面的信息，基于情报流程判断科技成果价值，发现存在问题，启发创新思想，预测发展趋势，提出合理建议，辅助科技决策。

社会情报学是研究社会情报活动的理论、方法与技术的学科，以当代社会学领域的新成果为主要对象，结合政治、经济、环境、生态等方面的信息，基于情报流程判断社会学成果的价值，发现存在问题，启发创新思想，预测发展趋势，提出合理建议，辅助政府决策。

竞争情报学是市场经济条件下研究企业情报活动规律及其方法的学科，其目的是为企业决策提供情报支撑，其核心是关于竞争对手信息的收集和分析，以及情报和反情报技术，主要涉及环境监测、市场预警、技术跟踪、对手分析、策略制定、商业秘密保护等方面。

军事情报学是研究军事领域情报活动现象及其规律的科学，主要研究军事情报的本质、特点、原则、方法、内容、范围及其在国防建设、军队作战中的地位和作用，以及军事情报工作的建设和管理，产生、发展的历史和规律等内容。军事情报学理论包括情报基础理论、情报分析理论、情报失误理论、情报控制理论、联合作战情报支援理论等多个方面②。

公安情报学是一门新兴的分支学科，将情报学理论、方法运用到公安警务领域，并在公安情报工作实践中抽象、总结原理规律而形成的一门具有部门行业特征的应用情报学科。

国家安全情报学是一门关于国家安全领域的情报活动及其规律的科学，以国家安全情报工作为研究对象，内容包括国家安全情报理论、国家安全情报工作、国家安全情报

---

① 樊松林. 论我国建立教育情报学 [J]. 情报学报，1988，7 (5)：364-370.
② 张晓军. 美国军事情报理论研究 [M]. 北京：军事科学出版社，2007：5.

史、国家安全情报思想等多个方面。作为一门新兴的学科，目前该学科在其学科归宿、基本概念、学科体系等方面还存在一些争议。

（2）以情报学为辅的交叉学科

2012年，王知津教授等在《二十年以来我国情报学学科体系研究进展》一文中列出一组情报学交叉学科，包括情报心理学、情报经济学、情报社会学、情报教育学、情报语言学、情报行为学。洪传科认为，情报教育学是教育学作用于情报学的产物，主要研究情报学的教育问题。到目前为止，探讨情报学教育问题的学术成果很多，但是较少有学者将情报教育学作为一个学科进行论述。这些学科实体名称主要出现在20世纪80年代和90年代，学科名称里的"情报"实际是指"信息"，它们是图书情报学（Library and Information Science）分别与心理学、经济学、社会学、语言学、行为学等学科的交叉产物。在20世纪之后，学界一般将这些学科更名为信息心理学、信息经济学、信息社会学、信息检索语言学、信息行为学。它们是一组以图书情报学为辅、其他学科为主的交叉学科，是以与信息活动相关的某一类特定问题为研究内容所形成的子学科。

信息心理学是运用心理学原理探索信息（或情报）活动中某些规律的科学，它专门研究参与信息（或情报）过程的各方面人员之间如何有效地进行信息交流，即研究有关认识论信息的产生、加工、传递、存储、利用过程中人的心理活动规律[①]。

信息经济学研究信息的经济学问题和运用经济学原理从事信息系统的设计、实施和管理。信息经济学的框架内容包括三大方面：信息的经济研究、信息经济的研究、信息与经济关系的研究。信息的经济研究包括信息的费用与效用、信息资源的分配与管理、信息系统或信息网络的经济评价等问题；信息经济的研究包括信息产业的产生与发展，以及在国民经济中的地位与作用；信息与经济关系的研究包括信息的非对称性对经济主体行为的影响、信息学与经济学的相互交叉与结合问题等内容[②]。马费成先生认为，有关信息转换的经济问题研究都可视为信息经济学研究，情报经济学只是信息经济学的一个分支学科[③]。

---

① 沈家模. 情报心理学概论[J]. 情报杂志，1984（2）：38-89.
② 吴慰慈，张久珍. 信息技术革命影响下图书馆学情报学分支学科的建构[J]. 中国图书馆学报，2001，27（5）：3-8.
③ 马费成. 信息经济学与情报经济学——历史沿革、内容结构、学科名称及相互关系[J]. 情报学报，1993，12（1）：16-24.

信息社会学是一门以社会学方法为主体来研究用户信息需求的特点及其社会影响因素，以及信息如何在社会中发挥作用的科学，主要研究领域包括信息与社会的关系，信息需求与社会的关系，信息交流与社会的关系，信息技术、信息产业与社会的关系等①。胡昌平认为，情报社会学（信息社会学）是社会学作用于情报学的产物，是在情报用户研究等情报学已有分支的基础上逐渐发展起来的一门情报学新型分支学科，其根本任务在于探明社会情报现象及其机制，优化社会情报形态和情报工作的社会基础结构，寻找合理的社会情报工作模式，建立科学的社会情报系统，保证情报社会利用率的提高和效益的充分发挥②。

情报语言学（信息检索语言学）是研究信息检索中的语言保证问题的一门学科，其主要研究对象是信息检索语言，也研究自然语言在信息检索中的应用问题③。其中：语言是人类所特有的交际工具，是由词汇按一定的语法所构成的复杂的符号系统，包括语音系统、词汇系统和语法系统，并随着人类社会而产生和发展；语言学是以语言为研究对象的科学，其研究对象是人类语言，其任务是研究、描写语言的结构、功能及其历史发展，揭示语言的本质，探索语言的共同规律④；信息检索语言则是体系分类法、组配分类法、标题法、单元词法、叙词法、关键词法，以及各种代码体系和引证关系追溯法等的统称。

6.2.5　情报学分支学科的分支

目前，国内学界在构建学科体系时通常将学科体系的主体结构分为理论、应用、技术三大分支。我们将各个情报学分支学科的知识体系细分为理论、应用、技术、管理、实践、教育6个部分。各个情报学分支学科在这6个方面具有很多共性，但是存在自身特色，差异明显。

理论部分主要是关于基本定义与概念、基本原理、学科性质、研究对象、方法论、发展史、情报规律、情报流程、情报现象等基础理论问题的论述，为情报学知识的应用与发展提供理论依据与指导；应用部分主要是关于将情报理论、技术与管理等方面的知识应用于具体领域的论述，对实现情报的获取、整序、采集、传递、存储、

---

① 项清焕，李智霞.21世纪的情报学研究［J］.情报杂志，1996（6）：14-15.
② 胡昌平.情报用户研究与情报社会学［J］.情报学刊，1988（1）：40-43，52.
③ 张琪玉.情报语言学基础［M］.武汉：武汉大学出版社，1997：1.
④ 王京平.德语语言学教程［M］.北京：外语教学与研究出版社，2003：4.

利用、服务，以及情报在各个专业领域应用的最优化具有重要的参考价值；技术部分主要是关于在情报的组织管理过程中所采用的各项技术的论述，为情报问题的解决提供技术手段方面的指导；管理部分主要是以管理理论为支撑，对有关情报研究与情报工作管理方面的论述，信息管理、信息资源管理、知识管理、情报事业、情报产品、情报经营、情报产业、情报工作标准化、情报服务评价、情报机构、情报立法、情报伦理等有关的知识体系属于情报管理；实践部分主要是关于情报工作案例的论述，为情报实践提供经验或教训方面的参考，为情报理论、应用、技术、管理等方面的研究选题提供新的思路；教育部分主要是关于情报人才培养的论述，包括培养机制、培养层次、课程体系等方面。

代表性学术著作的问世是一门学科初步形成的重要标志，而一门学科成熟性的标志则是：具有确定的研究对象；具有特色的研究方法和学术规范；具有较完整的理论体系；拥有学科带头人，一定数量的科学家队伍，相应的教育机构、学术机构和出版物；具有明显的社会需求[①]。情报学的分支学科的分支体系是否已经形成新的子学科主要依据以下标准进行判断：首先，分支体系应该围绕情报学的研究对象，并且反映情报学的研究内容；其次，分支体系名称的确立应该围绕一个成熟的核心概念；最后，分支体系应该建立在一定研究规模的基础上。参照这些标准，图书情报学领域内大体形成了文献计量学、科学计量学、网络计量学、补充计量学、信息管理学、知识管理学、信息检索学、信息构建学、数字保存学、数字治理学等子学科；军事情报学领域内大体形成了战略欺骗学、情报保障学等子学科。

因应国家战略需求，以及大数据、人工智能等技术的发展，情报学迎来了发展机遇，假以时日，情报学领域可能会产生一些以大数据、人工智能或国家战略为核心概念的情报学理论分支，情报学学科体系又将面临调整与重构。

6.3 本章小结

经历了几十年的学科发展，我国情报学获得了很大进展，但这种进展远未达到情报学发展的宏大目标。基于国家安全与发展视角探讨情报学学科的学科建设与学科发展，对走出一条中国特色的情报学学科发展道路具有参考价值。本章使用文献分析法对已有

---

① 金吾伦. 跨学科研究引论 [M]. 北京：中央编译出版社，1997：69.

的关于情报学学科建设与学科发展的学术成果进行综述，从中找出情报学学科建设与发展中存在的问题，提出新的系统性论述。本章提出一个融合information思维与intelligence思维的情报学学科体系基本框架，分为情报学基础知识体系、情报学与其他学科交叉形成的交叉学科、情报学分支学科的分支、情报学研究主题4个层次。其中，情报学基础性知识体系由情报学基础理论、情报学支撑理论、情报与情报学史、情报方法技术体系4个部分组成。

第 7 章
"总体国家安全观"思想对情报学学科建设的影响

在复杂、严峻的国际安全大环境中,国家越来越重视国家安全工作,提出了"坚持总体国家安全观,走中国特色国家安全道路"的思想。为了顺应国家安全工作的新特点、新要求,为国家安全工作提供强有力的情报保障,我国情报学界应以"总体国家安全观"为指导,将对国家安全情报问题的关注作为情报学学科建设的重点内容之一。本章主要综述国家安全主题的情报学研究现状,分析国家安全形势对情报学发展的影响,讨论现阶段与国家安全相关的、亟须研究的关键性情报问题,包括面向国家安全的情报体系建设、情报需求识别、情报收集方法、情报融合方法、情报分析方法等多个方面。

7.1 国家安全形势对情报学发展的影响

国家安全是国家的最高利益,情报工作成为维护国家安全的重要组成部分,其重要性呈现不断上升的趋势,已经成为提高国家综合实力的一个重要因素。情报学对情报工作具有重要的指导作用。在当前的国家安全形势下,国家安全要素(国家安全涉及的各个方面)相互交织影响,情报的存在和情报活动规律呈现新特点,为情报学研究提供了新的研究视角、研究对象与研究内容。

7.1.1 国家安全情报研究的必要性

在非情报学领域,国家安全主题一直是学者们关注的研究领域,涉及环境、经济、科技、军事等多个方面。研究主题可细分为以下多个方面,如制度建设、生态安全、国防建设、食品安全、公民权利、文化安全、环境安全、大数据、美国政府、国际关系、总体安全观、生产安全、军事安全、安全审查、经济安全、金融安全、网络安全、信息安全、粮食安全、科技安全。在这些主题中,食品安全、公民权利、信息安全、粮食安全等主题在研究内容上侧重于民生,国防建设、美国政府、国际关系、军事安全等主题在研究内容上侧重于国际环境,主要探讨国际形势变化及中国的应对准备工作;其他主题在研究内容上涉及面较广,多从宏观角度探讨经济安全、科技安全等问题。相对于非情报学领域,情报学领域在国家安全主题上的研究内容较为单一、匮乏。

2015年,在《情报杂志》组织的"华山情报论坛"上发表了多篇与国家安全主题高度相关的论文,这些论文主要讨论了以下方面的问题:国家安全视角下的情报学发展,包括国家安全环境下的情报学学科建设、人才培养、学科发展;面向国家安全的情报学分支学科,如技术竞争情报、公共安全情报、反恐情报等;国家安全领域的情报信息共享;等等。然而,除了这些论文,鲜有情报学期刊论文涉及国家安全主题。这表明,国内情报学界已经意识到开展面向国家安全的情报研究的重要性,但是目前参与其中的学者较少,相关的科研产出也较少。同年,张家年、马费成给出国家安全情报的定义,即为了实现国家战略目标,保障国家和平、发展的安全状态,应对传统国家安全问题和非传统国家安全问题而采用的情报和反情报,其中包括与国家安全相关的知识、组织、活动、法律和监督、教育和培训体系等方面[1]。孙瑞英、马海群探讨了构建国家情报工作安全体系的路径与策略[2],包括:推进国家情报工作的"三融合"(技术融合、业务融合、数据融合),实现国家情报工作"五跨越"(跨层级、跨地域、跨系统、跨部门、跨业务)的协同管理和服务,用"数字传感和人工智能"(数据化、数字化、信息化、智能化)手段,更好地感知、分析、预测社会安全态势,内聚外联,辅助决策施政。

综上所述,我国涉及国家安全主题的情报学研究目前处于起步阶段,还没有形成完整的知识体系。我国情报学界应以"总体国家安全观"为指导,继承科技情报、社会情报和国家安全等方面已有的理论成果与实践经验,进一步丰富研究视角,发展能够为国家安全情报工作提供指导的情报学理论、方法与技术,协助情报服务机构满足国家在快速发展进程中面临各种安全风险时对情报的需求,为国家的安全和发展做出新贡献。

---

[1] 张家年,马费成. 我国国家安全情报体系构建及运作 [J]. 情报理论与实践, 2015, 38 (8): 5-10.

[2] 孙瑞英,马海群. 总体国家安全观视域下中国特色的国家情报工作安全体系构建研究 [J]. 情报资料工作, 2019, 40 (1): 33-43.

7.1.2 崭新的研究视角

在当前的国家安全形势下，由于综合国力的竞争，国家层面情报需求的综合性越来越强：为了制定综合的国家安全战略，需要全面了解对手及潜在对手的全面情况；各个国家的安全问题具有联动关系，只有全面了解综合的情况，才能对具体问题做出准确的判断；出现了很多非传统意义上的战争，如金融战、网络战、心理战、法规战、贸易战、新恐怖战等非武装层面的战争，各类非军事对抗随时存在，很难区分出"纯粹"的、与国家安全无关的因素。同时，由于各个国家被卷入全球性的经济活动，全球性的人员流动、物资流动、金融流动、信息流动对各个国家的影响越来越大，为了保证国家安全，各个国家对全球性情报的需求在不断增长。

在国家安全与发展的整体背景下，情报学应当关注国家总体安全，寻找自身的目标、定位和发展方向。例如，探讨情报如何服务于国家治理，探讨情报与决策的互动关系等。赵冰峰论述了国家情报与国家安全及国家发展的互动关系。他认为，国家安全战略是国家情报的最低标准，国家情报主导国家安全战略，国家发展战略是国家情报的最高标准，国家情报引导国家发展战略；中国必将实行国家情报、国家安全与国家发展的协同治理，在军事、政治、经济、外交、公安、文化、传媒等广泛领域，稳固国家情报，强化国家安全，促进国家发展[1]。

7.1.3 拓展的研究对象

在图书情报学领域，研究对象经历了从以文献为中心到以信息为中心，再到以知识为中心的转变[2]，军事情报学领域则将敌情作为研究对象[3]。古往今来，国家安全一直处在发展变化之中；在信息技术快速发展的当代，国家安全的发展变化速度进一步加快，其内容和形式越来越丰富，问题越来越复杂。在国家安全和发展的宏观背景下，情报工作不仅承担着守卫国家安全和科技创新的责任，还具有推动国家发展的功能，因而对情报服务的要求更高，进而给源于情报工作的情报学研究提供了丰富的研究对象。"总体国家安全观"将情报研究对象定位于"总体安全"框架内，对"安全"的争取、

---

[1] 赵冰峰. 论国家情报与国家安全及国家发展的互动关系[J]. 情报杂志，2015，34(1): 1-7.
[2] 文庭孝，龚蛟腾. 论情报学研究对象的变革及其学科发展[J]. 情报资料工作，2004(5): 5-7, 13.
[3] 彭知辉. 我国情报概念研究述评[J]. 情报资料工作，2006(6): 23-27.

保障和建设成为各领域情报的主流,极大地促进了情报研究对象的聚焦,推动具体领域情报的产生(如政治安全情报、文化安全情报等),使情报工作沿着"以'学科知识+情报'为支撑,为具体安全领域提供情报服务"这一线索展开①。

国家安全的基本内容大致有11个方面或11个要素:国民安全、经济安全、国土安全、政治安全、军事安全、科技安全、生态安全、主权安全、信息安全、文化安全、核安全。政治学、军事学、外交学、国际政治学、公安学等学科都涉及国家安全,但是这些学科中没有任何一门从整体上全面研究国家安全,从而也就没有从整体上全面研究国家安全情报。整体的国家安全情报,既不是外交学、军事学等研究的对象,也不是国际政治学、国际关系学研究的对象,而是"面向国家安全的情报学"的研究对象。面向国家安全的情报学是研究国家安全情报的产生、传递、利用规律和用现代化信息技术与手段使国家安全情报流通过程、国家安全情报体系保持最佳效能状态的一门科学。面向国家安全的情报学将为国家安全情报工作提供理论指导,而国家安全情报工作是实现全方位的国家安全的保障。

国家安全不仅是一个包括多方面内容的复杂的社会大系统,而且还是一个开放的社会大系统。它具有长期性、全局性、复杂性的特点。国家安全状态是各种自然因素、社会要素相互作用的结果。影响国家安全的因素多具有正反两方面作用,如果一种因素发展到一定程度,就会直接危害到国家安全,而成为危害国家安全的因素。因此,国家安全影响因素也是面向国家安全的情报学的研究对象。明确国家安全影响因素可以确保国家安全情报搜集工作的针对性。

7.1.4 丰富的研究内容

传统的情报学研究主要包括情报收集、分析、传递及其效应发挥。在国家安全与发展的整体背景下,情报学应当更加关注情报需求规律、存在规律、运动规律、价值实现规律及相应的情报技术方法、情报法律与制度、情报机制体制等内容,使情报更好地服务国家安全②。面向国家安全的情报学分支理论,目前除了军事、安全、犯罪情报已具备操作层级的方法论体系外,外宣情报(外交情报与对外宣传情报)、经济情报、科技情报、全面的公安情报等都还没有展开实质性的研究。随着中央国家安全委员会的设立

---

① 杨国立,李品. 总体国家安全观背景下情报工作的深化[J]. 情报杂志,2018,37(5):56-62,126.

② 张秋波,唐超. 总体国家安全观指导下情报学发展研究[J]. 情报杂志,2015,34(12):7-10.

和《国家安全法》的实施,各领域的安全治理与国家总体的安全治理都为学术界提出了情报理论创新的战略需求①。

面向国家安全的情报学在未来的研究内容包括:统一军事、安全、公安、经济、科技等部门情报思想,形成面向国家安全的情报理论体系;通过情报机构的智库化建设及情报高等教育体系的建设,解决情报工作实践中情报与外交的结合、情报与经济的结合、情报与科技的结合、情报与反恐的结合、情报与网络治理的结合、情报立法等重大理论建设与组织建设问题;参与国家情报与安全制度建设、国家情报立法,全面服务于国家安全与发展的现代化治理②;等等。

7.2 国家安全情报体系的建设

情报体系包含情报工具体系、情报资源体系、情报制度体系、情报流程体系、情报人员体系、情报组织体系等成员体系。加强情报体系建设,推动各成员体系的有效融合是提升情报工作效率的必要途径。情报学学科建设应该形成一套关于国家安全情报体系的论述。本节主要讨论情报体系的界定,以及面向国家安全的情报工作如何进行情报组织体系、情报融合中心、情报服务体系的建设。

7.2.1 体系及情报体系

体系理论是20世纪90年代末基于传统系统理论发展而来的一种新理论③,包括体系分析、体系工程等诸多方面。"体系"对应的英文术语为"system of systems",缩写为SoS。在现阶段,中文文献大多没有区分体系(system of systems)与系统(system)这两个术语的差别。如何定义"体系"(SoS)？学界还没有形成统一的认识,目前存在多种关于"体系"的定义。例如,"体系是系统的连接,允许系统间进行相互协同与协作。"④ 这一定义的应用背景是现代军事系统的集成以获取战场对抗的信息优势与决策优势。又如,"体系是系统的综合,系统综合以系统的演化发展、协同与优化为目的,最

---

① 赵冰峰. 现代情报理论研究的国际比较与战略启示 [J]. 情报杂志, 2017, 36 (1): 9-13.
② 赵冰峰. 中国情报学派的兴起与历史使命 [J]. 情报杂志, 2016, 35 (4): 1-4.
③ JAMSHIDI M. System of systems-innovations for 21st century [C]. 2008 IEEE Region 10 and the Third International Conference on Industrial and Information Systems. IEEE, 2008: 6-7.
④ 阳东升, 张维明, 刘忠, 等. 信息时代的体系概念与定义 [J]. 国防科技, 2009 (3): 18-26.

终达到提高整体效能的宗旨。"① 这一定义的应用背景是未来战场环境信息系统的综合集成及军事领域复杂体系的发展规划。具体而言,体系是指一种包含多个子系统,通过协调各子系统相互作用来达到特定目标,由技术、人类和组织所构成的复杂巨系统。体系不是单纯系统的集成,组成体系的子系统具有独立性、异构性、自主性、分布性(分布于不同地理位置)、演化性、非线性(具有涌现行为)、关联性、适应性、模糊性(边界和目标模糊)等特征,整个体系具有自组织特征②。演化性是推动体系导向性涌现的动力③,体系通过积极的演化行为,获得新的能力,适应新的环境,履行新的使命。体系演化是对现有体系的重构或改造,是体系组成结构和运行模式不断自我完善的过程④。体系演化包括体系整体演化和成员个体演化。

体系理论并不限于特定规范,而是提倡一种针对巨系统的复杂性可采取的解决方法,即通过运用系统架构,将一个复杂巨系统按其特点分解成一组相互作用且可被管理的子系统;除了在上个层级相互影响外,这些子系统相对独立且能在大型复杂系统中对应不同功能模块;系统架构连接所有子系统并体现其交互作用,以此来保证系统处理的整体性⑤。

体系方法对于情报工作很有帮助⑥。在情报分析背景下使用体系结构,至少采用体系分析结构(SoSA),很快就能体现出相对于传统系统分析方法的优势。例如,北约使用"PMESII"(政治、军事、经济、社会、信息和基础设施)SoSA 分析单元,用于帮助在战场及其参与的其他作战环境中产生"态势感知"。事实证明,采用体系方法对于广泛的民事和军事从业者都具有价值。"PESTLE"(政治、经济、社会、技术、法律、环境)分析模型、"DIME"(外交、信息、军事、经济)分析模型⑦、"HSCB"(人类、社

---

① SOUSA-POZA A, KOVACIC S, KEATING C. et al. System of systems engineering: an emerging multi-discipline [J]. International journal of system of systems engineering, 2008, 1 (1/2): 1-17.

② 顾基发. 系统工程新发展——体系 [J]. 科技导报, 2018, 36 (20): 10-19.

③ VARGAS I G, GOTTARDI T, BRAGA R T V. Approaches for integration in system of systems: a systematic review [C]. 2016 IEEE/ACM 4th International Workshop on Software Engineering for Systems-of-Systems (SESoS). IEEE, 2016: 32-38.

④ 张维明,刘忠,阳东升,等. 体系工程理论与方法 [M]. 北京:科学出版社, 2010: 131-133.

⑤ CHANDANA S, LEUNG H. A system of systems approach to disaster management [J]. IEEE communications magazine, 2010, 48 (3): 138-145.

⑥ ADAM D M SVENDSEN. Advancing "Defence-in-depth": intelligence and systems dynamics [J]. Defense & security analysis, 2015, 31 (1): 58-73.

⑦ HARTLEY D S. DIME/PMESII Models [M] //Conflict and complexity. New York: Springer, 2015: 111-136.

会、文化、行为）分析模型等在一定程度上也体现出体系方法的思想，同时，它们还在基于体系理论逐步演化。

作为一个术语，情报体系经常在学术文献里出现。人们研究各类情报体系，如企业竞争情报体系、国家竞争情报体系、技术创新情报体系、军事情报体系、应急情报体系等，但是鲜有文献对情报体系进行专门的界定和讨论，导致情报体系概念模糊，情报体系基础理论缺失。例如：包昌火给出竞争情报体系的一个定义，即"竞争情报体系是以人的智能为主导、以信息网络为手段、以增强企业竞争力为目标的人机结合的竞争战略决策支持和咨询系统"，竞争情报体系应由三大网络（组织网络、信息网络、人际网络）、三大系统（收集系统、分析系统、服务系统）和一个中心（竞争情报中心）构成；孟宪文给出国家情报体系的一个定义，即"国家情报体系是在国家整体范围内组织协调情报工作的体系，其目的就是协调全国的军事情报机构、民间情报机构及各类文献情报机构，提高情报工作效率，保障国家情报资源，满足经济发展、社会稳定、军事斗争及国内安全的需要"。

何谓情报体系？赵冰峰认为，情报体系是由与情报认识活动和情报实践活动相关的一切事物所组成的整体，主要包括情报逻辑、情报问题、情报中介、情报流程、情报方法、情报部门及情报保障等七大部分[1]。袁莉等认为，情报体系是利用各种情报技术和系统对情报资源进行有效处理，为决策者提供决策支持的情报工作系统[2]。李纲认为，情报体系是情报学的研究范畴，是以情报（学）为核心的研究体系与应用体系的结合[3]。由此可见，如果视角不同，从情报体系中分解出的子系统就会存在差异，进而基于体系理论的情报工作实践与情报理论研究在思路方面就会存在差异。

为明确研究内容，我们将面向国家安全的情报体系界定为"面对变化日益加剧且高度不确定的安全环境，以安全要素为对象，以战略层次面向国家安全的决策为目的，体系化、组织化地识别、获取、分析、处理、存储和使用所需情报时涉及的工具、资源、制度、行为、人员、组织/机构等要素所构成的有机整体"。同时，构成情报体系的各类要素可看成独立的体系，如情报工具体系、情报资源体系、情报制度体系、情报流程体

---

[1] 赵冰峰. 论面向国家安全与发展的中国现代情报体系与情报学[J]. 情报杂志，2016，35(10)：7-12.

[2] 袁莉，杨巧云. 重特大灾害应急决策的快速响应情报体系协同联动机制研究[J]. 四川大学学报（哲学社会科学版），2014（3）：116-124.

[3] 李纲，李阳. 智慧城市应急决策情报体系构建研究[J]. 中国图书馆学报，2016（3）：39-54.

系、情报人员体系、情报组织体系等，与情报服务相关的各个要素所构成的有机整体可看成情报服务体系，与情报搜集相关的各个要素所构成的有机整体可看成情报搜集体系，国家安全的每个方面可看成独立的体系，如科技安全情报体系、公安情报体系等。

作为一个整体，国家安全情报工作应以体系化、科学化、技术化等为方向，提升国家安全情报实践与治理的能力。具体到国家安全情报体系框架设计上，其应主要体现出整合性、协同性、灵敏性和动态性4个典型特征[①]：整合性要求国家安全情报体系中所划分的子系统应能经过组织演化后形成新的整体功能，以整体反映国家安全的形势及预警状况；协同性要求所有子系统结构化，以使国家安全情报工作对于各个相关方面的考虑做到协调统一；灵敏性是指所构建指标体系应能针对国家安全情报的偶发性做出及时的反应；动态性则是针对国家安全形势的动态性，要求所构建指标体系应能随着系统复杂程度与外界交换强度的增加而改进。

国内学者已经对面向国家安全的情报体系建设进行了初步探讨。例如：2015年，张家年与马费成根据中央国家安全委员会的职能框架，初步设想了我国国家安全情报体系结构[②]；2016年，张家年与马费成探讨了国家科技安全情报体系及建设[③]。美中不足之处在于他们的探讨是基于传统的系统观，而非新兴的体系观。

7.2.2 情报组织体系的建设

情报组织体系是情报体系的重要组成部分。根据总体国家安全观的安全领域划分，可以设想每一个安全领域都有与之对应的安全情报工作保驾护航，如政治安全情报、国土安全情报、军事安全情报、经济安全情报等。同时，由于面向国家安全的情报工作是国家情报工作的有机组成部分，是以政治、军事、经济、文化、科技、国土、社会、生态、资源、信息、核等领域的整体安全为主体架构的情报工作体系，因此，应该有相应的国家安全情报组织统一部署、规划、指挥、执行、协调等。也就是说，国家安全情报体系是系统工程，需要各情报领域统筹协调、共同推进，需要从顶层提出国家情报战略

---

① 郭鹏. 基于SoS理论的城市群体性事件预警体系及其对策[J]. 科技管理研究，2012，32(11)：230-233.
② 张家年，马费成. 我国国家安全情报体系构建及运作[J]. 情报理论与实践，2015，38(8)：5-10.
③ 张家年，马费成. 国家科技安全情报体系及建设[J]. 情报学报，2016，35(5)：483-491.

的总体目标，建设"全国一体化"的国家情报中心①。

从情报工作实践来看，我国相关的情报供应渠道很多，包括部队情报部门、国安情报部门、公安情报部门、政府信息中心、统计局、社科院、政策研究室、舆情分析部门、科技情报所、智库（思想库）、高校、图书馆等，分别隶属军事安全、经济、文献服务等类型的情报体系。实践中跨行业、跨领域的情报机构各自独立运行，相互之间的协同意识与协同能力不高，情报工作既存在重复，又存在缺口，在一定程度上削弱了国家情报工作的整体战斗力；同时，国家安全情报工作的多领域、多层级，存在数据信息标准不统一、各类情报服务系统无法对接、情报分析结果无法达成统一等诸多问题。在这样的情报机构布局下，导致各级政府决策部门欠缺面向安全与发展的情报资源，面向总体国家安全战略与决策的情报需求很难得到充分满足②。

国家安全情报工作的使命召唤各类各级情报部门必须统一在国家安全情报体系之内协同工作，为提升各级政府的治理能力提供"一体化"情报支持③。因此，《中华人民共和国国家情报法》总则第三条明确规定："中央国家安全委员会"作为领导机构负责制定国家情报工作"方针""政策"，制定国家情报工作"整体发展战略"，建立健全"多系统""多层级"国家情报工作的协调机制，统筹与规划各领域的情报工作实践，研究国家情报工作中的重大命题④。党的十八届三中全会通过设立国家安全委员会，完善国家安全体制和国家安全战略，确保国家安全。国家安全委员会的职能涉及军队、武警、公安、国安等多个机构，是国家安全事务决策和协调的中枢⑤。从总体上看，尽管我国目前已经建立国家情报工作协调机制与工作机制，但是尚未形成统一、高效的国家情报工作生态环境，信息孤岛现象、信息利己主义依然比较普遍。而解决问题的途径就是重组与时俱进的国家安全情报体系。

美国的国家安全情报工作也存在类似的问题。在"9·11"事件以后，美国政府着手改革情报机构，设立了全面协调各个情报机构的国家情报总监一职，推动美国情报体系的重构。在管理体制方面，通过已有机构调整、新机构（如各类机构内部和跨机构协

---

① 孙瑞英，马海群. 总体国家安全观视域下中国特色的国家情报工作安全体系构建研究 [J]. 情报资料工作，2019，40（1）：33-43.
② 沈固朝. 智库热中的一点冷思考 [J]. 智库理论与实践，2016，1（2）：137-139.
③ 张家年，马费成. 我国国家安全情报体系构建及运作 [J]. 情报理论与实践，2015，38（8）：5-10.
④ 中华人民共和国国家情报法 [N]. 人民日报，2017-07-14（12）.
⑤ 江焕辉. 国家安全与情报工作关系的嬗变研究 [J]. 情报杂志，2015，34（12）：11-15.

调的技术、标准、政策委员会等）创设，以及建立工作组、任务组、焦点小组、委员会等方式灵活整合相关力量和资源，围绕特定任务、项目、计划，推进各项改革工作①。这些变革均充分反映了美国情报共享融合工作"随势按需而变"的灵活特点。

美国国家安全情报体系的变革对我国情报界具有重要的借鉴作用，从中获取经验教训将有助于推动我国国家安全情报体系的良性演化。

7.2.3 情报融合中心的建设

近年来，融合中心的建设与研究成为美国情报界的热点之一，融合中心作为联合、分析和传播联邦、州和地方执法机构及相关利益攸关方的自然安全情报的"协调中心"而激增。情报融合中心被定义为"情报和安全社区内的不同单位和其他机构共同应对一种或多种威胁"，并"分析和传播有关可疑个人或行为的数据，协助投资者识别潜在的威胁"②。"融合"概念既指情报收集和共享的过程，也指收集和共享情报的设施。作为一个过程，融合是指从多个来源收集的信息分析，其总体目标是打破、沟通信息孤岛，改善成员机构之间信息和知识的共享；作为一种设施，"融合中心"通常指的是一个部门内的几个机构或代理机构的物理共址。

情报融合过程和情报融合中心的创建比仅仅改变现有情报单位的组织功能更为复杂，通常涉及对机构中情报功能的整个概念框架进行重新设计或创建一个全新的实体。它要求广泛的人和组织成为情报职能的贡献者和消费者；它涉及改变人员的态度和过程；它要求在各级执法合作伙伴之间建立新的功能和信息共享流程；它涉及新协议和功能关系的发展；它涉及新的政策和程序的制定③。

美国政府通过设置各类情报融合中心来解决国土安全情报融合问题，整个美国国土安全情报融合的体系大致由4个模块构成：联邦层面情报界的信息共享环境（ISE）建设，国土安全委员会（HSC）建设，司法部《国家犯罪情报共享计划》、州和地区层面的融合中心建设，以及地区信息分享系统（RISS）中心建设。警察机构不仅每天收到有

---

① 谢晓专. 美国执法情报共享融合：发展轨迹、特点与关键成功因素 [J]. 情报杂志，2019，38（2）：12-20.
② WHELAN C, DUPONT B. Taking stock of networks across the security field: a review, typology and research agenda [J]. Policing and society, 2017, 27 (6): 671-687.
③ CARTER D L, CARTER J G. The intelligence fusion process for state, local, and tribal law enforcement [J]. Criminal justice and behavior, 2009, 36 (12): 1323-1339.

关他们可能面临的安全问题的公告，而且可以向国家指定的融合中心发送信息，由经过培训的分析人员进行分析，以便更好地了解犯罪模式和犯罪网络。所有融合中心都有相同的目标：增加信息共享，以便更好地了解责任区面临的威胁。然后将这种有针对性的情报传播给当地机构，这有助于根据融合中心的既定信息需求收集信息。州级机构没有人力来监控当地的日常活动。当地机构每天都与公众接触，可以作为州级机构的眼睛和耳朵。融合中心可以将国家和地方机构聚集在一起，以实现国家全局范围内的安全功能。利用无所不在的地方机构为国家提供额外安全保障的能力对于负责这项工作的机构来说是非常宝贵的[1]。

美国大多数情报融合中心的主要领导角色由州执法机构（如州警察局或总检察长办公室）实施。Rueben认为，目前美国存在两种主要类型的融合中心，即全方位服务融合中心和情报交换中心。前者通常提供战术分析案例支持和战略分析产品，如态势感知公告、威胁评估和官员安全警报；后者通常作为其他联邦和地方机构的刑事情报支持机制[2]。前者进行战略威胁评估；后者进行业务评估[3]。

美国的情报实践表明，情报融合中心在推动信息共享方面发挥着重大作用，但是在信息共享方面依然存在障碍和缺陷，主要包括以下3个方面[4]：①缺乏标准化模型；②把指定安全问题作为一项任务的关注度不够；③与外部机构合作伙伴的关系不发达或缺失。

综上所述，情报融合中心是情报组织体系的重要部分，在情报组织体系中具有推动情报共享、扩充情报分析能力的作用。其主要作用体现在以下方面：①情报和情报流程在保卫国家安全方面发挥着至关重要的作用；②融合更广泛的数据，包括非传统的源数据，以创建更全面的威胁国家安全的拼图；③各级执法部门和公共部门机构处于独特的地位，可以观察和收集到至关重要的数据级的国家安全情报信息；④在部级层面进行国家安全情报融合活动可以使省级、市级及以下地区受益，并且也利于保障国家总体安全

---

[1] LEWANDOWSKI C, ROJEK J, MANJARREZ V M. Using a fusion center model to manage and improve border security [J]. Journal of applied security research, 2017, 12（1）：160-178.

[2] RUEBEN K. Developing a blueprint for successful private partnership programs in small fusion centers: key program components and smart practices [R]. Naval Postgraduate School Monterey, CA, 2013.

[3] CATANO V, GAUGER J. Information fusion: intelligence centers and intelligence analysis [M] // Information sharing in military operations. Cham: Springer, 2017: 17-34.

[4] SALVATORE S A. Fusion center challenges: why fusion centers have failed to meet intelligence sharing expectations [R]. Naval Postgraduate School Monterey, CA, 2018.

所需要的情报支撑。情报融合中心应该将执法情报活动的概念与基于总体安全观的情报模型相结合，扩大自己的工作重点，全方位地采集、融合、分析、扩散国家安全情报。

鉴于当前严峻的国家安全形势，中国应该学习美国建立覆盖全国的情报融合中心。由于国家安全要素的多样性及部门情报工作的差异性，我国应该设置部门间的情报融合中心及部门内的情报融合中心。在同一部门（如公安系统）内部应建立地市—省—国家三级情报融合中心，地市级情报融合中心负责接收和处理本地区范围内的安全情报，经省级情报融合中心汇总及二次融合，上报国家级情报融合中心。国家级情报融合中心统筹省市级情报融合中心的工作，并向特定区域、国家安全协作单位发出预警信息。不同部门之间也要设置地市—省—国家三级情报融合中心，实现隶属不同部门的情报融合中心的互联互通，在总体国家安全观的指导下，实现跨部门的情报融合。国家级安全情报融合中心负责接受国家安全情报中心的任务，接受各部委专设国家安全情报机构提交的专项国家安全情报（如科技部的科技安全情报），与教育部等相关部委或省级情报机构进行互动，以获取国家安全情报分析所需的专项支撑信息，采用特定的技术、方法或工具进行情报融合与情报分析，以生成面向特定情报任务的情报产品，向国家安全情报中心提交情报产品等。

我国 2010 年在北京签订了《环首都七省区市警务合作机制框架协议》（以下简称《协议》），强调在反恐、刑侦等方面的合作。与美国情报融合中心这一常设实体机构相比，该《协议》需要进行升级与推广，最终形成分布于各省和主要城市的情报融合中心，从根本上解决情报的沟通难问题。我国情报学界也应该开展情报融合中心的相关研究，为建设具有我国特色的面向国家安全的情报融合中心献计献策。

7.2.4　情报服务体系的变革

情报服务体系是由服务主体、服务客体、服务功能、情报流程、服务内容、服务模式等不可或缺的要素构成，各类要素之间存在着相互作用。它也是情报体系的重要组成部分。目前，情报流程多遵循传统的生命周期理论，情报服务的体系化建设还不充分，情报服务体系研究尚未引起情报学界的足够重视，需要从情报流程优化、情报服务体系要素重组、情报服务功能再造、服务模式创新、服务体系框架构建、可持续发展等方面探索情报服务变革，兼顾情报的决策性与秘密性，建立面向国家安全与发展决策的创新型情报服务体系框架，推动情报服务体系成为国家创新体系和国家安全体系的重要组成部分，以确保情报服务能够沿着科学的定位长期有效地在国家安全与发展中发挥重要的决策支持功能。

情报流程是情报服务体系的重要组成部分,是情报服务有序性和规范化开展的基本保障。情报流程一般包括情报需求识别、情报设计、情报收集、情报分析与处理、情报评估与利用等阶段。国家安全与发展决策面临更为复杂多变的世界形势,国家对支持战略性决策的情报的需求比以往更为迫切。大数据环境是决策情报的重要来源,要想及时、高效地获取决策情报,必须对传统情报流程进行改进与优化。情报流程创新研究需要解决以下问题:如何有效地识别与预测国家安全与发展决策中的情报需求;如何建立高效的、综合化的情报收集体系以满足国家安全与发展决策中的情报需求;如何基于融合多源、碎片化、异构化的大数据来进行情报分析与处理,以挖掘与引领国家安全与发展决策中的情报需求。围绕上述问题,并充分考虑大数据环境的推动作用,构建情报流程模型。

要素重组为情报服务体系创新提供了基本路径,功能再造是情报服务体系创新的基本目标。两者共同构成内容层面情报服务体系创新的重要组成部分。党的十九大之后,国家安全与发展出现新矛盾、发生新变化、迈向新征程,需要通过对传统情报服务体系构成要素的分解与重组来突破传统功能、再造新功能,从而实现情报服务体系的创新。情报服务体系要素重组研究需要解决以下问题:如何统筹规划服务主体,以使各服务主体基于特定的职责定位,面向共同的情报任务,实现一体化发展;如何根据国家安全与发展决策中的情报需求,设计差异化情报服务功能,开发针对性情报服务产品,以使情报服务更有效;如何在服务过程中创建服务主体与服务对象的协同文化,以使情报服务产品更容易被采纳。围绕上述问题,设计面向"大情报观"的情报服务功能,构建系统化情报服务内容。

服务模式是情报服务功能实现的方法、途径,服务模式创新构成了形式层面的服务体系创新的重要组成部分。情报服务模式要与情报需求、情报产品特征相匹配。大数据和"互联网+"极大地推动着情报服务模式的创新,面向国家安全与发展的情报工作体系为情报服务模式创新提供了基本路径。服务模式创新研究需要解决以下问题:如何基于社会感知,将平行情报与情报工程相融合,开发智能化情报服务模式;如何借鉴"智库"的运行模式,构建情报服务平台,实现情报服务的平台化发展;如何根据情报产品分类(如咨询报告类、分析工具类、决策分析类等)构建分类化情报服务模式;如何通过军民情报工作融合构建融合化的情报服务模式。围绕上述问题,提出集用户参与、专家支持、大数据、"互联网+"和军民情报工作融合等多要素支撑于一体的主动式情报服务模式。

　　服务体系框架是开展情报服务实践、落实情报服务创新的行动指南。服务体系框架不仅要涵盖服务主体、服务客体、服务功能、情报流程、服务内容、服务模式六大要素，并揭示它们之间的关联，而且要重视体制、机制和文化建设的保障作用。情报服务体系框架构建研究需要解决以下问题：服务体系包含哪些要素，如何将这些要素有机地关联在一起，这些要素的关联受什么因素影响；如何通过制度和文化建设来保障服务体系框架能够切实应用于实践；如何根据服务主体的能力和服务对象的需求，系统梳理能够确保情报服务有效开展的必备条件；如何通过军民情报工作融合从总体上满足国家安全与发展的需要。围绕上述问题，构建系统化、层次性的情报服务体系框架。

　　可持续发展是对情报服务体系的补充与完善，可以保障情报服务的长期有效开展。维护可持续发展需要不同方面资源的供给，也需要彰显情报服务的影响力。情报服务体系的可持续发展研究需要解决以下问题：如何通过制度创新、能力提升来不断夯实情报服务体系的基础；如何通过提高情报服务地位、深化情报服务影响力来使情报服务融入国家安全与发展建设体系中；如何通过顶层治理与底层支撑体系建设，促进军民情报资源的全面共享；如何开展情报有效性评估来不断优化情报服务体系框架。围绕上述问题，提出情报服务体系可持续发展策略。

7.3　国家安全情报需求识别的方法

　　当前国家安全形势面临诸多挑战，国家对支持战略性决策的安全情报的需求比以往更为迫切。情报工作的首要任务是识别用户的情报需求[①]，因此，情报需求识别是国家安全情报工作最基本、最重要的环节。面对国家战略层次的情报服务较为被动的现状，情报学界需要创新情报需求识别方法，以指导国家安全战略相关情报工作的规划。本节提出一种基于模板的国家安全情报需求识别方法[②]，以高层领导讲话原文为数据源，从中提取情报需求要素，分析出相关的国家安全任务，并填写情报需求描述模板，得到多

---

　　① 陈峰. 分析高层领导讲话识别竞争情报需求的方法［J］. 情报理论与实践，2012，35（9）：57-60.

　　② 吕宏玉，杨建林. 基于模板的国家战略情报需求识别研究［J/OL］. 情报理论与实践：1-12 ［2019-08-27］. http：//kns.cnki.net/kcms/detail/11.1762.g3.20190716.1005.006.html.

维度的情报需求描述信息。该方法是对识别纲领性情报需求的一种尝试,能够为情报机构的情报规划提供指导性信息。

7.3.1 基于模板的识别方法描述

模板是定义某一类事物的标准,并对这一类事物的产生、变化具有一定约束性的一种规范,是可以辅助人们完成相关任务的范本或工具①。利用模板来获取用户需求的方法已成功应用于制造业、计算机和舆情②等领域,实际应用结果表明,该方式具有操作简单、再利用程度高、获取结果全面准确的优势。

情报需求是基于人类基本需要之上的一种特定的社会需要,是由决策不确定性增加、决策信息环境变化而产生的优化决策者行为的需求③,是情报领域的用户需求。我们尝试将基于模板的方法引入情报流程,以实现多维度描述情报需求,减少情报人员对用户所需情报的不确定性。具体而言,根据情报用户及其任务情境等相关信息,填充构建好的标准化情报需求描述模板,以明确用户的情报任务、所需支撑情报及其处理方式、所需情报服务和相应的情报工作模式等内容。最终填写完整的模板作为满足用户情报需求的多维度描述信息,以指导情报人员开展情报工作。

在大数据环境下,用户的情报需求可以从用户的情境数据和行为数据的挖掘结果中取得。基于这种间接获取情报需求的思想,我们设计的情报需求描述模板的填写依据是情报用户及其情报任务的相关信息。对于国家安全情报来说,情报机构用户是国家级别的政府机构,对应的情报个人用户是国家级领导人。使用访谈和调查问卷方法从情报用户处直接获取信息的方法一般缺少相应的实现渠道,公开易得的领导讲话内容对于相关机构组织的工作具有宏观的、战略层次的指导意义,反映出的领导关注领域正是情报需求的来源④。借鉴分析高层领导讲话识别竞争情报的方法,以公开可得、公开传播的领导讲话作为数据源,可以从中提取情报信息点。因此,在识别国家安全情报需求时,我们选择国家领导的讲话内容作为情报人员填写情报需求描述模板的依据信息是合理的。

---

① 李洪波. 基于安全需求模板的软件安全需求获取工具设计与实现 [D]. 天津:天津大学,2016.
② 吴自虎. 基于模板的舆情数据抽取技术的研究与实现 [D]. 沈阳:辽宁大学,2017.
③ 郭路生,刘春年,闫喜凤. 领域分析驱动的应急情报需求工程研究 [J]. 情报杂志,2017,36(11):76-81.
④ 杨洁. 基于联合权重的多文档关键词抽取技术 [C] //中国中文信息学会. 第四届全国学生计算语言学研讨会会议论文集,2008:7.

综上所述，基于模板的国家安全情报需求识别方法的主体思想是分析情报用户，即高层领导的讲话内容，确定其关注领域及情报任务，根据分析结果填写模板，得到具体描述的情报需求。

7.3.2 情报需求描述模板的构建

我们构建的情报需求描述模板是由情报人员根据情报任务填写的需求描述信息表，用来辅助获得全面的用户情报需求和指导情报工作的开展。情报需求描述模板由两个级别的模板项构成。由于情报需求的产生源于用户特定的情报任务，因此，将情报任务作为一个一级模板项。用户的情报需求对象包括对信息的需求和对服务工作的需求①，因此，将情报内容及处理、情报服务和情报工作纳入一级模板项。进一步针对国家安全情报工作对一级模板项进行细分，得到一系列二级模板项。情报需求描述模板如表7-1所示。

表7-1 情报需求描述模板

一级项	二级项	一级项	二级项
情报任务	任务主题	情报服务	服务内容
	任务情境		服务供给主体
情报内容及处理	支撑情报		生产方式
	情报源		服务形式
	获取方式	情报工作	工作模式
	分析方法		
	分析工具		

具体来看：在情报任务方面，情报人员根据用户的关注点确定用户的情报任务主题，并结合该任务的宏观环境和用户的具体环境给出情报任务的情境；在情报内容及处理方面，从满足用户完成情报任务的角度出发，结合现有情报和情报人员的经验判断，总结所需的具体情报内容，指出情报内容的获取来源、获取方式，以及后续对情报的分析方法和分析工具；在情报服务方面，明确用户需要的具体服务内

---

① 蒋昌金. 基于关键词提取的中文网页自动文摘方法研究[D]. 广州：华南理工大学，2010.

容、服务提供者、服务生产的方式及服务形式；在情报工作方面，明确情报工作的具体模式。

7.3.3 情报需求识别框架

基于模板的情报需求识别方法框架如图7-1所示。在数据收集阶段，获取与情报用户和情报任务相关的信息，构成语料库；在数据预处理阶段，对语料库中的文本数据进行数据清洗和一些自然语言处理；在数据分析阶段，进一步获取具有明确情报含义的信息点，提取出情报需求要素；最后分析需求相关的情报任务，并填写模板得到多维度的情报需求描述信息。

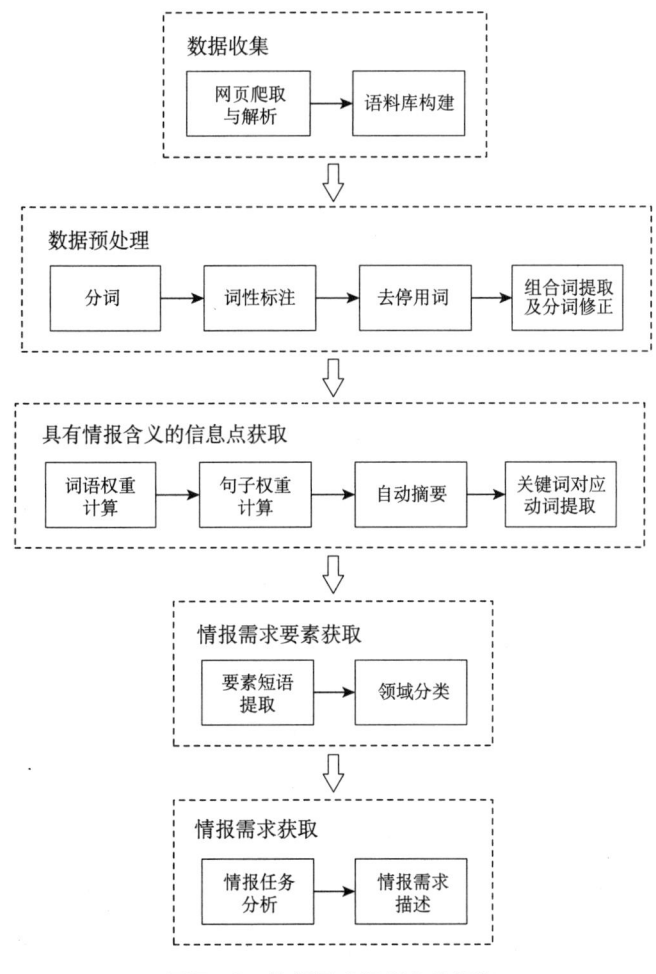

图7-1 情报需求识别方法框架

7.3.4 情报需求识别流程

情报需求识别流程包括数据收集、数据预处理、具有情报含义的信息点获取、情报需求要素获取、情报需求获取等阶段。本小节将以科技安全情报需求识别为例,描述国家安全情报需求的识别过程。

(1) 步骤1:数据收集与预处理

经上文分析,情报需求描述模板的填写依据是国家安全情报用户的情境数据和行为数据,来源于国家高层领导讲话的原文,因此需收集公开的领导讲话原文数据。数据收集通过编写的网络爬虫工具实现,自动采集刊登领导讲话原文的网页,对获取的网页内容进行解析,去除网页标记符号等无关内容,并对讲话原文进行去重和规范化处理,最终得到的讲话原文构成语料库。我们选择习近平总书记和李克强总理的公开讲话为数据源,收集中国共产党新闻网和中国政府网发布的2013—2018年两位领导人的全部讲话原文。该部分数据是我国最高领导人出席国际和国内重要活动、会议上的讲话,代表近5年我国的战略方向及部署。每篇讲话原文的采集内容包括讲话内容标题、发布时间、讲话来源与原文内容。经去重与无效内容筛选,最终得到讲话原文296篇。

对语料库内的每篇讲话原文做数据预处理,包括分词、词性标注、去停用词和分词优化。为保证分词结果的准确性,引用领域词典及基于N-gram算法得到的组合词表,以识别出分词系统中缺少的领域关键词和常见组合词,并引用停用词表去除讲话中的停用词。

(2) 步骤2:提取具有情报含义的信息点

具有情报含义的信息点是领导讲话中能够反映其情报任务或者关注点的重要内容。我们先使用自动摘要技术提取讲话原文中的摘要,选取权重得分较高的名词和组合词作为关键词,进一步提取摘要句中关键词一定距离内的动词,得到关键词—动词映射表形式的具有情报含义的信息点。提取具有情报含义的信息点流程如图7-2所示。

从讲话原文中自动得到文档摘要的方法采用基于文档集关键词的方法。首先以分词处理后的文档集为单位,计算每个词语在整个文档集中的权重,将权重得分高的名词和组合词作为关键词。然后利用基于关键词的单文档自动摘要技术抽取出每篇讲话原文的摘要。为得到更加精简的重要信息点,将词语权重得分较高的名词和组合词作为关键词,抽取关键句中这些关键词一定距离内的动词,最终得到关键词与动词一对多的关键

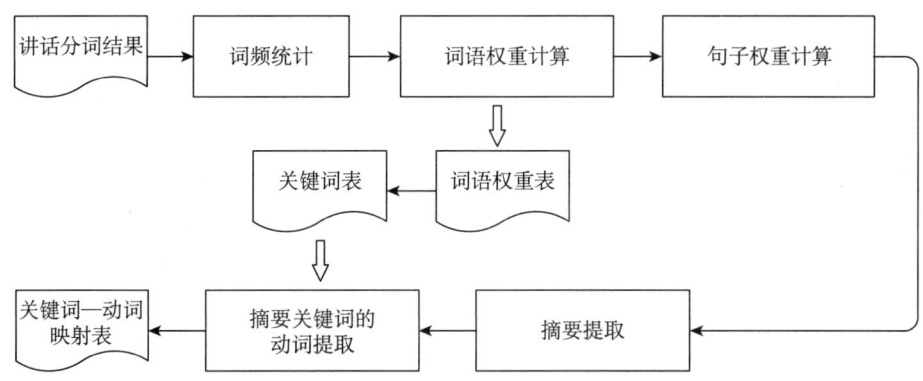

图7-2 具有情报含义的信息点提取流程

词—动词映射词表,作为具有情报含义的主要信息点。

对上述296篇讲话原文进行处理,我们得到科技相关关键词—动词映射表,如表7-2所示。

表7-2 科技相关关键词—动词映射表

关键词	动词
创新驱动发展	实施,坚持,推进,加快,推动
科技创新	合作,建设,推动,加快,跟踪,推进,发展,增强
科技成果	促进,鼓励,应用,转化,加快,实施,完善,管理
科研经费	管理,投入,报销,完善,改进,调整,评审,核定
软实力	增强,提升,综合,提高
核心技术	突破,带动,掌握,推动,购买,出口,攻破
知识产权	保护,侵犯,惩处,支付,审查
农业科技	培养,共建,提高,合作,遵循,竞争,掌握
智库	建设,注重,支持,研究,建立,办好
科技人才	培养,成长,带领,激发,培育,保障,激发,研制

(3) 步骤3:提取情报需求要素

具有明确情报含义的信息点,即关键词—动词映射表,能够反映情报用户的情报任务和关注领域，但分布散乱，且关键词之间、动词之间含义重复，有待人工整理。情报需求要素就是结构化的情报用户任务和关注领域，是情报需求的构成关键点，由具有明确情报含义的信息点经去重、分类和总结形成。从具有明确情报含义的信息点中获取情报需求要素的具体过程是：分析关键词—动词映射表中各关键词之间的关联性，从国家安全的角度出发，对相关性较高的关键词对应的动词进行语义分析，将关键词与动词含义结合表述形成要素短语，从而得到情报需求要素。

国家科技安全的表现形态主要包括科技基础安全、科技体制安全、科技环境安全、科技活动安全、智力资源安全和科技领域安全。5个科技安全表现形态分别对应若干具体的科技安全领域，如科技基础反映国家总体科技形势，包括科学技术、科技潜力、科技发展方向、科技成果和科技投入等安全领域。利用上述语料，根据从具有情报含义的信息点中提取情报需求的方法，分析关键词—动词映射表中关键词之间的关联性。我们从国家科技安全的表现形态及具体领域的角度出发，对相关性较高的关键词对应的动词进行语义分析，将关键词与动词含义结合表述形成科技安全情报需求要素。例如，表7-3所示3个词条的关键词都与"知识产权"高度相关，对应的动词都包含"保护"。其余动词的含义较为广泛，其中"侵犯""垄断"这两个动词反映出知识产权的侵权和不规范问题；"惩处""审查""推广""许可"几个动词是相关部门对知识产权的具体管理措施；"支付""拥有""申请""使用"几个动词是知识产权被使用过程中的具体行为。从国家科技安全视角进行分析，知识产权属于科技基础安全的范畴，对应的领域是科技成果安全，该组关键词—动词词条表明当前知识产权在使用和管理过程中存在侵犯、垄断等问题，需要给予相应的保护措施。经上述分析，可以得到"知识产权保护安全问题"这一情报需求要素。

表7-3 "知识产权保护安全问题"要素相关词条

关键词	动词
知识产权	保护，侵犯，惩处，支付，审查
知识资产	保护，拥有，垄断，推广
专利	保护，申请，使用，审查，许可

基于上述语料，利用上述方法，我们共得到37个情报需求要素，将各要素划分到科技安全的表现形态和安全领域中，得到结构化的科技安全情报需求要素，如图7-3所示。

图7-3 国家科技安全情报需求要素

（4）步骤4：获取情报需求

借助情报需求要素和用户情境分析为满足用户需求相关的情报任务，进一步根据具体的情报任务获取所需的全面的情报需求信息，方式为填写已构建的情报需求描述模板。

1）情报任务分析

根据情报需求要素提供的关键信息，进一步分析科技安全问题的完整情报需求。以"知识产权保护安全问题"这一要素为例进行说明。知识产权在科技领域的主要形式是专利，因此，"知识产权保护安全问题"需要对专利管理和使用的各个过程进行安全把控，具体涉及专利的申请情况、使用情况、法律状态、保护范围和知识产权纠纷等。上述安全任务需要知识产权情报的支持，相应的情报来源包括专利数据库、成果交流会和科技政策与法律库，可以通过扫描、跟踪和专利分析的方式获取。具体的情报服务需要政府部门、司法部门及科技协会等第三方机构提供。

对每个情报需求要素进行以上过程的分析，明确其对应的情报需求内容及处理方式、情报服务和情报工作。

2）情报需求描述

将全部情报需求要素的分析结果合并汇总，填写情报需求描述模板，得到国家科技安全情报需求描述信息，如表7-4所示。

在情报需求描述模板的展示形式中，国家科技安全情报需求描述信息包括情报任务、情报内容及处理、情报服务和情报工作4项内容。

在情报任务方面，当前我国科技安全处于不利状态，维护国家科技安全是一项重要的情报任务。

在情报内容方面，上述情报任务的完成需要多种支撑科技情报。相应的情报源较为分散，包括科技相关数据库及多种信息传播平台。获取方式以扫描、跟踪、对比和图书情报学方法为主。多来源、多形式的科技相关情报需要多样的分析方法，对应信息计量、数据统计、可视化、数据抓取与挖掘多种数据分析工具。

在情报服务方面，国家科技安全情报用户需要多类型的情报服务，包括满足日常科技安全情报需求的信息服务和情报服务，以及满足重大战略决策的决策咨询服务和思想智慧服务。情报服务供给主体以政府部门和第三部门为主、营利性组织为辅。情报服务的开展既需要供给主体的单独进行，也需要相互的配合协作。根据不同的时间和空间条件，情报服务通过间接平台服务和直接面对面服务两种形式实现。

表7-4 国家科技安全情报需求描述

一级分类	二级分类	填充内容
情报任务	任务主题	维护国家科技安全
	任务情境	科技在国家安全中的地位和作用日益重要，并已经成为影响国家安全的重要因素之一。当前我国科技综合实力水平不高，科技环境安全处于不利态势
情报内容及处理	支撑情报	科技研发与应用情报、知识产权情报、科技财产情报、科技战略实施情报、科技外交情报、科技活动情报、科技人才情报、信息安全情报、网络安全情报
	情报源	文献数据库、专利数据库、科技期刊、科技图书、科技报告、专家研讨会、成果交流会、展销会、科技战略库、科技政策与法律库、科技人才库、电视、电台、互联网平台
	获取方式	扫描、跟踪、对比分析、专利分析、实地调研、文献计量、知识图谱
	分析方法	思维方法、专家调查法、文献计量学、内容分析法、多元分析法、最优化方法、时间序列法、趋势外推法、宏观环境分析、SWOT分析、战略组分析、五种力量分析、价值链分析、定标比超分析
	分析工具	信息计量工具、数据统计分析工具、可视化工具、数据抓取与挖掘工具、人工智能系统及其学习系统、大数据处理与分析集成系统
情报服务	服务内容	信息服务、情报服务、决策咨询服务、思想智慧服务
	服务供给主体	政府部门、第三部门、营利性组织
	生产方式	独立生产、合作生产
	服务形式	间接平台服务、直接面对面服务
情报工作	工作模式	准时（just in time）、日常动态积累（just in case）、更加底层的技术支持（any time and any case）

在情报工作方面，网络环境中科技安全情报更新变动频繁，准时型、日常动态积累型和技术支持型工作模式需要同时进行。准时型工作模式满足情报用户对特定科技安全情报的需求，日常动态积累型工作模式实现对科技安全情报的日常跟踪与积累，技术支持型工作模式保障科技安全情报的流动性。

整体来看，我国科技安全受发达国家的长期挑战。我国国家科技安全情报需求是一种持续性需求，而且需求内容多、形式多样，涉及多个情报机构和各级情报人员。

7.4 国家安全情报收集的方法

情报收集是一个周而复始的过程，这一过程始于国家战略目标、国家安全战略目标、间谍战略目标的选择，即情报需求的提出。在这些情报需求中，大量的、基础性的一般情报由非间谍机构的研究所、国家机关承担。经过筛选后，一些不易收集到的情报和一些需要专门手段才能获得的情报，交由间谍机构去执行。国家安全涉及的部门众多，情报来源广泛，情报部门在工作中应做到统一指挥、分工合作，尽可能对各个来源的基础信息进行全面收集和组织，对多主题、多层次的情报做好融合分析。各情报部门应建立和健全社会组织和公众的参与机制，通过多元参与来丰富情报融合的内容和形式。本节主要介绍国家安全情报收集的常用手段及这些方法在网络时代的拓展。

7.4.1 常用的情报收集手段

到目前为止，情报收集手段的发展大致可分为4个阶段：第一次世界大战及其之前的人力情报（human intelligence，HUMINT），第二次世界大战期间的信号情报（signal intelligence，SIGINT），苏美冷战时期的图像情报（image intelligence，IMINT），以及网络时代的开源情报（open source intelligence，OSINT，或 network intelligence，NETINT，或 cyber intelligence，CYBINT）。Adam D. M. Svendsen[①]提出一种新的术语 RESINT（research-originating intelligence），表示起源于研究的情报材料或产品。RESINT 可以是基于开源（OS）资料的研究报告，也可以融合或与来自其他来源和情报收集手段的产品集成，包括那些来自更敏感的秘密和秘密来源。另外，还有测量与特征信号情报（measurement and signature intelligence，MASINT）、技术情报（TECHINT）、医疗情报（MEDINT）等情报收集途径。MASINT 通过对来自各种通信手段的发送方和接收方的技术数据进行定量和定性分析来获取信息，包括核情报（NUCINT）、红外情报（IRINT）、雷达情报（RADINT）、声学情报（ACOUSTINT）、射频情报（RFINT）或电磁脉冲情报（EMPINT）、激光情报（LASINT）、意外辐射情报（RINT）、化学和生物情报（CBINT）、电光情报（ELECTRO-OPTINT）、定向能武器情报（DEWINT）、图像情报（IMINT）、信

---

① SVENDSEN A D M. Introducing RESINT: a missing and undervalued "INT" in all-source intelligence efforts [J]. International journal of intelligence and counterintelligence, 2013, 26 (4): 777-794.

号情报（SIGINT）等①。MEDINT 依赖于医疗资源和分析目标的能力，其范围包括民用和军用领域的目标的生物科学、环境、医学和基础设施细节。

HUMINT 是由情报人员收集的情报。它依赖于人力资源，如兴趣、活动、联系、对话、意图和能力。人群和个人是 HUMINT 收集的主要资源，并且有各种各样的信息收集工具和技术用于从人类来源收集数据。它涉及许多道德问题。HUMINT 由情报机构使用各种方法进行：外交联络、巡逻、调查、跟踪、侦察、间谍和反间谍。HUMINT 是收集外国情报的重要手段，同时是国内安全情报机构的主要职能，以及具有更多执法职能的国家和专门机构的重要职能，如澳大利亚联邦警察局（AFP）或联邦调查局。最常见的 HUMINT 活动是招募一个接近目标、群体或组织的个人，然后他们可以传递有关该目标、群体或组织意图的信息。国内执法和安全服务，如澳大利亚的 AFP，或英国的 MI5，也涉及隐蔽的 HUMINT 收集，可能采取物理或技术监视的形式，也可能涉及秘密进入目标位置，以搜索信息，或安装听力设备和摄像机。当目标越来越多地使用加密通信，使得情报和执法机构更难以深入了解目标的活动时，使用 HUMINT 方式可能比 SIGINT 或 GEOINT 方式收益更大。

信号情报（SIGINT）已有 100 多年的历史。SIGINT 包括通信拦截（COMINT）、遥测情报（TELINT）及电子情报（ELINT）。TELINT 涉及拦截武器系统产生的数据，ELINT 指的是捕获武器和跟踪系统产生的电子辐射。COMINT 具有一个明显的优势，即能够直接了解对手所说的内容。它还能对通信进行地理定位，以便定位通信的发送方和接收方。20 世纪 90 年代以来，越来越多的数字革命提升了加密通信能力，通过 COMINT 方式获取情报的难度增大。"9·11"事件之后，大量的电信数据（电话、电子邮件和越来越多的社交媒体）需要一种新的 SIGINT 捕捉安全情报。"9·11"事件之后不久，美国国家安全局启动 Stellarwind 计划，旨在捕获涉嫌基地组织和其他海外恐怖分子的通信，过境美国或美国公民与疑似恐怖分子的通信，解读其中的元数据，帮助国家安全和执法情报机构推断人与人之间的联系，更加注重数据挖掘和分析技术的使用，以便从情报社区的不同数据源中"发现知识"。

地理空间情报（GEOINT）包括图像情报（IMINT），是通过一系列方法拍摄照片，包括侦察飞机、无人机、卫星。改善 GEOINT 源（如卫星和无人机）的分辨率可以为决

---

① ATASOY U C, SARI A. Multidisciplinary Intel fusion technique for proactive cyber-intelligence model for the IoT [M] //Security, privacy and trust in the IoT environment. Cham：Springer, 2019：61-81.

策者提供令人信服的,并且在某些情况下可以证明即将发生威胁的无可辩驳的证据。

开源情报(OSINT)是公开可用的信息。来源清单多种多样,包括媒体(报纸、广播、电视)、政府报告、学者/研究人员和社交媒体等。随着信息通信平台和资源在公共领域的更多应用,一些敏感的收集方法,如 GEOINT、HUMINT 和 SIGINT,也被私营部门和社区更广泛地用于非军事或情报目的。例如,公司可以将商用卫星用于农业和天气。随着国际社会对线路电话通信使用的减少,社交媒体平台越来越多地被人们用于各种目的。社交媒体收集是执法和情报机构要求拦截其相关通信的重要来源。大量的信息流在整个网络空间流动,包括网络攻击、网络操作、通信、娱乐、服务、间谍、情报、防御和巡视行动。Cyber Intelligence(CYBINT)的主要目标是提供大规模的知识数据库,以防范可能的威胁,以及确保信息接收方的系统和基础设施的安全。它有助于构建一个包含各种来源的情报数据库,并同时显示每个类别的结果,以帮助安全官员和经理采取适当的行动。CYBINT 侧重于情报的融合,主动提供情报以抵消当前和未来可能的威胁和攻击。

情报收集内容与方式取决于所需的决策支持水平。鉴于决策者在战略、运营和战术层面上具有不同的任务利益,收集策略和偏好将根据任务的不同而有所不同。对于更复杂的国家安全问题,同时使用不同收集方法的组合可能比仅依靠一种收集方法带来更好的结果。例如,假设情报部门一直在调查恐怖分子团体对炭疽病毒的收购,以便将其武器化。在战术层面,逮捕涉案人员所需的信息类型可能相对简单(如检查警察数据库,以查看相关人员是否拥有武器或有暴力史);在操作层面,由于调查仍在进行中,所涉及的执法和安全机构可能依赖于更广泛的收集来源(如与微生物法医专家就所涉及的炭疽的可能性质和来源进行磋商,SIGINT 和 HUMINT 也可能参与);在战略层面,重点是更高层次地综合所有可用的案例信息,以了解该团队如何参与炭疽制造和武器化,以及评估类似的团体会使炭疽病毒武器化的可能性①。

7.4.2 情报收集方法的拓展

随着互联网技术及应用的发展,传统的情报收集方法在网络环境中得到变革与拓展。

---

① WALSH P F. Collection [M]//Intelligence, biosecurity and bioterrorism. London: Palgrave Macmillan, 2018: 89-119.

(1) 网络时代的 HUMINT

自"9·11"事件后,生物识别技术被更多地应用于安全情报领域。生物识别技术是把双刃剑,它既可用于对可疑分子进行指纹或视网膜扫描,以便上传到庞大的生物识别数据库中进行比对,也可用于反间谍活动,对敌方可疑情报人员进行识别,使情报人员开发和维护假身份变得困难。另外,互联网社交媒体的普及,使得围绕社交媒体的身份隐藏变得更加困难。

随着社交媒体平台的快速发展,社交媒体已经成为人们进行互动的主要渠道,几乎每个互联网用户都有自己的社交媒体账号,如 Facebook(或类似)账号、LinkedIn 账号等。这些账号被描述为"数字足迹":既可以验证身份,也可以通过好奇的熟人或安全服务来承受某种程度的审查。现在,情报人员想要在互联网环境中隐瞒真实身份,也需要在常用的社交媒体上留有个人资料。如果他拥有了社交媒体账号,那么就可能不得不描述他的办公楼、他的停车场、他最喜欢的午餐地点,或者他的日常通勤方式。这些信息可以利用商业地图软件轻松地加以查验。如果一个人说自己没有社交媒体账号,那么他如何能够给出令人信服的解释?由于数字连接的世界和网络空间中必要的足迹,可以轻松验证身份,因此,情报人员如何使用社交媒体而不至于暴露身份?在大规模泄密和政府攻击之前,鼓励情报人员和高级别通关人员尽量减少或根本不发展社交媒体。事实上,为了减少数字足迹,使得隐藏情报人员身份的难度增加,招募情报人员的方法也变得复杂化。

网络时代影响着 HUMINT 情报收集方式,从招募情报人员到处理他们的方式。例如,通过 LinkedIn 等专业网站,人们会发现大量有关其专业职位的信息,包括这些职位中的详细职责、公司层级、客户群、就业日期及其他信息。将 LinkedIn 等专业网站上的信息与 Facebook 等网站提供的个人信息相结合,可以得到更加全面的信息,包括婚姻状况、旅行历史、出生日期、家庭成员、社交关系,甚至是工作或生活中的挫折,对国家政策的负面或消极评论等。这些信息为敌对情报机构招募情报人员提供了重要的依据。例如:他们会查看对国家政策的负面或消极评论,这些被认为是背叛自己政府的潜在动机;通过搜索互联网来寻找潜在的招募目标,这些目标可能存在财务问题,或者是影响他或他的家人的严重健康问题,或他拥有一个可被利用的不良习惯。

(2) 网络时代的 CSI 与 COLINT

美国军方严重依赖人力情报(HUMINT)和开源情报(OSINT)来深入了解其国外感兴趣的领域,但这些情报收集手段具有固有的局限性。传统的 HUMINT 主要依靠与少数人接触的情报收集者，通常是面对面的，在有争议和广阔的地区建立强大而敏感的人力情报网络的能力往往受到挑战。OSINT 的方法依赖于希望找到已发布到互联网上的情报价值信息，这种方法过于被动。使用通用信息和通信技术的众包（crowdsourcing）可以帮助克服这些挑战。

Crowdsourcing Intelligence（CSI）属于秘密或公开的 HUMINT，具体取决于收集者或管理员所采用的保密或虚假陈述的程度[1]。CSI 可以通过快速、积极地吸引更多的人加入，从而增强情报收集方法，这些人比那些参与传统情报收集实践的人更有可能拥有访问具有情报价值信息的场合或权限。Hetmank 开发了一个框架，将众包表征为一个主要的顺序过程[2]：通过该框架的组织定义他们希望完成的任务；向潜在贡献者群体广播；吸引一大批贡献者；从他们收到的输入中进行选择。对于每个阶段，系统用户确定组织做出的关键决策，为每个决策提供基本解释，讨论组织在决策选择时所面临的权衡，并探讨组织如何解决这些权衡。

众包为情报运营提供了众多机会。无论是通过可公开访问的网站，还是先前通过 CSI 网络开发确定的特定人群，各单位都可以发布具有安全威胁的人员、车辆或警讯的图片和描述，使社区对威胁相关的信息要求敏感，如果观察到民众可以报告这些要求。情报机构可以使用 CSI 派生的人员网络来实现其他成功的众包形式。例如，"城市之夜"项目将夜间城市的照片发布到一个网站，志愿者可以帮助将照片与实际的城市相匹配。使用此模型，一个单位可以将从社交媒体中获得的图片发布到网站，或将其发送给特定的先前确定的人群，以帮助确定所涉及的位置和人员。单位可以使用 CSI 网络外包其他与情报相关的工作。例如，沿着某些区域的街道拍摄建筑物，以便在必要时可以使用图像帮助计划操作。单位可以使用 CSI 派生的人员网络来识别具有某些技能的社区内的潜在雇员，如精通英语及本地方言的人。

集体智慧（群体智慧、集体智能）在英文里有着较多类似的概念，如 collective intelligence（COLINT）、general intelligence、collective knowledge、collective wisdom、collaborative intelligence、wisdom of crowds、online brainstorming 等[3]，这些概念实际上都表达了

---

[1] RANDAZZO L C D T, FOSTER C B R. Advancing collection capabilities through crowdsourced intelligence [EB/OL]. [2019-06-06]. https：//publications.armywarcollege.edu/pubs/3582.pdf.

[2] HETMANK L. Components and functions of crowdsourcing systems-a systematic literature review [C]. International Conference on Wirtschaftsinformatik, 2013.

[3] 刘海鑫，刘人境. 集体智慧的内涵及研究综述 [J]. 管理学报, 2013, 10 (2): 305-312.

相同的内涵。George Pór 将集体智慧定义为通过分化与整合、竞争与协作的创新机制，人类社区朝更高的秩序复杂性及和谐方向演化的能力。与集体智慧相比，众包强调任务的分发，简单的任务不需要集体智慧的深度参与，如将一本书的不同章节分给多人录入语料库。当依赖已有社交网络平台不便于直接进行情报信息的采集与分析时，可构建并运行集体智慧系统。Musil A 等[1]确定了集体智慧系统的 6 个关键特征：任何参与者向领域项目（domain items）列表中添加新内容的能力；任何参与者将内容贡献给其他参与者的部分领域项目的能力，从而改变该领域项目的状态；参与者创建系统内部链接以连接领域项目的能力；将所选领域项目的状态变化传播给参与者，从而可追溯到所有参与者；用户驱动的推荐系统；支持跟踪单个参与者的使用行为。

（3）网络时代的 SOCMINT

社会化媒体数据已经成为数字生态系统的重要组成部分。通过社会化媒体上的每一个链接或导航，用户都会生成大量数据：喜欢、发文、分享等。这种数据流具有丰富的情报价值，已经得到政府与学者们的关注与研究，并由此产生出一个新的术语，即社会化媒体情报（SOCMINT）。SOCMINT 已经成为情报收集或情报源验证的强大工具，也成为开展反间谍工作的重要手段[2]。社会化媒体作为情报源主要应用于商业智能、舆情监测、国家安全等领域。社会化媒体信息是一种动态情报源，社会化媒体平台每时每刻都在产生大量数据与冗余信息，而且这些信息具有"多、杂、乱、散"的分布特点[3]。因此，选择高质量的社会化媒体情报源是进行情报分析及应用的重要前提及难点。

社会化媒体中蕴含的社交网络将人们之间的现实关系投射至虚拟世界，基于各个社会化媒体平台产生的各种异构数据相互关联，在一定程度上反映出个人与群体的真实情况。随着用户数量的大量激增，社会化媒体正成为一种占主导地位的网络交流互动手段，原始情报数据得到极大丰富。因此，通过深度挖掘和使用社会化媒体中的情报信息，情报分析人员能够在网络世界里尽可能接近和了解更真实的个人或群体。英国数据

---

[1] MUSIL A, MUSIL J, WEYNS D, et al. Towards a systematic review and classification of collective intelligence systems [EB/OL]. [2019-08-18]. http://qse.ifs.tuwien.ac.at/ci/pub/ci16-conf-sys_review_cis.pdf.

[2] GIOE D V. 'The more things change': HUMINT in the cyber age [M] //The palgrave handbook of security, risk and intelligence. London: Palgrave Macmillan, 2017: 213-227.

[3] 胡雅萍，洪方. 社交媒体情报研究 [J]. 情报杂志，2018，37 (3): 15-21.

论坛认为,社会化媒体数据研究有助于了解社会行为模式,如参与活动、政治态度、冒险行为、团体动机、宗教信仰、生活方式选择等①。目前,社会化媒体已经成为人们完成情报获取、活动推广及品牌营销等任务的重要途径之一,社会化媒体的情报价值日益受到重视。

企业过去主要依靠市场调查、焦点小组等途径获得市场信息。随着社会化媒体的兴起,越来越多的企业开始从社会化媒体中获得商业情报。他们一般会在主流的社会化媒体上拥有自己的主页或账户,通过这些平台直接与平台用户互动,获取大量关于客户、竞争对手、行业、技术等方面的相关信息。社会化媒体快速生成的数据,使得情报分析人员能够快速获取最新的情报资源,通过整理、分析,获得最新的消费者反馈信息、消费者行为模式信息等高价值情报信息,从而能够全面、可靠地了解最新的消费市场。总之,社会化媒体监控改变了以往的市场分析手段,可以为企业节约大量的情报获取成本。例如,通过对产品评论进行文本分析,可以获取产品的性能和评价信息。产品评论挖掘的主要步骤与任务包括:产品特征抽取(使用产品属性识别等方法)、评论观点抽取及评论观点极性与强度判断(使用情感分析等方法)、评论挖掘结果的汇总及按用户观点排序(使用竞争对手分析等方法)等②。

社会化媒体数据实时更新及海量的特性使其具备掌握与控制现实事件及预测未来事件的情报价值。社会化媒体将人的行为推进到一个可量化的时代,人们的喜好通过浏览、关注、链接、评价等网络行为展示出来,人们的情绪、意见、选择与决策过程通过网络痕迹被记录下来。当对社会化媒体平台积累的这些用户行为数据及用户生成内容进行综合分析时,特别是利用先进的大数据分析技术,即能从海量、无规则的社会化媒体数据中发掘规律,立体呈现当前热点与当前舆情及舆情可能的发展趋势。

美国中央情报局开放资源中心的情报分析人员专门负责进行网络监视,他们通过监视社会化媒体紧跟时事,提取在线评论,曾经准确预言了2011年的埃及和突尼斯动乱。利用机器学习和自然语言处理技术进行情绪分析、态势分析,可以帮助决策者快速、准确地了解当前事态变化及未来发展趋势,可以用来帮助决策者快速确定其感兴趣的国家,包括人民与政府。以社会化媒体为情报源的情报分析方法在民用领域已

---

① 王丹丹. 面向科学研究的社交媒体数据共享问题研究——美国国会图书馆的案例分析[J]. 档案学研究,2018(2):101-106.

② 张洋,凌婉阳. 基于多源社会化媒体评论的竞争情报挖掘研究[J]. 情报理论与实践,2015,38(7):59-66.

经比较成熟，监测和分析社会化媒体内容的技术已经工业化。由于军事和民用目标人群之间存在一些明显的差异，面向国家安全的社会化媒体情报应用需要研究和修改当前的算法模型①。

7.4.3 暗网中的安全情报收集

随着暗网（dark web）技术的进步，网络犯罪正在增加。网络威胁情报的主要目标之一是找出负责网络犯罪的流行暗网网站。监视暗网并收集威胁情报是必要的，但是该工作烦琐、困难，因此，开发与利用面向暗网的情报收集技术得到情报界的重视。例如：Tarun Trivedi 等②提出一个威胁情报工具，用于自动监控暗网网站，并通过预测它们在暗网世界中的受欢迎程度来获取威胁情报；Xuan Zhang 等③构建了一个暗网威胁情报分析平台，可以基于 IP 地址、主机名检测潜在的威胁、位置及 TOR 节点的其他信息，基于 TOR 网站列表提取包括用户 ID（买方/卖方）、交易记录、电子货币、图片、网址、电子邮件、诈骗数据及恶意软件等关键信息，可以使用机器学习方法，对常规网站与暗网中关键信息的数据进行关联分析，获得潜在的犯罪活动、实际的罪犯等威胁情报。

7.5 国家安全情报融合的方法

情报融合"是对目标原始情报进行校准、联合，生成更高层次情报的处理过程"④，它将通过不同渠道收集而来的异构情报进行过滤、集成、序化，形成统一的数据组织形式。情报融合的目的是便于情报分析，产生决策支持作用的情报。因此，决策内容是情报融合的依据，情报融合涉及情报来源的选择、清洗、集成、泛化、关联等环节。本节主要介绍国家安全情报融合的必要性、融合结果的存储与组织，以及融合方法的相关探索。

---

① FORRESTER B, DEN HOLLANDER K. The role of social media in the intelligence cycle [C]. Next-Generation Analyst IV. International Society for Optics and Photonics, 2016.
② TRIVEDI T, PARIHAR V, KHATUA M, et al. Threat intelligence analysis of onion websites using sublinks and keywords [M] //Emerging technologies in data mining and information security. Singapore: Springer, 2019: 567-578.
③ ZHANG X, CHOW K P. A framework for dark web threat intelligence analysis [J]. International journal of digital crime and forensics (IJDCF), 2018, 10 (4): 108-117.
④ 宋丹, 高峰. 美国自然灾害应急管理情报服务案例分析及其启示 [J]. 图书情报工作, 2012, 56 (20): 79-84.

7.5.1 情报融合的必要性

当前国家安全形势错综复杂，各安全要素之间相互影响，遂行单一国家安全任务的主体变得多元化。例如，国家层级打击恐怖主义的活动需要军队、外交、公安等部门的联合参与。这种复杂性决定了情报活动不再是传统的"收集—组织—传递—利用"的线性过程，而是通过信息处理技术和情报方法，发现信息之间的关联，实现情报的"涌现"过程[①]，在此过程中，情报融合是基础性工作。

美国情报部门在"9·11"事件以后建设"情报百科"，开启了情报融合的大门。情报百科面向美国 16 个情报、军事、外交、安全等机构提供服务，通过维基的在线协作方式建立起情报信息库，各个机构间的情报能够得以快速融合和共享，使美国情报体系能够在第一时间得到实时的情报和来自专业人士对情报的分析和解读[②]。

在我国，总体国家安全观为情报融合提供了清晰的组织线索。政治安全、国土安全和军事安全等 11 个领域基本涵盖了安全的所有领域，在针对具体问题的情报活动中，需要将这些领域看作一个整体来构建融合化的情报工作网络，从而从整体上为某一特定问题的情报方案设计提供线索。在面向某一具体安全领域的情报分析中，需要多学科领域的共同参与才能深刻揭示数据与信息背后深层次的情报指向。

7.5.2 融合情报的组织与存储

为了便于利用，情报融合之后产生的数据集合应该以类似数据仓库的形成进行组织与存储。"数据仓库是面向主题的、集成的、随时间变化的、非易失的数据集合，用于支持管理层的决策过程"。"面向主题"是数据仓库中数据组织的最基本原则。在数据仓库内部数据组织的层次上，主题体现为若干数据集合，每个数据集合内的数据各自描述一个共同的对象的某方面的特征。这些数据组合起来，共同形成对该对象的较为完整、一致、准确的描述，这一被描述的对象就是"主题"。数据仓库的构造过程，首先就是确定主题的过程。数据仓库的设计者必须明确该数据仓库所支持的决策内容，即数据仓

---

① 杨国立，李品. 总体国家安全观背景下情报工作的深化[J]. 情报杂志，2018，37（5）：56-62，126.

② WILLBRAND R T. The evolution toward "Bureaucracy 2.0": a case study on intellipedia, virtual collaboration, and the information sharing environment in the US intelligence community [EB/OL]. [2019-06-01]. http://www.iiis.org/CDs2010/CD2010SCI/PISTA_2010/PapersPdf/PA252GQ.pdf.

库的用途，并将决策内容归纳为若干个具体的、易于利用数据组织加以分析的主题。也只有以分析主题为依据来规划数据的组织，才能保证数据仓库的内容逻辑清楚、条理明晰、脉络分明，在操作上拥有较高的效率，避免大量的、无效的数据检索。

下文以面向网络安全的情报融合为例，介绍融合情报的组织与存储。Ugur Can Atasoy 等[1]提出一个 SYBINT 模型，主要提供 4 类服务（决策主题）：风险建模、风险评分、广泛的监控、威胁/风险过滤。在该模型中，相关情报存入电子犯罪、数据泄露、受损数据、恶意软件信息、攻击者信息、僵尸网络信息、威胁指标、恶意主机、安全事件、全球事件、攻击活动、漏洞、社交媒体威胁检测、已爬网源（crawled sources）等数据库中。这些数据库中的信息是由多源情报（表 7-5）融合而来。

表 7-5 CYBINT 模型中的数据来源及所提供的信息

范围	信息来源	提供的信息
可疑记录	流量记录、政府 CERT（国家计算机应急响应小组）、信息共享平台	IP 黑名单、恶意软件哈希、垃圾邮件地址、网络钓鱼域名
可信来源	政府 CERT（国家计算机应急响应小组）、供应商、信息共享平台	攻击活动、产品错误修复/补丁、自定义恶意软件
数字调查	社交媒体、博客、论坛、深网及暗网	攻击者个人资料、利用漏洞、漏洞、攻击活动、新的攻击和恶意软件
域名跟踪	拥有的域名、域名服务分析	可能的网络钓鱼域名
网络威胁分析	网络分析、Pentest 服务、漏洞扫描、数据泄露、Pwned 账户、泄露的信息	IP 范围、SSL 控制、打开端口、使用过的系统和服务、漏洞、泄露的用户名和密码、泄露的电子邮件地址、泄露的敏感数据挖掘、个人账户（社交媒体）
物联网数据	智能电网、办公室和家庭、系统侦察	物联网漏洞
针对特定部门的威胁	信息交换	定制的恶意软件
行为者调查	破坏历史、相关团体	攻击者技能、目标部门、活动区域、动机

---

[1] ATASOY U C, SARI A. Multidisciplinary Intel fusion technique for proactive cyber-intelligence model for the IoT [M] //Security, privacy and trust in the IoT environment. Cham：Springer, 2019：61-81.

为了提供最准确的情报，CYBINT 循环通过以下步骤完成：

①收集：通过各种来源系统地收集和测量数据。

②相关性：通过补充和提供相关性建立所获得数据之间的连接，目的是提供最准确的数据并增加数据的属性。

③丰富化和语境化：指补充所获得的数据，以便从不同类型的数据创建情报信息。

④分析：对指标数据、处理过的情报信息及收集的信息之间的关系进行分析，以便生成准确、及时、相关且可应用的情报。

⑤行动：通过界面或门户系统提供调查结果和发现，以便分析数据并采取适当的措施。

7.5.3 情报融合方法的相关探索

巴志超等学者认为，国家安全多源信息融合过程主要包括信息实体、信息源，以及政府、事件、环境等要素之间的融合。在对多源信息特征要素进行提取的基础上，可从不同融合要素及其相互作用关系的角度开展对国家安全多源信息的融合，构建"数据级—特征级—决策级"融合模式①。

Nicholas P. Cowan② 探讨了面向战场的情报融合，将其分为内容驱动分析（content-driven analysis）和时间主导融合（time-dominant fusion）两类，其中，内容驱动分析更接近政策制定者，为政策制定者提供一个理解部队正在运作的总体环境；时间主导融合更接近传感器，其关键任务是基于特定工具将大量多学科信息（包括社交媒体）与实时收集的信息进行关联，以评估敌人偏离其基线活动的可能性，并提供对活动的快速、融合评估。

Guo K 等③提出 iFusion 框架，实现从实时数据和异构数据深度学习的高效情报融合。对于实时数据，该框架仅仅训练新到达的数据以获得新的辨别模型，并融合先前训练的模型以获得辨别结果；对于异构数据，分别训练不同类型的数据，然后融合不同的鉴别

---

① 巴志超，李纲，安璐，等. 国家安全大数据综合信息集成：应用架构与实现路径 [J]. 中国软科学，2018，331（7）：14-25.

② COWAN N P. Rethinking intelligence fusion [EB/OL]. [2019-06-10]. http：//internationalc2institute.org/s/094.pdf.

③ GUO K, XU T, KUI X, et al. iFusion: towards efficient intelligence fusion for deep learning from real-time and heterogeneous data [J]. Information fusion, 2019, 51: 215-223.

模型,因此,不必考虑异构数据格式。

Ajay Modi 等[①]提出一种自动威胁情报融合框架,能够将各种威胁来源考虑在内,并通过连接明显孤立的网络事件点来发现新的情报,例如,通过对异构来源(如恶意软件、地下社交网络、加密货币交易记录等)收集的数据进行威胁情报融合,自动组装网络犯罪事件的拼图。

当前,我国国家安全情报的数据来源比较繁杂,包括电信、金融、航空、交通、互联网、社会监控、保险、旅行社、宾馆、商品交易、银行等社会服务型部门产生的海量信息,而且每时每刻都在快速递增。这些数据记录中隐藏着重要的国家安全情报线索,但是需要通过有效的情报分析手段才能获得。例如,加大对海量的人流、物流、信息流、资金流的比对、碰撞,加强关联性分析,对数据中可疑人员谈话,来自可疑地区的电子邮件,互联网上可疑交易、金融可疑交易等情况进行关联分析,加大可疑人员与行为之间的轨迹分析,通过这些手段可以发现新的国家安全线索和情报[②]。然而,国家安全情报涉及的面太广,如果直接进行面向国家安全的情报融合就会无从下手。基于前文对面向网络安全的情报融合过程的分析可以发现,要想对面向国家安全的全源情报进行有效的融合,必须首先从实际的国家安全情报问题中梳理出一系列的决策主题,然后去分析与每个决策主题可能相关的信息源、每个信息源可能提供的信息种类、每种信息的采集方式。在此基础上围绕决策主题探讨相关信息源的融合方案,才有可能产生可以操作的结果。对我国情报学界而言,可以先分别探讨适用于单种安全要素的情报融合方案,然后基于总体安全观去寻找数据级、资源级、应用级的国家安全情报融合方案。

7.6 国家安全情报分析的方法

情报工作的核心始终是情报分析。情报分析是一套方法论和认知过程,它们在情报实践中"推动"其他一切。正是这个过程赋予了人们推理的能力,使人们能够根据不同原因得出结论,这些原因本身可能是事实、信仰或观察。人类拥有的另一种品质是反思,这意味着对问题进行深入而专注的思考,并评估围绕问题的所有证据和后果。本节

---

① MODI A, SUN Z, PANWAR A, et al. Towards automated threat intelligence fusion [C]. 2016 IEEE 2nd International Conference on Collaboration and Internet Computing (CIC). IEEE, 2016: 408-416.
② 闵剑. 我国反恐情报体系的构建 [J]. 河南警察学院学报, 2018, 27 (3): 117-123.

主要介绍国家安全情报分析的复杂性、源于各个学科的情报分析方法及情报分析方法的相关探索。

7.6.1 情报分析的复杂性

国家安全情报分析方法已经形成丰富的体系，并且在不断演化与发展。然而，国家安全机构面临的挑战将是如何整合其独立的情报数据库，以便在总体国家安全观下面向国家安全问题实现单一的情报分析。

国家层面需要的安全情报是战略层次的情报，战略层次的国家安全情报分析需要一系列相互关联的政策领域的重要支持，如反恐、国家安全、执法、外交和政治决策及军事事务等。战略情报分析人员的任务是将长期视野中的"大局"放在一起，并预测对国家利益和安全具有重大意义的变化或事件。战略分析人员可以依靠独立的情报数据库帮助政策制定者预测并预防不利的战略意外，预测指示安全环境战略变化的指标、异常值或弱噪声。因此，帮助政策制定者进行合理的国家安全战略分析是一项非常艰巨的工作，基于总体安全观的情报分析方法比较欠缺，有待进一步开发与完善。

7.6.2 源于各个学科的情报分析方法

心理学、国际关系学、政治学、历史学、社会学、犯罪学、管理学、计算机科学等学科领域为情报分析提供了解释与分析安全环境的技术和工具。其中，源于国际关系学、政治学、历史学的情报分析方法一般用于解决与政治安全相关的情报问题，情报分析人员倾向于利用可以改善其工作的政治理论和模型，犯罪学理论在构建警务情报分析方法时具有重要的指导价值。

社会网络分析（SNA）是近年来在警务情报及国家安全情报中被广泛应用的一种社会学方法。SNA 涉及检查和绘制人、活动和地点之间的关联，在此基础上可以衡量这些网络的价值，识别节点（或个人）和链接之间的模式、关联和影响程度，预测网络中成员的行为，如查明和评估个人网络如何参与贩毒和反恐等复杂的跨国犯罪[1]。SNA 也被国家安全情报机构用于寻求了解各国政治领导人之间的关系及预测他们的行为和决策。

---

[1] BURCHER M, WHELAN C. Social network analysis as a tool for criminal intelligence: understanding its potential from the perspectives of intelligence analysts [J]. Trends in organized crime, 2018, 21 (3): 278-294.

Johanna Doppler Haider 等探讨了 SNA 方法在共犯网络分析方面的应用①。他们认为：共犯网络的一个具体特征是数据的稀疏性；犯罪者倾向于保持他们的关系秘密，网络通常不密集；情报分析员主要关注的是个人的关系及小群体罪犯的识别，而不是大群体。

管理学领域为情报分析提供了很多实用的方法和许多简单的分析工具，如 Gantt 图（Gantt charting）、头脑风暴、PESTELO 分析及 SWOT 分析，长期以来一直被管理层使用在业务规划和项目管理方面。这些工具也适用于国家安全情报和警务情报情境。源于管理学的其他定性分析工具，如力场分析（force field analysis）、情景生成等，也可用于国家安全情报分析，以帮助情报分析人员形成判断、识别问题的驱动因素或者估计未来可供选择的事物。

计算机科学领域新近兴起的许多数据挖掘技术、深度学习技术被广泛用于国家安全情报分析。例如，神经网络算法被用于检测异常，聚类算法被用于对案例进行分组，决策树被用于预测个人参与策划恐怖袭击的可能性。Liu Xiong 等②提出一种基于文本挖掘的文本立方体方法，用于研究 Twitter 流中嵌入的各种人类、社会、文化和行为（HSCB）信息，以及对这类信息的有效查询和可视化，用户可以查看统计报告并执行在线分析处理。犯罪情报分析的一个主要挑战是处理大量半结构化或非结构化数据，如文本文档和视频，并从数据中提取有用信息，以支持语义搜索、意义建构和决策制定。Nadeem Qazi 等③给出一个解决方案，结合概念提取、本体使用和演化、关联搜索，以及用于语义搜索和知识发现的图像/视频分析等技术，以支持从大量半结构化或非结构化犯罪数据中提取信息与知识，并尝试将计算机视觉领域最先进的深度学习技术应用于物体检测和分类。视频监控是一个具有强大预防能力的综合系统，广泛应用于军事、海关、警察、消防、机场、铁路、城市交通和许多其他公共场所。它是安全系统的重要组成部分，因为它具有可视化、准确、及时和丰富的信息内容。但是，随着世界范围内视频监控系统的大规模建设，以及来自人群手持设备的图像的激增，视频大数据无法立即发现有关信息

---

① DOPPLER H J, GASTECKER B, POHL M, et al. Sense-making strategies in explorative intelligence analysis of network evolutions [J]. Behaviour & information technology, 2019, 38（2）: 198-215.

② LIU X, TANG K, HANCOCK J, et al. A text cube approach to human, social and cultural behavior in the twitter stream [C]. International Conference on Social Computing, Behavioral-Cultural Modeling, and Prediction. Berlin: Springer, 2013: 321-330.

③ QAZI N, ZHANG L, BLOMQVIST E, et al. Applying data science to criminal intelligence analysis [EB/OL]. [2019-09-16]. https: //pdfs. semanticscholar. org/e7f9/13f65b661743ef86e9a0af69463fae3b5644. pdf.

和线索的问题,降低了犯罪预测和公共治理中的检测效率。Xu Zheng 等[1]提出一种基于语义的视频结构描述模型,使用时空分割、特征选择、对象识别及语义 Web 技术将视频内容解析为文本信息,并提出基于视频结构描述模型从监控视频中智能地识别出人、车的解决方案。

7.6.3　情报分析方法的相关探索

图书情报学领域所讨论和使用的情报分析方法一般是指算法型情报分析方法,情报研究领域所讨论和使用的情报分析方法一般是指技巧型情报分析方法。技巧型情报分析方法面向问题,注重分析过程,没有明确期望的输出结果,如魔鬼代言人方法,通过构建和受推荐的判断最为对立的案例来进行质疑;算法型情报分析方法面向数据,注重算法性能,具有明确期望的输出结果,如异常检测算法,输出的结果是被认为异常的实例。

传统的情报分析方法带有明显的学科和专业侧重,常用的方法包括历史分析法、经济分析法、科技分析法、社会网络分析法、政治分析法、内容分析法、贝叶斯分析法等。图书情报界和科技情报界所擅长的贝叶斯分析法、交叉影响分析法、回归分析法、内容分析法、文献计量分析法等传统信息分析方法已经逐渐被应用于国家安全情报领域。各种引文分析、模式分析、模型分析、大数据分析正是目前国家安全情报分析所缺乏的,在国家安全情报分析中引入定量分析方法,提高情报分析的科学性,使传统的定性分析与定量分析相结合,是摆在国家安全情报研究人员面前的任务[2]。

作为认知过程的分析的另一个重要方面是个体或群体的潜意识偏见或思维模式阻止了所有可能的概率和结论的完全反映,这可能导致错误的分析和评估。Huichuan Xia 等[3]提出一种设计 Crowdsourcing 平台的新方法,即 TRACE(可跟踪推理、协作及评估分析),该平台有助于在情报分析中进行分歧协调、意义建构和沟通。Richards Heuer 和他的同事们开发并完善了许多称为补充(alternative)分析工具的软件,以帮助分析人员更明确地表达他们的偏见和认知错误,并在他们的分析中寻找其他结论或可能的事件和问

---

[1]　XU Z, HU C, MEI L. Video structured description technology based intelligence analysis of surveillance videos for public security applications [J]. Multimedia tools and applications, 2016, 75 (19): 12155-12172.

[2]　高金虎. 军事情报学研究现状与发展前瞻 [J]. 情报学报, 2018, 37 (5): 31-39.

[3]　XIA H, ØSTERLUND C, MCKERNAN B, et al. TRACE: a stigmergic crowdsourcing platform for intelligence analysis [C]. Proceedings of the 52nd Hawaii International Conference on System Sciences, 2019.

题解释。这些工具包括早期使用的旧工具，如"红细胞分析"和"魔鬼代言人"，以及其他诸如后来的"高影响/低概率"、竞争假设分析、关键假设检查和选择性未来学[①]（alternative futures）等，主要在中央情报局和谢尔曼肯特分析学院实施。结构化分析技术是一个比补充分析更广泛的术语，它是一个"循序渐进的过程，将个体分析人员的思维外化，使其对其他人显而易见，从而使其能够被他人共享，建立和批评"[②]。上述"红细胞分析"等方法均属于结构化情报分析技术。

回看国内图书情报领域所传授的方法、技术和手段，它们大多已经不太适应国家安全与发展形势的需要，应该借鉴美国情报界的经验与做法。同时，应考虑两类情报分析方法的融合，即在解决具体的情报问题时，使用特定的算法型情报分析方法处理数据，使用特定的技巧型情报分析方法验证结论的合理性。

7.7 本章小结

本章主要论述国家安全需求给情报学发展带来的机遇，内容对图书情报学领域的学者涉足安全情报研究具有参考价值。本章首先分析了国家安全主题的研究现状。国家安全一直是在非情报学领域关注的重要主题，涉及环境、经济、科技、军事等多个方面，而情报学领域在国家安全主题上的研究内容较为单一、匮乏，直到《情报杂志》于2015年组织"华山情报论坛"，才产生多篇与国家安全主题高度相关的期刊论文。然后分析了国家安全形势对情报学发展的影响。在当前的国家安全形势下，国家安全涉及的各个方面相互交织影响，情报的存在和情报活动规律呈现新特点，为情报学研究提供了新的研究方向、研究对象与研究内容。本章详细讨论了情报学对国家安全主题应该关注的点：情报体系概念的界定；面向国家安全情报工作如何进行情报组织体系、情报融合中心、情报服务体系的建设；国家安全情报需求的识别；国家安全情报领域亟须拓展的技术方法，包括情报收集方法、情报融合方法、情报分析方法。

---

① COULTHART S. Improving the analysis of foreign affairs: evaluating structured analytic techniques [D]. University of Pittsburgh, 2015.

② HEUER R J, PHERSON R H. Structured analytic techniques for intelligence analysis [M]. Washington, D.C.: Cq Press, 2010: 16.

第 8 章
国家智库战略对情报学学科建设的影响

目前,我国正处于重要发展机遇期,而情报学自创立之初,就在社会发展过程中起到"耳目、尖兵、参谋"作用,其理论、方法、技术、人才更是在科学研究和社会工作的各个领域普遍适用。在我国科技、经济、社会发展的关键时期,情报学更应担负起为科学发展提供引领、为政府决策提供支撑的重要职责,成为科学研究和社会工作的"智囊"。智库战略的实施为情报学的发展提供了前所未有的发展机遇,智库研究将成为情报学学科建设的重点内容之一。本章将引入范式理论分析情报学界投身智库研究之前需要思考的问题,并对情报学界开展智库研究的理论价值和实践价值,以及智库战略背景下情报学研究的重点问题进行分析。

8.1 智库战略背景下情报学的机遇与挑战

情报科学或情报学是 20 世纪 40 年代为克服大科学时代的情报危机,解决情报、知识和信息有效利用问题而产生的新兴学科。经过半个多世纪的发展,情报学已形成了自身特定的基本范式。同时,情报学在发展过程中也受到来自各方面的影响和冲击,包括应用的新需求、社会发展新问题的出现、学科的交叉等[1]。为了化解这些挑战,抓住这些机遇,情报学界需尝试从不同的角度拓展研究领域。根据范式的基本内涵,当所拓展的研究领域被越来越多的情报学者认同,从而形成针对这一领域的科学共同体,并凝聚出共同的约定时,原有范式将会面临变革或者新的范式将会产生。库恩的"科学革命"

---

[1] 马费成,宋恩梅,张勒. IRM-KM 范式与情报学发展研究 [M]. 武汉:武汉大学出版社,2008:286.

理论认为，范式具有相对性，即不同发展阶段或不同的研究范围相对应的范式存在必要的张力和转换空间，这为智库战略背景下情报学范式的变化甚至转换提供了科学依据。

把握一个学科的发展可以有几把钥匙[①]：一是人物史方法，即以一批学科的代表人物、杰出贡献者为主要线索来描述，如美国的 J. Becker 曾用这种方法勾画情报技术的发展[②]；二是著作史方法，即以一系列经典性质的文献来反映学科的面貌和发展，如美国的 S. Herner 用这种方法描述过情报科学的发展[③]；三是问题史方法，即以研究什么问题为主要线索。情报学作为一门应用性学科是毋庸置疑的，情报学发展随着社会环境的变化而变化也是基本共识的，情报学应面向问题，以解决实际问题作为学科目的，从诞生之日起，情报学一直都是围绕这一目的而发展的。这为情报学范式的寻求提供了操作指南，而开展智库研究为情报学范式的转变提供了具体操作平台。

今天，智库战略已成为国家重要战略之一，智库本身的发展需要情报服务作为支撑。同时，智库所关注的国家安全与发展的决策问题，已由经验性向科学性转变，由问题倒逼向愿景创造转变，而在此过程中，以决策支持作为基本属性的情报学将会发挥重大作用。正因如此，越来越多的情报学者和从业者开始关注智库，关注国家战略决策，原来的 intelligence 的软科学范式、基于 information 的图书情报学范式、基于 IRM-KM 的管理科学范式，在这样的一个复杂环境及其带来的更为实务性的决策问题中都需要寻求改变，这是情报学未来发展所必须面对的挑战，也是情报学进一步发展并提升自身地位的重要机遇。

8.1.1 智库战略背景下情报学范式的变化

什么叫范式？"一个范式就是一个科学共同体的成员所共有的东西。"换言之，一个科学共同体由共有一个范式的个体组成[④]。范式是一个系统，这个系统具有结构性特征（图 8-1），由"观念范式""操作范式""规则范式"组成，其执行主体是"科学共同体"，根据库恩的观点，科学共同体指在科学发展的某一特定历史时期，某一特定研究领域中持有共同的基本观点、基础理论和基本方法的科学家集团[⑤]。范式的核心是"观

[①] 卢泰宏. 情报科学的三个研究规范 [J]. 情报学报, 1987 (1): 19-22.
[②] J BECKER. An information scientist's view on evolving information technology [J]. Journal of the American society for information science, 1984, 35 (3): 164-169.
[③] S HERNER. Brief history of information science [J]. Journal of the American society for information science, 1984, 35 (3): 157-163.
[④] 托马斯·库恩. 科学革命的结构 [M]. 金吾伦, 胡新和, 译. 北京：北京大学出版社, 2003: 158.
[⑤] 垄耘. 从思维的视角看库恩的范式 [J]. 科学技术与辩证法, 1996 (4): 27-30.

念范式",逐步向外拓展到中间层"规则范式"和外层"操作范式"。观念范式是一套根据特有的价值观念和标准所形成的关于外部世界的形而上的信念,规则范式是在观念范式基础上衍生出来的一套概念、定律、定理、规则、学习方法、仪器设备的使用规则和程序等,而操作范式是一些公认的或具体的科学成就、经典著作、工具仪器、已解决的难题,以及未解决但已明确了解决途径的问题,它与外部环境直接相连①。根据范式的定义,寻找范式可通过两种途径:一个是寻找科学共同体;另一个是寻找共同约定(如研究内容、研究方法、理论基础)等②。

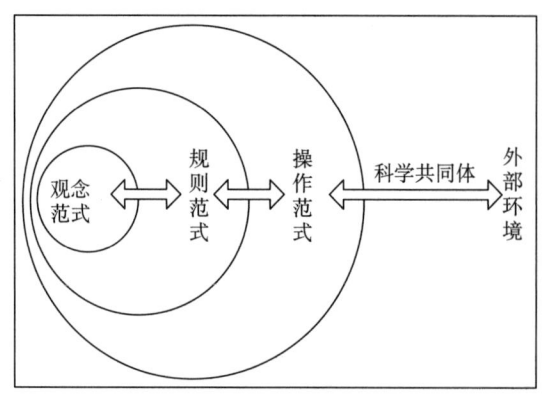

图 8-1 范式系统的结构

(1) 服务于智库的情报学科学共同体已见雏形

2013 年,习近平总书记在中国科学院考察工作时对中国科学院提出了"四个率先"的要求,其中之一就是"率先建成国家高水平科技智库"。2015 年 1 月,中共中央办公厅、国务院办公厅印发了《关于加强中国特色新型智库建设的意见》,从战略高度确立了建设中国特色新型智库的方向,提出的具体目标是"到 2020 年前,重点建设一批具有较大影响力和国际知名度的高端智库"。同年 11 月,习近平总书记主持召开中央全面深化改革领导小组第十八次会议,会议审议通过了《国家高端智库建设试点工作方案》。随后,国家高端智库建设试点工作会议在北京举行,包括中国科学院、中国工程院和中国社科院等 10 家党中央、国务院、中央军委直属的综合性研究机构,共计 25 家机构入选首批国家高端智库建设试点单位,智库战略实施拉开帷幕。

---

① 孙启贵. 库恩"范式"的文化涵义 [J]. 合肥工业大学学报(社会科学版), 2000 (1): 29-32.
② 马费成, 宋恩梅, 张勒. IRM-KM 范式与情报学发展研究 [M]. 武汉: 武汉大学出版社, 2008: 21.

情报研究是智库研究的一个类型、一个环节或者是智库研究的一种方法，情报研究可以从智库研究中借鉴思路，在政策过程中发挥特殊作用。任何优质的智库或智库研究都离不开情报研究，因为情报研究是信息系统的核心，而信息系统和智库系统构成决策咨询的两大支撑[①]。由于智库工作与情报工作在研究内容、工作机制、服务目标上有着天然的相关性，智库的具体咨询研究也需要情报研究的前端支撑功能[②]。因此，国家对智库建设的重视和支持，也是情报学社会实践和应用发展的平台和契机。因此，情报学界积极参与中国特色新型智库建设，以期为智库的建设提供理论、方法、技术、人才支撑。

情报学者是较早关注智库的一批人，情报机构"转知成智"的功能与智库定位不谋而合，对智库的关注拓展了情报研究的空间。2011年以来，情报学者对情报与智库的关联研究给予了足够关注。目前的相关研究成果大体包括三大类：第一类是情报在智库建设中的作用研究，这类研究更多关注的是智库建设中的情报服务体系建设。例如：王世伟教授从6个方面对情报工作在智库建设中的前端作用进行了分析[③]，这6个方面大体可归纳为智库建设中情报服务主体建设、服务产品开发、服务方式与内容设计3个类别；吴育良从基础性服务、推荐性服务和评估服务3个方面同样对情报在智库建设中的前端作用进行了分析[④]。第二类是情报与智库的关系分析，这类研究普遍肯定了情报与智库之间在基本功能、内在机能等方面的紧密联系。例如：李纲教授从机构关系、外在条件、内在机能、学科关联4个方面探讨了情报与智库建设之间的关系[⑤]，最后确证了情报与智库的双赢关系；张家年认为，情报工作是智库运行机制的重要基础[⑥]。第三类是情报服务面向智库的转型研究。这其中既包括基本服务模式的转型，如黄如花教授提出，情报服务可以为智库提供知识咨询服务、情报技术支持、信息计量服务、智库成果复用等[⑦]；也有对情报机构的转型研究，如王延飞教授认为，情报机构具备进行智库转

[①] 李刚. 从情报研究到智库研究[J]. 图书馆论坛，2017，37（9）：50-54.
[②] 袁建霞，董瑜，张薇. 论情报研究在我国智库建设中的作用[J]. 情报杂志，2015，34（4）：4-7.
[③] 王世伟. 试析情报工作在智库中的前端作用——以上海社会科学院信息研究所为例[J]. 情报资料工作，2011（2）：92-96.
[④] 吴育良. 图书情报机构在智库中的前端作用[J]. 图书情报工作，2012，54（S2）：29-31.
[⑤] 李纲，李阳. 情报视角下的智库建设研究[J]. 图书情报工作，2015，59（11）：36-41，61.
[⑥] 张家年，卓翔芝. 融合情报流程：我国智库组织结构和运行机制的研究[J]. 情报杂志，2016，35（3）：42-48.
[⑦] 黄如花，李白杨，饶雪瑜. 面向新型智库建设的知识服务：图书情报机构的新机遇[J]. 图书馆，2015（5）：6-9.

型的基础条件，情报机构未来有可能转变成适合现代决策要求的新型智库①。

综上所述，情报学界已有一批学者关注智库并投身到智库研究中，面向智库战略的情报学科学共同体已见雏形。

（2）服务于智库的情报学观念范式正在发生变化

观念范式是一种科学共同体内共同的信念，具体到情报学而言，主要包括情报的本质是什么、情报的功能是什么等一系列涉及情报学最为本体的概念、内涵等。

中国的情报学（以下除特别指出外均指科技情报）在20世纪50年代开始发展起来，肇始于1950年中国科技文献情报中心成立，1955年周恩来总理提出建立科技情报机构，随后1956年中国科学院科学情报研究所成立，开创了正规的中国科技情报事业；1957年，第一本情报学期刊《科学情报工作》（《中国信息导报》前身）出版，标志着中国情报学研究的开端；1958年，中情所建立情报大学，1959年并入中国科技大学，成为一个情报专业，正式启动了中国情报学教育。到了20世纪60—70年代，联机检索技术、科学引文索引数据库建立，以及文献老化、文献指数增长等文献定律相继产生，此时文献计量学也得到了较快的发展。20世纪80—90年代，情报学的研究深度和广度加强，相应的分支学科（如情报经济学、情报计量学等）研究开始活跃。20世纪90年代以前，情报学的主要目的是解决国外科技封锁和后期的科技文献量剧增，此时情报的本质以钱学森先生的"情报是激活了的知识"最具代表性，情报的功能是文献检索、组织与服务。20世纪90年代以后，网络技术和信息社会构造了情报学发展的新语境，情报学研究由传统的纸质载体文献拓展到数字形式存储和传递的信息，情报学发展进入了转折期，特别是，1992年"中国科学技术情报研究所"改名为"中国科学技术信息研究所"，1993年《普通高等学校本科专业目录》也将"科技情报"专业调整为"科技信息"专业。此时，情报学界模糊了情报与信息的界限，情报的主要功能是信息检索、信息（知识）服务。

在智库战略背景下，情报机构与智库不仅是"相辅相成，相互制衡"的关系，在未来，它们更是追求"深度合作，谋求共赢"的关系。情报是决策制定的基础和保障，情报机构的功能是为决策层提供支撑决策所必需的、特定的情报信息。智库是以服务于决策为导向，它的功能是发挥"众筹智慧"的效用，针对政府、企业等客户的情报需求，

---

① 王延飞，闫志开，何芳. 从智库功能看情报研究机构转型［J］. 情报理论与实践，2015，38（5）：1-4，11.

为决策层建言献策，提供政策研究和咨询服务。可见，智库与情报就其功能及服务于决策的本质来说，是密切关联的。此外，智库研究更多地偏重于应用性研究，情报研究亦是如此，二者都具有以目标为中心、以问题为导向的应用特性，它们的各自特征与服务理念是紧密关联的。就智库建设和情报研究而言，多学科多领域的交叉融合，是二者完成功能使命的学科特色和基本需求，情报学也由此作为智库的重要支撑学科，它们的学科关联体现在情报对于智库信息保障中的"信息呈现"（信息组织与利用）、"文献再现"（文献检索与查新）、"知识发现"（知识挖掘与发现）及"情报映现"（情报分析与服务）等方面。总之，智库依赖于情报资源作为其成果产出的有力支撑，情报产品通过智库的推广又可以带来影响力的提升，二者不仅关系密切，而且相互倚重，交替影响，在学科导向上形成良性循环。情报服务与智库活动的融合，推动了情报学观念范式产生重要变化：即重拾"大情报观"，情报更加强调intelligence属性，属于思想库范畴，情报的功能是将信息转化和知识激活，这是变化的一部分。这部分更多的是相对变化，是在经历了90年代信息冲击后的一种回归。更能真正体现变化的是情报学进入了决策空间，超越了决策支持的功能，进入"决策代理"角色，这是由智库参与决策的深度及情报机构向智库转型所决定的。

8.1.2 情报学范式变化带来的发展机遇

（1）推动军民情报界融合为大一统的科学共同体

上述观念范式的变化推动军民情报界开始谋划以形成大一统的科学共同体。军民融合是指把国防、军队现代化建设融入经济社会发展体系之中，军民情报融合是指将军事、国防、安全等情报（主要指intelligence）与社会、经济、科技等情报融合。军民情报融合应以国家发展与安全共谋为本，以理论共建为基，以资源共享和方法共通为路。并特别强调，将民用情报领域的信息及其加工优势与军事情报领域的对抗性情报优势相整合，将民用情报学理论的原理性与军事情报学理论的实务性相融合，以此发挥两者合力，促进情报能力的提升[1]。这一过程促进了军民情报界融合的情报学科学共同体。实际上，这种观念范式的变化对军民情报界共同体的促成已初见成效，越来越多的军事情报学领域与民用情报学领域的专家学者开展了十分丰富的学术交流活动。例如，苏新宁

---

[1] 李品，杨建林，杨国立. 作为科技发展先行者的情报体系理论框架研究[J]. 情报学报，2019，38(2)：111-120.

教授团队的国家社科基金重大项目中，专门设置了安全情报工作这一子课题，其负责人就是著名军事情报学者高金虎，这一专题吸引了大量的军事情报学界领域专家加入；《情报杂志》从2014年至今每年举办一次的"华山情报论坛"为军民情报学领域学者的学术交流提供了很有效的平台。此外，通过CNKI全文数据库检索不难发现，近年来《情报杂志》等期刊上刊载的军事情报学、公安情报学、安全情报学等相关论文呈显著上升趋势。

（2）促进情报学的跨学科发展

上述观念范式变化使情报学更加强调跨学科、跨领域研究与协作。情报学应用场景的变化突出了问题的跨学科、跨领域，变化的场景需要情报学开展跨学科、跨领域研究①；同时，随着智库战略这种大工程的兴起，情报学需要通过"筑巢引凤"来吸引其他学科的参与，积极搭建情报式科学研究协作服务平台，有效地推进跨学科、跨领域乃至国际层面的"情报"合作交流②。在智库战略下，情报学重拾"大情报观"，重归思想库范畴，需要解决的问题处在国家安全、社会发展、社会治理等复杂应用场景中，这样的场景需要以情报学作为主体，针对不同类型的智库服务需求，开展跨学科、跨领域研究。例如，在服务于高校的智库中，要与教育学、管理学等相关学科进行协作。

（3）推进情报机构向智库转型

上述观念范式变化使科技情报机构向智库转型产生了思想萌芽。目前，科技情报（信息）研究所向智库转型的愿望越来越强烈，之所以将这一转型提上议事日程，一方面是国家战略所需；另一方面也是由于情报服务与智库服务在发挥"耳目、尖兵、参谋"功能上的一致性，以及情报机构具有较深厚的信息资源基础。但需要注意的是，在智库活动过程中，虽然需要情报服务的支撑，但更多的是提高智库的信息研究能力。智库活动中更需要不同领域专家资源的齐心协力，智库研究是跨学科的问题导向的综合研究，而不同学科的分析视角、方法和结论差异很大。例如，就人口政策而言，经济学家看到的是人口红利，社会学家看到的是留守儿童、留守妇女，政治学家看到的是留守儿童、留守妇女导致的社会不稳定。各学科的专家提出不同的政策分析建议，交给决策者拍板，或是将这些建议进行综合汇总提交给政府决策者。而目前，情报机构在专家资源

---

① 马费成，张瑞，李志元. 大数据对情报学研究的影响[J]. 图书情报知识，2018（5）：4-9.
② 孙建军，李阳. 论情报学与情报工作"智慧"发展的几个问题[J]. 信息资源管理学报，2019，9（1）：4-8.

支持上还远不能达到这一要求,因此,情报机构向智库转型首先要解决的问题是多领域专家资源的建设。

8.1.3 情报学范式变化带来的挑战

(1) 面向智库研究的规则范式还未形成

情报活动与智库活动还存在一定差异:情报活动更确切地说应该是"情报研究活动",本质上是一种研究行为,其行为主体具有不确定性(不同机构可以进行同一课题的研究),其核心能力是资源与技术,核心内容在于数据采集、分析和量化处理,最终目的不仅是知识性需要,更重要的是竞争性甚至对抗性需要;情报产品更突出"竞争性""对抗性""隐蔽性",其作用更强调"谋",是一种决策支持行为。智库活动是智库这一稳定的机构开展的,其核心能力是这一机构中的研究人员,虽然具有科学研究的属性,但更突出面向服务的实践性属性,其核心内容是基于数据和事实的政策分析和咨询,最终目的是为政府决策部门建言献策;智库产品更突出"公共性""战略性""系统性",其作用强调"断",提供的是一种确定的解决问题的方案以影响决策,是一种决策参与行为。从信息链的角度看,智库活动是"信息—解决方案链"[1],是对信息链的延展,即事实—数据—信息—知识—情报—解决方案,中科院科技战略咨询研究院院长潘教峰教授将其概括为DIIS[2],即数据(data)—信息(information)—情报(intelligence)—解决方案(solution)。

因此,支持智库活动的情报规则范式需要进行改变,如需开展跨学科机制研究,与战略管理相关学科、管理决策相关学科、心理学和社会学相关学科等在支持决策过程中进行融合。要优化情报流程,情报流程一方面要与智库活动流程相融合;另一方面要与面向预警[3]、以目标为中心[4]等各种功能性的情报流程区别开来。要重构情报体系,情报体系中要特别重视特色性(如政策资源、社会化资源等)资源建设,要强调情报研究

---

[1] 李宏,杨文慧,冷伏海. 国外智库影响力的形成及传播过程——基于信息—解决方案链的视角[J]. 科技导报, 2018, 36 (16): 70-77.

[2] 潘教峰. 智库DIIS理论方法[C]//中国优选法统筹法与经济数学研究会,南京信息工程大学,中国科学院科技战略咨询研究院,等. 第十九届中国管理科学学术年会论文集. 2017: 14.

[3] 刘强. 战略预警下的战略情报工作:边缘理论与历史实践的解析[M]. 北京:时事出版社, 2014: 240-241.

[4] ROBERT M C. Intelligence analysis: a target-centric approach [M]. Washington, D.C.: Congressional Quarterly Press, 2012: 16.

成果的交互及共享（不仅包括以固化的载体形式存在的情报，也包括思维层面和观点层面等非正式交流中的情报）等。

（2）面向智库服务的操作范式还未形成

面向智库服务的操作范式是指直接面向智库服务的方法、资源、服务模式等。虽然学界一致认同情报学应该在智库活动中给予情报服务支持，这样的观念范式已初步形成，但具体如何操作，还未在学界形成共同的约定。为此，情报学界应着重考虑以下几个问题。

①采用什么样的方法以推动情报研究能够更好地服务于智库？方法是解决问题的一把钥匙，其本身没有好坏之分，但具有突破性的研究方法却能够帮助研究者跳出以往科学研究的固有思维，触发科学研究的灵感，解决过去无法解决的问题，发现曾经不能发现的态势，实现以往无法达到的目标。因此，情报学要在智库服务中努力实现方法的突破，特别是进入大数据时代，情报学的方法得到了广泛的拓展，如社会网络分析、复杂网络分析、大数据分析、认知计算、社会感知计算、平行计算、数据挖掘、机器学习等，情报学应该将它们与数据语义关联、数据的描述识别、分布式存储与检索、跨学科知识的整合与分析、知识发现与预测、社会关系网络挖掘等相融合，从而实现方法的突破，将其用于智库产品生产过程中的情报引导、情报评估中。除了上述客观性方法外，也应注重主观思维性方法的收集与组织，如批判性思维、群体性思维、镜像思维、有限理性理论与方法、意图—能力分析方法等。此外，情报学应该从历史维度去考察兰德、布鲁金斯等国际知名智库在智库研究中所使用的方法，并将其与具体的智库活动相关联，从中得到启示和借鉴。所有上述方法应固化为一种资源库，从而在支持智库活动中随时调用。

②构建什么样的特色资源以支撑智库活动？特色信息资源是一种特殊资源，是针对特定智库服务内容的资源，也包括智库运行过程中所产生的信息资源。我国智库大体分为党政军智库、科研院所智库、高校智库和社会智库，不同类型的智库具有自身不同的核心服务内容，情报学应在充分考察各智库服务的历史信息和发展战略规划基础上，将智库按服务功能进行科学分类，谋划为各类智库建立相应的特色信息资源。事实上，世界各地大多智库都建有自身研究特色的专业数据库，如兰德公司建立了专题数据库，包括 CalWORKs 数据集、背景数据图书馆、公共健康备用数据库、兰德—MIPT 恐怖事件数据库和兰德圣战声音数据库等[①]；斯德哥尔摩国际和平研究所建立国际关系与安全数

[①] 周琪. 美国智库的组织结构及运作——以布鲁金斯学会为例 [J]. 人民论坛, 2013, 35 (2)：8-14.

库、多边和平数据库等多个大型数据库①。特色信息资源库的建立不仅需要情报学进行对外的信息搜集与组织，还要十分重视积累智库本身运行过程中所产生的信息资源。同时，需要建立统一的元数据标准为各类特色信息资源的对接与关联提供基础，从而创造超级特色资源，以此来匹配社会问题的复杂性和面向国家全局服务的战略性。

③以什么样的制度资源支撑情报学面向智库服务的可持续发展性？制度资源是情报服务得以持续发展的保障、服务方向的引领和服务边界的约束。制度资源主要涵盖的内容包括情报管理体制与机制、情报工作规范标准。目前，分散型的情报管理体制虽然有助于广泛的情报搜集，但针对某一问题的情报分析还不能发挥各情报机构的优势互补作用，专深度还不够（分散甚至烟囱式的情报管理体制是引发美国"9·11"事件等多个情报失误的关键要素）。因此，要在体制、机制及规范标准化建设上加以研究。

④开发什么样的路径以服务于智库？情报服务路径由情报服务模式、方法、策略、流程等多种要素构成。服务路径可围绕以下思路进行开发：以分布式的协同工作模式为核心，借助"互联网+"理念，构建情报服务社区，促进智库与情报服务者的深入互动；采用平台化情报服务运行手段，通过情报机构重组、互联网服务平台建设等方式，建设虚实结合的情报服务平台。应建立数据搜集方法与机制，借助情报组织、情报挖掘、情报检索等技术，并在专家系统的支持下，设计情报分析智能化工具；借助平行控制和平行管理方法，利用"人工社会+计算实验+平行执行"理论和技术，借鉴平行管理与平行控制理论与方法，构建平行情报系统②。

8.2 情报学界投身智库研究之前需要思考的问题

智库战略给情报学研究，甚至情报学科发展带来的影响是显著的，面向智库服务的观念范式变化需要对情报学发展进行一系列反思。

8.2.1 投身智库研究是否是情报学的惯性"膨胀"

众所周知，20世纪90年代以前，情报学基本是按正常的轨迹前行，计算机技术的应用使情报自动化检索系统得到迅猛发展，也初步形成了研究体系和内容，学界十分重

---

① 王世伟. 试析情报工作在智库中的前端作用——以上海社会科学院信息研究所为例 [J]. 情报资料工作，2011（2）：92-96.
② 王飞跃. 情报5.0：情报平行时代的平行情报体系 [J]. 情报学报，2015（6）：563-574.

视理论的研究，将情报学理论逐步推向深化，这个时期出现了众多代表性人物，情报学成为独立学科已经具备一定基础。然而，90年代以后，网络和信息社会兴起，情报学开始向信息领域扩张，研究对象开始泛化，理论研究不再受到重视，情报学开始膨胀。

今天，智库、智库型服务成为情报学研究的重要领域已经初具规模，那么，这是不是情报学又一次膨胀的体现呢？从服务于智库过程中的情报学范式变化来看，面向智库的情报学研究更多地体现的是决策属性的回归，也就是"intelligence"的范式又一次获得重视，相当于将情报学从信息学拉回到intelligence中。这种范式下，吸引了一批情报学者投身于基于intelligence的研究中，甚至不同领域（军、民情报领域）的学者正在形成科学共同体，智库只是情报学践行这一范式的实践平台之一。实际上，在服务于智库的过程中，情报学理论实现了渐进性量变，在此过程中，情报学者将情报学相应理论推向细致化、精确化和深刻化，将情报问题定向地限制在狭小的范围内，这样就使情报学研究更具目的性地深入下去。因此，这并不是情报学又一次膨胀。但情报学界必须要反思的是情报学在服务智库过程中的理论提炼与验证问题，特别是情报学是否有条件、有能力成为决策代理，这是决定情报机构能否转型为智库的根本性问题。

8.2.2　情报学发展究竟处于什么阶段

按照库恩的科学革命理论，科学的发展模式一般经历这样几个过程：前科学—常规科学—科学革命—新常规科学①。情报学发展处于什么阶段？之所以在此讨论情报学所处的阶段，原因是不同的科学发展阶段范式变化所体现出来的原因和指导性作用是不同的。在前科学阶段，范式的变化仅仅是各种理论、学派相互竞争的结果，是百家争鸣的一个表现，这一阶段的范式变化并不一定在情报学发展中起决定性作用；在常规科学阶段，某一范式的变化是各学派竞争胜利的结果，这一范式最终被视为学科发展的总体大框架，科学共同体各种不同角度的研究均是这一大框架中的更为专门化、聚焦化的一个问题而已，因此，此时的范式变化实际上指导着情报学变革发展前一段时间的学科发展；当出现一些常规科学范式以外的新变化无法解释时，即库恩所言的"反常"，这时学界第一反应是通过调整原有范式来同化这些反常现象，但是如果反常无法被同化并积累到一定程度时就产生了科学革命，这意味着范式的变化带来的是情报学发展的危机，是情报学进一步发展的推动力；危机过后，旧范式被新范式取代，新常规科学建立，此

---

① 托马斯·库恩. 科学革命的结构 [M]. 金吾伦, 胡新和, 译. 北京：北京大学出版社, 2003：70.

时的范式变化意味着新范式的产生,是指导新常规科学发展的一个大框架。在没有搞清楚情报学发展所处的确切阶段之前,智库所带来的范式变化,特别是这种变化对情报学的指导性作用还需谨慎思考。

8.2.3 情报学到底定位在哪儿

对于情报学科定位,Wersing 提出一种主张:为了适应新的复杂性,当今的科学应该,或者已经超越过去的经典科学,达到一个新的阶段。这种新型的科学不是为寻求对人类生活完整理解的意愿所驱动,而是为解决和处理问题的需要。它们面向的是实际问题,采用的是面向问题的研究方法,所要达到的是对问题的理解。这种科学被称为后现代科学。情报学曾经试图以经典科学身份自居,但却没有能够引起广泛的重视。作为解决信息和知识问题、适应知识社会新形势的学科,情报学也应被视为这种新型的后现代科学[1]。情报学是否属于后现代学科,我们不作表态,但是至少说明情报学是一门应用性学科,这在情报学界已达成共识。智库战略下,情报学范式的变化将会给情报学应用带来什么样的影响?会将情报学推向决策代理吗?情报机构转型能够取得成功吗?等等,这些问题需要情报学界认真论证。

情报学的内核是对知识信息的组织和有效利用[2],这也是学界共识。但是,情报学的基础理论还没有形成共识,如对情报的内涵还没有形成高度共识,还没有形成可以指导情报学绝大部分实践的被公认的情报学理论。马费成先生所提出的六大基本原理曾经在情报学界形成了广泛影响,但一方面这些理论在指导情报实践上还不够具体,缺乏可操作性;另一方面,在大数据环境下,学界纷纷提出这些理论的不适应性。另外,情报学是否需要脱离图书馆学而单列为一级学科尚存较大争议等,一系列问题还在激烈的讨论中。这一过程中,智库战略带来的情报学范式是否能够平衡这些问题?是否最终能够形成真正的、规模性的科学共同体?是否能够有助于摆脱概念和理论的浮化?等等,这些问题尚需时间和实践经验加以验证。

综上所述,可以得出以下结论:情报学界需理性看待和实践验证智库战略下的情报

---

[1] GERNOT W. Information science and theory: a weaver Bird's perspective [M]//P VAKKARI, B CRONIN. Conceptions of library and information science: historical, empirical and theoretical perspective. London: Taylor Graham, 1992: 201-205.

[2] 马费成,宋恩梅,张勒. IRM-KM 范式与情报学发展研究 [M]. 武汉:武汉大学出版社,2008: 293.

学范式变化,情报学界亟须开展的工作就是将各种观点、理论进行归类、比较、综合,再借助哲学思想、横断性(老三论、新三论)学科方法将它们统领起来,情报学无可置疑的真正范式就会形成,自然就会将情报学推向成熟。

8.3 情报学界开展智库研究的理论价值

8.3.1 从信息链角度为情报学理论提供新的研究视角

以往情报学更加关注 DIKW 这一链条转化过程中的理论,或者以这一理论为指导分析情报学的一些基础性理论问题。在配合智库活动的"信息—解决方案链"(DIIS)过程中,情报学需将原有的 DIKW 链条理论进一步拓展,这一过程中,数据、信息和情报之间转化的目的性与针对性更强,用户(用户行为、意图及用户参与)在其中的作用体现得更为突出。因此,数据、信息和情报之间的转化需要更加强调用户的作用,需要更加强调面向用户的需求,这实际上具有两种积极的效果:一是避免了大数据环境下对数据搜集的盲目性,使数据搜集方向更加聚焦,搜集机制更为科学合理,更加强调了大数据分析与情报分析理论的差异性;二是这需要寻求心理学理论、行为学理论、社会学理论等跨学科理论的支撑,而这一过程必将为情报学理论研究提供新的视角。

8.3.2 将"信息资源管理研究"深化为"基于信息资源的管理研究"

"基于信息资源的管理"表达的是基于信息资源的决策支持、产品开发和流程再造等,超出了以信息资源本身管理为中心的传统信息资源管理的理论范畴①。在情报体系支持智库活动中,基于信息资源的管理的情报服务是一种循证式的情报服务支持,能够在数据或信息资源驱动下,为每项情报研究成果或结论提供可靠的数据证据支撑,提高情报研判的专业性和情报方案的严谨性和可靠性。在情报体系中之所以重视资源层建设,也是为此目的。情报在支持智库活动中的基于信息资源管理的研究必将提升传统的信息资源管理研究的层次与深度。

---

① 朝乐门. 信息资源管理理论的继承与创新:大数据与数据科学视角[J]. 中国图书馆学报,2019,45(2):26-42.

8.4 情报学界开展智库研究的实践价值

8.4.1 为情报工作的创新发展提供契机

（1）为情报服务转型提供实践平台

一是推动情报服务从"节点服务"向"过程性服务"转型。以往的情报服务大多是节点服务，即针对某一特定情报任务的情报研究与服务，关注的是特定任务本身，而不是"用户发展"这一全局，这种节点服务比较僵化和分散，各节点与整体间存在一定程度的割裂，缺乏系统性和战略性思维，因此，情报服务的价值和影响力大打折扣。过程性服务强调与用户工作过程的融合，是一种面向"用户发展"的全程跟踪性服务，不仅能够实现实时按需服务，而且具有全局性、系统性和战略性把控能力，每一个过程的服务都是整体服务目标的一部分，都是在这种整体性思维指导下开展的，这将极大地深化情报服务的价值，增强用户对情报服务的依赖性，提高情报服务的地位和影响力。

二是推动情报服务从"支持型服务"向"支援型服务"转型。支援即支持与援助，相比"支持"而言，"支援"除体现支持外，还强调情报服务对智库活动的实质性效用、智库对情报服务需求的迫切性和情报服务机构对于智库的融入性。因此，构建支援型情报服务体系，需精准把握时机、精准把握需求，在智库最需要的时候，采用最合适的方式提供恰当规模的、具有可操作性的、独特的情报解决方案，特别是要建立面向应急性、关键性和规模性问题的情报实施方案。要强调情报机构与智库合作的团队意识，将自身的系统要素与智库活动要素有机融合，始终站在作为智库团队一员的角度开展情报服务。

（2）为情报资源提供一种新的建设方向

特色信息资源是一种专门面向智库服务的信息资源，智库战略的实施对这一资源的需求将会与日俱增。除上文所探讨的特色资源外，智库产品知识库建设实际上是一种十分具有特色性和智慧性的情报资源。特色性体现在它是与公共政策相关的资源，在情报研究与服务中，它是一种重要的背景资源，推动了情报服务向场景驱动发展，鉴于情报对应用场景的强烈依赖，场景驱动的情报服务是一种较为理想的情报服务模式；智慧性体现在智库产品都是经过情报分析、专家判断和决策者验证后得出的综合性资源，是直接可以用于指导情报服务的资源。因此，后续情报机构可以搜集各重要智库机构发布的、与智库服务相关的、各种形式与载体的资源,进行集成整合,为情报服务提供独具特色的智慧资源支撑。

8.4.2 为情报研究领域的拓展提供平台

(1) 在政府决策需求向智库产品转化中拓展研究领域

在智库活动过程中,从政府决策需求到智库产品产出需要进行"两次转化和一次传递"(图8-2),情报工作在每次转化和传递中均可拓展研究领域,深化情报工作内容。在政府决策需求向议题规划的转化过程中,需要情报工作对政府决策者、决策环境进行历史、动向和前瞻性等维度的综合分析,从而产生决策的现实和未来预见性的需求,并结合对智库内部资源的评估分析,开展议题的规划设计。这一过程需要战略情报、情报评估、动向情报、预测情报、情报预警等内容层面,以及情报调研与假设、情报心理学、意图—能力分析、情景分析等方法层面的情报服务支持。在议题规划向智库产品的转化过程中,需要将议题分解为逻辑连续、内容衔接与互补的各项具体任务,并将各项具体任务转化为情报问题,进行情报分析,进而将情报分析结果进行整合,从而推动智库产品的产出和智库产品的质量控制。这一过程需要情报检索与数据关联组织、基于数据挖掘的情报发现、情报监测、情报评估等内容的情报服务支持。在智库产品传递给政府部门的过程中,需要进行信息沟通渠道建设,包括体制内渠道和体制外渠道①。前者主要是指政府部门主导的渠道,如决策咨询会议、研讨会、培训、政府委托项目及内参报告等。这一渠道需要情报工作进一步评估政府部门的决策需求,特别是把握随着决策环境和决策者有限理性及思维模式的变化而产生的对智库产品预期的变化,需要情报工作收集佐证智库产品科学合理性的各种信息证据。后者是由智库为实现影响力最大化而自行设计的渠道,如公共传媒、舆论、学术出版等。这一渠道需要开展竞争情报、情报

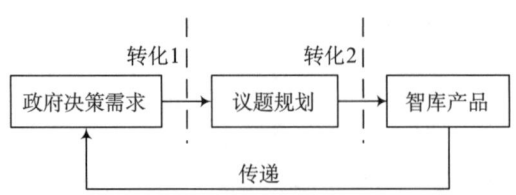

图8-2 政府决策需求向智库产品转化模型

---

① 王欣. 信息传递视角下智库影响力评估框架[J]. 图书情报工作,2018,62(7):5-11.

评估等工作，需要建立智库产品服务平台和智库产品知识库，以此拓展智库产品辐射范围、深化传播深度、提升在政府和公众中的影响力和推动智库产品的可持续深入发展。

（2）在支持智库产品生产中拓展研究领域

从呈现形式上看，智库产品通常包括研究报告、学术论文、专业书籍、正式或非正式交流中的观点陈述、思想表达等，这些产品的产出需要一定的流程来推进。通常而言，智库产品生产流程起始于产品研发，历经质量控制、产品推广和服务评估等顺序跟进的流程，以及必要的反馈流程（图8-3）。

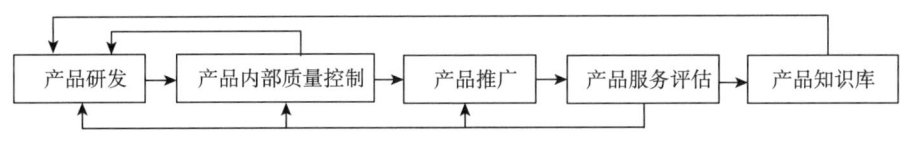

图8-3 智库产品生产流程

智库产品生产流程中的各个环节均需要情报服务的支持。

①产品研发主要包括需求调研和研发规划设计。这个阶段主要依赖外部信息，信息源包括两类：一类是公开信息源，如官方网络信息（如政府网站）、重要领导讲话、政府工作报告和其他智库产品等；另一类是人力信息源，包括在决策者和领域专家中开展的调查问卷、访谈等。所需要的情报服务是进行需求调研与分析工作，重点是情报搜集机制的建立与实践和情报搜集策略的设计与实施。例如，利用决策者的履历信息，了解决策者的基本知识素质和决策经历；通过调查分析，了解决策者的显性和隐性决策需求；通过环境扫描和更高级别政府部门或决策者需求分析，引导决策者需求；通过对国内外重要智库产品研发过程分析，了解产品研发中可能采用的方法、技术和资源；通过构建情报假设模型、思维模型等，结合专家调查法，从整体上把握产品研发的方向和最终打算实现的目标等。

②产品内部质量控制是对智库产品的评估与修正。高质量的智库产品应该是现状数据翔实、动向识别深刻、趋势预测具有证据和情景支持。至少包括以下要素：产品是问题导向的，具有明确的研究目标，采用了科学的研究方法和研究假设，具有可靠的证据来佐证研究结论的科学性，研究成果可理解性强，方案具有前瞻性、系统性和可行性。智库产品内部质量控制主要依靠内部信息源，重点是通过内部成员的头脑风暴、批判思维及智库专家组的反馈来进行评估与修正。所需要的情报服务是情报评估和情报预警，情报评估需进行知识管理，如知识组织、隐性知识挖掘、搭建知识交流渠道，并结合上

一轮的需求调研进行知识匹配分析；情报预警需要对产品可能产生的结果进行假设分析，并结合证实、证伪、竞争性假设及情景模拟分析等方法，验证假设，对可能性大的假设设计多种应对预案。

③产品推广是将智库产品传递给用户的过程，以此形成产品影响力。这一阶段情报服务的重点是主动创设推广渠道和平台，以及智库产品服务品牌；在对决策环境和推广对象深刻理解的基础上，开展竞争情报服务；细分用户需求，开发多载体、多体裁的智库产品，充分采用个性化服务手段将智库产品推送给用户。

④产品服务评估关注的是产品对政策的影响力情况。高质量的智库产品服务应该知道提供什么、不提供什么（把控需求），知道什么时候提供（把控时机），知道以什么方式提供（把控途径），具有可持续发展的展望与构思（把控用户黏性）。产品评估的最终目的是深化影响力，即围绕"影响谁""如何影响""影响什么"展开评估（后文中详细分析），所需要的情报服务是反馈信息的调研分析、评估指标的设计、专家调查法的实施与控制分析等。

⑤产品知识库是智库产品生产过程中必不可少的总结提炼环节，可以为产品升级或下次产品研发提供资源支撑和学习功能，构建产品知识库是情报工作的看家本领，情报工作可通过收集、组织、融合等技术，对智库研究成果资源（既包括固化的文献资源、观点、建议、思想，也包括过程性、方法类知识）进行有序组织、关联处理和可视化呈现。需要特别注意的是，关于政府决策者的显性及隐性知识也是知识库的重要内容，这样的知识形成一定规模后，可以为以后智库的智能化训练学习和需求语料库建设提供重要的资源支撑。

（3）在助推智库影响力提升中拓展研究领域

智库影响力的形成过程是通过文字、语言或其他方式，将凝结了智库思想的产品与服务直接或间接地传导到受众，引导受众做出智库希望的决策和行为①。智库的影响力是在智库活动的推进和反馈中形成的。智库影响力的形成是多要素相互影响、相互衔接和联动的动态过程，情报在其中发挥着不可替代的先导和基础性作用。智库传播过程中的不同阶段会产生不同的传播需求，需要关联不同的情报来支持这种需求。智库传播过程分为产品生成、产品向外传播、产品进入决策者视野3个阶段，相应地，情报可以发挥的功能依次为感知与刻画、响应与监测、管理与评估（图8-4）。

---

① 李宏，杨文慧，冷伏海. 国外智库影响力的形成及传播过程——基于信息—解决方案链的视角[J]. 科技导报，2018，36（16）：70-77.

第 8 章
国家智库战略对情报学学科建设的影响

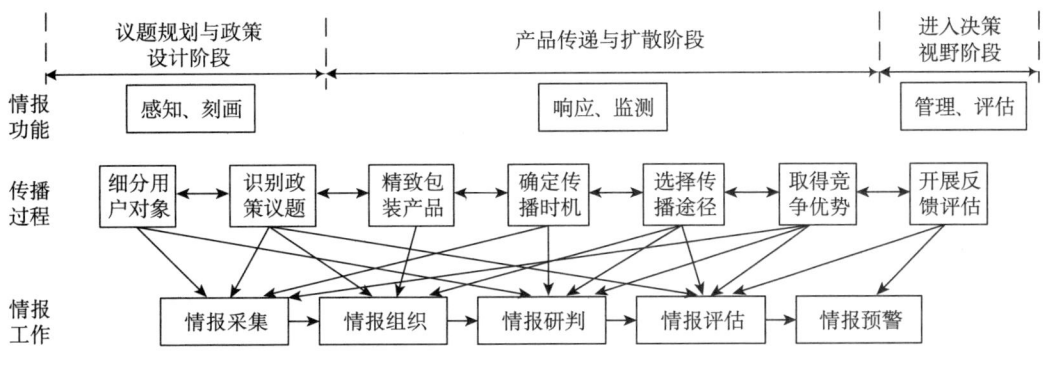

图 8-4 智库影响力形成中的情报流

从图 8-4 中不难发现，议题规划和政策设计阶段的任务是细分用户对象和进行议题识别。细分用户对象是根据事先规划好的智库产品预期，分析目标用户的特征，如用户的社会定位与基本知识素养、对当前议题的关注点、可以接受的产品传递途径、最佳接受时间等，以此为后续的精准传递奠定基础。例如，美国智库研究的问题大到国家安全、对外关系和发展战略，小到退休金、社区卫生乃至儿童午餐等，都有智库参与甚至影响决策①。相应地，美国智库专业分工较为明显，专门研究特定领域或特定问题②，都针对特定人群的需求进行专题研究，智库产品也精确地反映了不同利益人群的需求③。这一阶段涉及的主要情报工作是情报采集和情报研判。议题识别是根据用户个性化需求分析并辅以环境扫描分析，来识别受用户关注的关键议题，并对议题预期目标和研究方案进行规划，主要涉及的情报工作是情报采集、情报组织和情报评估。产品传递和扩散阶段的任务是对产品进行包装（设计智库产品的表达形式）、确定传播时机（根据用户特征和社会环境发展态势选择用户最迫切需要、事件发展最热的时间点）、选择传播途径（根据用户需求和产品特征选择能够最大化表达产品内涵和最令人习惯接受的方式）、取得竞争优势（在与其他相似产品的比较和竞争中，挖掘产品内容与服务的优势并突出显示），主要涉及的情报工作是情报采集、情报组织、情报研判和情报评估。进入决策视野阶段的任务是开展反馈和评估，调研分析决策者对智库产品的意见和建议，以及满

---

① 张志强，苏娜. 国际智库发展趋势特点与我国新型智库建设 [J]. 智库理论与实践，2016，1 (1)：9-23.

② 沈进建. 美国决策制度下的智库市场初探——基于市场视野下的分析 [J]. 智库理论与实践，2016，1 (5)：64-70，77.

③ 沈进健. 美国智库的形成、运作和影响 [J]. 中国社会科学评价，2016 (2)：13-37.

足预期需求的程度，评估智库产品被采纳及其程度、被应用及其程度、应用的形式等，涉及的情报工作包括情报评估、情报预警。

8.5 智库战略背景下情报学研究的重点问题

智库服务应包括3个主要方面（环节）：智库活动、智库产品生产和智库影响力。面向智库服务的情报研究主要是围绕情报功能开发，以情报流程来匹配智库活动的过程性特征并提供信息资源传递功能，以情报体系满足智库产品生产的综合性需求并提供信息资源开发功能，以情报流控制来支撑智库影响力提升中的信息流动需求并提供信息资源监控功能。在情报研究内部，彰显情报体系之于情报流程和情报流控制的主体性执行功能、情报流程之于情报体系的规范性控制功能、情报流控制之于情报体系中信息流动的调控性保障功能，形成情报工作的整体架构（图8-5）。

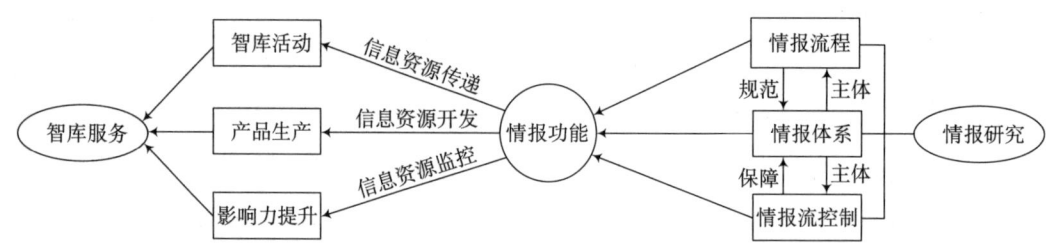

图8-5 面向智库服务的情报研究整体框架

8.5.1 在满足智库需求中重构情报体系

作为面向智库服务的情报体系，其独特之处主要体现在4个方面：一是情报流程，情报流程必须配合智库的"信息—解决方案链"这一特殊信息流。二是情报体系运行的主体，很多智库均有自身的情报部门和专门的情报分析人员，如布鲁金斯学会的高级顾问Altman是麻省理工学院图书馆的情报学专家，撰写近10份智库研究报告[①]；在兰德公司的专家团队中，有5名信息分析师，10名大数据分析师，多名信息主管、数据库管理专家和信息分析师[②]。因此，情报体系的运行主体可以是专业的情报机构，也可以是

---

① 耿瑞利. 大数据环境下情报学在智库建设中的作用[J]. 图书情报研究，2016，9（2）：19-25.
② 杨云. 大数据环境下科技智库战略情报研究[J]. 数字图书馆论坛，2018（4）：35-39.

第8章 国家智库战略对情报学学科建设的影响

智库自身的情报部门。三是情报资源，智库所需的情报资源具有一定的特殊性，特别重视社会化资源的分析。四是支持智库活动的情报产出并不一定是产品化的（强调营销），更多的是研究成果，强调的是情报研究成果的交互和共享（不仅包括以固化的载体形式存在的情报，也包括思维层面和观点层面等非正式交流中的情报）。

面向智库的情报体系包括资源层（由情报研究实现）、服务层（由情报服务实现）、功能层（情报研究和情报服务共同作用的结果）、应用层（情报体系的服务对象）和组织层（以智库为核心的情报机构、智库和政府部门三者之间交互合作）（图8-6）。这一情报体系是以问题为导向自上而下的运作模式，即情报机构、智库和政府部门在互动中凝练问题，以解决问题为目的牵引情报功能，情报功能的实现需寻求情报服务与情报研究的支持。这样的运作模式要求资源层和服务层建设具有灵活性和针对性，为此，需要情报机构积累丰富的信息资源，并能够使资源具有敏捷性，即信息资源能够进行粒度缩放（可分解可聚合）和跨界关联；需要情报机构加强体制机制建设，以支撑情报服务要素重组和情报服务模式创新。情报体系建设应围绕情报服务能力来开展，情报服务能力

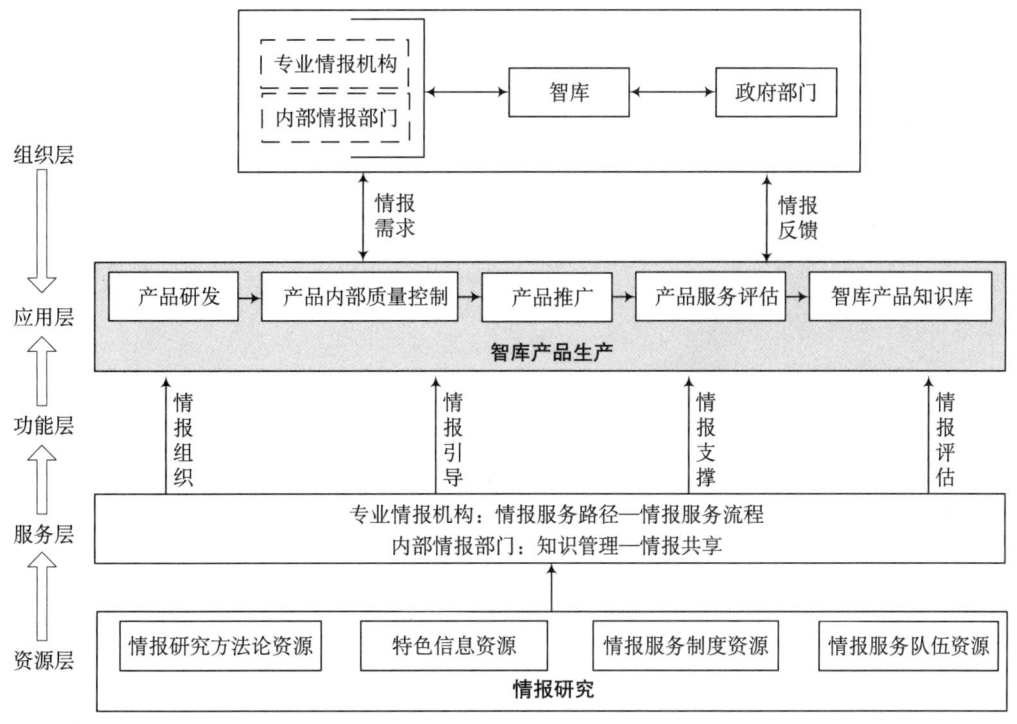

图8-6 基于智库活动需求的情报体系分析框架

是情报机构或情报人员的情报收集、组织、分析和情报活动执行能力的总和。一般包括规划能力、技术预见能力、情报处理能力、情报分析能力、情报决策支持能力等[1]，以及情报活动中的动态能力（如感知并抓住机会的能力、重新调配资源的能力[2]、战略抗逆力[3]等）。这些能力需要以情报功能为导向，以情报资源建设为基础，以情报服务路径与流程设计为实现手段。

8.5.2 在匹配智库活动中优化情报流程

智库活动流程是对智库活动各要素的描述及对它们先后次序的规定。每一项智库活动均以情报活动作为支撑，一般而言，智库中的情报活动包括5个方面，也是依次推进的5个阶段，即情报需求识别、情报设计、情报收集、情报分析与处理、情报评估与利用[4]。为匹配智库活动，需要优化情报活动流程。具体优化内容主要包括：除传统的从情报规划到情报应用这一纯粹的情报流程外，还需增加具有智库服务特性的情报流程环节（如产品推广），也需将流程延展至对用户的影响力实现（如产品评估）。为此，情报流程优化需注意以下5个问题：

第一，情报流程应以决策者决策需求为逻辑起点。政府部门决策过程中有来自其他各部门（如统计部门、工商部门等）提供的各类事实数据，甚至是各领域专家学者组成的顾问团队的建言献策，他们需要的是公共环境态势数据（如公众意见、舆论导向等），他们更希望通过自身的能力来引导公众，决策者具有自身的见识和洞察力，他们为了引导公众，有自身个性化的需求，满足这种需求的目的是改变环境。在融入智库活动的情报流程中，进行情报研究与服务时，首先应充分调研政府部门、决策者的政策需求，然后通过环境扫描来辅助理解这种需求。

第二，要精确定义情报问题。将议题规划切分成更具体的任务单元，并将任务单元精确地转化为情报问题，是情报流程中十分重要的一步。为此，要花较多的时间创建解决问题的思维模型，要善于利用批判性思维、系统化思维，避免镜像思维、群体化思

---

[1] 张家年，马费成. 国家科技安全情报体系及建设［J］. 情报学报，2016（5）：483-491.
[2] TEECE D J. Explicating dynamic capabilities: the nature and microfoundations of (sustainable) enterprise performance［J］. Strategic management journal，2007，28（13）：1319-1350.
[3] 张家年. 国家安全保障视域下安全情报与战略抗逆力的融合与对策［J］. 情报杂志，2017，36（1）：1-8，22.
[4] 李纲，李阳. 面向决策的智库协同创新情报服务：功能定位与体系构建［J］. 图书与情报，2016（1）：36-43.

维。需要多种信息、多种影响力量的输入，不仅要注意它们的融合，还要分析不同信息渠道获得的同一信息内容的相互补充和佐证，以此揭示情报问题的真正面貌。

第三，情报服务需要借助智库产品来与政府部门进行信息互动，而不能越俎代庖。整个流程中情报机构、智库和政府部门（决策者）三类主体相互作用，但与政府部门直接接触的是智库，情报机构只能做幕后推手（如流程右半部分）。智库除了将情报机构作为支撑要素外，还有其他多个领域的专家学者参与研究，他们会从不同的角度对公共政策产生不同的认知和理解，所有各领域观点的融合才是智库产品的最终形态。这使得情报机构的定位非常明确，就是为智库产品产出提供信息类服务，其目的是使智库信息搜集、组织和分析能力壮大，而无关其他。

第四，情报机构要重视建立智库产品知识库。智库产品知识库是智库各种正式、非正式产出（如研究报告、论文、思想、观点等）和流程类、方法类知识的组织与聚合。知识库构建的目的是整合智库资源，进行成果复用，为智库产品的可持续发展提供资源保障，并发挥学习功能。兰德公司的情报研究规范中明确规定项目研究必须吸纳前人有益成果，这就要求不仅要对本次智库活动过程中所产生的成果进行积累建库，还要重视收集国内外重要的智库研究成果。例如，兰德公司每年要发表350~450份研究报告，以及大量的论文和专著，卡内基国际和平基金会的《外交政策》、战略和国际研究中心的《华盛顿季刊》、布鲁金斯学会的《布鲁金斯评论》等都是影响极为广泛的智库成果，这些智库成果都是很好的研究素材，兰德公司、鲁金斯学会等在智库成果建库方面均做了卓有成效的工作①。

第五，政府政策需求的表达可以是项目委托式的，也可以是智库根据时下社会、经济、政治等发展背景而主动设计的。以这两者为来源的情报课题存在3处差异：一是政策需求挖掘上，政府委托下达的任务自然已经具有明确的情报需求，情报工作的目的是正确理解和深刻认识这种需求；而智库主动提出的议题需要情报服务能够对政府决策部门及决策者进行全面的深入调查分析，了解他们的现实需求和潜在需求，此时环境扫描的意义更为重要，通过环境扫描能够获得更为明确的背景信息，从而识别关键课题，并将背景数据作为证据提交给政府部门以示议题的重要性。二是成果表达上，政府委托任务一般具有固定的表达形式和呈送时间，而主动的智库服务需要根据产品特征和政府部

---

① 王佩亨，李国强. 海外智库：世界主要国家智库考察报告 [M]. 北京：中国财政经济出版社，2014：177.

门需求灵活地采取多种表达形式,并且要特别注重成果传递的时机。三是智库产品对政府决策影响上,政府委托任务侧重于智库产品满足既定需要的程度,而主动的智库服务倾向于一种引导性的服务,更强调问题凝练、证据充分和数据科学性。上述差异性决定了不同来源议题的智库活动中,情报工作在方向、策略、深入度、拓展面上具有差异性。

8.6 本章小结

作为应用性学科的情报学,其社会价值的体现和影响力的提升始终与对国家战略的关注密切相关,智库战略的实施为情报学发展带来了前所未有的发展机遇。正因如此,在情报学领域,对智库的研究成果越来越多,但这些成果多局限于为智库提供资源服务。本章侧重于将智库活动与情报服务内部进行融合,突破传统的资源服务,使两者真正地融合在一起。为此,本章从智库战略下情报学的机遇与挑战出发,分析了情报学对智库建设主题关注中需要重点研究的问题,包括情报学界投身智库研究之前需要思考的问题,情报学界开展智库研究的理论价值和实践价值,以及智库战略背景下情报学研究的重点问题。本章认为,智库战略为情报学拓展了发展空间,创造了很好的发展机遇,但具体实施中仍存在一定挑战。本章主要解决的问题有3个:一是充分认识智库战略下情报学范式的变化及投身智库研究之前情报学需考虑的问题;二是在这样的认识下,情报学的理论与实践中应如何进行变革和发展,以期在进行智库研究中发展情报学;三是在变革和发展思路指引下,情报学应重点关注哪些领域,以使情报学能够真正投身到智库研究中,并在这一研究中丰富情报学问题域。后续研究中,可从智库型人才画像、智库型情报人才培养,以及智库建设的基本条件、情报机构向智库转型的体制与机制构建等方面来研究情报研究服务于智库的保障能力建设。

第 9 章
大数据环境对情报学学科建设的影响

人类社会步入大数据时代，以往的技术不能解决的问题现在将会得到解决，以往的方法不能研究的问题现在也将得到研究。因此，情报学学科建设应该关注大数据，尤其是基于大数据技术的情报分析方法。本章主要讨论大数据范式对情报学的影响、大数据背景下情报学研究需要思考的问题、大数据背景下情报学研究的重点问题。

9.1 大数据范式对情报学的影响

2003 年，微软、IBM 等公司提出大数据的概念及范畴，强调大数据的商业价值和技术前景。2007 年，科学界提出以大数据为对象的科学研究"第四范式"，即以海量数据计算为基础的密集数据范式（data-intensive paradigm）[1]，也就是大数据范式。作为与数据密切相关的一门学科，情报学是一个研究从数据中如何提炼情报的理论、技术和方法的学科，对于擅长信息采集、信息处理、情报分析、情报服务研究和实践的情报学来说，大数据时代的来临无疑为情报学的学科发展带来了契机，因为大数据技术能够为情报学学科提供更加强大的数据处理分析方法和工具及更加丰富的情报源，无论是数据量还是数据类型，都要求情报学学科对于自身的技术和研究方法进行变革和完善。简而言之，大数据范式将给情报学带来全新的变化，包括研究对象、研究过程、研究方法、应用领域等多个方面。

---

[1] HEY T, TANSLEY S, TOLLE K. 第四范式：数据密集型科学发现 [M]. 潘教峰，张晓林，译. 北京：科学出版社，2012.

9.1.1 情报学研究对象的变化

情报学的研究对象其实就是情报资源，社会上流通的情报资源基本上分为物质载体型和非物质载体型两种。传统的情报学研究对象主要是以物质为载体的情报资源，最开始主要是普通的文本文献，如各种印刷品、出版物等，随着研究的深入，目录学、分类法、索引法等逐渐发展起来；到了互联网时代，计算机和互联网高度普及，解决了信息的机器可读化和数据的可计算化，以及信息传递和信息服务问题，情报学在原有研究内容的基础上，将各种电子信息资源也纳入了应用情报学的研究范畴，并且随着信息技术的发展，电子信息等非文本信息资源渐渐超越了传统的情报资源成为情报学研究的主体[1]。在大数据背景下，非物质载体的情报资源成了情报学研究的重点。

大数据常见的类型包括 Web 和社交媒体数据、大体量交易数据、人工生成数据、机器对机器的数据和生物计量学数据等[2]。在大数据时代，以文献为主的情报学研究向网络复杂数据进行拓展[3]，如不断增加的视频监控数据，各类论坛上的用户交流数据，各类网站上的政策、新闻信息，以及个人博客、微博、网页数据等。大数据作为情报学的研究对象，为情报学研究和情报工作开辟了新的空间。过去，情报工作主要依赖文本型的信息资源和某些"小数据"，情报来源不够广泛和多样化，影响了情报研究成果的全面性和精准性。有了大数据，情报研究工作就有了广泛、多样化、动态性的公开信息资源，能保证研究工作更加全面，跟踪更加及时。按照学界广泛接受的"数据—信息—知识—智慧"模型（DIKW 模型或 DIKW 金字塔）[4]，数据、信息、知识和智慧之间是一种链的关系，情报学研究对象正向"数据"一端迁移，但是研究数据的目的仍在"情报"。对数据进行深度分析，从数据中提炼出有价值的情报，是大数据环境下情报学发展的必然趋势，将数据纳入情报学研究对象，建立数据情报学，是情报学研究的一个重要课题。

9.1.2 情报学研究过程的变化

传统情报流程包括情报规划、情报搜集、情报分析、情报发布、情报评估等基本环

---

[1] 刘红霞，白万豪. 大数据背景下的应用情报学研究［J］. 情报资料工作，2014，35（1）：27-30.
[2] 桑尼尔·索雷斯. 大数据治理［M］. 北京：清华大学出版社，2014：23.
[3] 苏新宁. 大数据时代情报学与情报工作的回归［J］. 情报学报，2017，36（4）：331-337.
[4] ROWLEY J. The wisdom hierarchy: representations of the DIKW hierarchy［J］. Journal of information and communication science, 2007, 33（2）：163-180.

节。在大数据背景下,数据成为情报学的研究对象,打破了原有情报链的构成形式,会在情报流程上出现新的变化。在大数据背景下,情报研究工作正在进入数据处理全息化、情报方法集成化、情报技术智能化及情报服务全程化的崭新时代,需要构建由课题选择(情报规划)、情报搜集、信息序化、科学抽象(情报分析)、成果表达(情报发布)和成果评价(情报评估)等一条龙的情报研究新程序[①]。大数据环境下的数据处理流程包括数据获取与记录、数据抽取与清洗、数据集成与表达、数据建模与分析、数据诠释与可视化展示等[②]。新的情报流程的每一个环节都会出现一些新的特征、要求、方法等,有广阔的研究空间。

在情报规划和课题选择阶段,传统的情报学主要采取被动接受任务的形式,局限于从传统文献资料角度进行任务解读和规划。在大数据环境下,情报学要主动利用大数据,及时监测相关领域和行业的动态,主动发现任务,主动划归相关情报工作,提供优质情报产品,开展行业咨询服务。

在情报搜集和信息序化阶段,传统情报学主要搜集传统文献资料,针对某一项任务进行资料的整理,通过相关标引规范进行标引序化和存储,一旦任务完成,这些资料也就失去了活力,造成资源的极大浪费。在大数据背景下,情报学需要细分领域和行业,由点带面,统筹规划各个领域的基本数据资源搜集整理,可以采取集体智慧的方式,做好数据的规划,采用云平台,建立健全相关数据的共享机制,让搜集整理的数据能发挥最大价值。

在情报分析阶段,传统的情报学主要采用计量学及专家知识方法,相关分析软件功能较为单一。在大数据环境下,由于大数据的"4V"特征,数据检索的精确性要求降低,而情报分析变得尤其重要,情报学的分析方法将会从原来的以人工分析为主体转变为以计算机智能化为主体的智能分析。情报分析需要在低价值密度的大数据基础上,利用挖掘技术为主要分析对象和工具提炼出有价值的信息,生产出符合用户需求的各类情报。大数据背景下的情报分析要求情报分析员在识别用户需求的基础上,运用科学方法对搜寻到的直观的、半结构化、结构化的信息进行处理,对当前和历史的信息进行分析、整合和组织,综合现实背景和信息的关联性创建假设可能的情境,然后评估和假设

---

① 唐晓波,朱娟. 基于霍尔模型的情报工程知识体系构建[J]. 数字图书馆论坛,2016(2):27-32.
② AGRAWAL D,BERNSTEIN P,BERTINO E,et al. Challenges and opportunities with big data[J]. A community white paper developed by leading researchers across the United States,2012,5:34-43.

检验，并给出预测，最后形成知识化的文档或报告供决策者使用。

在情报发布阶段，传统情报学一般是采用最终报告的形式进行发布，形式单一，灵活性低，用户一般不能参与中间过程，只能被动接收结果。在大数据环境下，要求对情报分析整个流程进行可视化，情报发布不仅是作为终端产品，同时要把中间结果进行及时呈现，增加用户参与度，改变传统的DIKW模型范式路径，参考决策链、循环链等工程化思维，实现情报分析结果的螺旋式递进发布方式，并且进一步丰富最终报告的呈现方式。

在情报评估阶段，也要改变传统的事后评估模式。在大数据环境下，通过以往相关案例的相似度监测等方式，在分析之前，加入事前评估，及时规避风险。在分析过程中，通过中间结果的阶段性发布、个性化推送等方式，增加用户的参与度，同时通过基于大数据的相关案例的对比分析，采用相关规则和算法，增强事中评估。事后评估的相关结果也要与事前、事中评估结果进行对比分析，及时加入知识库，作为将来实施相关项目的参考。总体来说，要通过相关机制、研究相关算法，利用大数据基础设施，加入用户体验，不断完善情报自动化评估。

9.1.3 情报学研究方法的变化

大数据是因技术变革而产生的，当面临传统的技术方法无法处理的数据量时，方法与技术上的突破和革新需求就应运而生。大数据是情报学发展所面临的客观环境，也是情报学需要处理的重要对象之一，情报学方法也必然受到大数据的影响，产生许多重要的变革。在大数据时代，网络数据的多样化和结构的复杂化，必然要求情报学研究结构化数据组织与处理向复杂结构数据扩展，需要能够对结构化数据与复杂结构数据进行融合处理，能够进行复杂结构数据间的语义关联研究，以促进情报的深度挖掘，产生有价值的情报[1]。

研究方法对任何一个学科都十分重要，甚至可以视为一个学科是否成熟的标志。情报学方法论是关于情报方法的知识或体系，研究如何使科学化的情报研究得以有效、有序的运用，并使各种情报方法的知识得以整合，增强情报人员研究情报和情报规律的能力[2]。情报学方法论一直以来都是情报学研究的难点和重点。研究方法是解决问题的钥

---

[1] 苏新宁. 大数据时代情报学与情报工作的回归[J]. 情报学报，2017，36（4）：331-337.
[2] 岳剑波. 情报学的学科地位问题[J]. 情报理论与实践，2000，23（1）：5-7.

匙，提炼出好的科学问题，还需要有针对性很强的研究方法。目前，情报学研究方法主要包括社会调查、文献计量、统计分析、共现分析、链接分析、内容分析、技术路线分析等，另外，扎根理论、引文分析与计量也是情报学界经常使用的方法。这些方法今天仍在情报学研究中发挥着重要作用，但也显现出较大的局限性。首先，在大数据时代之前，科学研究界主流采用的是确定性研究方法论。情报学是研究情报活动的科学，在研究中普遍采用的也是确定性研究方法论。但是，方法必须适应于对象，这是方法论的一个基本原则[①]。情报活动的对象是人类社会组织，而人类社会组织属于复杂系统[②]，本身带有不确定性，因此，确定性研究与情报活动本身并不匹配。其次，这些方法更多关注结构化数据的处理和数据样本的处理，而对于半结构化数据和非结构化数据的处理能力相对较弱，目前还没有实现"全数据"信息处理机制，需要在方法和技术上有所拓展。实际上，最大的局限在于数据来源的有限性和主观性，以扎根理论为例，表面看来所有数据和资料都源于对被调查对象针对访谈或问卷的回答，是客观准确的一手数据，事实上，被调查对象在回答问题时，带有很大的随意性和主观性，有时也存在对问题理解的歧义，因此，研究结论的可靠性将大打折扣。依赖研究人员个人收集、阅读文献的系统性综述纵向研究其实也带有很大的主观性和随意性，难以保证结论客观准确。

面对当前大数据带来的汹涌而至的信息潮流，情报学研究涉及的问题越来越广，吸引了不同学科领域的一些学者关注情报学研究，所运用的方法也不断推陈出新，为情报学科的发展注入了新的活力，为情报学利用实时数据、大规模数据和客观数据开展研究提供了条件。结合对过去与现在情报学研究方法的对比，可以认为，在大数据环境下，情报学研究方法呈现从介入性方式到非介入性方式、从部分探究到整体研究、从人工分析为主到计算机分析为主的变化趋势。例如：统计物理学家采用统计物理模型和复杂网络方法研究引文网络，建立了更加抽象但又能够刻画真实网络特征的模型；计算机科学家借用强大的计算能力和模型研究网络信息分布及传播规律，采用计算实验和平行系统研究情报工作模式，采用大规模电子踪迹和用户生成内容研究信息行为。这些研究不仅大大丰富了情报学研究，还带来了情报学研究范式的革命。此外，还有社会网络分析、认知计算、社会感知计算、平行计算、机器学习等。这些研究方法所呈现的特点，符合大数据时代的特征，代表着情报学研究方法的拓展和进步。其实，研究方法并没有好坏

---

① 高志平. 试论图书馆学研究方法论的层次和结构 [J]. 高校图书馆工作，2001，21（5）：6-8.
② 李景平，刘军海. 复杂科学的研究对象：非线性复杂系统 [J]. 系统辩证学学报，2005，13（3）：60-65.

之分，新的研究方法的出现代表着突破传统研究方法的局限，说明可以解决过去无法解决的问题，达到曾经无法企及的目标，这对科学研究意义重大①。

情报活动的对象是复杂系统，因此，情报的目标就是为了消除复杂系统的不确定性，方法则是引入与复杂系统相关的信息，需要引入的信息量由复杂系统的不确定性程度决定。理论都是为了论证而存在的，而论证的对象则是客观事实，因此，概念解释力的根本是对研究对象的合理解释。理论的解释力在很大程度上来自工具与方法的有效性②，因此，概念解释力的路径之一是方法论，而不确定性科学方法论对于情报学科及其子学科具有完全的兼容性和解释力。在大数据环境下，需要结合不确定性科学方法论，根据情报的对象与目标引入相关性信息，以实现最大化地消除情报对象的不确定性。

工具在科学技术发展过程中发挥了极强的推动作用。人工智能虽然功能强大，但仍然属于工具范畴。当更强的新工具出现时，需要情报人员主动学习新技术，研究新方法，借助新工具提升自己的专业水平。在情报理论方面，目前亟须发展不确定性研究方法论下的具体情报方法。应充分利用智能（intelligence）科学的相关理论构建新的适应时代发展的理论框架，并以此为基础结合人工智能技术研发出更多的情报技术，借此将情报危机转化为情报学的发展机遇③。

9.2 大数据背景下情报学研究需要思考的问题

大数据不仅是数量上的堆砌，而且具有很强的关联性、结构性，用户与用户、用户与行为、行为与行为都存在确定的关联性，曾经看似无用的垃圾信息将可能是揭示某种规律的关键性信息，因此，大数据时代的情报人员要具备数学、统计学、经济学、社会行为学、社会网络学、社会心理学等多方面技能和背景，才能在为数据分析建立假设时感知可能存在的关联，理解关联背后的逻辑，构建合理的数据结构，挖掘出有价值的信息④。情报学界在促进情报学与其他相关学科的交叉结合的同时，需要思考情报学与这些学科的关系问题，跨界研究不等于越界研究，需要保持本科学的相对独立性，也需要思考大数据背景下学科伦理的相关问题。

---

① 马费成，张瑞，李志元．大数据对情报学研究的影响［J］．图书情报知识，2018（5）：4-9.
② 岳彩申．理论的解释力来自哪里：中国经济法学研究的反思［J］．政法论坛，2005（6）：17-31.
③ 刘永君，栗琳．人工智能时代情报学的危机及对策［J］．情报理论与实践，2017，40（12）：6-11.
④ 闫学杉．信息科学：概念、体系与展望［M］．北京：科学出版社，2016：98-118.

9.2.1 情报学与数据科学的关系

数据科学是一门数据驱动的交叉性科学，从研究角度分析，其作为一个容纳计算机科学、统计学、信息科学、数学等学科的组合体，在以数据研究和应用为首要任务和目标的导向下，驱动和关联着各个学科并形成有机统一。数据科学也为其他科学领域提供了新的研究视角、领域、方法和工具，通过与数据科学进行交叉融合，激变产生出新的原创性理论、知识、思路和方法，极大拓展了其他科学领域的研究能力。在物理学、化学、地球科学和生物学等自然科学领域中，对大数据的研究与实践应用已成为一种常态，甚至从某种程度上讲，这些学科的进展依赖于对数据的获取与分析。

数据科学虽然不是一个新概念，但是近年来随着大数据越来越受到关注，学界和产业界都开始重新审视数据科学。在大数据背景下，数据科学主要包括两个方面的内涵[①]：一是针对数据本身，研究数据的各种类型、状态、属性、变化形式和规律；二是为自然科学和社会科学研究提供一种新的方法，即科学研究的数据方法，其目的在于揭示自然界和人类行为的现象和规律。但是，由于不同学科的数据差异性和工作任务要求不同，各个学科需要建立具有自身特色的数据科学，培养各自领域的数据科学人才。情报学界也需要结合自己的历史使命、时代特征与发展，探讨面向大数据的学科建设与学科发展。因此，通过引入数据科学的相关基础理论、技术与方法，推动情报学的变革成为情报学界关注的问题。

统计分析、内容分析、共现分析、链接分析等，这些传统情报学研究方法更多是关注结构化数据及数据样本的处理，而对半结构化数据和非结构化数据的处理能力较弱。而在大数据环境下，情报研究的技术体系、过程与方法都发生巨大变化。大数据与情报学的融合，必然会导致新的情报流程产生，而在重构后的情报流程每一环节中也必然会形成一些新的特征、任务、方法等，这些新变化更多是向大数据的复杂性、多维性、碎片化、非结构等特征看齐。因此，情报学研究与实践探索需要面向更加复杂的数据网络、更加多样化的数据分析方法，从研究基于文献数据的引文或共现关系构建到基于海量数据内容的知识语义关联，从单纯对小样本数据的信息组织、存储与检索到注重大样本数据的描述识别、分布式存储与检索，从基于文本的文献数据信息分析到基于科学大数据的跨学科知识整合与分析，以及从基于网络内容要素的链接分析向基于海量数据科

---

① 朱扬勇，熊赟. 数据学 [M]. 上海：复旦大学出版社，2009.

研关系网络挖掘的转变。情报学需要关注从数据到知识，到智慧，再到决策方案的语义化计量化知识分析方法，聚焦于融会数据科学、情报科学和计算机科学的深度语义化知识组织，智能化量化挖掘分析及基于大数据的循证决策分析，侧重关注以大数据为基础、依靠复杂挖掘分析、致力于知识发现与预测、支持决策分析和政策制定的方法与技术研究。

关于情报学相关领域与数据科学的关系，国内外已有一些研究。Agarwal 和 Dhar 认为，信息系统专业有着在商业和社会领域利用计算机技术与数据开展研究的传统，与数据科学高度契合[1]。叶鹰和马费成指出，数据科学与包含情报学在内的信息科学有本质联系并一脉相承，其继续维持了信息科学的基本原理[2]。朝乐门和卢小宾指出，数据科学将在理论基础、数据的"资产"属性、研究范式、业务与数据的关系等方面对信息科学产生影响[3]。综上所述，数据科学所需的知识结构除了计算机技术和统计学方法外，还包括数据分析与应用、项目管理、领域知识、产品设计、研究方法、数据管理、数据安全、数据伦理等多个模块，情报学的大量核心知识都包含于其中。

从对数据的利用角度看，传统情报学更多地将数据作为生成情报的原材料，研究数据的存储、检索等，强调数据储存的质量和规范，然后利用数据分析技术，从原始数据里面提炼出有用的信息，形成知识，最终加上专家智慧，形成情报产品。而数据科学更强调直接从各种类型的数据里面利用数据挖掘等技术，把从原始数据中提炼出来的信息和知识中间结果加入原有数据中，通过相关算法多次运算，直到最终提炼出智慧产品供第三方使用，在这个过程中，尽量减少人脑的参与，而直接让数据说话。在大数据背景下，情报学需要重新思考信息链里面各个环节的关系，打破传统思维，借鉴数据科学的思路，把人脑智慧作为数据之一，把数据处理的中间结果也作为数据，将数据从处理对象变为分析参谋，尝试直接让"数据"说话。

从对数据的处理规模看，传统情报学受限于处理结构化数据，处理对象大多局限于中小规模的数据集。数据科学最早来源于统计学，当时也是更多地处理小规模数据，但是最近发展起来的数据科学则直接面向"大数据"，即多种类型的大规模数据，更多地利用统计学、数学的计算模型，利用计算机科学与工程的相关技术，对大数据进行采集

---

[1] AGARWAL R, DHAR V. Big data, data science, and analytics: the opportunity and challenge for IS research [J]. Information systems research, 2014, 25 (3): 443-448.

[2] 叶鹰，马费成. 数据科学兴起及其与信息科学的关联 [J]. 情报学报，2015, 34 (6): 575-580.

[3] 朝乐门，卢小宾. 数据科学及其对信息科学的影响 [J]. 情报学报，2017, 36 (8): 761-771.

与处理。在大数据背景下,情报学需要处理越来越多的非结构化数据,因此,情报学可以借鉴数据科学的方法,更多地利用统计学、数学模型,使自己的数据处理能力能够适应大数据环境。

聂磊和王继民[①]在总结借鉴 NIST 大数据互用性框架、EDISON 数据科学能力框架等已有研究的基础上形成数据科学知识框架,如表9-1所示。他们还对国内数据科学、情报学(信息管理与信息系统专业)核心课程设置进行调研,发现94.1%的情报学核心课程被纳入数据科学知识框架。由此可见,情报学和数据科学的知识结构具有高度一致性。

表9-1 数据科学知识框架

一级知识模块	二级知识模块	一级知识模块	二级知识模块
计算模型	数学	问题关联	分析与应用
	统计学		管理与沟通
	数据建模		领域知识
工程技术	算法		数据产品设计
	编程语言		科学方法
	计算系统	保障机制	数据安全
	数据存储与检索		数据管理
	数据可视化		数据伦理
	数据采集与处理		

虽然情报学需要向数据科学借鉴的研究方法很多,但是,情报学必须坚守自己的学科核心。在大数据环境下,两者都是用数据说话,但是,情报学具有良好的信息序化和知识凝练的学科基础,可以作为大数据分析的基础和辅助,建好相关领域的信息库和知识库,并且不断细分领域,及时更新,把人类和专家智慧按照任务需求自动加入计算机的数据处理过程中,发挥情报学的优势。

9.2.2 情报学与图书馆学的关系

"文献爆炸"或"信息爆炸"的到来,加速了情报学从图书馆学中分离。情报学起

---

① 聂磊,王继民. 从数据科学视角看情报学与数据的关系 [J]. 图书情报知识,2018 (6):29-36,74.

源于针对专业信息需要的文献工作，情报学和图书馆学虽然有共同的渊源，但还是有明显的区别。

（1）从对信息处理的目的来看

图书馆学主要研究信息的序化问题，信息检索和数据库建设是该学科的核心议题。在大数据环境下，海量信息的序化和存储是图书馆学界面临的新课题。当然，图书馆学与情报学存在许多共同的研究主题，信息序化问题也是情报学的重要研究内容之一。情报学主要研究信息的转化问题，为组织的科学决策服务。在大数据环境下，信息的转化主要表现为情报分析，需要利用大数据平台，采用大数据相关技术，开发情报学专用软件系统对大数据环境下的海量数据进行分析。需要注意的是，由于情报的研究内核是 information 的 intelligence 化，因此，在大数据环境下，信息序化、数据和知识的存储、检索依然是情报学的重要基础。

（2）从传统来看

与图书馆学悠久的人文传统相对立，情报学长期以来所秉承的是技术传统，时时刻刻是以"科学"的学科身份来认识和要求自身。情报学遵循着自然科学中的"硬"科学方法，以经验主义、实证主义为典型代表的方法论在学科中受到推崇，强调方法的客观性。在大数据环境下，情报学研究和情报工作应该增加用户参与度，挖掘数据背后的人文和社会背景，提供情报的深层次解读，更好地提供相关情报服务。这也是情报学区别于数据科学的重要特征。

（3）从从业人员背景来看

从事情报领域工作的一般为情报分析人员，这些人员一般都长期从事某一个领域或某一些领域的情报分析，具有这些领域相关的学科背景，对这些领域的相关动态非常熟悉。而从事图书馆领域工作的人员则多为图书馆员、档案管理员、文献资料工作者、信息专家、编目员等，这些工作人员一般是根据固定的规则，如分类法等，对不同领域的资料进行编目分类和存储，对相关领域的学科背景要求不高。在大数据环境下，数据的复杂性和学科的交叉性要求情报分析人员除了需要相关领域的学科背景外，更主要的是需要拥有快速学习的能力和使用相关工具的能力。

（4）从工作处理对象角度来看

一般情况下，图书馆领域工作人员的数据来源为图书、期刊、科技报告、统计资料等文献资料，这些数据来源是相对比较稳定、静态和结构化的。情报分析人员一般是在图书馆工作人员组织过的数据源基础上进行深入的分析。在大数据时代，开源信息的激增，数据来源和形式的多样化，使得图书馆工作人员没有足够的能力去处理这些多源数据，情报分析人员在接收诸如国内外媒体或出版社相关报告等传统的结构化文档信息时，不得不面对大量来自卫星平台或其他通信设备的动态、实时数据，如图像、声音、视频等原始的未经标引处理的数据，这就需要情报学科研人员借助大数据相关技术，研究情报学对这些数据的处理模式和方法。

（5）从对数据处理的风格上看

情报工作人员通常面临模糊、失真的工作环境，当关键性信息缺失但是必须做出判断时，他们就会运用经验、知识、想象力和创造力有意识地做出假设、推测和论证，处理数据往往比较直观。图书馆工作人员则习惯于用传统方法，即使用客观标准对数据进行处理，如使用各种编目工具和统计模型。因此，他们工作的最主要区别在于对数据的处理方面，即情报分析人员主要是对数据进行评估、推理、假设和验证，图书馆工作人员特有的活动则是数据分类、数据挖掘、信息索引、知识组织、检索等[1]。在大数据环境下，情报工作人员对数据的直觉必须建立在对大数据的客观分析基础上，加上自己的经验进行判断，而图书馆工作人员对数据的处理方式依旧不能太主观，但是会更加自动化、智能化。

9.2.3 情报学的学科伦理问题

情报学研究的是信息和知识的社会现象，人周旋于其中，这与自然现象有着根本的区别。在情报学学科中，与"物"相比，"人"有着同等甚至更为重要的地位[2]。卢泰宏指出，情报学是一门以人为主体的学科，具有人文科学的性质，但是这种性质却被忽略或遗忘，情报学不能忘记人[3]。在美国情报科学与技术学会（ASIS&T）2010年年会的分论坛"情报学的重新定位"上，与会者纷纷认为技术定位只是情报学发展的选择之一。与美国不同，法国的情报学隶属于人文科学，有必要对此加以借鉴[4]。技术哲学家汉斯·林克曾指出：技术力量会导致生态失衡，而其中的本质原因是技术利用时的责任

---

[1] 邓胜利，凌菲. 大数据时代基于情报分析的图书情报学教育变革[J]. 信息资源管理学报，2014，4（3）：88-94.

[2] 王琳. 解释学与情报学的人文研究范式[J]. 图书情报工作，2012，56（24）：55-59.

[3] 卢泰宏. 情报科学的人文性质——关于情报科学学科性质的反思[J]. 图书情报工作，1989（6）：1-7.

[4] IBEKWE-SANJUAN F, LATHAM K, BUCKLAND M. Re-positioning information science[J]. Proceedings of the American society for information science and technology，2010，47（1）：1-2.

担当缺失①。科技伦理学专家邱仁宗认为,大数据技术将带来数据身份认证、隐私保护、数据访问、安全与安保、数字鸿沟等诸多技术伦理问题②。具体而言,面向大数据的情报研究容易造成数据权侵犯和隐私披露等伦理失范,这在数据利用的过程中暴露无遗。

面向大数据的情报研究过程可概括为:数据足迹—数据活动—情报研究。大数据环境下,情报研究可从多种智能设备、网络媒体和应用系统中获取用户的多源数据,并以数据采集、组织、管理、共享等为主要形式开展各种数据活动,通过这些活动实现多源数据的聚合、语义揭示,从而实现数据的相关关系、空间关系和时间关系等研究分析③,最终为满足一定的研究任务需要做出判定、决策和预测。在这一过程中,数据拥有者的数据权被动地,甚至毫无知觉地被数据使用者获取,开展相关研究。这些数据包括用户的各类数据,隐私数据也在劫难逃,这些隐私数据不仅会在未被授权甚至不知情的情况下被采集,而且还会通过数据管理与分析技术对其所反映的信息进行挖掘,从而形成对用户的认知,而对用户的数据性"物化",显然在认知具有能动性和社会属性的用户方面具有显著的"人文"缺陷,阻碍对人的本质确证④,从而导致数据分析结果及其利用的异化。

在情报活动过程中,数据采集、保存、管理与使用均存在一定侵权风险,这些权利主要包括数据的所有权、知情权、采集权、保存权、使用权和隐私权等⑤。情报研究伦理失范风险不仅存在于法律层面,因数据利用的异化也大量存在于人文和社会层面的对个人发展的阻碍。种种失范使情报研究中的研究对象、研究者和研究结果受益者三方利益分配失去平衡,作为数据生产者的研究对象的利益受到威胁,甚至是零利益。这不仅抹杀了情报研究的核心价值,也严重违背了功利伦理的核心原则:"我们选择的行为应该为大多数人谋求最大限度的幸福。"⑥

此外,如果对大数据预测及情报分析技术不加以控制与监督,就会导致技术支配人类,使人失去独立思考与自主决策的能力。情报学如果迷信技术,走向"技术主义",

---

① LENK H. Progress, value and responsibility [J]. PHIL &TECH, 1997 (2): 102-120.
② 邱仁宗. 大数据技术的伦理问题 [J]. 科学与社会, 2014 (1): 37-47.
③ 化柏林, 李广建. 大数据环境下的多源融合型竞争情报研究 [J]. 情报理论与实践, 2015 (4): 1-5.
④ 陈仕伟. 大数据技术异化的伦理治理 [J]. 自然辩证法研究, 2016 (1): 46-50.
⑤ 涂子沛. 大数据——正在到来的数据革命 [M]. 桂林:广西师范大学出版社, 2013: 185, 274, 325.
⑥ 唐纳德·帕尔玛. 伦理学导论 [M]. 黄少婷, 译. 上海:上海社会科学院出版社, 2011: 147.

让人的智能缺席，就会很容易导致情报失误，甚至造成严重的后果[①]。只有充分发挥人的"智能"的作用，才能弥补技术的缺陷，避免技术主宰人类，情报学应该将"智能"作为研究的核心和目标。例如，在情报分析中，不能片面依赖相关关系分析，停留于事物"是什么"这一表象，而应该深入发掘事物的因果关系，探求事物之"为什么"，即事物的本质。又如，对于运用大数据技术而获得的情报产品，不能完全依赖"用数据说话"，应该始终坚持人的观察与思考，用人的理性判断来纠正技术可能带来的偏差。再如，在情报培训中，不能只关注技术、技能训练，更应该重视思维、逻辑、语言、心理、文化等方面综合素质的提升，达到培养能力、丰富经验、提高谋略水平的目的，促使情报人员通向智慧这一高级层次。

9.3 大数据背景下情报学研究的重点问题

大数据本身具有巨大的技术、方法、社会和认识论意义。它在改善了人们生活方式的同时，也改变了科学研究的主导范式，以数据驱动的科学研究已成为主导范式。本节主要探讨大数据背景下情报学理论研究需要关注的问题，包括明确情报学研究范畴、构建基于"第四范式"的情报学研究范式及情报学核心理论。

9.3.1 确定大数据背景下情报学研究范畴

情报学研究不可过于宽泛，大数据本身的问题不在情报学研究范畴之内，如数据保护技术、用户隐私保护法规，但是要在符合相关法规的基础上，充分利用现有的技术，开展情报学技术应用研究。中国情报学在发展过程中，逐步形成了面向决策服务的情报范式和面向社会服务的信息范式两大研究范式，两大范式各有特点，在新时代需要融合与携手发展[②]。

2003 年，美国情报科学技术学会前主席 T. B. Hahn 女士应美国科学学会主席团理事会的要求回答"20 世纪你们专业学会 5~7 个最重要的、最具代表性的最基本发现"这一问题，在大量的文献调研、专家咨询并参考情报学教材和历史文献的基础上，她认为

---

① 彭知辉. 论公安情报学的学科属性及大数据环境下的变化 [J]. 情报资料工作, 2017, 38 (5): 42-48.
② 周晓英，陈燕方. 中国情报学研究范式的冲突与思考 [J]. 公安学研究, 2019, 2 (2): 27-44, 123.

用"发展"(development) 比"发现"(discoveries) 能更准确描述情报学的发展及社会贡献。她把情报学的重大发展及社会贡献归纳为 5 个方面[①]：①通过计量学研究测量了信息爆炸；②通过发明索引系统遏制了信息爆炸；③在信息存储与信息检索领域，最早将计算机应用于处理文献和文献记录；④研究了用户的信息查寻、需求和选择行为；⑤建立了国家信息政策。T. B. Hahn 较为完整准确地从宏观层面及微观层面概括了情报学在 20 世纪的发展与社会贡献，揭示了情报学在社会信息交流系统中应用信息技术高效、快速进行数据处理的发展场景，尤其是展示了情报学管理和控制信息爆炸性增长语境的重要作用。

"情报"新时代正在呼唤一个新型的情报学与情报工作发展模式，中国情报学与情报工作走向了情报体系整体协调与情报能力综合提升的双重转型阶段，承担着"信息库"和"思想库"的双重功能[②]。情报学自诞生起就与"技术"有着天然的联系，而当前以大数据、互联网、人工智能（智能信息技术）为代表性特点的新技术环境为情报学与情报工作带来新的契机。具体而言，大数据技术为情报研究提供了新的研究方法与工具，促使大规模的情报采集、分析与处理成为可能；互联网技术打破了地理因素甚至时空因素对于情报工作的限制，促使不同区域、不同时间的情报资源能够在特定环境下实时响应、快速传递；人工智能（智能信息技术）所强调的智能感知、智能处理与智能反馈能为情报流程的"采""种""收"提供技术保障，同时也是情报智能系统形成的关键[③]。也就是说，无论从分析需求、情报基础、计算能力、实时响应、协同运作等方面考虑，新技术环境的革新对于情报学与情报工作的发展都具有引领作用，而这种技术层面的"添翼"要求"情报"本身进行更大规模的体系化回应与更强实战的能力化培育，通过情报体系建设与情报能力培育的同步建构，完成情报理论与情报实践的蜕变。

9.3.2 构建基于"第四范式"的情报学研究范式

2007 年，计算机图灵奖得主吉姆·格雷（Jim Grey）在美国国家研究理事会计算机

---

① HAHN T B. What has information science contributed to the world? [EB/OL]. [2019-08-06]. http://www.asis.org/bulletin/Apr-03/presidents.html.

② 李阳, 孙建军. 中国情报学与情报工作的本土演进：理论命题与话语建构 [J]. 情报学报, 2018, 37 (6): 631-641.

③ 王延飞, 赵柯然, 何芳. 重视智能技术 凝练情报智慧——情报、智能、智慧关系辨析 [J]. 情报理论与实践, 2016, 39 (2): 1-4.

科学和远程通信委员会（NRC-CSTB）的演讲报告中提出了科学研究"第四范式"，即以数据密集型计算为基础的科学研究范式。格雷先生的 4 个科学范式理论基本内容为：第一范式产生于几千年前，是描述自然现象的、以观察和实验为依据的研究，可称为经验范式；第二范式产生于几百年前，是以建模和归纳为基础的理论学科和分析范式，可称为理论范式；第三范式产生于几十年前，是以模拟复杂现象为基础的计算科学范式，可称为模拟范式；第四范式今天正在出现，是以数据考察为基础，联合理论、实验和模拟于一体的数据密集计算的范式，数据被一起捕获或者由模拟器生成，由软件处理，信息和知识存储在计算机中，科学家使用数据管理和统计学方法分析数据库和文档，可称为数据密集型范式。

学科环境的变革往往带来学科范式的变革。科学研究第四范式是新兴的针对数据密集型科学的研究方法论，其处理的主要对象是数据。而情报学也是以数据和信息为研究对象的一门学科。两者之间存在着天然的联系。一方面，情报学是一门学科，科学研究第四范式作为科学研究的方法论，它的发展会给情报学的发展带来促进作用；另一方面，科学研究第四范式是刚提出的方法论，其理论与方法还未形成体系，情报学对于数据的管理理论和方法可以为其提供借鉴①。

不同学者对情报学发展的范式给出不同的归纳。王芳②认为情报学的发展经历了物理范式或信息检索范式、认知范式、资源范式、管理范式、经济范式及过程范式 6 个阶段；曾建勋等③将情报学学科发展方式总结为基于 information 的事实性发展范式、基于 information management 的综述性发展范式、基于 intelligence 的智慧型发展范式，以及基于大数据的情报学发展范式，并从情报学体系框架变革、信息资源内容构成、新型信息组织方式、新型情报分析方法及情报服务功能拓展角度论述了大数据背景下情报学的拓展与深化；贺德方④探讨了工程化思维下的科技情报范式，探析了情报工程学的一系列问题。各种范式之间并非替代式发展。王琳认为，我国情报学范式经历了物理范式、技术传统与信息论的三位一体模式（20 世纪 80 年代）、认知范式（20 世纪 80—90 年代）、

---

① 邓仲华，李志芳. 基于情报学视角的科学研究第四范式需求分析 [J]. 情报科学，2015，33（7）：3-6.
② 王芳. 情报学的范式变迁及元理论研究 [J]. 情报学报，2007，26（5）：764-773.
③ 曾建勋，魏来. 大数据时代的情报学变革 [J]. 情报学报，2015，34（1）：37-44.
④ 贺德方. 工程化思维下的科技情报研究范式——情报工程学探析 [J]. 情报学报，2014，33（12）：1236-1241.

领域分析范式（20 世纪 90 年代至 21 世纪初）[1]。他认为，未来发展趋势是基于数据的范式。李阳和李纲认为，我国真正意义上的情报研究兴起于 20 世纪 50—60 年代。第一阶段：以传统科技情报为支撑的事实认知范式。促使情报工作开始从传统的"图书馆职能"（咨询服务）转向建立正式的、正规化的情报网络和流程，其研究范式发生了显著转变。第二阶段：以信息网络为依托的技术分析范式。随着搜索引擎、社交信息网络等互联网应用的盛行，数据量呈爆发式增长趋势，科学研究进入了以数据为基础进行科学发现的第四范式时代。第三阶段：以大系统融合为方向的情报工程范式[2]。李阳和孙建军指出，在中国情报学与情报工作发展史上，学科发展与实践工作主要经历了 3 个范式变迁阶段：体制驱动的情报专有维系探索阶段、信息化驱动的情报缺失有限供给阶段、"数据+情境"双驱动的情报体系整体协调与情报能力综合提升阶段。以"数据驱动+情境驱动"为新引领，形成能够支持情报体系活化与情报能力实化的动态聚合智慧情报生态，成为当前及未来中国情报学与情报工作发展的新逻辑、新路线、新格局[3]。

总体来看，目前的情报学形成了三大研究范式：基于 intelligence 的软科学范式研究、基于 information 的图书情报学范式研究和基于 IRM-KM 的管理科学范式研究。三大范式的关注点不尽相同：软科学范式面向信息转化和知识激活，以及用户实际问题的解决；图书情报学范式面向信息序化、信息提供和用户信息需求的满足；与软科学范式和图书情报学范式相比，管理科学范式则从信息资源和知识管理框架着眼，从管理学的视角审视情报学与管理学的交叉。不同范式的形成，一方面是由于不同业务工作部门的情报工作内容不同；另一方面是对于情报学的学科认知视角不同。从情报学的发展角度来看，大数据环境的发展必将对情报学研究的现有范式产生深刻的影响，需要构建基于数据科学的情报学研究范式。由于情报学主要分为科技情报、竞争情报、社会情报、军事情报、安全情报等学科分支，这些分支有不同的研究和工作特点，需要分别构建基于数据科学的适合各个情报学分支的研究范式。

以科技情报学分支为例。在目前的学术交流体系中，各个学科处理数据的方式都是将最终的文献成果发表，而支撑该文献成果的原始数据和中间整合数据却不包含在其

---

[1] 王琳. 情报学研究范式与主流理论的演化历程（1987—2017）[J]. 情报学报，2018，37（9）：956-970.

[2] 李阳，李纲. 我国情报学变革与发展："侵略"思索、范式演进与体系建设[J]. 图书情报工作，2016，60（22）：5-11.

[3] 李阳，孙建军. 中国情报学与情报工作的本土演进：理论命题与话语建构[J]. 情报学报，2018，37（6）：631-641.

中，而是散落在各个小型实验室或各人的笔记本上，随着时间的流逝就丢失了，这对于科研人员来讲是一种损失。第四科研范式要求在数据密集型科学中对于数据的处理是全面的，不仅对用户提供最终的知识服务，也需要提供原始数据和中间整合数据的服务，能够支持学科协同发展和扩大知识共享面的能力，各个学科在科学研究过程中产生的数据可以作为其他学科利用的资源，其目标就是产生学科之间的协同效应。在大数据背景下，需要将原始数据和中间整合信息等都作为数据，整合进学术记录，包含在整个学术信息交流体系中，做到相关研究可溯源可重复，数据溯源信息提示了在工作流执行中数据的输入和处理历史，即在学术信息交流体系中，运用工作流技术，储存整个数据处理历史，并以溯源信息的形式展现给用户。数据溯源信息的管理要求从开始收集数据到最终文献成果的呈现整个过程以源流信息的形式呈现在用户面前。一方面，可以起到学术监督的作用，所有的相关学者可以重复该实验过程进行验证；另一方面，为相关学者提供了可以利用的有效数据，提高了研究效率。《大数据发展行动纲要》指出，要实现知识服务大数据应用，利用大数据、云计算等技术，对各领域知识进行大规模整合，搭建层次清晰、覆盖全面、内容准确的知识资源库群，建立国家知识服务平台与知识资源服务中心。作为科学交流体系的主要研究学科，情报学对于信息组织及信息系统建立的研究可以为其他学科产生的数据提供一个合理的存储和组织方案，包括对数据的收集、存储、处理和挖掘等。第四科研范式要求产生新的数据处理工具和方法来解决数据密集型科学中数据处理能力薄弱的问题，情报学应该做出积极的调整来促进和推动新的科学交流体系的形成和发展，构建基于"第四范式"的科技情报研究范式，发挥大数据环境下情报学在知识服务和科技交流中的重要作用。

9.3.3 重构基于"第四范式"的情报学核心理论

信息检索和引文分析是情报学的核心。2010年，Priem 等[①]发表"Altmetrics：a manifesto"，从2013年开始，Altmetrics 这个研究主题开始成为国内外科学计量学研究的时代新宠与讨论热点。此后，Altmetrics 历年来都是国际科学计量学与信息计量学领域最热门的研究主题。国内情报学界通常将"Altmetrics"译为"替代计量学"。替代计量学是网络社交媒体下产生的大数据计量学，其最明显的特征是网络社交媒体下形成的多样化异

---

① PRIEM J, TARABORELLI D, GROTH P, et al. Altmetrics: a manifesto [EB/OL]. [2018-06-01]. http://alt-metrics.org/manifesto/.

构数据源，需要统一的框架联通各个孤立的网络交流数据源才能进行数据关联与统计分析。与往年相比，最新的替代计量学研究更多地关注网络社交媒体数据的产生机制、用户分布特征及其评价指标的适用性问题①。引文分析方法作为一种独具特色的研究方法，自20世纪60年代以后逐渐发展成熟，并形成比较完备的研究体系，在指标设置、工具开发和应用实践等方面也都取得了丰硕成果。随着各种面向网络信息的计量分析研究活动迅速展开，引文分析的思想和方法在新兴的网络信息计量学领域获得了进一步的发展与应用，如网络链接分析研究、基于网页链接分析的搜索引擎排序算法研制和新型网络引文索引工具的编制等②。

传统文献计量学的三大经典定律"洛特卡定律""布拉德福定律""齐普夫定律"分别揭示了科学成果的产出规律、文献集中离散定律和词频分布规律，而引文分析则是从文献参考交流的角度揭示知识网络与学术生态。由于如上文所述的科研模式变革与科学文献形式多元化这一特质，无论是以引文分析为主的文献计量学与科学计量学，还是迅速兴起的替代计量学研究，以及基于浏览、下载与借阅等使用数据的计量分析，都或多或少地涉及文献被引用特点、引文分布规律、引文指标与其他指标的互动关联性等相关研究内容。近年来，伴随着人们对定量学术评价问题的反思，引文分析在学术评价中的被引频次、影响因子、被引半衰期等评价指标也受到质疑，学者们正在探索替代计量指标与评价数据的搜集处理与研究应用。同时，引文分析作为科学文献计量学的内生性分析方法（如引文知识图谱），引文指标作为科学评价的外在评价指标（如学术价值指标）③，它们在大数据环境下越来越焕发出无穷的探索魅力。当前，文献计量与引文分析需要从科学社会学的视角进一步深入研究大数据背景下的引文动机、引文行为、引文规律及其实际应用，并将其作为替代计量指标及被浏览、被下载等使用指标的理论依据与参照基准，促进多种数据源与评价指标的综合应用及科学文献计量学的学科融合。

在实际应用中，现有的情报分析技术存在两个局限性：一是大多属于确定性科学研究方法，对于不确定性研究对象存在分析能力短板；二是难以处理大量性、多维性数据，对此类数据存在着分析速度短板。情报分析能力面临着被人工智能部分替代的危机

---

① 任全娥. 大数据背景下的文献计量学研究进展与学科融合［J］. 情报理论与实践，2019，42（1）：48-52.
② 赵丹群. 试论引文分析方法的网络化发展与应用［J］. 图书情报工作，2009，53（8）：39-42.
③ 同①。

和挑战。过去的"人工智能追求的是机器的智能化和智能的机器化"①，而当前的人工智能分析技术是基于大数据建立研究范式的，目前还只能在类似于围棋这种闭合、单维、非开放系统中展现出超强的分析能力。在特定条件下，人工智能对于不确定性研究对象的分析能力已经超过了人力分析，而且对于大量性、多维性的数据分析占有绝对优势。在某些"技术情报"实践领域中存在大量多维性的数据，对于这些数据已经能够实现以人工智能分析代替人力分析②。不确定性科学研究通过相关关系能够实现对复杂系统的研究，其核心是概率思维。情报学开展情报研究时采用不确定性科学方法论远远优于采用确定性科学方法论。只有在正确的研究方法论指引下，才能选取正确的具体研究方法开展情报研究，进而推动整个情报学发展。

需要特别指出，复杂系统是由非常多的简单系统累加组成，在复杂系统中确定性科学方法论仍然适用，区别在于适用度、准确度和难度。因此，不确定性科学方法论与确定性科学方法论并不矛盾，而是在后者基础上的升级。不确定性科学方法论对于情报学各个子学科具有很好的解释力。军事情报和竞争情报都是人类社会组织之间的对抗或竞争，本身就是复杂系统；科技情报、图书情报本质上是寻找与用户需求相似或相关的文献、图书、资料或者信息持有者，与不确定性科学方法论完全兼容；公安情报本质上是通过证物证人或其他方式寻找与犯罪案件相关的犯罪嫌疑人或犯罪团伙③，与图书情报的区别在于载体形式不同，与不确定性科学方法论也完全兼容。由此可知，不确定性科学方法论与情报学科及其子学科具有完全的兼容性。

科学研究第四范式的知识服务有两个主要特点：一是提供数据服务和知识服务。20世纪90年代后期，任俊为将知识服务引入国内的图书情报界，拉开了中国图书情报界研究知识服务的序幕。发展到现在，许多信息服务机构都在为应对数字环境进行着知识服务的探索和实验，努力超越传统模式，拓展新的服务内容和形式。研究者和研究机构越来越强调知识服务（为用户提供最有价值的处在资源顶层的知识结果），而忽视了支撑知识结果产生的原始数据和中间整合数据的存储和利用。鉴于此，科学研究第四范式要求不仅为用户提供知识服务，而且要提供数据服务，使用户能够更容易、更清晰地理

---

① 耿立大. 人工智能的本质和实现 [J]. 情报科学, 1986 (4): 43-51.
② 刘永君, 栗琳. 人工智能时代情报学的危机及对策 [J]. 情报理论与实践, 2017, 40 (12): 6-11.
③ 彭知辉. 关于公安情报概念的理解 [J]. 公安学刊（浙江公安高等专科学校学报）, 2007 (1): 58-62.

解最终的知识结果,能够重复该结果产生的实验过程,并重复利用该数据,提高科学研究效率。二是对溯源信息进行管理,提供从数据到知识的整个过程服务。数据溯源信息指在整个工作流程执行中数据的输入和处理历史。科学研究信息的提供者为用户提供的信息和知识是单个的、静态的,而科学研究第四范式需要新的服务模式,即能够提供从数据到知识转变的整个过程信息,这是一个动态的服务过程。

9.4 本章小结

本章首先讨论了大数据范式对情报学的影响,包括对情报学研究对象、研究过程、研究方法和应用领域的影响等。从研究对象角度,情报学从以物质为载体的情报源转变成以非物质载体为主要情报源,具体包括 Web 和社交媒体数据、大体量交易数据、人工生成数据、机器生成数据等。从研究过程角度,在情报规划和课题选择阶段、情报搜集和信息序化阶段、情报分析阶段、情报发布阶段、情报评估阶段的每一个环节,都需要按照面向大数据的研究范式进行改革和提升。从研究方法角度,情报学也要根据大数据的复杂性,为了消除不确定性引进更多新技术、新方法,开发新工具。在讨论了大数据背景对情报学的影响后,本章进一步提出了情报学研究需要思考的问题,包括情报学与数据科学的关系、情报学与图书馆学的关系及情报学的学科伦理问题。本章从学科主要研究方法、数据利用角度、数据处理规模、学科知识框架角度分别阐释了情报学和数据科学的关系;从对信息处理的目的、学科传统、从业人员背景、工作处理对象、数据处理风格角度阐释了情报学和图书馆学的关系;从情报学的人文属性和技术属性的角度讨论了人在情报活动中的主体作用,以及在情报活动中对人的隐私权利的保护,同时讨论了在情报活动中对数据其他属性的保护作用及要避免"技术主义",防止技术主宰人类。最后讨论了大数据背景下情报学研究的重点问题,指出大数据背景下情报学需要明确研究范畴,以科技情报学分支为例,阐述如何构建基于"第四范式"的情报学研究范式,提出要重构基于"第四范式"的情报学核心理论。

第 10 章
科技进步与社会发展对情报学学科建设的影响

当前,国内、国际形势日益复杂,国家的发展面临新挑战,科技进步与社会发展步入全面改革的关键时期。情报学是一个应用型的学科,是一个与时代发展紧密联系的学科,情报学界在推动情报学学科建设时应以关注国家经济问题、社会问题为己任,解决国家科技进步与社会发展中的情报问题。本章将探讨情报学学科建设面向科技进步与社会发展应该关注的主要问题。

10.1 科技进步推动的情报技术研究

通常,各类型的情报工作因需求不同而有不同的实践方法、目标、信息来源,以及技术和设备,如军事情报重点关注竞争对手的能力、意图、活动、武器及军事部署情况的有关信息,企业竞争情报则侧重企业内部环境和外部竞争环境信息的分析。虽然情报工作存在这种差异性,但本质上还是 Batty[①] 总结的情报周期的输入(原始信息的搜寻)、处理(分析和集成数据)和输出(提供客户相应要求的情报)的过程。物联网、互联网、大规模存储、云计算、海量数据挖掘及人工智能等技术的逐渐成熟,使海量数据的搜集、传输、处理和分析成为可能,也从另一个方面进一步推动这些技术在各个领域的应用,促进数据源和数据量的进一步增长。

---

① BATTY D. Intelligence work and information science: two men in a boat [M] // WILLIAMS R V, LIPETZ B A. Covert and overt: recollecting and connecting intelligence service and information science. Medford, NJ: Information Today, 2005: 25-32.

10.1.1 情报采集与存储研究

大数据情报素材采集方面的需求主要包括：针对不同的数据源采用不同的采集方法，即研究和开发可配置、自适应的大数据情报素材采集系统，如采集系统能够适应新的社交媒体内容或者经过简单配置后能够处理新的媒体内容，同时，对于一些受限的信息源，能够突破这些限制。

（1）素材采集

在大数据情报分析的数据和素材采集阶段，海量网络信息采集系统将是一个具备以下功能和特征的智能系统：①通过智能的信息源发现与管理技术筛选并甄别有价值的信息源。不同的数据源包含的信息价值密度也不尽相同，剔除无价值或者价值过低的数据源可以有效地减少数据的存储与处理开销，进一步提高后续分析的效率和准确度。②大规模网络信息获取需要支持实时、高并发、快速的网络内容获取。目前，从网络产生的日志信息到机器传感器监测到的设备数据产生的速度非常快，大数据情报分析系统需要能够实时快速地获取相关的数据。③通过受控信息源突破技术获取受控或者受管制的信息，这些受控或受管制的信息可能会蕴含更大的价值，从而为后续分析提供更全面、更有价值的信息。信息系统中记录的主要是结果数据，实际上存在大量的过程数据并没有在数据库中记录，而这些过程数据及中间结果信息对于情报信息分析具有重要作用，智能信息采集系统能够获取掩盖在业务应用系统之下的过程数据。④使用预处理技术移除冗余、无关信息。在采集到的素材经过大数据情报分析系统之前，通过清除无关信息及不同数据源之间采集到的冗余数据，可有效地减少下一阶段中数据处理的负担。

（2）数据预处理

大数据情报预处理不同的数据来源甚至同一数据来源都会产生格式不尽统一的数据。例如，对同一个情报主题，情报数据可以由不同的网站和不同的用户产生，不仅不同的网站产生的数据模态不一致，即使同一个网站的不同用户所产生的信息也可能会包含不同呈现形式的数据，如音频、视频、图片和文本等格式。这些结构化、半结构化甚至非结构化的多模态数据组合在一起，导致大数据情报分析中的数据呈现明显的异构性。数据融合是以数据提取、转换、聚合为基础的核心技术，完成各异构数据源之间的数据分享与数据归并。利用异构信息融合技术，实现统一的数据检索和数据展现，将相互关联的分布式异构数据源融合后进行提取、转换、聚合，实现自动化构建专题数据库、领域数据仓库等功能。专题数据库是以某一种产品或某一类技术为主题,对全部信息进行检索、下载、存储的专题信息数据的集合。发展专题信息提取技术,实现基于专题的高效检索、数据提取、数据归并等功能,根据用户需求对专题数据进行筛选。专题数据库将筛选后的专题数据集合进行归并入库,实现数据的检索、统计、分析等功能。来自分散数据源的操作型数据,按照一定的主题域(领域)被抽取出来,进行加工与集成,统一与综合之后形成数据仓库。领域数据抽取时需要利用领域概念建模方法,即运用实体建模法从纷繁的数据背后抽象出实体、事件、说明等,从而找出实体间的相互的关联性。这种方式可以保证数据仓库所需的数据能按照数据模型的要求达到一致性和关联性。这些数据定义直接输入系统中,作为元数据存储,供数据管理和分析使用。在数据的预处理阶段,由数据中间层在程序应用层与底层数据源之间构建统一的数据层,提供统一的数据逻辑视图来隐藏底层数据源的数据细节,用户可以把各异构数据源看作一个统一的整体,透明地访问各类数据。统一的数据中间层可以使得大数据情报分析对类型繁多、结构各异的多模态数据的访问和分析更加方便。这些不同类型的信息从不同的角度反映出事物的特征和信息,通过统一的数据接口将这些数据汇聚融合到一起,能够更加深刻全面地揭示事物之间的联系,挖掘出新的关联和模式等有价值的知识和情报信息。多模态数据的融合可以说是大数据情报分析的固有特征,也是其发展的必然趋势。在数据预处理阶段需要进行的另一项重要工作是数据歧义消除和语义标签的计算。同一个词在不同的上下文中有不同的含义,以"apple"为例,在谈论公司的语境中的语义是生产计算机、手机等设备的美国苹果公司,在饮食相关语境中的含义则为水果。因此,数据的本体标注和案例库的构建是对应的主要方法①。

(3)数据存储

高效能的情报大数据存储与计算云平台是整个大数据情报分析系统的基础和支撑,提供的主要功能是基于云计算的多源异构大数据存储和管理,大规模增量实时数据的并行计算方法和面向异构数据的大规模并行处理体系结构。高效能的大数据存储与并行计算云平台主要包括两个方面:一个方面是大数据情报分析中需要的海量数据的存储;另

---

① 唐明伟,苏新宁,肖连杰. 面向大数据的情报分析框架[J]. 情报学报,2018,37(5):21-30.

一个方面是在大数据情报分析过程中对海量数据进行并行分析计算的框架或平台①②③④。对于大数据情报分析中的数据来说，传统的关系型数据库在处理此数量级的数据时已经开始变得吃力，而分布式的存储系统可以用来存储如此海量的数据并对其进行管理。海量的数据系统选择将数据放在多个机器中，在解决存储容量问题的同时，也带来了许多单机系统不曾出现的问题，目前已经出现了很多分布式数据存储解决方案，其中包括Hadoop、Spark及各种非关系型数据库系统（如HBase、Cassandra、MongoDB等）⑤。这些不同的解决方案可以有针对性地满足特定的应用需求，应用到大数据情报分析中可以根据不同情报分析的具体需求采取不同的解决方案，或者将不同的解决方案组合在一起以满足特定的需求，随着大数据技术的发展，越来越多并且更加成熟的分布式数据存储解决方案会涌现并且被应用于大数据情报系统中去⑥。

大数据情报分析的核心在于对收集到的数据进行分析，从中获取有价值的信息和情报。对于海量数据的分析必然涉及各种复杂的计算，对于高效的并行计算的需求不言而喻。伴随着海量数据存储方案的出现，各种不同的大数据分布式计算框架也被提出，其中Hadoop MapReduce、Spark和Storm是目前最重要的三大分布式计算框架，这3种不同的框架侧重点不同，解决的问题也不同⑦⑧。Hadoop MapReduce常用于解决离线的复杂的大数据处理，Spark常用于进行离线的快速的大数据处理，而Storm常用于进行实时在线的大数据处理。不同的计算框架具有各自不同的优点和缺点：Hadoop MapReduce易于编程，具有良好的扩展性、高容错性，适合PB级以上的海量数据的离线处理，但是不

---

① KANOV K. I/O streaming evaluation of batch queries for data-intensive computational turbulence [C]. High Performance Computing, Networking, Storage & Analysis. IEEE, 2011.

② FRASCA M, PRABHAKAR R, RAGHAVAN P, et al. Virtual I/O caching: dynamic storage cache management for concurrent workloads [C]. 2011 International Conference for High Performance Computing, Networking, Storage and Analysis (SC 2011). IEEE Computer Society, 2011.

③ 张建勋, 古志民, 郑超. 云计算研究进展综述 [J]. 计算机应用研究, 2010, 27 (2): 429-433.

④ WANG G, LIU Q, WU J. Hierarchical attribute-based encryption for fine-grained access control in cloud storage services [C]. Acm Conference on Computer & Communications Security. ACM, 2010.

⑤ CHANG F, DEAN J, GHEMAWAT S, et al. Bigtable: a distributed storage system for structured data [J]. ACM transactions on computer systems, 2008, 26 (2): 1-26.

⑥ ARMBRUST M, FOX A, GRIFFITH R, et al. Above the clouds: a berkeley view of cloud computing [J]. Science, 2009, 53 (4): 50-58.

⑦ DEAN J, GHEMAWAT S. MapReduce: simplified data processing on large clusters [C]. Proceedings of Sixth Symposium on Operating System Design and Implementation (OSD 2004), 2004.

⑧ IQBAL M H, SOOMRO T R. Big data analysis: apache storm perspective [J]. International journal of computer trends and technology (IJCTT), 2015, 19 (1): 9-14.

支持实时计算和流式计算；Spark 是一种基于内存的迭代计算框架，通过将中间数据放置于内存中，获得了更高的迭代计算效率，弹性分布数据集（resilient distributed dataSet，RDD）对于数据的抽象更高级，通过 Checkpoint 实现容错，Spark 的编程模型比 Hadoop MapReduce 更加灵活，但是 Spark 并不适合那些需要异步地对数据状态进行细粒度更新的应用，也就是说，Spark 并不适合需要增量修改的应用模型；Storm 适合于流数据处理，可以用来对源源不断流进来的消息进行处理，并且将处理之后的结果写入指定的存储设备中去，Storm 的另一个主要应用便是实时对数据进行处理，数据不需要写入磁盘等存储设备中，延迟很低，一般在毫秒级，特别适合于大数据情报分析中需要实时在线分析得到结果的场景。高效的存储解决方案及并行计算框架是大数据情报分析的重要基础支撑，可以保证海量数据的高效存储，同时支持对海量数据的离线批处理分析及实时在线交互计算，为情报分析人员提供了强大的分析工具[1]。

（4）数据管理

从组织方式来看，随着数据资源体量、复杂性和异构性的增加，科学家们越来越需要一些基于"语义"方法的新能力，如以知识本体方式来组织知识。第四科研范式基础设施的开发越来越需要基于语义的方法、工具和中间件，从而能够推动科学知识的建模，进行基于逻辑的假设检测，实现基于语义的数据集成，构建各类应用组织，并能够对来源于不同科学领域和上述不同系统的数据实现集成化的知识发现和分析，而这些集成化的知识发现和数据分析可以被科学家、学生及将来越来越多的非专家人群所使用。互联网之父伯纳斯·李（Tim Berners-Lee）从对 Web 发展和演变的分析中发现了数据在未来网络中的价值。2006 年，他在讨论关于语义 Web 项目的一份设计记录中提出了发展数据网络（Web of data）的设想，并创造了"关联数据"（linked data）一词，提出数据网络的核心即关联数据（linked data）[2]。关联数据就是用主体、谓词、客体三元组来表示资源的 RDF（resource description framework）格式数据，关联数据描述了一种出版结构化数据让其能够互连和更加有用的方法，它依赖标准互联网技术，如 HTTP 和 URIs，不是使用它们服务于人类可读的网页，而是扩展到以能被计算机自动阅读的方式分享信息[3]。关联数据有别于万维网上的文件互连，它强调的是数据互连，将以前没有

---

[1] WANG C, CHOW S S M, WANG Q, et al. Privacy-preserving public auditing for secure cloud storage [J]. IEEE transactions on computers, 2013, 62 (2)：362-375.
[2] 李琳. 关联数据在图书馆界的应用与挑战 [J]. 图书与情报, 2011 (4)：58-61.
[3] 屈会芳. 一种基于图遍历的本体分解方法 [J]. 西南科技大学学报, 2013, 28 (3)：77-80.

关联的数据链接到一起，允许用户发现、描述、挖掘、关联和利用数据。关联数据方法提出后受到社会的广泛响应，一些国际组织如W3C、世界银行，政府机构，社会公益机构如美国国会图书馆，大众媒体如BBC、纽约时报等纷纷加入关联数据出版发布的行列。我国2015年发布《促进大数据发展行动纲要》[1]，明确提出要建设"政府数据资源共享开放工程""国家大数据资源统筹发展工程"等，这些都需要一个全天候的基础结构以监测数据使用情况并改善数据质量，为数据出版者和消费者提供低的接入门槛，支持全社会共享相关大数据资源。

（5）知识库

海量情报知识库是知识的集合，知识库系统是现代许多智能系统的关键基础部件[2][3][4]。情报知识库是基于信息技术建立的情报知识管理系统，是情报分析系统的重要组成部分，特别是对于大数据情报分析来说，完善高效的海量情报知识库显得尤为重要[5][6]。海量情报知识库主要分为3个组件：语言学相关知识库、行业情报知识库和知识库管理系统：①语言学相关知识库包括语言知识库、翻译语料库和分类语料库，主要用于获取语言知识，如词性标注、词义标注、搭配规则和语法规则等，为行业情报知识库分析提供基础；②行业情报知识库包括领域本体库、机构知识库和叙词库等，存储了海量情报知识库的数据本体；③知识库管理则主要是通过海量数据根据一定的规则进行自动学习，从而达到自动动态更新知识库的效果。知识库管理还需要对知识库的访问接口（如API等）进行标准化，以便于知识库中内容的共享，提高知识库的利用效率。海量情报知识库的高效维护和管理也为大数据情报分析提供坚实的基础。同时，随着信息技术及各个行业数据的不断扩充演化，需要知识库管理系统能够动态地自适应学习扩充

---

[1] 国务院关于印发促进大数据发展行动纲要的通知［EB/OL］．［2019-08-06］．http：//www.gov.cn/zhengce/content/2015-09/05/content_10137.htm．

[2] KATSUNO H, MENDELZON A O. Propositional knowledge base revision and minimal change［J］. Artificial intelligence, 1991, 52（3）：263-294．

[3] HOFFART J, SUCHANEK F M, BERBERICH K, et al. YAGO2：a spatially and temporally enhanced knowledge base from Wikipedia［J］. Artificial intelligence, 2013, 194：28-61．

[4] LEHMANN D, MAGIDOR M. What does a conditional knowledge base entail?［J］. Artificial intelligence, 1992, 55（1）：1-60．

[5] BARBARA D, GARCIA-MOLINA H, PORTER D. The management of probabilistic data［J］. IEEE transactions on knowledge and data engineering, 1992, 4（5）：487-502．

[6] KOUBARAKIS M, SKIADOPOULOS S, TRYFONOPOULOS C. Logic and computational complexity for boolean information retrieval［J］. IEEE transactions on knowledge and data engineering, 2006, 18（12）：1659-1666．

已有的知识。

10.1.2 情报获取与分析研究

面对海量数据，传统的情报分析手段捉襟见肘。传统的情报分析手段以集中式数据处理为主，这种方式在面临海量数据时分析的及时性不能得到有效保证。而在时间价值备受重视的当代，分析时间长，就意味着机会的丧失，尤其在瞬息万变的军事和金融领域，时间效率更是不容忽视。因此，如何高效地处理海量数据是大数据时代情报首先要解决的问题。大数据的多样异构性，增加了数据整合的难度。情报分析传统的数据整合对象其结构较为单一，而且来源基本确定。但是在大数据环境下，各种网络终端产生的数据类型多种多样，来源不一，很难使用一种统一的整合方法集成所需分析的数据。而数据整合是进行情报分析的前提，如何整合异构多样数据，是大数据时代开展情报工作的前提。

情报学研究的重点始终关注数据的处理、分析及深层次挖掘，探索从复杂的数据中找到知识之间有效关联及知识发现的最佳方法，大数据情报分析作为其中的一种发展范式也不能例外。情报分析中传统的基于"事实数据＋工具方法＋专家智慧"的研究方法和需求与大数据分析不谋而合：①事实数据在大数据情报分析中表现为对来自多个数据源的大量数据的整合和融合利用；②工具方法体现在大数据情报分析中对各种大数据工具和自动化处理技术的需求和利用；③而专家智慧则具体体现为通过智能关联、数据挖掘、深度学习等机器学习方法对数据和信息进行深层挖掘的需求和利用。

（1）情报获取

包括冷数据、热数据的获取。冷数据是静态、稳定、有序、成熟的数据，比较容易把握，选择性虽然受限，但结果可以预期。相对而言，热数据则是动态、多样、复杂、无序的数据，不仅获取有难度，分析要求时效性，结果也很难把握。这对情报学信息分析提出了更高的要求。对于热数据的获取，可以通过现代化手段或工具对与某个特别现象相关的所有数据进行持续跟踪，如运用大数据采集技术对网络信息进行自动化获取，采用集体智慧的方式开放、动态地进行协同化信息组织等。数据获取在情报学研究工作中占有重要的地位，在大数据环境下显得更加重要[①]。

通过对数据状态现状的分析可知：数据体量在增长，数据类型在增加，数据关系越

---

① 马费成，张瑞，李志元. 大数据对情报学研究的影响 [J]. 图书情报知识，2018（5）：4-9.

来越复杂。可以将其总结为时间特征、空间特征和关系特征,其中:数据的时间特征是指获得数据的过程都有一个时间先后的差别,即随着时间的推移,获得的大量数据中的信息(或知识)将会随着时间的改变而改变;数据的空间特征是指获得的数据可能来自不同的地区或国家,其在一定空间范围内的数据密度分布也不均匀;数据的关系特征是指数据与数据之间存在着各种各样的关系,或互为因果,或同为因,或同为果,结构模式复杂,动态变化①。从情报学的角度来看,数据的关系特征表现最为明显的为情报学中的数据挖掘。人们获取的数据既包括网上的实时数据,也包括既往的历史数据。所以需要建设信息库来存储历史数据,而在当前,情报"信息库"建设仍然是一种分散的融合推进状态,大型情报中心数据库与特色情报知识库严重缺失,领域情报的边界始终没有打开。另外,情报的"intelligence"功能没有得到很好的重视,情报界的"思想库"研究局限于专有领域的管理决策指向,大系统趋向的情报能力综合提升没有形成良好的氛围,"体能"滞后严重制约了中国情报学与情报工作的创新发展。总之,科技情报事业历史传承而来的"双库"特征,本质上要求中国情报学与情报工作需要在一个更开放、更集大成的情报环境中"正本溯源",从各类情报体系借鉴交融与各种情报能力协同培育的"体能"同构综合视角,为整个国家情报事业发展传承"科技情报"的初心②。

数据价值的分散性,使得传统的情报分析方法并不能有效建立起零散价值数据的关联性。数据整合实现的是集中数据,但数据的集中并不意味着完成了零散价值的聚合,从这些数据中分析挖掘出有直接价值的信息才是最终目的。但大数据的低价值密度性和分散性又使得这一工作难以完成,如何从海量数据中将低价值密度数据建立关联并进行价值聚合,是大数据时代情报工作的主要目的③。要应对上述3个挑战,首先必须要对情报工作进行流程分解,再针对不同的环节,寻找合适的理论与方法去解决不同挑战中的主要问题。大数据时代情报学及情报工作已经从传统的研究信息传播、收集、存储和检索等转变为研究大数据的描述、收集、存储、检索、关联与安全、数据挖掘方式、使用与服务模式等。

---

① 华铨平. 面向数据特征的分布式数据挖掘研究 [J]. 计算机工程与设计,2010,31(6):1313-1315.

② 李阳,孙建军. 中国情报学与情报工作的本土演进:理论命题与话语建构 [J]. 情报学报,2018,37(6):75-85.

③ 唐明伟,苏新宁,肖连杰. 面向大数据的情报分析框架 [J]. 情报学报,2018,37(5):21-30.

（2）情报分析

大数据情报分析主要涉及以下几个方面。①大数据情报信息挖掘。以大数据情报信息挖掘理论、方法与工具为基础，如数据抽取、聚类分析、时间和空间的序列模式分析、关联规则分析及分类分析等，根据应用需求和数据基础，构建并综合应用上述各种模型，从经过预处理的情报素材中有目的地挖掘有价值的信息。并且在此过程中对于情报信息挖掘的共性问题分析逐步减少人工干预，提供探索式大数据情报挖掘环境，将情报信息挖掘方法与语义技术相结合，提升挖掘深度和准确度。在大数据情报信息挖掘理论的基础上，利用大数据情报分析的方法和工具，可以进行包括主题情报聚合分析、趋势演变分析、社交媒体倾向性分析、线索挖掘及情报预警等基于大数据情报分析的信息挖掘。②新型社交媒体分析。社交媒体服务的兴起产生了各种各样的社交媒体数据，如微博类网站的文本信息流数据、媒体分享网站的多媒体数据、社交网站的用户交互数据、签到网站的地理位置数据、购物网站的消费数据等[1]。这些社交媒体多源数据从不同角度记录着人们的网络生活，并映射着物理世界。社交媒体的多源主要体现在不同社交媒体网络所关注的异构用户行为信息，理解社交媒体多源现象对于社交媒体分析和社交媒体大数据的深度应用具有重要意义。社交媒体数据处理的重点方向包括社交网络中的多语信息处理（具有数据规模大、口语化严重、需要支持多种语言、社会群体特征明显等特点[2]）、社交网络多语机器翻译、社交网络跨语检索及社交网络情感分析。新型社交媒体的大数据情报分析是深度利用社交媒体大数据的关键，随着大数据情报分析技术的成熟，可以从社交媒体的数据中进行分析，从中挖掘宝贵的信息，并为大规模的社交媒体应用提供有效使用的解决方案。③认知计算。情报学的分析方法将从原来的以计算机辅助分析为主体转变为以计算机认知为主体的智能分析，从而形成类似于IBM Waston的大数据情报认知计算及分析平台[3]。认知计算是综合了多种新兴技术的一个领域，并且将会对情报科学的发展产生深远的影响，如认知情报学已经成为情报学领域理论的一个重要研究方向，在情报分析方法、情报检索和信息资源建设领域，认知计算的相关技

---

[1] JIN S, LIN W, YIN H, et al. Community structure mining in big data social media networks with MapReduce [J]. Cluster computing, 2015, 18 (3): 999-1010.

[2] TANG J, LIU H. Unsupervised feature selection for linked social media data [C]. Proceedings of the 18th ACM SIGKDD international conference on Knowledge discovery and data mining. ACM, 2012.

[3] CASSIDY A S, MEROLLA P, ARTHUR J V, et al. Cognitive computing building block: a versatile and efficient digital neuron model for neurosynaptic cores [C]. International Joint Conference on Neural Networks, IJCNN 2013. IEEE, 2013.

术也在起到日益重要的作用①。随着大数据情报分析技术的发展，传统的基于数据计算的挖掘技术正在向基于内容的知识发现技术发展，认知计算技术的发展可以有效解决情报分析过程中知识处理的困难。

（3）情报分析应用

在传统情报科学中，情报应用往往表现为局部范围内的个人与个人、个人与部门、部门与部门之间的情报交换。而在大数据背景下，由于情报资源的内涵发生了较大的变化，情报交换和应用也变得更加复杂和频繁，社会网络中的所有信息交流都可以视之为情报应用。

在大数据情报分析中，在数据采集、存储和处理分析技术飞速发展的基础上，如何让海量数据集的应用变得简单和易于理解，可视化无疑是最有效的途径，所以可视化分析也将在大数据情报分析中得到极大应用。情报可视化技术主要以信息可视化分析系统为核心，能够自动化地实现多维信息可视化、领域知识可视化、情报预测评估可视化。能够提供强大的图形展现功能，将大量的、分散的、低关联的数据抽取整合，转化为图形中的节点数据，再由平台后台提供的丰富的图形分析算法，挖掘出数据之间隐藏的关联关系，对各种维度、多层次、时空、动态、关系等类型的情报信息进行可视化展现。可视化分析广泛应用于不易形成固定分析流程或模式的场景。可视化数据分析平台可辅助人工操作，将数据进行关联分析。交互式可视化分析能够引导数据探索、自动化实现预测分析，对数据加以可视化解释。典型的情报可视化分析包括多维信息可视化、领域知识可视化和预测分析的可视化②③④⑤。实现可视化技术在海量信息组织方面的应用，能够利用二维或三维的概念图、认知地图、思维导图、趋势

---

① PREISSL R, WONG T M, DATTA P, et al. A scalable simulator for an architecture for cognitive computing [C]. 2012 International Conference for High Performance Computing, Networking, Storage and Analysis-Compass, 2012: 1-11.

② KEIM D, QU H, MA K L. Big-data visualization [J]. IEEE computer graphics and applications, 2013, 33 (4): 20-21.

③ LEO A M, MATTHEW E T, ERIC A, et al. Superconductor: a language for big data visualization [C]. Shenzhen, China, ACM, 2013.

④ HACHET M, KRUIJFF E. Guest editor's introduction: special section on the ACM symposium on virtual reality software and technology [J]. IEEE transactions on visualization & computer graphics, 2009, 16 (1): 2-3.

⑤ CHILDS H. A contract based system for large data visualization [J]. Proc IEEE visualization minneapolis october, 2005: 191-198.

图、语义网络等图形化方式呈现情报信息，实现对热点情报、技术趋势的聚类信息展示和分析预警，及时感知行业最新动态和热点事件，为快速应对和采取措施提供直观的判断与决策依据。

过去情报学在研究过程中使用客观数据比较多（这也是与其他领域最大的差别），主要运用传统结构化数据库，如各种图书馆资源、引文库等，情报学运用客观数据具有成熟的经验。但如今的客观数据可以通过网络实时日志、社交媒体、开放 API、点击流等方式来获取，也就是实时数据。实时数据也可以称为"热数据"[1]，相应地，可以将过去积累下来的档案性数据称为"冷数据"。情报学以往一直擅长用冷数据分析传统成熟的问题，并且取得了很好的成果。但是在大数据环境下，数据分析更抽象，需要快速响应分析所有的数据，需要更多地分析"热数据"，对实时性和响应时间的要求越来越高，使用的分析模型越来越复杂，计算量呈现"指数级"上升。传统的情报学研究方法和工具已经不能满足实际需要，客观情况的变化要求新的工具和方法的出现，情报学研究需要汲取百家之长，同时吸引各个相关学科的人才进入本研究领域，从各个方面进行完善和发展，促使情报学在大数据时代走向进一步成熟。

10.1.3 信息安全与法规研究

大数据的发展更容易凸显立法的滞后性，但是这并不代表对相关信息的利用是不能进行规范操作的，不能忽视立法。在大数据环境下，更需要发挥行业标准的规范功能，用客观中立的标准予以引导，把能够由技术规范进行标准化的内容纳入进来，以技术解决技术的变动。总体来说，目前与情报活动相关的法律法规涉及个人信息、企业信息、公共管理及国家安全。

移动互联技术的发展，以及大数据与云计算的应用，在很大程度上决定了经济活动的发展方向及其成效，使得人们的生产生活方式也得到了一定的改变。企业在对用户数据的挖掘与计算中能够更为精准地获知用户的需求，从而为用户提供最符合其需求及喜好的产品及服务。企业依托大数据所带来的技术支撑推动其经济的发展，而用户则享受着大数据为其带来的便利，毋庸置疑，用户数据的挖掘与利用对社会发展起到极大的推动作用，但与此同时带来的信息安全问题也不容忽视。在大数据时代，用户只要上网便

---

[1] 马费成. 推进大数据、人工智能等信息技术与人文社会科学研究深度融合[J]. 评价与管理，2018，16（2）：3-7.

会产生数据，此外用户在进行 APP 注册及登录时，也容易使个人信息被捕捉，个人信息的收集与计算在技术的支持下变得更为便捷，搜索引擎记录用户浏览痕迹，电商平台获取用户购物信息等，人们的信息在何时被捕捉、是否被泄露、是否遭遇超范围使用等问题都给人们带来极大的困扰，严重威胁人们的个人信息安全。个人信息安全保护是当下亟待解决的问题，其中涉及行业自律、法律规制等方面的因素。目前，国家已从宪法、刑法等多个角度对大数据时代个人信息安全进行法律方面的保护，并出台多项行政法规，强调个人信息安全，但总体来说，不少具体的法律规范与当下的时代发展特征并不适配，大数据时代个人信息法律保护制度还有待完善。

大数据的核心组成部分是由政府机构所拥有的社会管理和公共生活数据，以及主要是由政府机构直接拥有或间接支持下可获得的物理世界和生物世界的数据。同政府数据资源相比，无论个人、企业或社会组织如何努力，所能获取和利用的数据资源都是简单、片面和利用价值极其有限的，非严格意义上的大数据。所以说，大数据的开发和利用与政府行为是密不可分的，如何使政府从垄断和保密的历史惯性思维方式中解脱出来，在确保隐私、机密和国家安全的前提下带头开放数据，降低公众获取和利用政府数据资源的难度和成本，是大数据时代所面临的主要瓶颈。由于对大数据的开发和利用行为与情报学的发展在本质上是一致的，所以上述问题也是大数据时代情报学发展所面临的主要问题。

首先，要从观念上提升应用情报学的学科地位和重要性，认识到大数据时代下的情报学不仅是一门普通的社会学科，而且是一门有必要从国家战略的高度进行布局、规划和实施的学科。其次，要在实际行动上做到以下几点：①通过法律法规的形式将政府管理信息公开，使数量庞大、结构复杂的社会数据公开化和机器可读取化，开放政府信息资源可以先易后难，从气象、地震、交通、公安、社保、医疗卫生、教育等公共数据资源的开放入手；②由政府牵头和主导，以产业为单位对本产业的海量数据和信息进行搜集、存储、加工和不断更新，并对这些数据进行深度挖掘，包括投资、生产、消费、统计、审计等经济领域；③相关的法律法规需要随着人们认识和社会环境的变化而不断调整，将数据资源作为一种最重要的国家战略资源，通过政策支持等手段扶持大数据产业链的发展①。

---

① 刘红霞，白万豪. 大数据背景下的应用情报学研究 [J]. 情报资料工作，2014，35（1）：185-187.

10.2 推动社会发展的情报支持研究

随着当今社会逐渐步入大数据时代,情报服务产业的发展和情报活动对经济增长和社会发展的影响越来越大,情报学也面临着一个全新的挑战,需要不断通过理论和实践的创新来适应新的环境。我国情报学研究的重心应该回归到为政府、各行各业决策方案的提出、参考、设计、规划、制定、评估等问题上来。情报学研究必须面向社会发展,研究市场环境下情报服务模式、价值规律的应用等问题,需要有从自发到自觉的、从局部到整体的、从微观操作应用层面到宏观政策管理层面的全方位的措施,才能有效应对当前社会发展带来的这样一个显著的机遇和挑战。

10.2.1 政府决策的情报支持

近年来,随着中国的快速崛起,其所面临的国内外情况复杂多变,中国高层需要更多合理有效的政策建议,需要加强智库建设,以提供强大的决策支持。2012年11月,党的十八大报告中提出:"坚持科学决策、民主决策、依法决策,健全决策机制和程序,发挥思想库作用。"2015年1月,中共中央、国务院印发《关于加强中国特色新型智库建设的意见》,从战略层面为我国智库建设指明了方向,提出了思路,由此我国开始进入建设中国特色智库的新阶段。从提出发挥思想库作用,到出台建设新型智库的指导性意见,更多的人开始关注智库建设,更多的资源也涌向智库建设,智库已成为中国政府和学术界普遍关注的热门话题,形成了"中国智库热"。

从实践来看,我国政府相关的情报供应渠道并不少见,政府信息中心、舆情分析部门、统计局、社科院、政研室、科技情报所、智库(思想库)、高校、图书馆等。在这样的分配格局下,有大量的报告、内参、调研等信息产品涌向各级政府决策部门。然而,政府实际上缺乏的并不是"信息",而是面向"安全"("和平")与"发展"两大主题需求的"情报"资源[①]。针对当前我国情报体系理论与实践中的不足,有必要将国家情报事业发展重视起来,从顶层设计层面推动我国情报工作及情报体系建设的改革创新。2017年,我国颁布《中华人民共和国国家情报法(2018修正)》[②],首次明确了开

---

① 沈固朝. 智库热中的一点冷思考 [J]. 智库理论与实践,2016,1(2):137-139.
② 中华人民共和国国家情报法(2018修正) [EB/OL]. (2018-06-28) [2019-01-15]. http://www.chaoyang.jcy.gov.cn/art/2018/6/28/art_3078_12976.html.

展情报工作的目的：坚持总体国家安全观，为国家重大决策提供情报参考，为防范和化解危害国家安全的风险提供情报支持，维护国家政权、主权统一和领土完整，人民福祉，经济社会可持续发展和国家其他重大利益。《中华人民共和国国家情报法》指出，要"建立健全集中统一、分工协作、科学高效的国家情报体制"。该法确定的相关情报机构包括国家安全机关和公安机关情报机构、军队情报机构，要求按照职责分工，相互配合，做好情报工作，开展情报行动。这里的相关情报机构并不包括社会情报机构。该法指明，我国国家情报工作的基本原则是：坚持公开工作与秘密工作相结合，专门工作与群众路线相结合，分工负责与协作配合相结合。这里的公开工作、群众路线、协作配合，都是给社会情报机构广阔的工作空间，需要研究和开展军民融合情报工作，为国家情报体系建设做出应有的贡献。

"国家情报体系"是一个涉及多部门、多机构、多领域与多学科的复杂性系统，是国家软实力的重要表征。在新时期，传统与非传统的安全威胁、发展瓶颈、"技术奇点"等各类问题层出不穷，国家情报的内涵与外延也更为丰富。因此，"国家情报体系"的内容不仅涵盖传统意义上的"国安"与"公安"、"经济"与"外交"，还包括教育、科学技术、文化等各个领域的情报力量，具有总体性和协调性的显著特征。如前所述，情报总是与安全和战略的实施紧密关联。从这个意义上来说，当前"国家情报体系"的核心内容建设应是在"下层"构建完善的国家安全情报体系，以适应复杂的国际安全态势；而在"上层"针对国家发展战略规划和具体社会需求设计出适应中国国情的特色国家竞争情报体系，两者形成战略互动与交融，并以适当的方式引入社会情报体系的重要内容，共同服务于国家综合治理。①

面向政府决策的情报工作的研究和开展应具备战略眼光，在国家层面直接建立领导机构，能够对军事、国家安全、公安、科技、经济、商务、外交、文化等情报分支领域进行全面统领、组织协调，建立类似"国家情报总局"这样的机构，但就目前而言，基于中国国情和情报工作现状的考虑，应循序渐进地从不同层面、不同流程对情报体系进行归口、统一，包括情报学学科理念的升级、基层政府情报组织的协同、智库与情报机构的关系、情报工作外包机制，研究构建集成化、协作化、智能化、可视化情报研究平台建设，并投入情报研究实践和客户应用中。

---

① 李阳，李纲. 我国情报学变革与发展："侵略"思索、范式演进与体系建设 [J]. 图书情报工作，2016（22）：5-11.

10.2.2 商业决策的情报支持

在我国,源于企业情报工作(含企业竞争情报)的、以商务智能和数据科学为基础的商业情报学相对较为年轻,但是随着以互联网/移动互联网为核心的信息通信技术的广泛应用,信息(数据)时代真正来临,越来越多的企业开始重视采用商务智能来支持商务信息的收集、分析、展现、传播,并试图利用数理统计方法和数据科学方法对各种数据(含结构化数据、半结构化数据和非结构化数据)进行挖掘与分析而获取商业情报,商业情报分析也得到了学界的高度重视,商业情报分析的研究也已成为情报学热点领域之一。知识图谱、本体技术和机器学习技术需要引入商业情报分析,将人工智能技术应用于情报采集、分析和服务的整个流程与环节,提高企业竞争情报系统的智能化水平,有利于支持企业的科学准确决策,增强自身竞争力,以应对大数据给企业情报工作带来的挑战。

(1)情报的智能化采集

大数据在为竞争情报带来丰富情报源的同时,也给情报工作带来了诸多的挑战。首当其冲的便是面临这些过载的信息,如何有效地采集企业所需要的信息。在当前的情报工作中,大部分企业延续了传统的人工采集方式:当企业有需求时,情报分析人员借助搜索引擎或者自动采集工具采集所需要的信息。依靠人工采集的方式容易导致采集到的信息数量多、相关度低和质量差,使得提供情报服务的周期长,且无法对竞争环境和竞争对手予以连续的监视。同时,人工采集方式容易导致数据采集的客观性、真实性和及时性较差的问题[①]。智能化地采集企业所需的情报信息能够很好地避免上述问题,是竞争情报系统有效进行情报分析与服务的前提和基础。

(2)情报的智能化分析

在大数据时代,对多源异构的信息进行智能分析,从而挖掘出潜在的情报知识是企业的核心竞争力之一。当前,企业情报分析人员在情报工作中主要是基于经验以手工和简单统计的方式来进行情报分析,这会严重影响情报分析的深度与效率,且无法应对信息的快速增长和动态变化所带来的挑战。同时,人工方式的情报分析主要依靠经验判断等定性分析方法,缺乏定量化的科学依据和对数据深层次的智能化分析与挖掘。针对海

---

① 张晓翔,张玉峰. 基于 Multi-Agent 的竞争情报智能采集模型研究 [J]. 情报科学,2006,24 (12):1776-1781.

量而复杂的数据，竞争情报系统应用智能化技术进行情报分析与挖掘是提升竞争情报分析质量与效率的有效途径，能够将情报分析人员从繁杂的体力劳动中解放出来，使之能够更好更快地解决复杂的情报分析问题。

(3) 情报的智能化服务

随着企业的竞争更加白热化和市场环境的瞬息万变，即时地获取所需要的情报并迅速地做出反应，对于企业在竞争中掌握主动权有着重要的作用。传统的情报服务模式是当有情报需求时，情报分析人员进行信息的收集、分析与传递，属于被动的情报服务方式，这容易导致情报服务周期长、及时性差。如今企业的管理者在制定决策时，不再仅仅依赖以往的经验，而是需要及时性和准确度高的情报来辅助其战略和战术决策，需要建立商务情报预警系统，根据用户的行为特征和需求，主动地为用户提供个性化和智能化的情报服务，从而能够快速地响应环境的变化，并及时采取相应的措施，有效地提高情报服务的质量和效率。

情报是人脑做出的有价值的判断，同时也是经过激活和活化了的知识。仅仅选择恰当的情报分析方法、情报挖掘工具和情报挖掘算法来对情报资源库中的信息进行分析和挖掘是不够的，需要在分析和挖掘结果的基础上，经过情报分析人员和领域专家对分析和挖掘的结果进行"研判"这一信息判读转化过程，从而通过人脑将分析挖掘结果进行增值化，实现人机协同的情报分析与挖掘。当前，大多数研究只是将人工智能技术应用于情报的分析与处理环节，并且情报分析的粒度太粗，缺乏对情报的智能分析与深度挖掘，体现出的智能性较为有限。

情报资源库加上情报分析方法、情报挖掘工具和情报挖掘算法为形成高质量的情报知识库奠定了坚实的基础。大数据环境下，要产生有价值的情报、观点和报告，需要从情报来源、情报分析挖掘和最终形成情报3个阶段分别进行研究。①从情报来源阶段看，原有的情报资料库属于静态数据源，已经远不能满足全面情报分析的要求，需要研究各种动态数据源，包括网络媒体数据、电子商务数据、技术监控数据、金融市场数据等，将静态数据源和动态数据源进行融合，提供更加丰富及时的情报分析源。②从情报分析挖掘阶段看，目前采用的有可视化分析方法、专利分析法、文献计量法、内容分析法、数据挖掘、定量实证分析、案例研究、归纳法、半结构化访谈技术、问卷调查法等，这些方法在大数据环境下需要进行集成优化，利用多种研究方法对研究结论进行交叉验证，提高研究结论的真实性和准确度，研究建设面向大规模多任务多层次的商业情报分析系统，以满足不同对象不同阶段的不同需求。③从最终形成情报阶段看，传统的商业情报分析一般是将情报挖掘模块的结果交由小规模的领域专家和情报分析人员进行人工分析,这种分析结果比较依赖于分析人员的个人经验和智慧,并且分析结果不能对系统做出有效反馈。在大数据环境下,需要通过组建企业情报分析专属社群和研发便于专家进行协同工作的可视化工具,融合专家们的科学理论、经验知识、个人智慧,最终形成对企业竞争情报挖掘有力的专家智慧支持,从而实现机器智能与人类智慧的有机结合。

在大数据环境下,企业、行业、产业不再是一个个孤立的情报源或者情报受众,而是在一个动态变化的系统中,需要建立总体的商业情报系统,开展多层次多维度的商业情报研究,即在宏观(国家)、中观(行业)和微观(企业)层面同时开展,相互补充,共同指导实践。注重通过企业商务情报的运用改善企业运营,增加业绩;通过中观和宏观层面商务情报的研究监测环境变化,识别竞争对手,及时调整企业发展方向,做出正确决策;而国家宏观商务情报的研究更是世界各国抢占情报先机、占据信息主动权的必要手段。

10.2.3 智能制造的情报支持

第二次世界大战结束后,西方集团凭借其在此期间发展起来的雄厚的科技实力和先进的科研设施及研究成果,长期把持着世界科技领域的话语权和科技传播体制。我国政府从1956年开始组建科技情报机构,建立科技情报体制,投入了大量的人力、物力,想方设法突破西方国家的科技封锁,尽力收集世界科技资料,进行选择、整理、翻译、分析研究和报道,为我国各级科学研究机构的工作提供信息和情报服务,支持国家的科技事业和经济建设。科技情报立足于公开的信息、公开的手段,承担并完成以下三大方面的任务和主要业务:①最新科技信息的收集、翻译、报道、专题跟踪研究;②科技文献资料的积累、保存、分类、文摘索引;③建设数据库和检索系统,提供查询服务和其他相关服务。我国科技情报研究部门为国家的科技进步、经济建设和国防建设做了大量工作,产生了巨大的社会经济效益。大庆、葛洲坝、宝钢的建设,"两弹一星"、核潜艇、新型飞机等从无到有的发展,无不凝结着我国科技情报工作者的汗水。

近年来,随着"中国制造2025"的推动和深入,互联网、大数据、云计算、人工智能与工业化深度融合,制造业正面临着向智能制造转变的重大机遇。新时代的新型工业化之路,要求工业化与信息化"两化"融合,并进一步走向智能化。制造情报是通过制造业大数据构建制造业情报系统,其核心是制造业大数据,主要包括制造企业内部工业大数据和制造企业外部的上下游及行业生态相关工业互联网大数据。在制造情报系统中对企业外部生态环境大数据实施情报传感、情报处理与情报解析，为计算实验中的优化和预测提供数据和情报支持。智能制造需要对企业外部生态环境大数据进行情报和分析，需要迅速收集原材料的价格信息、产品的市场销售情况、市场存量、未来趋势、国家政策、上下游行业信息等基本信息，这些信息往往以文本、图像、视频等格式分布于不同的媒体中。如何实现社会媒体的在线动态感知；如何让这些异构的多源数据进行统一、完整的数据管理与数据共享，实现数据集中智能管理；如何进行动态感知、结构化、存储、管理并对其进行计算建模和知识获取，高保真地利用这些数据和知识，是非常重要的研究内容。为了建立制造情报系统，需研究网页信息内容高效采集的聚焦爬虫技术，确保采集信息一致性的增量式融合方法；研究相关数据的校正、清洗和标定技术，实现数据的可用性；构建海量数据的一体化数据管理平台，实现数据的集中智能管理；构建面向制造业的社会媒体信息库，包括实体库、事件库、情感库、观点库的分类体系构建；研究数据信息的同义词聚类、概念术语提取、实体和要素关系刻画等知识获取的技术。

传统情报学主要关注的是需求侧，但是在大数据时代，尤其是工业 4.0 和工业互联网进程的深入开展，情报学的研究重点应从消费侧转向供给侧，关注如何将情报学的研究成果应用于智能制造领域，研究智能制造的情报系统，这将从根本上提升其学科地位和社会贡献。智能制造的情报系统将制造企业视为一个开放系统，通过制造情报实时感知工业互联网中制造企业外部相关信息，对制造企业管控的过程进行大数据分析支持（图 10-1）。采用 ACP（artificial systems + computational experiments + parallel execution，人

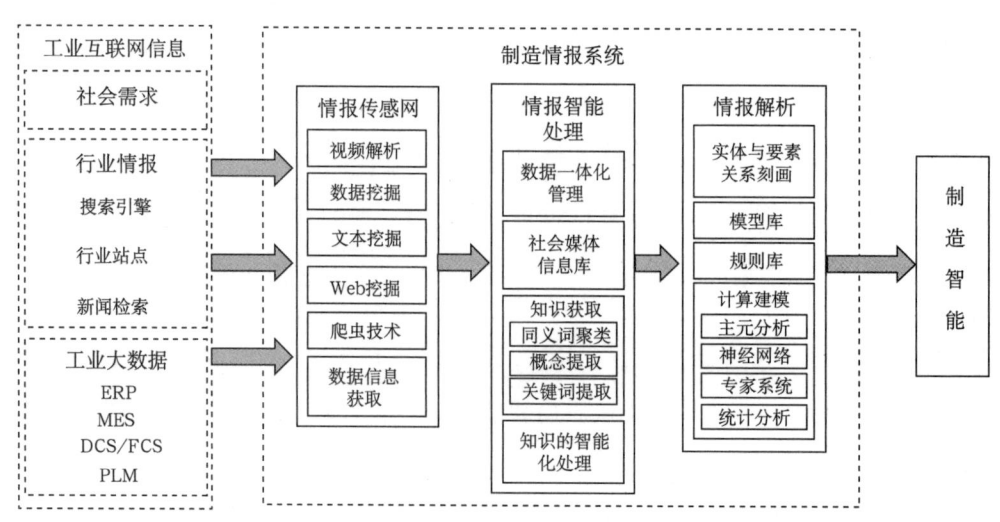

图 10-1　智能制造的情报系统

工系统+计算实验+平行执行）的方法与知识自动化技术，实现制造过程中的描述智能、预测智能和引导智能。

10.2.4 居民生活的情报支持

人们的学习、工作、生活正根植于大数据洪流中，大数据必然改变人们的学习、工作、生活与思维方式，因而人类需要改善信息交流环境以应对大数据语境，让大数据不是人类数字化生存的负担，而是成为人类生产力的新元素，并创新人类行为模式。该信息环境必然呼唤大数据的相应处理理论、方法与技术的涌现，这对与数据处理密不可分的情报学提出了历史性的责任命题①。

公共管理领域情报研究是受大数据技术改造最为明显的领域，也是与居民生活最密切相关的领域。公共管理一般包括城市管理、教育管理、人口管理等内容，可以通过对城市生活的海量数据进行深度挖掘，从而为城市管理提供决策支持。以北京的城市管理为例，北京市大概有 50 万个摄像头，每天产生 3 PB 以上的数据，北京公交一卡通每天大概产生 4000 万条刷卡记录，记录了人们的出行情况，如此庞大的数据量为北京解决交通问题提供了非常好的基础。通过对海量交通数据的挖掘可以掌握最为客观和真实的公众出行需求，从而制定更加合理的交通路径规划。另外，通过对某一地区所有的教育信息进行汇总和跟踪，可以不断改进区域的教育状况；通过对区域常住人口的个人基本信息、动态进行记录、分析和挖掘，可以用于人口流动管理、治安管理等。

面向居民生活的情报还可以为医疗水平的提高、医患关系的改善、医疗信息管理、公众健康管理等方面带来质的飞跃。可以通过对重大疑难疾病进行长期跟踪，建立全国乃至全球的病例库和样本库，为重大疾病攻关提供强有力的情报支持，甚至还可以通过建立全民健康档案、跟踪健康信息、不断保持更新，来了解社会总体的健康状况。利用大数据技术将医疗情况、电子病历甚至职业、行为等数据汇总并进行挖掘，通过一些渠道把各个环节的数据汇集起来共建模型，就可以获得更加专业化的健康指导。例如，利用大数据对人们的既往健康信息进行分析，可以把这些因素和个人的健康状况甚至未来的健康走向做很好的整合，将这些数据挖掘出来，有助于医生提出针对性的建议，进行个性化的医疗。2012 年，美国国立卫生研究院（NIH）发布了"从大数据到知识"（Big

---

① 周晓英. 情报学进展系列论文之七 数据密集型科学研究范式的兴起与情报学的应对［J］. 情报资料工作，2012，33（2）：5-11.

Data to Knowledge，BD2K）项目，便是国际医疗卫生领域关注大数据中知识提取的一个很好的例证。

电子商务领域也是目前面向居民生活的情报应用比较成熟的领域。通过对海量的客户行为信息进行汇总、分析和挖掘，可以对市场情况进行准确的判断，通过对某些大型电子商务网站的某一时期客户行为信息进行分析，甚至可以推断出未来一段时期的社会经济趋势。例如，通过对某一电子商务网站上网民上传的照片进行分析，发现穿着某一种风格衣服的人数在一定时间内可能呈一个上升趋势，企业就会预测这一季会流行某种颜色、款式，通过这样的数据挖掘解读其中蕴含的商业信息，包括收入结构、性别结构、职业结构，以及人和人之间的关系等，就能把有价值的数据抽取出来，从而形成对商业、经济的重要判断。

环境和气象情报也是未来面向居民生活的情报学发挥作用的主要领域。人们可以通过对全球的气象和环境信息进行汇总、处理并深入挖掘，发现气候变化的规律和异常的原因。另外，通过对全球生物和地理信息进行无差别的搜集，可以构建涵盖全球环境信息和情报的数据库，并建立稳定的跟踪和更新机制。利用大数据技术对海量的环境信息进行跟踪和挖掘，甚至有望解决全球变暖等世界性难题。

10.3 本章小结

本章主要讨论了情报学对科技进步和社会发展主题的关注。物联网、互联网、大规模存储、云计算、海量数据挖掘及人工智能等技术的逐渐成熟，给情报学的情报采集与存储、情报获取与分析都带来深远影响。在素材采集阶段，需要能够实现智能信息源发现、管理和甄别，需要支持大规模、实时并发的数据采集，以及对数据进行初步预处理，提供高质量数据供下一步分析；在数据预处理阶段，要能将不同来源的数据进行融合，对分布式异构数据源进行提取、转换、聚合，采用实体建模、本体标注、案例库等技术和方法实现自动化构建专题数据库、领域数据库；在数据存储阶段，需要根据不同分析目的和不同数据特征采用不同的云计算平台，构建高效、有针对性的情报大数据存储系统；在数据管理阶段，要通过语义技术来组织知识，构建语言学相关知识库、行业情报知识库和知识库管理系统，在"政府数据资源共享开放工程""国家大数据资源统筹发展工程"中贡献情报学力量；在情报分析中，要继续发扬"事实数据＋工具方法＋专家智慧"的研究方法，同时拓展对新的"热数据"的获取、组织和分析能力，包括大数据情报信息挖掘能力、新型社交媒体分析能力，引进"认知计算"、交互式可视化分析、自动化预测分析等新的分析方法，及时感知行业最新动态和热点事件，为快速应对和采取措施提供直观的判断与决策依据。

  本章在讨论了面向科技进步的情报学工作和研究的各个阶段的变化后，还讨论了大数据环境下的信息安全与法规研究，提出在大数据环境下，更需要发挥行业标准的规范功能，用客观中立的标准予以引导，把能够由技术规范进行标准化的内容纳入进来，以技术解决技术的变动。本章第二部分主要讨论了对社会发展具有推动作用的情报支持研究，主要包括情报学对政府决策的支持、对商业决策的支持、对智能制造的支持及对居民生活的支持。在政府决策的情报支持部分，主要讨论了情报学在当前智库建设及"国家情报体系"建设中的作用，指出应循序渐进地从不同层面、不同流程对情报体系进行归口、统一。在商业决策的情报支持部分，主要从商业情报的智能化采集、智能化分析、智能化服务角度，阐释了商业情报分析与传统竞争情报分析在大数据环境下的异同，指出要建立总体的商业情报系统，开展多层次多维度的商业情报研究。在智能制造的情报支持部分，指出制造情报是通过制造业大数据构建制造业情报系统，其核心是制造业大数据，需要发挥情报学在数据处理分析方面的优势，在制造情报系统中对企业外部生态环境大数据实施情报传感、情报处理与情报解析，为计算实验中的优化和预测提供数据和情报支持。本章同时指出，情报学的研究重点应从消费侧转向供给侧，关注如何将情报学的研究成果应用于智能制造领域，研究智能制造的情报系统，这将从根本上提升其学科地位和社会贡献。在居民生活的情报支持部分，指出大数据必然改变人们的学习、工作、生活与思维方式，人类比以往更需要各个方面的情报来支持自己的日常生活，这给情报学提出了历史性的责任命题。这部分主要以公共管理领域的情报研究、医疗健康领域的情报研究、电子商务领域的情报研究及气象环境领域的情报研究为例，阐述了如何利用大数据技术，为这些与居民生活密切相关的领域提供情报支持。

第 11 章
国际竞争环境对情报学学科建设的影响

在国际竞争背景下，经济与贸易、科技、政治与安全的发展形势呈现各自的特征，受这些不同特征的影响，情报工作表现出新的特征，情报学学科建设面临新的问题。本章将在分析国际大环境的基础上讨论情报学发展的契机与挑战，预测国际新形势下情报学研究方向的战略调整及情报学研究的重点领域。

11.1 国际竞争环境与情报学发展情势

中国正在向着科技强国的目标大步迈进，与此同时，在经济与贸易、科技、政治与安全等方面面临的国际竞争也日益激烈。全球化的国际竞争使得情报工作的环境发生巨大变化。情报工作必须适应这种变化。情报工作的变化则给情报学带来新的问题领域。适度了解当前的国际竞争环境可以开阔情报学界的视野，拓展与国际竞争主题相关的情报学研究领域。本节主要分析当前国际经济与贸易环境、国际科技发展环境、国际政治与安全形势所具有新特征，以及国际竞争环境下情报学发展面临的契机与挑战。

11.1.1 国际经济与贸易环境

（1）发展中国家的迅速崛起与国际贸易结构调整

近年来，国际经济格局的演变存在着曲折性和波动性，特朗普政府的贸易保护政策推动中美大国博弈日益加剧，成为国际经济格局变化的最突出特点；以美国为首的发达经济体推动国际经济秩序变革，新兴经济体在国际经济机制中的话语权也有所增加；发达经济体整体经济实力下行，但美国作为世界体系的中心，依然对外围国家经济发挥着重要影响①。

以中国为代表的金砖国家迅速崛起，改变了世界的经济格局和走向，过去以发达国家为主导的世界经济体系被赋予了崭新的含义；金融经济危机的多发性、传染性和持续性增强，世界经济变得越来越复杂多变，不确定性和风险增多②。

在国际经济高风险与不确定的大背景下，国际经济会呈现一系列新的变动趋势③。从当前国际经济与贸易的总体格局来看，区域经济的发展仍然不平衡，发达国家在国际经贸领域仍然占据主导地位，但区域经济也在不断调整和变化。

新兴经济体经济增长快于发达经济体，但受结构性矛盾、金融风险上升、国际资本波动等因素的影响，新兴经济体经济增速有所放缓④。从全球范围来看，国际经济和贸易的增长动力显得不足，没有强有力的增长点。

（2）科技进步与国际经济结构调整

科技的快速变革促进了国际整体经济结构的调整，新一轮的国际产业重组势在必行。信息技术、新能源、生物技术、自动化、新材料技术和航空航天等的快速发展优化了国际产业的整体结构，产业组织的重组之势愈演愈烈，全球经济的多极化发展态势日益明显。

从整体上看，全球贸易已摆脱金融危机的影响，恢复到正常的增长期。国际贸易增幅仍可保持较为平稳的增长态势，其主要原因是：世界经济处于上升期，使得国际市场供给充足、需求旺盛；科技革命和电子商务发展迅猛，为贸易增长提供了后劲；贸易自由化深入开展，多国实行市场开放战略⑤。

当今社会已步入知识经济时代，科技知识成为社会经济发展的核心推动力，也是国际社会竞争的焦点。从微观层面而言，知识经济强调创新的竞争利益，此点不容否认；从宏观层面而言，知识经济在短短几年内使全人类历经前所未有的景气冲击⑥。

以信息技术为主导的高新技术产业优化了世界产业结构。伴随着科技的发展，全球

---

① 姜跃春. 国际经济格局新变化及其发展趋势 [J]. 人民论坛·学术前沿, 2019 (1): 30-39.
② 何广宇. 国际经济贸易发展探析 [J]. 新闻战线, 2018 (12): 91-98.
③ 杨亚琴. 当前国际经济发展趋势与我国外贸战略选择 [J]. 上海经济研究, 2000 (11): 38-43.
④ 李雅楠, 王成新. 经济全球化下世界贸易特点及我国应对策略 [J]. 合作经济与科技, 2017 (6): 69-71.
⑤ 龚瑾. 国际贸易发展趋势及其对中国发展国际贸易的启示 [J]. 管理观察, 2009 (6): 48-49.
⑥ 潘连乡, 叶传财, 韦凯华. 新经济时代知识经济管理的发展趋势研究 [J]. 企业经济, 2013 (2): 57-60.

产业结构逐渐呈现3个层次：一是以美国经济为典型特征、以信息技术为主导的高新技术产业结构，代表了全球经济发展的核心和方向；二是以日本、德国等国家高级装备工业和资本技术密集型为主导的现代化产业结构；三是以中国等发展中国家的劳动密集型产品为主体的产业结构①。目前，我国的产业结构正积极向知识密集型的方向发展，力求抓住大数据、人工智能带来的机遇，实现跨越式发展。区域经济不断向纵深方向拓展，合作领域不断加大，国际经济的多极化趋势更加明显。

（3）经济发展全球化与逆全球化的交融

经济全球化是当今世界经济的基本特征，它一方面表现为商品服务与生产要素的跨国流动；另一方面表现为影响、约束这种跨国流动的国际经济秩序或规则②。通常来说，谁制定国际规则，谁在国际交流中就更有话语权，居于主导地位，从而获得最大的利益。根据现实发展情况，目前的国际经济秩序主要由几个发达国家制定，在理论上，他们应该是全球化的最大赢家。然而，经过多年的实践，发达国家却认为包括中国在内的新兴经济体才是全球化的真正受益者。

从实践层面看，资本开启了经济全球化大幕，给世界带来了新的文明；但也要看到，资本主宰下的经济全球化既带有先天资本缺陷，又生出诸多后天顽疾③。在新的发展格局下，各国面临重重困难，举步维艰。

全球化并没有得到长期多方面的认可。以英国"脱欧"为标志，由于经济发展的持续低迷、移民冲突、人口老龄化等问题，近年来欧洲各国对全球化的态度纷纷发生转变。欧洲各国政治右倾的背后，是欧洲社会对全球化背景下的贸易、人口流动，以及多边主义经济政治磋商日益累积的不满，反经济全球化、反多边主义社会力量不断增大④。欧美多国近年来都出现了逆全球化的潮流，典型如特朗普的贸易保护主义等，给国际经济的未来走向带来了许多不确定性。2008年国际金融危机后，主要发达国家陷入经济发展低迷、增长缓慢的泥沼，给各国带来了许多社会问题，民众的不满情绪逐渐发酵，从而形成了欧美逆全球化的潮流。

全球贸易保护主义逆转不了全球化趋势，但全球贸易保护主义的兴起阻碍了经济全

---

① 王永. 经济全球化进程中国际分工的演进［J］. 统计与决策, 2005 (1): 26-27.
② 李向阳. 国际经济秩序的发展方向［J］. 现代国际关系, 2014 (7): 20-22.
③ 李娟, 李海春. 人类命运共同体与经济全球化［J］. 战略视野, 2019 (1): 33-36.
④ 彭刚, 胡晓涛. 欧美逆全球化背景下国际经济格局调整［J］. 政治经济学评论, 2019 (1): 195-207.

球化的进程，包括对贸易恢复与发展的影响、全球经济增长的影响、全球投资的影响、大国关系的影响、经贸发展未来预期的影响等①。

（4）世界经济贸易的低增长格局

现今世界经济仍然有许多亟待解决的问题。自从全球金融危机以来，世界经济虽然出现过比较强劲的反弹，增长率曾高达5.5%，但随后便持续下跌，进入了深度调整时期②。从经济发展的整体情况来看，世界经济危机后，全球主要发达国家的经济复苏普遍较为缓慢。考虑到投资、贸易和油价是经济增长的主要内涵及其表现，实际上现阶段世界经济增长的基本格局可以归纳为"三低"，即低增长、低通胀、低利率。这是自14—15世纪世界经济萌芽或形成以来的五六百年间未曾有过的低增长格局。

11.1.2 国际科技发展环境

科技进步日新月异，新技术新方法不断应用于情报学领域，为情报学的理论与实践发展带来了新的机遇，如对科技发展环境监测的情报支持，科技发展环境对情报学应用研究采用新技术的支持等。国际科技的发展对情报学影响最大、最深刻的技术主要是大数据技术、云计算技术、物联网技术及人工智能技术③。

（1）大数据技术

2008年9月，《自然》杂志发表"Big Data：Science in the Petabyte Era"专题文章，标志着"大数据"的概念被学术界正式提出，它介绍了大数据应用所带来的挑战与机遇，开启了大数据研究的新篇章④。2009年，联合国发布了《"全球脉动"计划——大数据发展带来的机遇与挑战》报告，正式提出"数据脉动"计划，聚焦于实时信息数据分析方法和技术的研究、创新，开放源码技术包的集中和整合，实时数据分析、共享和预测等方面的研究试验⑤。2011年4月，英国政府网发布了"全民数据权"（Right to

---

① 董琴."逆全球化"及其新发展对国际经贸的影响与中国策略研究[J].经济学家，2018（12）：91-98.
② 李晓，丁一兵.世界经济长期增长困境与中国经济增长转型[J].东北亚论坛，2017（4）：3-16.
③ 韩翠峰."互联网+"环境下的图书馆服务转型与发展[J].图书与情报，2015（5）：29-32.
④ LYNCH C. Big data：how do your data grow？[J]. Nature，2008，455（7209）：28.
⑤ 艾玛纽尔·勒图.大数据促发展：挑战与机遇[EB/OL].[2014-05-20]. http：//www.gisti-thinkbank.ac.cn/admin/upload/20130924-20121112.pdf.

Data）计划"我的数据"（My Data）①。2012年，奥巴马政府在白宫网站发表了《大数据研究和发展倡议》（Big Data Research and Development Initiative），目的是提高人们在大量复杂数据集合中发掘知识的能力，以加速美国在科学与工程领域的发展②。我国也积极地开展了大数据相关研究，2012年，中国通信学会成立大数据专家委员会，旨在探讨大数据的核心科学与技术问题，推动大数据学科方向的建设与发展，为相关政府部门提供大数据研究与应用的战略性意见与建议③。2014年，我国由国家工商总局牵头，运用大数据挖掘技术，对工商全量、动态的全国企业登记数据进行分析，构建了"企业发展工商指数"，用以分析我国宏观经济发展，成为我国政府在大数据挖掘领域的首创成果④。

（2）云计算技术

Google在2006年的搜索引擎大会上首次提出"云计算"的概念⑤。Google认为，云计算是将所有的应用和计算资源放置在"云"端，而用户终端仅依靠网络来使用程序和服务，不需要安装相应的软硬件。微软认为，云计算是一种"云+端"的计算方式，计算资源被分散分布，分别放置在"云端服务器"上、用户终端及合作伙伴处，用户可以根据需要进行选择，合理配置计算资源。

云计算技术迅猛发展的推动力主要来自以下3个方面：①用户需求。随着海量信息处理的普遍性，发展云计算技术大大提高了资源的利用率，同时有效降低了计算成本。②技术进步。虚拟化技术、分布与并行计算等技术的发展与成熟，使得基于互联网的计算模式成为可能，可以提供包括计算、存储等内容的服务。③政策因素。2017年，工业和信息化部印发了《云计算发展三年行动计划（2017—2019年）》，到2019年，云计算将成为信息化建设的主要形态⑥。

（3）物联网技术

"物联网"的概念最初由美国麻省理工学院的Kevin Ashton教授于1999年首次提出，

---

① Right to Data [EB/OL]. [2014-05-20]. http：//data. gov. uk/opendataconsultation/policy-challenge-questions/an-enhanced-right-to-data.

② Big Data Research and Development Initiative[EB/OL]. [2014-05-20]. http：//www. whitehouse. gov/sites/default/files/microsites/ostp/big_data_press_release_final_2. pdf.

③ 曾建勋，魏来. 大数据时代的情报学变革［J］. 情报学报，2015，34（1）：37-44.

④ 政府大数据挖掘首创成果发布［EB/OL］.（2013-10-31）［2019-08-06］. http：//www. ciotimes. com/bi/sjck/86428. html.

⑤ 王竞争. 云计算技术概述［J］. 电脑知识与技术，2016，12（20）：52-54.

⑥ 高源. 云计算技术概述［J］. 中国战略新兴产业，2017（44）：68.

经过近20年的发展后,其概念和内涵均已有了较大拓展,当前主流学术界对物联网的定义是"物与物互联的网络"①。

物联网目前的发展现状是:①美国是最先发展物联网的国家,于2009年年初率先提出了"智慧地球"计划并将物联网的建设确定为国家战略,经过近10年的发展,形成了相当完善的物联网产业链;②欧盟于2009年6月发布了《欧盟物联网行动计划》,逐步建立了相对完善的物联网政策体系,目前在车联网等领域保持着世界领先水平;③日本于2009年8月提出"智慧泛在"构想后,在工业控制、环境监测、智能交通、智慧医疗及防灾救灾等领域先后开展了物联网的应用积累,目前在工业机器人等方面的应用领先于世界②。

2010年,我国将物联网确定为国家战略,开始发展物联网应用。随后,国务院于2013年发布了《关于推进物联网有序健康发展的指导意见》,华为、阿里巴巴、腾讯等国内知名大企业先后在物联网领域投入巨资,我国物联网产业发展迎来了"百花齐放、百家争鸣"的新格局③。

(4)人工智能技术

1956年的Dartmouth学会上,人们提出了人工智能的概念,但是有关它的定义学术界尚未有统一认识。美国斯坦福大学人工智能研究中心尼尔逊教授认为④:"人工智能是关于知识的学科——怎样表示知识,以及怎样获得知识并使用知识的科学。"麻省理工学院温斯顿教授认为:"人工智能就是研究如何使计算机去做过去只有人才能做的智能工作。"人工智能是计算机对人类智能的模拟,能够提高人类活动的自动化水平⑤。

世界各国都非常重视人工智能的研究。2015年后,美国发布了《为人工智能的未来做好准备》《国家人工智能研究和发展战略计划》《人工智能、自动化和经济报告》。英国利用其科技人才优势,强调人工智能发展的实效性,缩短产学研的转换周期⑥。德国以机器人为研发重点,目标是促进智能机器人的广泛应用。服务机器人被列为德国联邦

---

① 王思博. 我国物联网产业发展现状与国际竞争态势分析[J]. 电信网技术, 2017 (5): 31-34.
② 刘兰英. 物联网中M2M技术的应用实践分析[J]. 电脑知识与技术, 2017 (3X): 270-271.
③ 胡玉娟. 关于物联网的体系结构和相关技术分析[J]. 山东工业技术, 2015 (22): 153.
④ NELSON J D B, DAMPER R I, GUNN S R, et al. A signal theory approach to support vector classification: the sinc kernel [J]. Neural Networks, 2009, 22 (1).
⑤ EDWARD J B, WINSTON K C. Model selection criteria for loglinear models [J]. Australian & new zealand journal of statistics, 2010, 52 (4): 439-449.
⑥ 胡昌昊. 浅析人工智能的发展历程与未来趋势[J]. 经济研究导刊, 2018 (31): 33-35, 196.

教研部"信息和通信技术2020——为创新而科研"的研究计划项目，联邦经济部的"工业4.0自动化计划"包括6个机器人项目。此外，德国科学基金会资助大学开展机器人基础理论研究。

我国的人工智能事业也在稳步推进。2015年，中国人工智能大会召开。2016年3月，工业和信息化部、发展改革委、财政部联合印发了《机器人产业发展规划（2016—2020年）》，制定了"十三五"期间我国机器人产业的发展规划。同年，中国人工智能学会发起了"全球人工智能技术大会暨人工智能六十周年纪念活动启动仪式"，探讨了智能驾驶、认知计算、智能语音识别、智能处理器、智能机器人等热点话题。2016年5月，为了明确未来3年智能产业的发展重点和具体扶持项目，发展改革委和科技部等四部门联合印发《"互联网+"人工智能三年行动实施方案》[1]。

11.1.3 国际政治与安全形势

国际政治是指一种复杂的、处于运动形态中的国际范围的社会现象，反映了国际社会中各种政治力量在不同情况下的对峙、分歧、组合、分化、矛盾和斗争[2]。国际安全涉及的内容较多，既包括传统的军事安全，当前也强调政治、经济、贸易、科技等领域的安全，如传染病、难民、生态环境、技术发展等各种问题。"冷战"后，国际政治和安全形势都发生了很大变化，世界大战发生的可能性很小，但是局部冲突不断，各个国家都倾向于采用政治和非军事手段解决冲突。

（1）"不确定性"增加

近年来，国际政治和安全形势的一个趋势是"不确定性"的增加，局部地区的形势依然紧张，局部地区仍然存在政治和军事冲突。虽然当前国际的安全政治形势的发展趋势还是和平和合作，但当前国际政治和安全形势复杂多变，不确定性与不稳定因素呈现增多的趋势，局部冲突持续，各种全球性问题共振及全球性挑战增加[3]。国际政治不确定性的增加主要表现在世界各个大国对外经济政治战略的改变，让国际政治格局变化朝着无法预测的方向发展；这种不确定性还表现为全球化进程有所退潮和"反制度主义"

---

[1] 佟文立. 人工智能将如何改变未来？[J]. 商业观察, 2016（7）: 50-51.
[2] 郑建邦. 国际关系词典[M]. 北京: 中国广播电视出版社, 1992: 83-92.
[3] 孙志明, 李祥峰. 当前国际安全问题中的"乱"与"治"[J]. 人民论坛, 2018（10）: 44-45.

思潮的兴起①，以及西方极右势力与民族主义的崛起，反自由贸易的极端保护主义和贸易保护主义的盛行②。

国际安全形势"不确定性"增强体现在传统安全方面，表现为局部冲突频发，地缘战略博弈向深度发展，各个大国军事竞赛越发激烈③；北非和中东局部冲突愈演愈烈④；国际军备竞赛进一步抬头，竞争的焦点也从传统的军备转移到军事科技领域⑤。非传统安全方面，经济增长缓慢，恐怖主义在世界范围内影响广泛，难民数量不断增加，大国间关系更加复杂。

（2）国际主导权争夺日趋激烈

中国、俄罗斯等其他大国的崛起，威胁到了美国的世界霸主地位。为了维护自己的绝对领导地位，美国采取了孤立主义政策，改变了与各大国的传统关系；西方一些大国也相应调整了策略，维护自己的既有地位。国家间意识形态之争依然存在，争夺世界发展主动权的博弈越发激烈⑥。世界格局越发复杂，未来走向愈显扑朔迷离。

在这样的国际形势下，近些年崛起的国家希望与美国等超级大国分一杯羹，共同执掌世界主导权。不合理的国际治理体系和霸权实力比以往更加焦虑，为维护既得利益，大国不断进行的国家战略调整造成了地缘生态的紧张⑦。虽然当前仍为主要大国发挥主导作用，但是各种国际力量之间的博弈也日趋激烈。

（3）国际合作困难

国际形势千变万化，建立国与国之间的友好关系更加困难。各国之间总体和平竞争的时代正在终结，各大国之间的关系从总体相对和平转向潜在的对立甚至是敌对状态。大国与欠发达国家在处理与他国的关系中都更加小心谨慎。大国希望与欠发达国家能联

---

① 韩召颖，姜潭．不确定性、国际合作困境与国家对相对收益的考虑［J］．安徽师范大学学报（人文社会科学版），2018，46（3）：29-35．

② 沈安．新形势下深化中拉合作关系的必要性、路径选择和挑战［J］．拉丁美洲研究，2017，39（6）：22-35，154-155．

③ ÅTLAND K. North European security after the Ukraine conflict［J］．Defense & security analysis，2016，32（2）：163-176．

④ 爱德华，索勒，伊莱恰，等．国际政治经济形势解读——2015年十五大趋势［J］．国外理论动态，2015（5）：2-12．

⑤ 林利民，袁考．当前国际安全乱象与国际安全治理的困境与出路［J］．现代国际关系，2017（4）：27-34．

⑥ 邓力平．国际形势新变化下的中国关税政策运用研究［J］．经济与管理评论，2017，33（3）：75-80．

⑦ 郑青，夏国永．地缘政治变革中的国家战略选择痼疾［J］．教学与研究，2018（11）：59-66．

合起来，抵抗其他竞争大国；欠发达国家希望能通过与大国的联合，全面提升自己的实力和国际影响力。但是大国吝于提供无偿的资源，欠发达国家也不愿变成大国的附属，这都使得国际合作更加困难。

（4）整体和平局势不变

"冷战"后，国际安全形势发生了很大的变化。虽然仍然存在很多不稳定的因素，也不时发生局部战争，但国际安全的总体形势还是和平与合作，第三次世界大战发生的概率很低。当前，世界各国争夺国际主导权的最重要因素是经济发展水平，现今所说的国家安全除了传统的军事安全，更加关注政治、经济、科技、社会和文化的安全，尤其是经济和科技安全日趋凸显。当前，军事力量已主要作为国家整体实力的体现，军事斗争发生的可能性很小。

21世纪以来，各种国际性难题频频出现。各国政党需要摒弃前嫌，共同商讨面临的环境污染、生态破坏、极端气候变化、人口爆炸、恐怖主义等一系列全球性难题[①]。面对这些全人类的共同问题，各国都需要暂时放弃对立，回归协作，共同协商、解决难题。

11.1.4 情报学发展的契机与挑战

（1）情报学发展的契机

情报在政治、军事领域中的重要作用人所共知，而在"冷战"结束之后，情报在经济领域中的重要地位上升之快却远远超过了人们的预料，情报战的主战场已从政治、军事领域转移到经济技术领域。

1）经济情报是国际竞争的战略资源

全球经贸的一体化使得经济情报在国际竞争中占据越来越重要的地位，信息技术的不断革新又使得国家之间的经济情报战越发激烈。西方发达国家的军事情报机关纷纷改弦易辙，重新确定国家情报机关的工作定位[②]，全球的经济情报大战如火如荼地开展起来。

国际经济贸易的全球化使经济情报的重要性更加突出，这首先是因为经济全球化的

---

① 韩喜平，张霜．构建人类命运共同体的政党功能［J］．江西师范大学学报（哲学社会科学版），2019，52（1）：17-22．

② 金小川．国际经济情报战的新动向与中国企业经济情报的战略思路［J］．情报杂志，1999（5）：81-83．

加速使"经济安全"日益重要,从而导致对经济情报的巨大需求①。强大的经济实力是一个国家在国际上拥有话语权的基础。只有经济利益才是最根本的国家利益,只有经济安全才是最现实的国家安全。因此,越来越多的国家把经济安全视为国家安全的重要方面,在对外政策上将发展经济作为最优先的目标,从而导致对经济情报的巨大需求,国际经济情报竞争越发激烈。

同时,经济情报活动融合了军事、政治、科技、文化等多种因素,不仅包括了人际网络、社会中介、自动系统、意识影响等多种因素,还包括了人际网络、社会中介、自动系统、意识影响等多种手段,成为"万花筒"一样的认知对抗组合形态,在世界经济活动中发挥了极其重要而又极其隐蔽的作用,成为隐藏在经济组织背后的"影子巨人"。可以说,情报才是市场经济中那只"看不见的手"②。

2)信息技术成为情报学发展的推动力

在经济全球化进程中,世界正在向多极化格局发展,而一个国家在多极化格局中占有一席之地,其最根本、最重要的"资格证明"就是该国在世界高科技竞争中的地位③。当今世界,综合国力的竞争集中体现在科学技术的竞争上。谁掌握了技术制高点,谁就有能力快速发展经济,就能保障国家的安全。各个国家都已经加入高科技领域的激烈较量中。要在这种快速更新、不确定因素多、状况复杂、知识融合度高、方向难以预测的竞争中脱颖而出,就必须对高新技术情报进行高效地搜集、处理、分析、整合,才能做出正确的决策。

在"互联网+"时代,利用大数据、云计算等技术可以帮助人们针对网络信息资源的特点研究信息的分布规律,利用智能化、可视化技术对信息分布规律进行挖掘和展示,实时开展信息的采集、分析、监测、预测等工作,为情报服务的顺利开展提供支撑和保障④。

"互联网+"带来了媒体的创新,信息的采集、处理、分析、融合、存储、传播、服务等环节的协同整合更为便利。在这样的背景下,信息技术的进步提供了功能更为强大、成本更为低廉的信息工具,提高了受众信息获取和利用的效率。新时期情报学的发

---

① 吴春玲. 国际经济情报战的新动向与应对措施[J]. 江汉论坛,2000(9):40-41.
② 赵冰峰. 论情报主导竞争[J]. 情报杂志,2014,33(1):1-5.
③ 聂玉芳. 冷战后美日经贸关系的影响和未来发展[D]. 广州:暨南大学,2000.
④ 张黎,郭敏,刘国健. "互联网+"思维对情报学的变革[J]. 现代情报,2018,38(6):28-31,45.

展应充分利用数据化、智能化的科学理论构建新的理论框架①，结合大数据、人工智能、可视化等高新技术，突破情报学的发展困境，为情报学的发展创造新的机遇。

基于云计算的情报分析技术是数据的收集、分析、管理和利用的关键支撑要素，"云"基础设施建设及核心技术的发展，为情报学领域各类型数据的存储、计算、挖掘、处理、可视化呈现的进一步发展带来了新鲜活力②，如情报可视化分析系统③、利用亚马逊云计算平台的处理空间数据④、基于云存储和传感器网络研究多媒体数据的存储及监控⑤、基于移动云的混合架构实现移动终端数据存储和数据交换⑥等。云计算正向着"分析即服务"的Cloud 2.0时代迈进⑦，它的飞速发展必将进一步促进情报分析与情报服务。

基于移动终端的情报服务模式是"互联网+"背景下的重要组成部分。在移动互联网时代，终端可选择面更广，多样化的智能终端，包括手机、平板电脑、笔记本、智能导航等，为用户的信息获取和传播提供了更加便捷和多样化的途径。移动终端已经渗透进人们日常生活的方方面面，基于移动终端的情报服务体现了以用户为中心的思想。因此，针对"互联网+"时代下用户的服务需求，研究基于大数据用户与大数据网络的服务理念、服务模式、服务评估及服务机制，依托各类移动终端设备开展基于"全数据"的情报工作与服务，有效提高情报服务的质量，是情报学领域的一个重要课题。

3）不同领域情报融合的困境

当今世界，政治和安全形势日益紧张，"不确定性"不断增加，国际形势走向难以

---

① 刘永君，栗琳. 人工智能时代情报学的危机及对策［J］. 情报理论与实践，2017，40（12）：6-11.

② 张黎，郭敏，刘国健. "互联网+"思维对情报学的变革［J］. 现代情报，2018，38（6）：28-31，45.

③ STASKO J, GORG C, LIU Z. Jigsaw: supporting investigative analysis through interactive visualization［J］. Information visualization, 2008, 7（2）: 118-132.

④ SUGUMARAN R, BURNETT J, BLINKMANN A. Big 3D spatial data processing using cloud computing environment［C］. Proceedings of the 1st ACM SIGSPATIAL International Workshop on Analytics for Big Geospatial Data. ACM, 2012: 20-22.

⑤ DEY S, CHAKRABORTY A, NASKAR S, et al. Smart city surveillance: leveraging benefits of cloud data stores［C］. Local Computer Networks Workshops（LCN Workshops）, 2012 IEEE 37th Conference on. IEEE, 2012: 868-876.

⑥ SOYATA T, MURALEEDHARAN R, LANGDON J, et al. COMBAT: mobile-Cloud-based cOmpute/coMmunications infrastructure for BATtlefield applications［C］. Modeling and Simulation for Defense Systems and Applications VII. International Society for Optics and Photonics, 2012, 8403: 84030K.

⑦ 黄永勤. 国外大数据研究热点及发展趋势探析［J］. 情报杂志，2014，33（6）：99-104，78.

预料，各个国家均对自身的安全空前重视。处于这种国际局势，情报学学科最原始的特征和职能将会受到强化[1]，情报的传统被重新关注，这是情报学回归情报本身的契机。

从传统意义而言，情报是"战时敌情之报告"[2]，是一个组织对外界环境的感知与反映[3]，起到了"耳目、尖兵、参谋"的作用，即收集、分析、整合信息，进行预测，并支撑决策。这正是情报学最初的职能——获取情报，进行分析、整理与加工，然后科学预测，并提供给国家相关部门参考，服务于国家的安全与发展需要。情报学的飞速发展是在"冷战"期间，那个时期，国际政治形势非常紧张，各国都注重收集整理他国的政治、军事情报，帮助政府部门做出战略决策。所以，情报学在一开始是专门服务于国家政治、军事安全的学科。在当今国际政治安全形势越发复杂的情况下，要求情报学更重视本学科最初的定位与职能，发挥情报的本源作用，支撑国家的安全与发展战略。

在大数据时代，人工智能对情报学的回归提供了支持。情报学研究需要加强自身的智能性，实现收集、加工、处理、分析、利用等过程的智能化，通过自身的革新促进国家安全体系的现代化。未来，数据和分析将成为情报学的重要组成部分，基于历史和现实数据，利用科学的方法对复杂的环境变化进行预测将是情报学的重要目标，情报分析也将突破表层的信息处理而更多地聚焦于潜在的、深层的情报挖掘，这也是国际政治与安全形势变化的要求。对国际局势与国家间关系的正确预测决定着国家安全战略的有效制定，有助于国家根据环境变化及时调整政治和安全战略。

此外，中国近些年提出的"智库"战略对情报学来说也是一个发展的契机，情报学者应该顺应国家发展的潮流，上升到"智库"的战略性决策支持层面。情报学是最典型的培养智库型人才的学科，在国家智库发展战略中获得了极好的发展机缘[4]。情报学要抓住国家智库战略的机会，力争将情报体系建设成国家决策体系的重要支撑系统。情报学教育也应该迎合智库战略的需求，改变以往对信息查寻和处理技能的过度强调，增加学生情报分析能力的培养，为国家相关部门输送优秀的情报人才。

（2）情报学发展面临的挑战

1）国际经济情报竞争的日趋激烈

当今的国际经济贸易环境中，经济情报战在方式、技术手段、范围等方面都发生了

---

[1] 黄长著. 对情报学学科发展的几点思考[J]. 信息资源管理学报，2018（1）：1-8.
[2] 谢晓专. 情报学"名不副实"的尴尬及其解决之道[J]. 情报资料工作，2010（3）：14-19.
[3] 陈美华，陈锋. 维护科技安全的情报感知路径探析[J]. 情报科学，2019，37（2）：138-142.
[4] 苏新宁. 大数据时代情报学学科崛起之思考[J]. 情报学报，2018，37（5）：451-459.

很大的变化。

与采购、研发、生产、销售、管控等依靠组织制度手段实现的显性的经营活动相比,经济情报活动则显得十分绵软、隐蔽和复杂,是经济组织典型的软手段。经济情报活动经过情报搜集、分析、设计与行动等多个步骤,在竞争中构筑认知优势,把握主动权,改变竞争环境甚至形成垄断竞争格局,如产业攻击和金融做空①。

在当前环境下,我国需要强化民众的经济情报意识,加速经济情报系统体制的改革,建立适应市场经济需要的经济情报网络;需要注重世界范围内科技情报的搜集与整理;需要不断提高国民的经济情报保密意识;需要加大高素质经济情报人才的培养力度,以保证我国市场经济的正常运行②。

2)现有的情报学学科体系不能适应新的国际竞争形势的需要

基础理论方面。情报学经过长时间的发展,形成了一套基础理论,即从人类社会信息过程出发,考查情报管理活动。但是,这些基础理论大多提出的时间比较早,主要针对当时的生产生活环境和科学技术发展水平,具有一定的局限性。在大数据和人工智能的背景下,信息资源的类型、数量、特点,以及分析处理的手段和工具都发生了很大变化,基于传统情报学的理论和方法受到了一定的冲击和挑战,一些理论需要在大数据环境中进一步验证。

研究对象和范畴方面。大数据、云计算、人工智能等新兴情报分析和处理技术的出现,拓展了情报学的研究领域和范畴。情报学的研究对象不再局限于传统的文献信息,而是涵盖了各种不同类型的数据资源,极大地丰富了情报学的研究对象。新形势下,情报的获取、分析、加工、组织、传递和应用都有不同的特点和要求,情报学需要对新的问题进行系统研究。

研究方法方面。目前情报学研究方法主要包括文献计量、统计分析、社会调查、共现分析、链接分析、内容分析、技术路线分析等,这些方法主要针对传统的文献信息,更多关注结构化数据的处理,而对于半结构化数据和非结构化数据的处理能力相对较弱,也需要在研究方法和技术上有所拓展③。特别是"互联网+"思维中强调利用大数

---

① 赵冰峰. 论情报主导竞争 [J]. 情报杂志, 2014, 33 (1): 1-5.
② 吴春玲. 国际经济情报战的新动向与应对措施 [J]. 江汉论坛, 2000 (9): 40-41.
③ 曾建勋, 魏来. 大数据时代的情报学变革 [J]. 情报学报, 2015, 34 (1): 37-44.

据进行预测、分析和决策，利用云计算、物联网等技术进行分析、处理①。此外，利用互联网创新技术发展衍生了一系列技术，如虚拟现实技术、大数据技术、云计算技术、情境感知技术、智能感应技术等②。这些新技术不仅为情报学的研究提供了全新的思维角度和研究方法，也使传统情报学的研究方法在新的信息技术环境中拥有了更多改进和升华的空间。具体而言，在新环境下情报学的研究方法面临着双重考验：一方面要考虑传统的信息获取、存储、分类、聚类、检索、人机交互技术等信息分析处理技术方法如何顺利转移到对大数据这些新型信息的管理和利用上来③；另一方面，要学习如何利用先进有效的技术方法处理不断产生的新的数据形式，如碎片化数据、智能化非结构数据等④。

3）不同领域情报融合的困境

情报学的基本功能是"耳目、尖兵、参谋"。西方国家尤其是美国，非常重视对情报本源的研究。但是在中国，情报学主要来源于图书情报体系，历史的原因导致我们的关注点很少聚焦于"情报"，更多的是放在"信息"和"知识"的研究上。中国的情报学，图书情报学界谈论的是一个，而军事、安全、政治、外交界谈论的是另一个⑤。改善这一现状要求国内研究者在研究时将信息传递的信息序化和信息转化的情报研究并重，在原有的以信息管理为研究对象的传统图书情报研究范式以外，关注到以军事情报、公安情报为研究对象的情报研究范式的情报理论与相关实践的研究⑥。

面对日益复杂的国际政治与安全形势，呼唤情报学理论研究的回归，同时也要求情报学的理论能够真正用于实践，而不是仅停留在学术研究上。这要求情报学不能只强调理论，或是理论脱离实践，而是将理论研究与实践应用相结合，相互促进，共同发展，真正增强国家的情报分析与预测实力，成为国家社会发展战略制定与安全建设的助力。同时，要打破"经济情报""安全情报""军事情报""公安情报""科技情报""医疗

---

① 张黎，郭敏，刘国健."互联网+"思维对情报学的变革［J］.现代情报，2018，38（6）：28-31，45.
② 张庆普，陈茫.Web4.0时代的情报学创新探究［J］.情报学报，2016，35（10）：1048-1061.
③ 贺德方.大数据环境下的情报学［J］.数字图书馆论坛，2012（11）：2-5.
④ 同①。
⑤ 沈固朝.情报与信息：一船两夫——读《隐秘与公开：情报服务与信息科学的追忆与联系》［J］.情报探索，2010（2）：3-5.
⑥ 高金虎.论国家安全情报工作——兼论国家安全情报学的研究对象［J］.情报杂志，2019，38（1）：1-7.

情报""国际竞争情报""外交情报"等不同领域情报的界限，找出合理有效的融合不同领域情报的方法，在国家发展和安全战略制定时能够协助有关部门全方位考量和权衡，实现最佳决策。

11.2 国际竞争环境对情报学研究方向战略调整的要求

应对国际竞争必须高度倚重竞争情报和科技情报。面对复杂的国际竞争形势，情报研究领域应该寻找对策，帮助我国在经济、科技、安全等方面获取国际竞争优势地位，实现和平崛起。为适应日益变化的国际竞争环境，情报学研究方向需要进行战略性调整。

11.2.1 现有领域结构分析

（1）情报学当前主要的研究领域

多位学者对情报学的主要研究领域进行概括，得到了不同的结果。沙勇忠等提出一个关于情报学研究的主题分类表，包括11个一级类目和83个二级类目。其中，一级类目涵盖情报学基础理论、情报加工处理与信息组织、情报检索、情报服务、情报技术等领域[①]。焦为为从研究生专业方向的设置角度，概括了情报学的基本学科领域，按开设的学校数量统计，信息资源管理在高校中开设最为广泛，后面依次为信息技术和信息系统、情报学理论、知识管理、信息政策、信息咨询和信息分析等[②]。王小华从情报学类目修订的角度，展示了情报学的基本学科领域，包括情报学原理、情报学研究方法、情报学分支（比较情报学、竞争情报学和网络情报学等）、信息计量学、信息经济学和专科情报学（科技情报、社科情报学等）[③]。

借鉴Sonnenwald对当前图书情报学研究进展的论述，我们将近年来图书情报学的主要研究内容以图11-1的形式加以描述。由图11-1中可以看出，近年来图书情报学的研究内容主要集中在3个方面：个体和群体行为理论、评估理论及情报设计理论。①个体和群体行为理论，包括搜索理论、浏览理论等。其中，搜索理论涉及搜索设计、针对搜索的界

---

① 沙勇忠，牛春华. 当代情报学进展及学术前沿探寻——近十年国外情报学研究论文内容分析[J]. 情报学报，2005，24（6）：643-650.
② 焦为为. 情报学学科核心竞争力研究[J]. 情报杂志，2011（6）：1-4.
③ 王小华. 学科发展视角下的情报学类目修订讨论[J]. 情报理论与实践，2017，40（2）：48-50.

第11章
国际竞争环境对情报学学科建设的影响

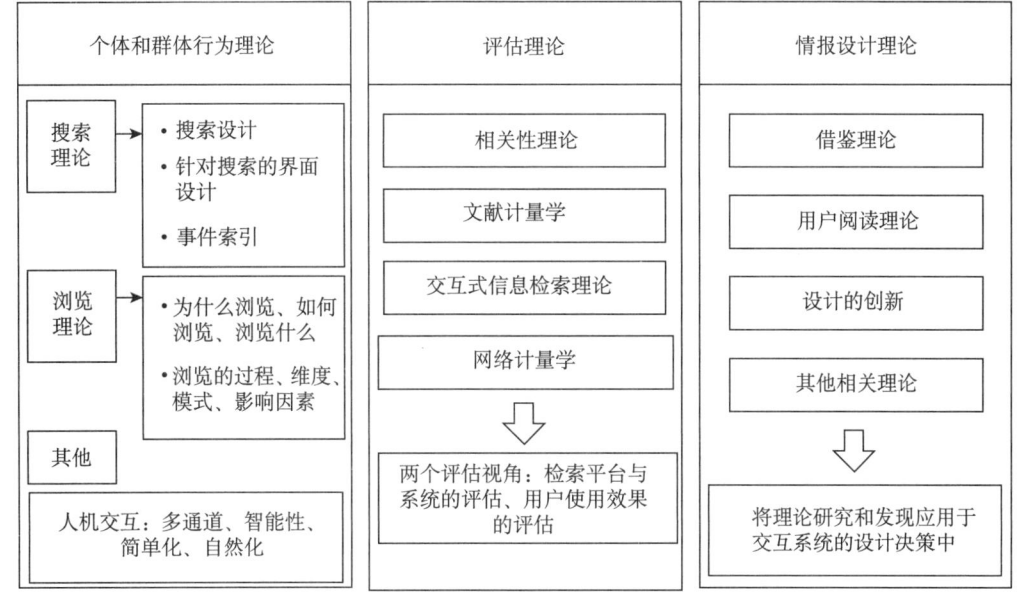

图 11-1　图书情报学当前的主要研究领域

面设计及事件索引等研究；浏览理论涉及用户为什么浏览、如何浏览、浏览什么，以及浏览的过程、维度、模式和影响因素等研究。用户个体和群体行为研究推动了人机交互向多通道、智能性、简单化及自然化等方向发展。②评估理论，涉及两个评估视角——检索平台与系统的评估、用户使用效果的评估。主要内容包括相关性理论、文献计量学、交互式信息检索理论及网络计量学等。③情报设计理论，主要目的是将理论研究和发现用于交互系统的设计决策中，包括借鉴理论、用户阅读理论、设计的创新及其他相关理论。

纵观现有成果，学者们多从情报理论、情报技术和情报应用等角度展开研究，如图11-2 所示。

纵观近年来我国情报学研究的进展，主要为国外情报学最新理论和应用研究的引入与借鉴。在引起全世界广泛关注的情报学理论创造和实践应用领域，我国所起的作用还比较薄弱。

（2）研究共同体

结合国际经济与贸易环境、科技环境及政治与安全形势，情报学界的研究人员应用了大量的情报学方法，已形成一定的情报学共同体。例如，宗乾进等通过研究，总结了我国情报学研究合作网络的特征：①武汉大学处于合作网络的中心，与其他多个机构存

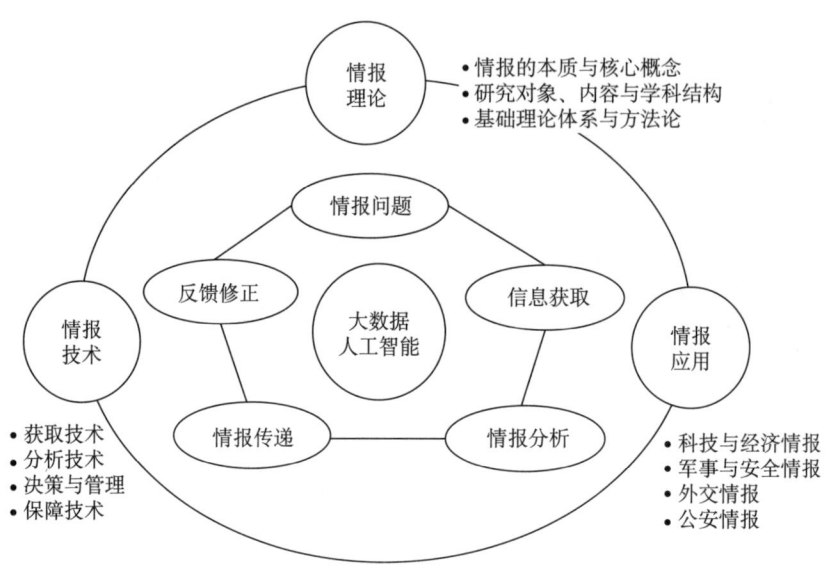

图 11-2　情报学领域结构

在合作关系。②"地域性"特点。除了以武汉大学为中心形成的"大"网络之外，还存在南京大学、南京理工大学、南京农业大学、南京邮电大学、东南大学、华东师范大学、上海交通大学、同济大学、上海商学院、上海理工大学、江苏大学等形成的长三角城市小世界网络，以及中国科学技术信息研究所、北京大学、中国科学院、南开大学、哈尔滨工业大学、黑龙江大学、吉林大学等形成的北方研究机构网络①。王菲菲等通过研究发现，武汉大学与中山大学、湘潭大学、华东师范大学之间存在密切合作关系；中国科学院与北京师范大学、吉林大学、南开大学之间的合作关联较强；北京大学—中国科学技术信息研究所，南京大学—南京理工大学，上海大学—华东师范大学，吉林大学—东北师范大学、四川大学—南开大学等两两之间的合作关联强度也是非常高的②。

除高等院校和研究机构之间的合作外，中国政府也与外国政府就情报领域展开合作，如孙晋忠在《反恐合作与中美关系》中指出，情报交流是中美最早进行反恐合作的

---

① 宗乾进，袁勤俭，沈洪洲. 2001—2010年国内情报学研究回顾与展望——基于知识图谱的当代学科发展动向研究[J]. 情报资料工作，2012（1）：10-15.

② 王菲菲，田辛玲. 科研合作视角下的国内情报学研究现状与主题结构分析[J]. 情报科学，2015，33（11）：112-116，149.

领域①。"9·11"事件发生不久,两国的情报专家就开始讨论合作打击恐怖主义的问题,2002年2月,两国经过磋商,中国同意美国联邦调查局在美驻华使馆内部设立临时办公室,中方保留在美设相应机构的权利。中国还向美国提供了中国所掌握的有关"基地"组织和塔利班的情报。

11.2.2 对研究方向调整的关键性要求

对照11.1节国际竞争形势和11.2.1小节情报学当前的领域结构,可以看出,目前情报学的研究内容太过于微观,对于关系国家发展和安全的宏观领域问题的关注度远远不足,定位高度不够。

在当前形势下,国际竞争环境对情报学研究方向的战略调整提出了以下要求。

(1) 跨学科发展

在全球知识经济大发展的背景下,学科交叉和综合化已屡见不鲜,研究课题、项目、学科竞赛等科研活动单凭某一学科已很难顺利完成。因此,跨学科研究成为全球知识生产的主要模式,跨学科研究的深度和广度已经成为影响各学科创新进程的重要因素。情报学也不例外,如万宇等采用专利分析的方法分析国际体育器材专利技术发展路径、现状及主要国家的研发水平②,分析结果不仅有助于人们深入了解国际上关于体育器材相关专利的竞争情报,也为国内政府和企业制定体育用品产业发展规划和技术创新投入提供相应的参考。

针对支撑国际竞争层面,在11.1.4小节,我们论述了多领域情报融合的需求。这里,本书借鉴沈固朝的两IS融合③及赵冰峰的交叉式融合路径理论④,认为民用情报和国家安全情报可以走并行发展与交叉融合的道路,实现跨学科发展。一方面,在各自不同的研究领域内,着力发展本领域特有的理论、技术和方法;另一方面,在交叉领域,如情报分析和处理的通用技术领域,可以综合运用情报前沿处理技术,包括大数据、人工智能等,促进各领域情报分析的共同进步,如图11-3所示。

---

① 孙晋忠. 反恐合作与中美关系 [J]. 国际问题研究,2005 (2):15-18.
② 万宇,张元梁. 国际体育器材专利技术竞争情报研究 [J]. 西安体育学院学报,2018,35 (5):521-531.
③ 沈固朝. 两种情报观:Information 还是 Intelligence?——在情报学和情报工作中引入 Intelligence 的思考 [J]. 产品安全与召回,2009,24 (1):259-267.
④ 赵冰峰. 论面向国家安全与发展的中国现代情报体系与情报学科 [J]. 情报杂志,2016,35 (10):7-12.

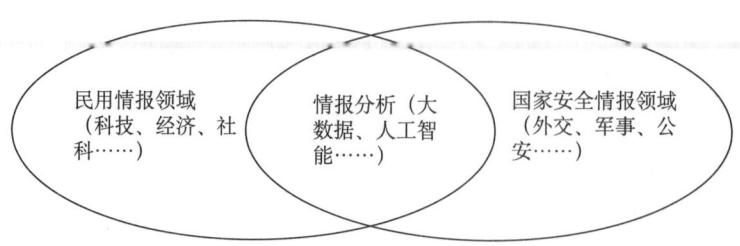

图 11-3 情报学的并行发展与交叉融合

（2）情报工作的创新发展

信息和情报是创新型社会的核心组成部分，而情报学正是对情报和信息进行开发和利用的学科，提高情报和信息的利用效率，是科技创新的必然需要。情报学作为一门独立的学科出现，本身就是一种创新。21世纪是创新型社会，情报和信息的开发、利用水平的高低与国家科技创新能力的强弱息息相关。无论国家、区域还是企业，必须具备一定的科学技术创新能力，才能在激烈的市场竞争中有立足之地，否则就可能被动挨打。随着经济全球化、信息网络化、竞争国际化的进程加快，我国必须主动融入国际竞争环境中，在此过程中，情报机构担负着义不容辞的"耳目、尖兵、参谋"的责任。西方国家广泛流行一句话：国家的竞争体现在经济上，经济的竞争体现在企业上，企业竞争体现在市场上，市场竞争体现在商品上，商品竞争体现在技术上①。情报事业是创新型国家核心竞争力体系的重要组成部分，具有相当的人才优势、知识优势、资源优势，为国家的健康发展奠定了坚实的基础。

（3）在社会发展与国家安全领域发挥支柱作用

1987年，美国总统里根在给信息科学和技术联盟（ASIS&T）的致函中高度赞扬了美国情报学研究对国家发展所起的重要作用，他说道："通过发展信息的收集、存储和转换，你们已经触及每位公民的生活，并为我们创造了更多的机会。这是因为我们的学识、国家的繁荣，以及在世界市场的竞争位置从来没有像现在这样依赖信息技术及我们如何使用这些技术。在知识不断融合的时代，你们的作用至关重要，已经为我们和我们的国家做出了巨大的贡献。"② 里根总统对情报学的评价体现了情报学曾经在社会发展包

---

① 汪传雷，李迎雪. 面向创新型国家建设的情报事业发展的 SWOT 分析 [J]. 现代情报，2010，30（2）：28-31.

② REAGAN R. Letter to the American society of information science [C] //Information: the transformation of society. ASIS 50th Anniversary Conference Program. Washington DC: ASIS, 1987.

括国家安全领域所发挥的支柱作用。

目前,国际政治格局多变,给我国国家安全带来多重挑战。我国面临的安全形势更加复杂,主要存在国家被侵略、被颠覆、被分裂的危险,改革发展稳定大局被破坏的危险,中国特色社会主义发展进程被打断的风险。在新的国家安全形势下,情报存在和发挥作用的领域遍及政治、网络、社会、科技、新闻、公安、外交等,情报工作的战略地位更加突出,成为国家治理体系的重要智力支撑;情报工作不仅要关注传统意义上的"敌情"和"我情",还需要关注诸如国家安全环境、社情、民情、舆情等新的内容,在更宽的安全视野下,全面关注影响国家安全与发展的要素及其作用规律[①]。

在这样的背景下,要求我们树立新的"大情报观",将科技情报、经济情报、社科情报、外交情报、军事情报、安全情报和公安情报等融为一体,实现军民情报的相互融合。我们要着眼于当前国家发展的重大战略问题,不仅关注在总体国家安全观的架构内、在社会发展战略中如何发挥情报的"耳目、尖兵、参谋"作用,更关注情报学"引领"地位的建立,将情报学的学科发展与国家战略相连接,与国家安全和创新发展相匹配。

(4) 支撑战略决策,构建情报分析智库,建立情报学的"引领"地位

在新的发展形势下,要求我们抓住时代发展的脉搏,利用大数据、人工智能带来的发展机遇,推进情报学的长足发展,建立情报学的"引领"地位。这里的"引领"地位,是指迎合各种战略需求带来的机遇,针对国家的战略需求,以支撑战略决策为基本目标,以历史和现实为依据科学预测未来,建设有国际国内影响力的情报分析智库,在支撑国家的科技进步与社会发展及国际竞争中发挥中坚作用。所涉及的问题如下。

1) 支撑战略决策的目标定位

美国情报专家 Angelo Codevilla 指出,情报的本质属性是决策性[②]。包昌火等指出,服务、引领经济社会发展的重大决策,是时代赋予我国情报界的光荣使命和历史重任[③]。大数据、人工智能等技术的发展和社会变革,为情报学带来了新的机遇,我们要把情报作为核心产品,为国家发展战略提供决策支持。解决决策者的信息获取和认知困难,并

---

① 张秋波,唐超. 总体国家安全观指导下情报学发展研究 [J]. 情报杂志,2015 (12):7-10.
② 徐峰,张旭. 面向决策的情报研究与服务探析 [J]. 情报学报,2012,31 (11):1124-1130.
③ 包昌火,马德辉,李艳,等. 我国国家情报工作的挑战、机遇和应对 [J]. 情报杂志,2016,35 (10):1-6,17.

通过对战略环境的监测分析、可利用资源的统筹安排、可能机会的识别、危险和困境的预见与破解，提出有针对性的思路和对策①。

2）建设有广泛影响力的情报分析智库

2015年，中共中央办公厅、国务院办公厅颁布了《关于加强中国特色新型智库建设的意见》，明确了智库在中国特色决策支撑体系中的重要作用。

智库的决策咨询效用与情报的"耳目、尖兵、参谋"作用如出一辙，情报学的历史渊源、学科发展、肩负使命等无不与智库建设有相得益彰之处，两者互联互通②。情报学领域的专家学者和工作人员应努力建立国际国内有影响力的智库，不仅要支持决策，未来还要变被动为主动，在国家大政方针制订和社会发展中发挥重要作用。

11.3 国际竞争环境下情报学的重点研究领域

中国已成为全球第二大经济体，国际地位不断攀升，但同时面临的国际经济、科技和安全竞争也日益激烈。如何帮助我国获得经济科技上的国际竞争优势，支撑我国的经济科技安全实力，国际竞争情报、对外涉华舆情、国际反恐情报合作、外交情报等研究领域需要情报学界加以关注。

11.3.1 国际竞争情报研究

竞争情报起始于20世纪50年代，崛起于80年代，以1986年美国竞争情报从业者协会（Society of Competitive Intelligence Professionals，SCIP）的成立为标志，是军事学、经济学、管理学和情报学等学科相互交融的结果，是情报工作的重大发展。

（1）竞争情报概述

国内外关于竞争情报的认识很多，但大致可以分成三派。

第一派认为竞争情报是一种过程。例如，美国竞争情报专家协会认为，竞争情报是一种过程，在此过程中人们用合乎职业伦理的方式收集、分析和传播有关经营环境、竞争者和组织本身的准确、相关、具体、及时、前瞻性及可操作性的情报③。Fitzpatrick 和

---

① 李品，杨建林，杨国立. 作为科技发展先行者的情报体系理论框架研究 [J]. 情报学报，2019，38（2）：111-120.
② 李纲，李阳. 情报视角下的智库建设研究 [J]. 图书情报工作，2015，59（11）：36-41，61.
③ 杨书会. 论国内企业竞争情报的获取方法和技术 [J]. 经营管理者，2014（29）：104.

Burke认为，竞争情报是指组织为收集和分析竞争对手的信息，以及公司的一般社会政治和经济环境而发起的系统过程，其主要目标是利用不同的信息源，在降低竞争对手优势的同时提高组织的竞争力[1]。Hughes将竞争情报定义为"将关于外部竞争环境的原始信息转化为支持商业决策的情报"[2]。

第二派认为竞争情报是一种产品。例如，Sutton认为，竞争情报是经过专家分析的信息，其价值是让决策者做出更明智的决策[3]。严国华认为，竞争情报是经过筛选、提炼和分析过的，可依据其采取行动的有关竞争对手和竞争环境的信息集合[4]。

第三派认为竞争情报不仅是一种过程，也是一种产品。例如，包昌火认为，竞争情报就是关于竞争环境、竞争对手和竞争策略的信息和研究，它既是一种过程，也是一种产品。过程，是指对竞争情报的收集和分析；产品，是指由此形成的情报或策略[5]。甘利人等认为，竞争情报就是围绕竞争目的，从连续收集的点点滴滴的数据、新闻消息等简单信息中分析出一切有关竞争对手动态、竞争环境变化的有价值的情报，以便于制定出相应的竞争对策[6]。

（2）竞争情报的发展历程

普赖斯科特把竞争情报的发展历程归纳为以下3个阶段：第1个阶段以竞争情报收集为中心（20世纪60—70年代），竞争情报收集活动是非正式的和战术的，很少有甚至没有数据分析，竞争情报也只得到少量高层管理的关注，与决策只有少量联系，竞争情报人员的主要场所是图书馆或营销部门；第2个阶段是行业与竞争对手分析（20世纪80年代），出现了正式的竞争情报部门，竞争情报人员从作为图书馆/营销职能的一部分转为计划/营销职能的一部分，但竞争情报活动的导向仍是战术的，并局限在数据的定量分析；第3个阶段是战略决策的竞争情报阶段，始于20世纪90年代至今，这时竞争情报成为一个正式的部门，在营销、计划和竞争情报部门都有竞争情报人员[7]。

---

[1] FITZPATRICK W M, BURKE D R. Competitive intelligence, corporate security and the virtual organization [J]. Advances in competitiveness research, 2003, 11 (1): 20-46.

[2] HUGHES S. Competitive intelligence as competitive advantage [J]. Journal of competitive intelligence and management, 2005, 3 (3): 3-18.

[3] SUTTON H. Competitive intelligence [M]. New York: The Conference Board, 1988.

[4] 严国华. 竞争情报分析 [J]. 热带农业工程, 2010, 34 (1): 30-32.

[5] 包昌火. 加强竞争情报工作，提高我国企业竞争能力 [J]. 中国信息导报, 1998 (11): 30-33.

[6] 甘利人, 杜倩, 王曰芬. 竞争情报概述（一）[J]. 江苏科技信息, 2003 (1): 43-45.

[7] PRESCOTT J E. The evolution of competitive intelligence [J]. International review of strategic management, 1995, 6: 71-90.

(3) 竞争情报在企业发展中的作用

竞争情报是企业竞争力的重要组成部分[1]，在企业竞争中发挥着至关重要的作用。竞争情报在企业发展中的作用可以概括为以下几点。

①竞争情报是企业参与国际竞争的有力支持。迅速、及时、预测准确的竞争情报可以增强企业在国际市场上的竞争力。

②竞争情报是企业进行科学决策的重要依据。竞争情报可以把企业内部和外部的各个部门、各个环节沟通起来，促进企业把握时机，看清形势，做出正确的决策判断，最终实现预期目标[2]。

③竞争情报对企业的市场经营具有警示作用[3]。竞争情报能够把企业中很大一部分力量投入收集和整理竞争市场信息和竞争对手信息上，通过为企业提供有效的情报帮助企业拓展国际和国内竞争市场。与此同时，竞争情报对竞争市场和竞争对手的监视是动态的和全方位的，在总结经验教训的同时，也能预见竞争市场的走势，对竞争市场将要发生的风险向企业及时发出预警，使企业能够规避风险。

④竞争情报是新技术新产品研发及引进的指导[4]。产品创新和技术创新是企业生存与发展的关键，是企业参与市场竞争最直接的手段。产品和技术的不断更新是企业在市场竞争中取胜的重要法宝。于是，企业通过搜集竞争情报来了解竞争对手的实力，了解市场对其将要研发的新产品和新技术的需求量和需求周期，了解该产品的技术含量和市场价值等有关信息，从而确定新产品开发的发展方向和主攻目标，从而减少盲目开发新产品和引入新技术存在的风险。

(4) 国际竞争情报的早期研究

收集及评估竞争情报是制定决策的重要组成部分，由于成本和风险的增加，它在国际决策中尤为重要[5]。竞争情报的国际化最早可追溯到 20 世纪 50 年代，美国的一些跨国公司为了提升其产品在国际市场上的竞争地位，就成立了专门的部门用以分析竞争对手和竞争策略决策信息[6]。随后，其他学者也开展了关于国际竞争情报的研究。其中，

---

[1] 孙萍. 我国企业竞争情报工作存在的问题研究 [J]. 科技信息（学术研究），2008（18）：341-342.
[2] 武志峰. 论竞争情报在企业发展中的作用 [J]. 冶金信息导刊，2004（1）：39-41.
[3] 刘洪强，王润海. 浅析竞争情报与现代企业发展 [J]. 硅谷，2009（16）：197.
[4] 严国华. 竞争情报分析 [J]. 热带农业工程，2010，34（1）：30-32.
[5] MILLER F. Gathering international competitive intelligence via online data retrieval in the international marketing class [J]. Business administration education，1988：13.
[6] 彭靖里. 国内外竞争情报研究发展综述 [J]. 情报科学，1998（3）：268-271.

一些学者运用文献计量、专利计量的方法进行研究。例如：明宇等以运动鞋申请专利为研究对象，分析我国运动鞋专利国际申请的劣势[1]。有的学者以企业的主要业务为研究对象，综合运用竞争情报的搜集、分析方法分析该企业的国际竞争情报问题[2]。

（5）大数据和机器学习技术出现后的国际竞争情报研究

互联网的发展，特别是大数据及机器学习技术的出现给情报学带来了新的研究方向。一些学者将情报学方法和大数据及机器学习技术结合起来研究国际竞争情报。结合大数据及机器学习技术的国际竞争情报研究的主要流程为：收集数据→特征抽取→建立模型→分析问题。一些学者研究了大数据背景下国际竞争情报的发展方向。例如，刘高勇等认为，国际竞争情报有以下发展趋势：①重心向移动互联网转移；②更加重视动态竞争情报；③云计算成为竞争情报系统的基础；④反竞争情报任重道远[3]。

随着经济全球化的发展，各企业已处在国际市场竞争的前沿。市场逐鹿，强手如林，要想在这激烈的竞争中立于不败之地，就必须充分利用竞争情报。除了具备强烈的竞争意识和情报意识外，还必须掌握先进的信息手段，善于利用国际信息网络，并建立高效健全、反应灵敏的竞争情报系统——竞争决策支持系统，以便全面地了解竞争态势，准确地预测市场变化，巩固国内市场阵地，抢占国际市场份额。

11.3.2 对外涉华舆情研究

（1）研究涉华舆情的原因

经济全球化裹挟着信息全球化使得中国所处的国际传播环境发生了重要变化，Marshall McLuhan 在 20 世纪 60 年代提出的"地球村"景象也已出现。Carey 认为，互联网应该被看作第一个全球传播体系的实例，而这一体系正在取代因"铁路和电报的出现"而出现、因"电视网"而得到完善的"国家传播体系"[4]。这意味着在全球传播时代，即使是国内事件亦可能突破国家传播的"疆域"而被国际社会关注，进而产生国际影响。

---

[1] 明宇，司虎克. 我国运动鞋专利国际申请竞争情报的实证研究——以美国、德国、日本为竞争对手 [J]. 北京体育大学学报，2015，38（6）：18-23.

[2] 陈峰. 竞争情报在企业开展国际服务外包业务中的作用 [J]. 图书情报工作，2008（3）：25-27.

[3] 刘高勇，汪会玲，吴金红. 大数据时代的竞争情报发展动向探析 [J]. 图书情报知识，2013（2）：105-111.

[4] CAREY J W. The Internet and the end of the national communication system: uncertain predictions of an uncertain future [J]. Journalism & mass communication quarterly, 1998, 75 (1): 28-34.

随着"一带一路"倡议的加速推进及命运共同体全球治理理念的深化，中国日益成为世界舆论瞩目的中心和焦点。由于大多数人缺乏与外国直接接触的经验，他们对外国的看法主要基于从媒体获得的信息。Perry 的一项实验研究表明，受访者主要是通过阅读新闻故事来推断其他国家的情况，而不是基于他们对这些国家的了解。所以，研究外国对中国的舆论情况对于我国制定对外政策有很大帮助[1]，同时有助于外国民众更加客观地看待中国。

（2）涉华舆情的内涵

涉华舆情是什么？张军芳认为，所谓涉华舆情多数指的就是各国媒体的涉华报道，涉华舆情研究主要关注西方发达国家，尤其是美国、英国和德国主流媒体特别是报刊媒体对中国重大事件、突发事件等相关报道的文本分析[2]。郭可认为，涉华舆情的最大特点是政治功能非常突出，而且其产生过程主要与西方媒体的新闻报道、西方议会和一些非政府组织的决议等操作有着密切的关联，尤其是国际媒体的报道[3]。

（3）涉华舆情的研究焦点

笔者使用中国知网"中国期刊全文数据库"，以"涉华舆情""涉华舆论""涉华报道"为主题，检索近十年（2010—2019 年）发表的文献，共获得文献 334 篇。随后，笔者利用"中国知网"对全部检索结果进行了计量可视化分析，得到检索结果关键词共现网络，如图 11-4 所示，关键词共现网络中圆圈代表不同的关键词节点，节点越大代表关键词出现的频次越高，频次高的关键词可反映涉华舆情的研究热点。由此可以看出，与涉华舆情研究密切相关的关键词主要涉及国家（中国）形象、西方主流媒体、涉华报道及消息源、中国与外国关系、国际传播几个方面。

（4）涉华舆情研究的信息来源

涉华舆情研究的主要信息来源是以美国、英国为代表的西方主流媒体，包括美国的《纽约时报》《今日美国》《华盛顿邮报》《华尔街日报》及《时代》周刊，英国的《泰晤士报》《经济学人》《金融时报》《卫报》及 BBC 报道，德国的《明镜》周刊等。此外，涉华舆情信息源还包括日本、印度、俄罗斯、巴西、尼泊尔、意大利、哈萨克斯

---

① PERRY D K. The mass media and inference about other nations [J]. Communication research，1985，12（4）：595-614.

② 张军芳. 对我国涉华国际舆情研究的解读与反思——以 1998—2011 年间 190 篇相关论文为基础的分析 [J]. 新闻记者，2012（7）：58-62.

③ 郭可. 国际舆论及其对我国的影响 [J]. 新闻与传播研究，2003（3）：39-44，94.

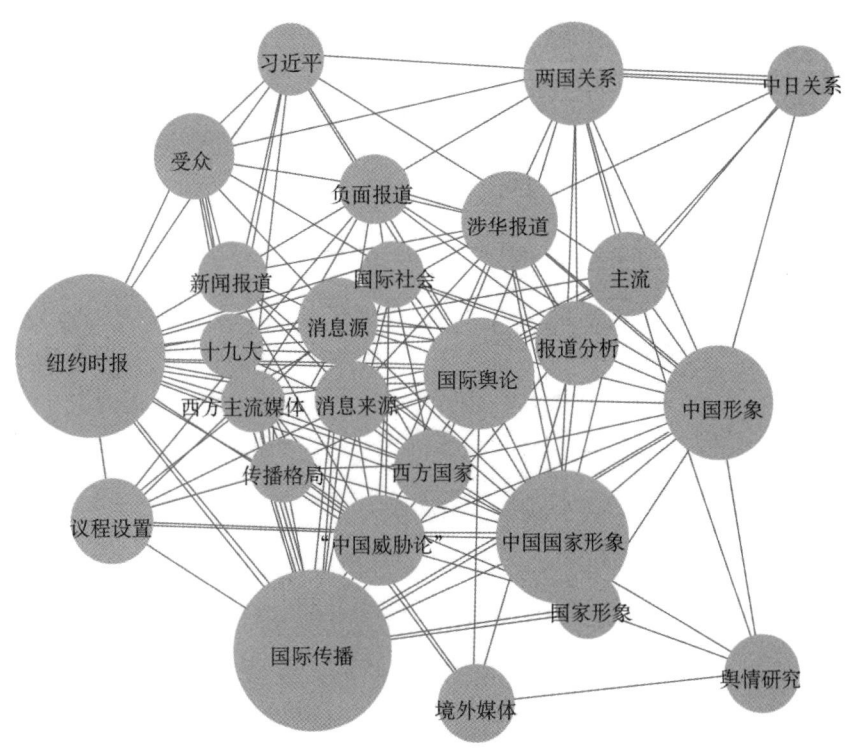

图 11-4 "涉华舆情""涉华舆论""涉华报道"检索结果关键词共现网络

坦、菲律宾、越南、印度尼西亚、西班牙、澳大利亚等国家的主流媒体。涉华舆情研究话题广泛,涉及中国政治、经济、科技、文化、社会、军事、体育、环境等诸多方面,但以政治、经济为主。

(5) 涉华舆情的研究对象

正是由于舆情的重要性,所以大量学者对涉华舆情进行了研究。从研究对象来看,这些学者的研究大致可以分为三大类。

第 1 类是以主流媒体的新闻报道为研究对象,如王明利等选择 3 家法国媒体,即《世界报》《费加罗报》《回声报》作为主要研究对象,分析法国媒体视角下的中国[①];顾洁等以意大利发行量最大的全国性日报《晚邮报》中的涉华报道为研究对象,总结了意大利媒体下的中国形象[②]。

---

① 王明利,曹琳. 十年的节点:对法国三大报纸涉华报道的研究 [J]. 现代传播(中国传媒大学学报),2014,36(6):149-150.
② 顾洁,黄若鸿. 超越刻板:意大利媒体呈现的中国形象——以《晚邮报》涉华报道为例 [J]. 当代传播,2018(3):106-110.

第 2 类是以一些网站上的报道为研究对象，如战琦等以《朝日新闻（网络英文版）》2008 年涉华报道为关注点，研究日本平面媒体笔下内涵复杂的中国①；许华选取俄罗斯主流媒体及智库"国际事务委员会"网站在 2017 年相关时间段发布的关于中国的新闻报道为研究对象，分析俄罗斯媒体视角下的中国②。

第 3 类是以社交平台上的信息为研究对象，如相德宝等选取博客、掘客、微博、社交网站、视频网站、网络论坛、公民网站 7 种自媒体形态对 2012 年国际自媒体上的涉华舆情进行研究③；王国华等以联合国新浪官方微博中的涉华微博文本为研究对象，运用内容分析和统计分析的方法，研究粉丝的关注重点与舆论倾向④。

（6）涉华舆情的研究方法

从研究方法来看，这些学者的研究大致可以分为 3 种。

第 1 种是运用新闻分析的方法，如周海霞等用批评话语分析方法对德国报刊《时代》和《明镜》中经济危机时期的中国经济形象话语束进行分析⑤；申辰瑜等采用 Van-Leeuwen 的批评话语分析工具和 VanDijk 的新闻话语分析法对 3 家英国主流媒体在 2013—2017 年气候大会期间的涉华报道进行分析，以研究英国主流媒体下的中国形象演变⑥。

第 2 种是运用传统情报学的分析方法，如刘毅以《纽约时报》上的新闻报道为研究对象，分析美国媒体眼中的中国形象⑦；严怡宁以巴西两大主流报纸为研究对象，对其涉华报道内容进行分析，据此来研究巴西媒体下的中国形象及其演变过程⑧。

---

① 战琦，刘妍．《朝日新闻》2008 年涉华报道研究［J］．现代传播（中国传媒大学学报），2009（6）：158-160．

② 许华．俄罗斯社会舆论中的中国形象——基于 2017 年俄罗斯涉华舆情的分析［J］．国外社会科学，2018（4）：13-23．

③ 相德宝，张人文．2012 国际自媒体涉华舆情特征［J］．情报杂志，2013，32（8）：31-34，44．

④ 王国华，熊伟强，王雅蕾，等．联合国涉华"微传播"的舆论倾向研究——以新浪微博为例［J］．情报杂志，2013，32（12）：1-6．

⑤ 周海霞，王建斌．经济危机时期德国媒体中的动态中国经济形象——以德国主流媒体《明镜》周刊和《时代》周报 2009—2010 年涉华报道为例［J］．德国研究，2011，26（1）：39-47，80．

⑥ 申辰瑜，郭继荣，郭淼．基于联合国气候变化大会的英国主流媒体涉华舆情研究［J］．情报杂志，2018，37（9）：113-119．

⑦ 刘毅．国家文化安全视阈下的涉华舆论研究——以《纽约时报》对孔子学院报道的内容为例［J］．学术交流，2014（4）：200-203．

⑧ 严怡宁．身份与认同：巴西主流媒体涉华报道分析［J］．拉丁美洲研究，2016，38（3）：102-116，156．

第 3 种是运用文本挖掘的方法，如龚为纲等选取国际自媒体平台 Reddit 上的涉华信息为分析对象，运用文本挖掘的方法研究涉华舆情[1]。

随着中国综合国力的提升，国际上关注中国的国家越来越多。其他国家主要关注中国的经济发展，对其持肯定态度，而对于中国文化在国际上的传播，许多国家媒体的看法偏向于从政治角度理解。互联网和大数据的出现，使得舆论传播的速度加快，也让中国可以更好地了解外国公众对中国和中国国内事务的态度。通过分析中国在国外媒体中的形象，可以让中国发现自己的优缺点，针对其中的偏见性报道需积极应对，针对其中的敏感话题及时通过外宣部门予以回击，强化对负面报道后续舆情的监测并及时处理，避免负面舆情对中国形象的再度冲击。

11.3.3 国际反恐情报合作

(1) 世界恐怖活动概况

评估世界恐怖活动状况的指标主要有 3 个：恐怖事件数、恐怖活动造成的人员死亡数和受伤人数[2]。从这 3 个方面来看，2014 年是 21 世纪以来恐怖活动最剧烈的一年。利用在全球恐怖主义数据库（GTD）中下载的 1970—2017 年全球恐怖主义活动状况数据进行统计汇总，可绘制出反映世界恐怖活动状况的图片，如图 11-5 和图 11-6 所示。

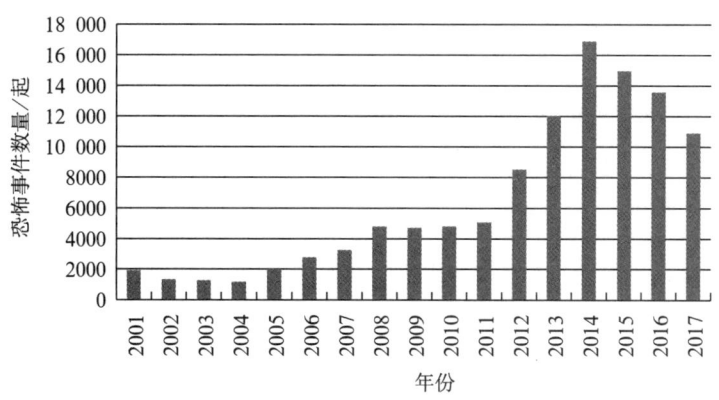

图 11-5 世界恐怖事件数量（2001—2017 年）

---

[1] 龚为纲，张严，蔡恒进. 海外自媒体中涉华舆情传播机制的大数据分析——基于 Reddit 平台的海量舆情信息 [J]. 学术论坛，2017，40 (3)：21-31.
[2] 张家栋. 2006 年世界恐怖活动状况述评 [J]. 教学与研究，2007 (5)：73-81.

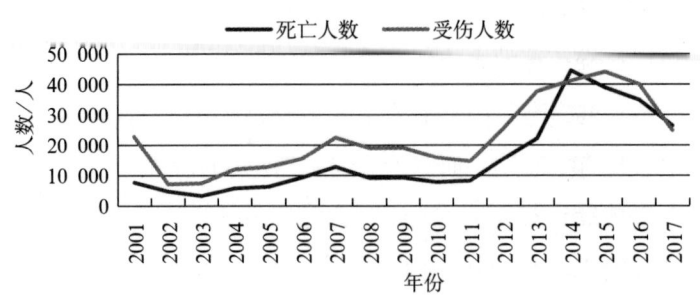

图11-6 世界恐怖活动受伤和死亡人数年度变化状况（2001—2017年）

由图11-5可以看出，2001年以来，世界恐怖活动基本上呈上升趋势，世界面临的恐怖主义威胁日益严重。即便将2001年发生的"9·11"事件看作偶然事件，但自2005年开始，世界上每年发生的恐怖事件数量均高于2001年。特别是2014年，全世界共发生恐怖事件16 903起，是2001年的8.9倍，与2013年相比上升了40.4%。

2001年以来，恐怖活动造成的人员死亡数大致呈上升趋势，从2001年的7729人增加到2014年的44 490人，2014年以后死亡人数有所减少。从图11-6可以看出，2001年美国发生的"9·11"事件开启了新世纪恐怖主义的活动高潮。由于世界各国的反恐努力，2001—2003年恐怖活动引起的伤亡人数不断减少。但是从2004年开始，恐怖活动导致的伤亡人数不断上升，恐怖活动在2017年造成的伤亡人数远超2001年。这表明世界恐怖主义形势在不断恶化。

综上所述，从恐怖事件发生数量、恐怖事件死亡人数和致伤人数3个指标来看，世界恐怖主义形势呈现不断恶化的趋势，世界反恐行动势在必行。

（2）开展国际反恐情报合作的优势

"9·11"事件发生后，全球范围内开展了反恐斗争，各国之间的反恐合作越发紧密。而情报信息在反恐怖斗争中具有决定性作用，因此，在国际反恐合作中开展情报合作具有重要意义[1]。

开展国际反恐情报合作有以下优势[2]：①通过反恐情报共享，可以掌握更加广泛、可靠的反恐情报源，减少跨国收集情报的困难，提升情报的效能和利用率；②可以整合

---

[1] 贾宇，李恒. 恐怖犯罪活动组织和人员之情报信息搜集研究 [J]. 情报杂志，2017，36（2）：32-39.

[2] 刘猛.《反恐怖主义法》视域下的中国反恐国际合作 [J]. 山东大学学报（哲学社会科学版），2017（2）：12-19.

专家资源，对多方面反恐情报进行综合分析，使分析成果更加客观，预警更加准确；③进行情报技术和设施的共享，情报人员的培训，可以提升合作国的反恐情报能力，进而增强情报合作效果；④有利于惩治国内恐怖活动犯罪、预防境外恐怖分子回流、防范海外利益受袭风险、共同打击国际恐怖主义。

（3）我国的反恐情报合作

公安部反恐怖局局长安卫星在全国人大常委会办公厅2015年12月27日新闻发布会上指出，恐怖主义是人类的公敌，中国政府坚决反对一切形式的恐怖主义，坚决打击任何挑战人类文明底线的暴恐犯罪活动。我国加强反恐国际合作，既是应对恐怖主义跨国发展趋势的需要，也是维护国家总体安全的要求。目前，我国与许多国家都开展了反恐情报合作。

（4）国际上的反恐情报合作

各国都在积极地开展反恐情报合作，其合作形式主要有3种[1]：①双边性合作。例如，美国和德国的反恐合作在20世纪60—70年代就已经扩展到了情报领域[2]，美国和英国、东南亚、中国、俄罗斯、巴基斯坦、东盟等国家和组织都陆续开展了反恐情报合作。印度深受恐怖主义之害，其与美国、缅甸、以色列等国开展了反恐情报合作。②区域性合作。例如，上海合作组织自成立以来，多次发布打击恐怖主义的宣言、公约和协议，包括反恐情报合作的具体要求，如《上海合作组织成员国关于地区反恐怖机构的协定》《打击恐怖主义、分裂主义和极端主义上海公约》，要求各成员国机构进行反恐情报交流协作，并规定了交换恐怖主义情报的种类[3]。③全球性合作。"9·11"事件发生后，联合国成立了反恐怖主义委员会，联合国大会通过了《打击国际恐怖主义国际公约》等一系列涉及恐怖主义核材料、资金、爆炸物等方面的公约，要求缔约国之间全面展开合作，并依据《打击国际恐怖主义国际公约》相互提供司法协助，包括情报合作和证据支持等。

由于恐怖活动的跨国特性，国际上的反恐合作越来越常见，各国也将情报合作作为反恐合作的一个重要领域。但目前各国之间的反恐情报合作更多的是平等的情

---

[1] 杨娜. 国际反恐怖情报工作研究[J]. 广州市公安管理干部学院学报，2007（2）：24-27.
[2] JOHNSON L K, FREYBERG A. Ambivalent bedfellows: German-American intelligence relations, 1969-1991 [J]. International journal of intelligence and counter intelligence, 1997, 10 (2): 165-179.
[3] 陈俊旭，李建辉，冶志敏. 外国反恐情报合作探析[J]. 辽宁警察学院学报，2015，17（5）：37-41.

报交换，还没有明确的机制可以遵守。因此，还需运用国际平台积极构建多层级反恐情报合作机制，完善各国国内配套法规建设，不断促进反恐国际情报合作的依法推进。

11.3.4 外交情报研究

（1）外交的内涵

狭义的外交，传统上是指"运用智力和机智处理各独立国家政府之间的官方关系……是指用和平手段来调节和处理国与国之间的关系"①。Watson 认为，外交是一个对话与谈判的过程，在这个过程中，一个体系中的国家通过战争以外的方式处理关系和追求自己的目标②。外交是一种政策选择，可以作为军事力量等其他办法的替代办法或支助这些办法③。尼科松对外交的界定被广泛引用，即"外交就是用谈判的方式来处理国际关系，它是大使和使节用来调整和处理国际关系的方法，外交是外交官的业务或技术"④。国内学者将外交看作"以主权国家为主体，通过正式的代表国家的机构与人员的官方行为，使用交涉、谈判和其他和平方式对外行使主权，以处理国家关系和参与国际事务，是一国维护本国利益及实施对外政策的重要手段"⑤。

（2）军事情报与外交的相互作用

西方著名的军事理论家克劳塞维茨在其著作《战争论》中曾指出：战争是政治的继续⑥。军事斗争和政治斗争是密切相关的，所以军事情报也是为一国的政治斗争服务。一国的政治则主要通过外交体现出来，因此，军事情报也是进行外交斗争、处理对外关系的需要。军事情报对外交的作用可概括为以下两点：①直接影响一国的国家战略，从而影响国际关系；②通过对战争的影响迫使国家调整对外战略⑦。外交对情报的作用也可以概括为以下两点：①外交决定情报工作的任务重点和重点对象；②外交影响情报获取的方式。

---

① 戈尔-布思. 萨道义外交实践指南［M］. 5版. 上海：上海译文出版社，1984：1.
② WATSON A. Diplomacy: the dialogue between states［M］. Routledge, 2013: 12.
③ SCOTT L. Secret intelligence, covert action and clandestine diplomacy［J］. Intelligence & national security, 2004, 19（2）：322-341.
④ NICOLSON H. Diplomacy［M］. Oxford University Press, 1950：15.
⑤ 鲁毅. 外交学概论［M］. 北京：世界知识出版社，1997：5.
⑥ 克劳塞维茨. 战争论［M］. 王小军，译. 西安：陕西师范大学出版社，2008：24.
⑦ 张锐. 试论国际关系与军事情报［J］. 情报杂志，2001（11）：85-86, 88.

（3）新时期大数据在外交中的应用实例

当今世界的时代主题是和平与发展，外交情报不再局限于应用在军事战争中，特别是近些年大数据的兴起，外交情报开始深入普通的外交活动中。

美国白宫和国务院成功地将大数据运用于奥巴马总统对巴西的访问①。2011年3月19日，美国总统奥巴马出访巴西首都巴西利亚，此行目标在于寻求建立一个以巴西为盟友的美洲地区新联盟。为了获取巴西民众的政治支持，白宫在奥巴马的出访行程中设置了与当地民众接触的活动。但是，行前奥巴马团队对巴西各界民众如何看待美国、如何看待奥巴马的家庭及其本人，以及巴西民众对美国拉美政策会做出何种反应都心里没底。在此情形下，美国国务院下属的"E-外交"办公室指示其数字技术团队挖掘了近两年来巴西民众在Twitter、Orkut及Blogger上的上千万条社交数据，通过关联运算和人群搜索发现，在涉美政治传播中不同新闻平台、不同自媒体评论人关注度差别迥异。在此情形下，如何制定一项清晰的公共外交战略，对巴西民众展开卓有成效的外交公关活动，便成为白宫和国务院的首要之责。大数据分析至少为奥巴马外交团队提供了诸如巴西民众讨论涉美话题最活跃的社交媒体或平台、最有可能传播奥巴马新闻的关键社交达人、巴西民众对奥巴马之行最感兴趣的话题等方面的信息。由此可知，早在2011年3月18日奥巴马到达巴西的前一天，白宫和国务院就已经知晓了巴西民众对奥巴马之行的哪些话题最感兴趣、哪些人最有可能传播这些消息，以及会把这些消息和相关评论通过什么平台和渠道传递给谁。相应地，在奥巴马未启程之前，他的外交团队就已经为他精准推荐了谈论话题并圈定了关键传播源、传播渠道乃至传播模式，近乎未卜先知地做到了对巴西民众的精准接触与高效政治营销。

兵法记载"知彼知己，百战不殆"，可见情报的重要性，在外交活动中亦是如此。只有充分了解所要开展外交活动的国家，才能够制定出达到自己目标的外交计划。从上面的分析中可以看出，战争时期开展外交活动收集情报的方法主要靠一些秘密方法，而自互联网特别是大数据出现以来，政府也开始使用在线工具收集情报，以达到自己的目的。

11.4 本章小结

本章11.1节总结了当前国际经济与贸易环境、国际科技发展环境，以及国际政治与

---

① 董青岭. 大数据外交：一场即将到来的外交革命[J]. 欧洲研究，2015，33（2）：130-144，8.

安全形势的新特点，分析了国际竞争环境的变化给情报学带来的契机与挑战。分析结果不仅为其他学者对情报学的下一步研究奠定了理论基础，也为情报工作方式的变革提供了强有力的支持。

本章11.2节在分析国际竞争环境、情报学当前主要的研究领域和研究共同体的基础上，提出了情报学研究方向战略调整的要求：①跨学科发展；②情报工作的创新发展；③在社会与国家安全领域发挥支柱作用；④支撑战略决策，构建情报分析智库，建立情报学的"引领"地位。这些要求可作为情报学领域应对复杂国际形势的对策。

本章11.3节分析了国际竞争环境下情报学的重点研究领域：国际竞争情报研究、对外涉华舆情研究、国际反恐情报合作研究及外交情报研究，尤其是大数据的出现对这些领域的影响。这些分析可帮助我国在激烈的全球竞争中获得经济、科技、安全等方面的国际竞争优势，支撑我国的经济和科技安全实力，也支持我国树立良好的国际形象。

国际竞争环境的变化对情报学发展来说既是机遇也是挑战，分析其变化趋势与情报学学科自身特点对两者的结合十分重要，也为情报学抓住发展机遇提供支持。情报学的发展更有利于增强我国的国际竞争优势。

参考文献

[1] ACKOFF R L. From data to wisdom [J]. Journal of applied systems analysis, 1989, 16 (1): 3-9.

[2] ADLEMAN L. Molecular computation of solutions to combinatorial problems [J]. Science, 1994, 266 (5187): 1021-1024.

[3] AGARWAL R, DHAR V. Big data, data science, and analytics: the opportunity and challenge for is research [J]. Information systems research, 2014, 25 (3): 443-448.

[4] ARMBRUST M, FOX A, GRIFFITH R, et al. Above the clouds: a berkeley view of cloud computing [J]. Science, 2009, 53 (4): 50-58.

[5] ATASOY U C, SARI A. Multidisciplinary intel fusion technique for proactive cyber-intelligence model for the IoT [M] //Security, privacy and trust in the IoT environment. Cham: Springer, 2019.

[6] AYDIN B, OZLEBLEBICI Z. Should we rely on intelligence cycle [J]. Journal of management and information science, 2015, 3 (3): 93-99.

[7] BABER C, ATTFIELD S, WONG B L, et al. Exploring sensemaking through an intelligence analysis exercise [J]. International conference on naturalistic decision making, 2013 (4): 125-131.

[8] BAILÓN-MORENO R, JURADO-ALAMEDA E, RUIZ-BAÑOS R, et al. The unified scientometric model. fractality and transfractality [J]. Scientometrics, 2005, 63 (2): 231-257.

[9] BATTY D. Intelligence work and information science: two men in a boat [M] // WILLIAMS R V, LIPETZ B A. Covert and overt: recollecting and connecting intelligence

service and information science. Medford: Information Today, 2005.

[10] BAWDEN D, ROBINSON L. Curating the infosphere: Luciano Floridi's philosophy of information as the foundation for library and information science [J]. Journal of documentation, 2018, 74 (1): 2-17.

[11] BAWDEN D, ROBINSON L. Introduction to information science [M]. Facet Publishing, 2015.

[12] BECKER J. An information scientist's view on evolving information technology [J]. Journal of the American society for information science, 1984, 35 (3): 164-169.

[13] BOSANCIC B. Information in the knowledge acquisition process [J]. Journal of documentation, 2016, 72 (5): 930-960.

[14] BRADFORD S C. Sources of information on specific subjects [J]. Engineering, 1934 (137): 85-86.

[15] BROOKES B C. The foundations of information science. Part I. Philosophical aspects [J]. Journal of information science, 1980, 2 (3-4): 125-133.

[16] BROOKES B C. The foundations of information science. Part Ⅲ. quantitative aspects: objective maps and subjective landscapes [J]. Journal of information science, 1980, 2 (6): 269-275.

[17] BURCHER M, WHELAN C. Social network analysis as a tool for criminal intelligence: understanding its potential from the perspectives of intelligence analysts [J]. Trends in organized crime, 2018, 21 (3): 278-294.

[18] CAPURRO R. What is information science for? A philosophical reflection [M] // Conceptions of library and information science: historical, empirical and theoretical perspectives. London: Taylor Graham, 1992.

[19] CARTER D L, CARTER J G. The intelligence fusion process for state, local, and tribal law enforcement [J]. Criminal justice and behavior, 2009, 36 (12): 1323-1339.

[20] CATANO V, GAUGER J. Information fusion: intelligence centers and intelligence analysis [M] //Information sharing in military operations. Cham: Springer, 2017.

[21] CHANG F, DEAN J, GHEMAWAT S, et al. Bigtable: a distributed storage system for structured data [J]. ACM transactions on computer systems, 2008, 26 (2): 1-26.

[22] CHEN Y S, LEIMKUHLER F F. A relationship between Lotka's law, Bradford's law,

and Zipf's law [J]. Journal of the American society for information science, 1986, 37 (5): 307-314.

[23] CIBANGU S K. A memo of qualitative research for information science: toward theory construction [J]. Journal of documentation, 2013, 69 (2): 194-213.

[24] CLARK R M. Intelligence analysis: a target-centric approach [M]. Washington, D. C.: Congressional Quarterly Press, 2012.

[25] COULTHART S, CROSSTON M. Terra incognita: mapping American intelligence education curriculum [J]. Journal of strategic security, 2015, 8 (3): 46-68.

[26] DEBONS A, HORNE E, CRONENWETH S. Information science: an integrated view [M]. Boston: GK Hall, 1988.

[27] DOPPLER H J, GASTECKER B, POHL M, et al. Sense-making strategies in explorative intelligence analysis of network evolutions [J]. Behaviour & information technology, 2019, 38 (2): 198-215.

[28] DOVER R, DYLAN H, GOODMAN M S. The palgrave handbook of security, risk and intelligence [M]. UK: Palgrave Macmillan, 2017.

[29] EGGHE L. Consequences of Lotka's law for the law of Bradford [J]. Journal of documentation, 1985, 41 (3): 173-189.

[30] EGGHE L, GUNS R. Applications of the generalized law of Benford to informetric data [J]. Journal of the association for information science & technology, 2012, 63 (8): 1662-1665.

[31] EGGHE L. Zipfian and lotkaian continuous concentration theory [J]. Journal of the association for information science & technology, 2014, 56 (9): 935-945.

[32] FLORIDI L. Information: a very short introduction [M]. Oxford: Oxford University Press, 2010.

[33] FLORIDI L. What is the philosophy of information [J]. Metaphilosophy, 2002, 33 (1-2): 123-145.

[34] FORRESTER B, DEN HOLLANDER K. The role of social media in the intelligence cycle [C]. Next-Generation Analyst IV. International Society For Optics And Photonics, 2016: 98510G. 1-98510G. 14.

[35] GEARON L. Education, security and intelligence studies [J]. British journal of

educational studies, 2015, 63 (3): 263-279.

[36] GERNOT W. Information science and theory: a weaver bird's perspective [M] // VAKKARI P, CRONIN B. Conceptions of library and information science: historical, empirical and theoretical perspective. London: Taylor Graham, 1992: 201-205.

[37] GIOE D V. 'The more things change': humint in the cyber age [M] //The palgrave handbook of security, risk and intelligence. London: Palgrave Macmillan, 2017.

[38] GNOLI C. Mentefacts as a missing level in theory of information science [J]. Journal of documentation, 2018, 74 (6): 1226-1242.

[39] HARTLEY D S. DIME/PMESII models [M] //Conflict and complexity. New York: Springer, 2015.

[40] HAWKINS D T. Information science abstracts: tracking the literature of information science. Part 1: definition and map [J]. Journal of the American society for information science and technology, 2001, 52 (1): 44-53.

[41] HAWKINS D T, LARSON S E, CATON B Q. Information science abstracts: tracking the literature of information science. Part 2: a new taxonomy for information science [J]. Journal of the American society for information science and technology, 2003, 54 (8): 771-781.

[42] HERNER S. Brief history of information science [J]. Journal of American society for information science, 1984, 35 (3): 157-163.

[43] HETMANK L. Components and functions of crowdsourcing systems-a systematic literature review [C]. International Conference on Wirtschaftsinformatik, 2013: 55-64.

[44] HEUER R J, PHERSON R H. Structured analytic techniques for intelligence analysis [M]. Cq Press, 2010.

[45] HJRLAND B, ALBRECHTSEN H. Toward a new horizon in information science: domain-analysis [J]. Journal of the American society for information science, 1995, 46 (6): 400-425.

[46] HJRLAND B. Information: objective or subjective/situational [J]. Journal of the American society for information science and technology, 2007, 58 (10): 1448-1456.

[47] HJRLAND B. Information science and its core concepts: levels of disagreement [M] // Theories of information, communication and knowledge. Dordrecht: Springer, 2014.

[48] HUGHES S. Competitive intelligence as competitive advantage [J]. Journal of competitive intelligence and management, 2005, 3 (3): 3-18.

[49] HUTCHIN T. The right choice: using theory of constraints for effective leadership [M]. Productivity Press, 2016.

[50] IBEKWE-SANJUAN F, GEOFFREY B. Implications of big data for knowledge organization [J]. Knowledge organization, 2017, 44 (3): 187-198.

[51] IBEKWE-SANJUAN F, LATHAM K, BUCKLAND M. Re-positioning information science [C]. Proceedings of the American Society for Information Science and Technology, 2010, 47 (1): 1-2.

[52] IQBAL M H, SOOMRO T R. Big data analysis: apache storm perspective [J]. International journal of computer trends and technology (IJCTT), 2015, 19 (1): 9-14.

[53] KATSUNO H, MENDELZON A O. Propositional knowledge base revision and minimal change [J]. Artificial intelligence, 1991, 52 (3): 263-294.

[54] KOBAYASHI Y. Assessing reform of the japanese intelligence community [J]. International journal of intelligence and counterintelligence, 2015, 28 (4): 717-733.

[55] LEHMANN D, MAGIDOR M. What does a conditional knowledge base entail [J]. Artificial intelligence, 1992, 55 (1): 1-60.

[56] LEWANDOWSKI C, ROJEK J, MANJARREZ V M. Using a fusion center model to manage and improve border security [J]. Journal of applied security research, 2017, 12 (1): 160-178.

[57] LIEW A. DIKIW: data, information, knowledge, intelligence, wisdom and their interrelationships [J]. Business management dynamics, 2013, 2 (10): 49-62.

[58] LIPSETT M, ANDERSON P. Networked collaboration: the emerging paradigm in information science [C]. Proceedings of the Annual Conference of CAIS/Actes du congrès annuel de l'ACSI, 2013.

[59] LIU X, TANG K, HANCOCK J, et al. A text cube approach to human, social and cultural behavior in the twitter stream [C] //International Conference on Social Computing, Behavioral-Cultural Modeling, and Prediction. Berlin, Heidelberg: Springer, 2013: 321-330.

[60] LOTKA A J. The frequency distribution of scientific productivity [J]. Journal of the

Washington Academy of Sciences, 1926, 16 (12): 317-323.

[61] LYNCH C. Big data: how do your data grow [J]. Nature, 2008, 455 (7209): 28.

[62] MARGARET M. The nature of a paradigm [M] // LAKATOS I, MUSGRAVE A E, KUHN T S. Criticism and the growth of knowledge. Cambridge University Press, 1970.

[63] MIKSA F L. Library and information science: two paradigms [J]. Conceptions of library and information science: historical, empirical and theoretical perspectives, 1992: 229-252.

[64] MILLER F. Gathering international competitive intelligence via online data retrieval in the international marketing class [J]. Business administration education, 1988: 13.

[65] MINGERS J, STANDING C. What is information? Toward a theory of information as objective and veridical [J]. Journal of information technology, 2018, 33 (2): 85-104.

[66] MODI A, SUN Z, PANWAR A, et al. Towards automated threat intelligence fusion [C]. 2016 IEEE 2nd International Conference on Collaboration and Internet Computing (CIC). IEEE, 2016: 408-416.

[67] ORTIZ-REPISO V, GREENBERG J, CALZADA-PRADO J. A cross-institutional analysis of data-related curricula in information science programmes: a focused look at the iSchools [J]. Journal of information science, 2018, 44 (6): 768-784.

[68] PATRÍCIO L, E CUNHA J F, FISK R P, et al. Addressing marketing requirements in user-interface design for multiple platforms [C] //International Workshop on Design, Specification, and Verification of Interactive Systems. Berlin, Heidelberg: Springer, 2003: 331-345.

[69] PAYNE M E, NGO L B, APON A W. Academic publishing as a social media paradigm [C]. 2013 IEEE International Conference on Big Data. IEEE, 2013: 9-12.

[70] PEPPLER B. Innovating curriculum design in intelligence education: a design thinking approach [J]. Journal of the Australian institute of professional intelligence officers, 2018, 26 (2): 3-13.

[71] PERRY D K. The mass media and inference about other nations [J]. Communication research, 1985, 12 (4): 595-614.

[72] PERRY W L. Predictive policing: the role of crime forecasting in law enforcement

operations [M]. Washington, D. C.: Rand Corporation, 2013.

[73] PREISSL R, WONG T M, DATTA P, et al. Compass: a scalable simulator for an architecture for cognitive computing [C]. 2012 International Conference for High Performance Computing, Networking, Storage and Analysis, 2012: 1-11.

[74] PRESCOTT J E. The evolution of competitive intelligence [J]. International review of strategic management, 1995, 6: 71-90.

[75] QAZI N, ZHANG L, BLOMQVIST E, et al. Applying data science to criminal intelligence analysis [EB/OL]. (2017) [2019-09-16]. https://pdfs.semanticscholar.org/e7f9/13f65b661743ef86e9a0af69463fae3b5644.pdf.

[76] REAGAN R. Letter to the American society of information science [C] //Information: the transformation of society. ASIS 50th Anniversary Conference Program. Washington, D. C.: ASIS, 1987.

[77] RICHARDS J. Reflections on contemporary intelligence studies [C]. Proceedings of the XXIst International Conference Intelligence in the Knowledge Society, 2016: 9-20.

[78] ROWLEY, JENNIFER. The wisdom hierarchy: representations of the DIKW hierarchy [J]. Journal of information and communication science, 2007, 33 (2): 163-180.

[79] RUEBEN K. Developing a blueprint for successful private partnership programs in small fusion centers: key program components and smart practices [R]. Naval postgraduate school monterey CA, 2013.

[80] RYLE G. The concept of mind [M]. Routledge, 2009.

[81] SALVATORE S A. Fusion center challenges: why fusion centers have failed to meet intelligence sharing expectations [R]. Naval Postgraduate School Monterey United States, 2018.

[82] SCOTT L . Secret intelligence, covert action and clandestine diplomacy [J]. Intelligence & national security, 2004, 19 (2): 322-341.

[83] SKENDERIJA S. The media paradigm for information science [C]. Proceedings of the Annual Conference of CAIS/Actes du congrès annuel de l'ACSI, 2013.

[84] SONNENWALD D. Theory development in the information sciences [M]. Austin: University of Texas Press, 2016.

[85] SOUSA-POZA A, KOVACIC S, KEATING C, et al. System of systems engineering: an

emerging multi-discipline [J]. International journal of system of systems engineering, 2008, 1 (1/2): 1-17.

[86] SOYATA T, MURALEEDHARAN R, LANGDON J, et al. COMBAT: mobile-Cloud-based cOmpute/coMmunications infrastructure for BATtlefield applications [C]. Modeling and Simulation for Defense Systems and Applications VII, 2012.

[87] SQUIRE L R. Memory systems of the brain: a brief history and current perspective [J]. Neurobiology of learning and memory, 2004, 82 (3): 171-177.

[88] STASKO J, GORG C, LIU Z. Jigsaw: supporting investigative analysis through interactive visualization [J]. Information visualization, 2008, 7 (2): 118-132.

[89] SUGUMARAN R, BURNETT J, BLINKMANN A. Big 3D spatial data processing using cloud computing environment [C]. Proceedings of the 1st ACM SIGSPATIAL International Workshop on Analytics for Big Geospatial Data. ACM, 2012: 20-22.

[90] SULA C A. Digital humanities and libraries: a conceptual model [J]. Journal of library administration, 2013, 53 (1): 10-26.

[91] SUTTON H. Competitive intelligence [M]. New York: The Conference Board, 1988.

[92] SVENDSEN ADM. Advancing "defence-in-depth": intelligence and systems dynamics [J]. Defense & security analysis, 2015, 31 (1): 58-73.

[93] SVENDSEN A D M. Introducing RESINT: a missing and undervalued "INT" in all-source intelligence efforts [J]. International journal of intelligence and counterintelligence, 2013, 26 (4): 777-794.

[94] TANG J, LIU H. Unsupervised feature selection for linked social media data [C]. Proceedings of the 18th ACM SIGKDD International Conference on Knowledge Discovery and Data Mining. ACM, 2012.

[95] TEECE D J. Explicating dynamic capabilities: the nature and microfoundations of (sustainable) enterprise performance [J]. Strategic management journal, 2007, 28 (13): 1319-1350.

[96] TRIVEDI T, PARIHAR V, KHATUA M, et al. Threat intelligence analysis of onion websites using sublinks and keywords [M] //Emerging technologies in data mining and information security. Singapore: Springer, 2019.

[97] VARGAS I G, GOTTARDI T, BRAGA R T V. Approaches for integration in system of

systems: a systematic review [C]. 2016 IEEE/ACM 4th International Workshop on Software Engineering for Systems-of-Systems (SESoS). IEEE, 2016: 32-38.

[98] VICKERY B. Metatheory and information science [J]. Journal of documentation, 1997, 53 (5): 457-476.

[99] WALSH P F. Collection [M] //Intelligence, biosecurity and bioterrorism. London: Palgrave Macmillan, 2018.

[100] WANG C, CHOW S S M, WANG Q, et al. Privacy-Preserving public auditing for secure cloud storage [J]. IEEE transactions on computers, 2013, 62 (2): 362-375.

[101] WANG G, LIU Q, WU J. Hierarchical attribute-based encryption for fine-grained access control in cloud storage services [C]. Acm Conference on Computer & Communications Security. ACM, 2010.

[102] WANG L. Twinning data science with information science in schools of library and information science [J]. Journal of documentation, 2018, 74 (6): 1243-1257.

[103] WATSON A. Diplomacy: the dialogue between states [M]. Routledge, 2013.

[104] WHELAN C, DUPONT B. Taking stock of networks across the security field: a review, typology and research agenda [J]. Policing and society, 2017, 27 (6): 671-687.

[105] WONG B L W. Fluidity and rigour: addressing the design considerations for OSINT tools and processes [M] //Open source intelligence investigation. Cham: Springer, 2016.

[106] XIA H, ØSTERLUND C, MCKERNAN B, et al. TRACE: a stigmergic crowdsourcing platform for intelligence analysis [C]. Proceedings of the 52nd Hawaii International Conference on System Sciences, 2019.

[107] XU Z, HU C, MEI L. Video structured description technology based intelligence analysis of surveillance videos for public security applications [J]. Multimedia tools and applications, 2016, 75 (19): 12155-12172.

[108] ZHANG X, CHOW K P. A framework for dark web threat intelligence analysis [J]. International journal of digital crime and forensics, 2018, 10 (4): 108-117.

[109] ZINS C. Classification schemes of information science: twenty-eight scholars map the field [J]. Journal of the American society for information science and technology, 2007, 58 (5): 645-672.

[110] ZINS C. Conceptions of information science [J]. Journal of the American society for

information science and technology, 2007, 58 (3): 335-350.

[111] ZINS C. Conceptual approaches for defining data, information, and knowledge [J]. Journal of the American society for information science and technology, 2007, 58 (4): 479-493.

[112] ZINS C. Knowledge map of information science [J]. Journal of the American society for information science and technology, 2007, 58 (4): 526-535.

[113] ZIPF G K. Human behavior and the principle of least effort [M]. Cambridge: Addison-Wesley, 1949.

[114] 包昌火,金学慧,张婧,等. 论中国情报学学科体系的构建 [J]. 情报杂志, 2018, 37 (10): 5-15, 45.

[115] 包昌火,李艳,包琰. 论竞争情报学科的构建 [J]. 情报理论与实践, 2012, 35 (1): 1-9.

[116] 包昌火,李艳. 情报缺失的中国情报学 [J]. 情报学报, 2007, 26 (1): 29-34.

[117] 包昌火,马德辉,李艳. Intelligence 视域下的中国情报学研究 [J]. 情报杂志, 2015, 34 (12): 1-6.

[118] 包昌火,马德辉,李艳,等. 我国国家情报工作的挑战、机遇和应对 [J]. 情报杂志, 2016, 35 (10): 1-6, 17.

[119] 昌家立. 试论知识的本质 [J]. 青海社会科学, 1995 (4): 50-55.

[120] 朝乐门,卢小宾. 数据科学及其对信息科学的影响 [J]. 情报学报, 2017, 36 (8): 761-771.

[121] 朝乐门. 信息资源管理理论的继承与创新:大数据与数据科学视角 [J]. 中国图书馆学报, 2019, 45 (2): 26-42.

[122] 陈峰. 分析高层领导讲话识别竞争情报需求的方法 [J]. 情报理论与实践, 2012, 35 (9): 57-60.

[123] 陈忆金. 现代情报学的理论基础——信息哲学 [J]. 图书情报工作, 2005, 49 (8): 55-59.

[124] 初景利. 新时代情报学与情报工作的新定位与新认识——"情报学与情报工作发展论坛(2017)"侧记与思考 [J]. 图书情报工作, 2018, 62 (1): 140-142.

[125] 储节旺,郭春侠. 信息组织:原理、方法和技术 [M]. 合肥:安徽大学出版社, 2002.

[126] D 马尔. 视觉计算理论［M］. 北京：科学出版社，1988.

[127] 达德利·夏佩尔. 理由与求知：科学哲学研究文集［M］. 褚平，周文彰，译. 上海：上海译文出版社，2006.

[128] 邓仲华，李志芳. 基于情报学视角的科学研究第四范式需求分析［J］. 情报科学，2015，33（7）：3-6.

[129] 高金虎. 军事情报学研究现状与发展前瞻［J］. 情报学报，2018，37（5）：31-39.

[130] 高金虎. 论国家安全情报工作——兼论国家安全情报学的研究对象［J］. 情报杂志，2019，38（1）：1-7.

[131] 郭路生，刘春年，闫喜凤. 领域分析驱动的应急情报需求工程研究［J］. 情报杂志，2017，36（11）：76-81.

[132] 韩正彪，景璟，马婧. 情报学哲学问题及情报学理论构建：研究主体视角［J］. 图书情报工作，2012，56（12）：32-37.

[133] 贺德方. 工程化思维下的科技情报研究范式——情报工程学探析［J］. 情报学报，2014，33（12）：1236-1241.

[134] 黑格尔. 逻辑学（上）［M］. 北京：商务印书馆，1982.

[135] HEY T，TANSLEY S，TOLLE K. 第四范式：数据密集型科学发现［M］. 潘教峰，张晓林，译. 北京：科学出版社，2012.

[136] 胡昌平. 情报用户研究与情报社会学［J］. 情报学刊，1988（1）：40-43，52.

[137] 化柏林，李广建. 面向情报流程的情报方法体系构建［J］. 情报学报，2016，35（2）：177-188.

[138] 化柏林，李广建. 大数据环境下的多源融合型竞争情报研究［J］. 情报理论与实践，2015（4）：1-5.

[139] 黄如花，李白杨，饶雪瑜. 面向新型智库建设的知识服务：图书情报机构的新机遇［J］. 图书馆，2015（5）：6-9.

[140] 黄长著. 对情报学学科发展的几点思考［J］. 信息资源管理学报，2018（1）：1-8.

[141] 黄长著. 关于建立情报学一级学科的考虑［J］. 情报杂志，2017，36（5）：6-8.

[142] 金吾伦. 跨学科研究引论［M］. 北京：中央编译出版社，1997.

[143] 靳娟娟. 情报学理论体系比较研究［J］. 图书情报知识，1995（3）：17-23.

[144] 靖继鹏，毕强．情报学理论基础［M］．长春：吉林科学技术出版社，1996．

[145] 靖继鹏，李男先．试构造以用户为核心的情报学理论体系［J］．情报业务研究，1991（4）：193-198．

[146] 靖继鹏，马费成，张向先．情报科学理论［M］．北京：科学出版社，2009．

[147] 克劳塞维茨．战争论［M］．王小军，译．西安：陕西师范大学出版社，2008．

[148] 李刚．从情报研究到智库研究［J］．图书馆论坛，2017，37（9）：50-54．

[149] 李纲，李阳．智慧城市应急决策情报体系构建研究［J］．中国图书馆学报，2016（3）：39-54．

[150] 李纲，李阳．情报视角下的智库建设研究［J］．图书情报工作，2015，59（11）：36-41，61．

[151] 李广建，黄永文，孔敬，等．数字时代的情报技术［J］．数字图书馆论坛，2006（10）：61-71．

[152] 李辉，张惠娜，侯元元，等．情报3.0时代科技情报服务能力研究——基于工程技术视角的服务能力四层结构模型［J］．情报理论与实践，2017，40（3）：1-4．

[153] 李品，杨建林，杨国立．作为科技发展先行者的情报体系理论框架研究［J］．情报学报，2019，38（2）：111-120．

[154] 李艳，赵新力，齐中英．钱学森的情报思想与我国情报学学科体系重构［J］．情报理论与实践，2010，33（6）：1-4．

[155] 梁战平．情报学和情报工作的历史性贡献［J］．情报理论与实践，2004，27（4）：341-342．

[156] 梁战平．情报学若干问题辨析［J］．情报理论与实践，2003，26（3）：193-198．

[157] 梁战平．我国科技情报研究的探索与发展［J］．情报探索，2007（7）：3-7．

[158] 刘明珠．基于期刊论文的我国省级科技情报机构科研现状分析［D］．南京：南京大学，2019．

[159] 刘强．战略预警视野下的战略情报工作：边缘理论与历史实践的解析［M］．北京：时事出版社，2014．

[160] 刘永君，栗琳．人工智能时代情报学的危机及对策［J］．情报理论与实践，2017，40（12）：6-11．

[161] 刘植惠．关于情报学学科建设的思考［J］．情报学报，1987（1）：13-18．

[162] 刘植惠．试论情报学的哲学基础［J］．情报学报，1989（3）：161-167．

[163] 卢泰宏. 情报科学的人文性质——关于情报科学学科性质的反思 [J]. 图书情报工作, 1989 (6): 1-7.

[164] 卢泰宏. 情报科学的三个研究规范 [J]. 情报学报, 1987 (1): 19-22.

[165] 吕宏玉, 杨建林. 基于模板的国家战略情报需求识别研究 [J/OL]. 情报理论与实践, 2019 (11): 8-14 [2019-08-27]. http://kns.cnki.net/kcms/detail/11.1762.g3.20190716.1005.006.html.

[166] 马德辉, 苏英杰. "Intelligence Studies" 视域下的中国公安情报学若干基本问题研究 [J]. 情报理论与实践, 2013, 36 (5): 50-57.

[167] 马费成, 张瑞, 李志元. 大数据对情报学研究的影响 [J]. 图书情报知识, 2018 (5): 4-9.

[168] 马费成. 论情报学的基本原理及理论体系构建 [J]. 情报学报, 2007, 26 (1): 3-13.

[169] 马费成. 信息经济学与情报经济学——历史沿革、内容结构、学科名称及相互关系 [J]. 情报学报, 1993, 12 (1): 16-24.

[170] 马费成, 等. IRM-KM 范式与情报学发展研究 [M]. 武汉: 武汉大学出版社, 2008.

[171] 迈克尔·波兰尼. 个人知识: 迈向后批判哲学 [M]. 许泽民, 译. 贵州: 贵州人民出版社, 2000.

[172] 彭知辉. 论公安情报学的学科属性及大数据环境下的变化 [J]. 情报资料工作, 2017, 38 (5): 42-48.

[173] 彭知辉. 情报流程研究: 述评与反思 [J]. 情报学报, 2016, 35 (10): 1110-1120.

[174] 齐欣. 军民融合视角下的情报学科研合作发展对策初探——以军事学领域为参考 [J]. 情报理论与实践, 2019, 42 (4): 6-11.

[175] 钱学森. 科技情报工作的科学技术: 关于思维科学 [M]. 上海: 上海人民出版社, 1986.

[176] 邱均平. 信息计量学 [M]. 武汉: 武汉大学出版社, 2007.

[177] 桑尼尔·索雷斯. 大数据治理 [M]. 匡斌, 译. 北京: 清华大学出版社, 2014.

[178] 商瀑. 国家安全情报学学科建设论纲: 研究对象、学科特点、体系及研究方法 [J]. 情报杂志, 2018, 37 (8): 10-15, 21.

[179] 舍勒，刘小枫．舍勒选集［M］．上海：上海三联书店，1999．

[180] 沈固朝．两种情报观：Information 还是 Intelligence?——在情报学和情报工作中引入 Intelligence 的思考［J］．产品安全与召回，2009，24（1）：259-267．

[181] 沈进健．美国智库的形成、运作和影响［J］．中国社会科学评价，2016（2）：13-37．

[182] 斯滕伯格 R J．认知心理学［M］．杨炳钧，陈燕，译．北京：中国轻工业出版社，2006．

[183] 苏新宁．大数据时代情报学学科崛起之思考［J］．情报学报，2018，37（5）：451-459．

[184] 苏新宁．大数据时代情报学与情报工作的回归［J］．情报学报，2017，36（4）：331-337．

[185] 孙建军，李阳．论情报学与情报工作"智慧"发展的几个问题［J］．信息资源管理学报，2019（1）：4-8．

[186] 孙瑞英，马海群．总体国家安全观视域下中国特色的国家情报工作安全体系构建研究［J］．情报资料工作，2019，40（1）：33-43．

[187] 唐超，王延飞．融入情报流程的情报感知能力研究［J］．情报理论与实践，2019，42（5）：14-18，22．

[188] 托马斯·库恩．科学革命的结构［M］．金吾伦，胡新和，译．北京：北京大学出版社，2003．

[189] 王崇德．情报科学原理［M］．台北：农业科学资料服务中心，1991．

[190] 王芳，陈锋，祝娜，等．我国情报学理论的来源、应用及学科专属度研究［J］．情报学报，2016，35（11）：1148-1164．

[191] 王芳．情报学的范式变迁及元理论研究［J］．情报学报，2007，26（5）：764-773．

[192] 王飞跃．情报 5.0：情报平行时代的平行情报体系［J］．情报学报，2015（6）：563-574．

[193] 王琳．情报学的元理论探析［J］．情报理论与实践，2009，32（9）：10-13．

[194] 王琳．解释学与情报学的人文研究范式［J］．图书情报工作，2012，56（24）：55-59．

[195] 王琳．情报学研究范式与主流理论的演化历程（1987—2017）［J］．情报学报，

2018, 37 (9): 956-970.

[196] 王世伟. 试析情报工作在智库中的前端作用——以上海社会科学院信息研究所为例 [J]. 情报资料工作, 2011 (2): 92-96.

[197] 王延飞, 闫志开, 何芳. 从智库功能看情报研究机构转型 [J]. 情报理论与实践, 2015, 38 (5): 1-4, 11.

[198] 王延飞, 赵柯然, 何芳. 重视智能技术 凝练情报智慧——情报、智能、智慧关系辨析 [J]. 情报理论与实践, 2016, 39 (2): 1-4.

[199] 王延飞, 钟灿涛, 赵柯然, 等. 论情报专业特色教育 [J]. 情报杂志, 2016, 35 (11): 1-4, 38.

[200] 王知津, 李赞梅, 周鹏. 二十年以来我国情报学学科体系研究进展 [J]. 图书馆, 2012 (1): 50-54.

[201] 王知津. 情报学理论的哲学研究进展 [J]. 图书情报工作, 2009 (22): 5-11.

[202] 维克托·迈尔·舍恩伯格, 肯尼思·库克耶. 大数据时代: 生活、工作与思维的大变革 [M]. 周涛, 译. 杭州: 浙江人民出版社, 2013.

[203] 邬焜. 哲学信息论导论 [M]. 西安: 陕西人民出版社, 1987.

[204] 邬焜, 夏群友. 再论自在信息 [J]. 科学技术哲学研究, 2012, 29 (2): 8-12.

[205] 吴慰慈, 张久珍. 信息技术革命影响下图书馆学情报学分支学科的建构 [J]. 中国图书馆学报, 2001, 27 (5): 3-8.

[206] 肖勇. 论基于"三大研究范式"之上的当代中国情报学学科体系与学科群体系构建 [J]. 情报学报, 2017, 36 (9): 894-907.

[207] 肖勇. 论新世纪中国情报学的三大研究范式: 成因、内容与影响 [J]. 情报学报, 2007, 26 (5): 780-789.

[208] 谢尔曼·肯特. 战略情报: 为美国世界政策服务 [M]. 刘微, 肖皓元, 译. 北京: 金城出版社, 2015.

[209] 谢晓专. 公安情报学学科体系的构建 [J]. 情报资料工作, 2012, 33 (4): 17-21.

[210] 闫学杉. 信息科学: 概念、体系与展望 [M]. 北京: 科学出版社, 2016.

[211] 闫志开, 王延飞. 新《国家安全法》背景下的中国情报学 [J]. 情报杂志, 2016, 35 (7): 1-6.

[212] 严怡民. 情报学概论 [M]. 武汉: 武汉大学出版社, 1983.

［213］严怡民．情报学研究导论［M］．北京：科学技术文献出版社，1992．

［214］严怡民．现代情报学理论［M］．武汉：武汉大学出版社，1996．

［215］杨建林，李品．基于情报过程视角辨析情报分析与数据分析的关系［J］．情报理论与实践，2019，42（3）：1-6．

［216］杨建林．信息技术导论［M］．南京：南京大学出版社，2009．

［217］叶鹰，马费成．数据科学兴起及其与信息科学的关联［J］．情报学报，2015，34（6）：575-580．

［218］伊姆雷·拉卡托斯．科学研究纲领方法论［M］．兰征，译．上海：上海译文出版社，2005．

［219］曾建勋，魏来．大数据时代的情报学变革［J］．情报学报，2015，34（1）：37-44．

［220］曾建勋．花甲之年的惆怅：科技情报事业60年历程反思［J］．情报理论与实践，2017，40（11）：1-4．

［221］张家年，马费成．国家科技安全情报体系及建设［J］．情报学报，2016，35（5）：483-491．

［222］张家年，马费成．我国国家安全情报体系构建及运作［J］．情报理论与实践，2015，38（8）：5-10．

［223］张琪玉．情报语言学基础［M］．武汉：武汉大学出版社，1997．

［224］张晓军．美国军事情报理论研究［M］．北京：军事科学出版社，2007．

［225］张永嘉．科技情报学概论［M］．北京：航空工业出版社，1989．

［226］张云，杨建林．从学科交叉视角看国内情报学的学科地位与发展思考［J］．情报理论与实践，2019，42（4）：18-23．

［227］赵冰峰．论国家情报与国家安全及国家发展的互动关系［J］．情报杂志，2015，34（1）：1-7．

［228］赵冰峰．论面向国家安全与发展的中国现代情报体系与情报学科［J］．情报杂志，2016，35（10）：7-12．

［229］赵冰峰．情报论［M］．北京：兵器工业出版社，2011．

［230］赵冰峰．现代情报理论研究的国际比较与战略启示［J］．情报杂志，2017，36（1）：9-13．

［231］赵冰峰．中国情报学派的兴起与历史使命［J］．情报杂志，2016，35（4）：1-4．

[232] 钟义信. 从信息科学视角看《信息哲学》[J]. 哲学分析, 2015 (1): 17-31.

[233] 钟义信. 高等人工智能原理: 观念·方法·模型·理论 [M]. 北京: 科学出版社, 2014: 39-54.

[234] 周林东. 科学哲学 [M]. 上海: 复旦大学出版社, 2004.

[235] 周晓英, 陈燕方. 中国情报学研究范式的冲突与思考 [J]. 公安学研究, 2019, 2 (2): 27-44, 123.

[236] 周晓英. 情报学进展系列论文之七: 数据密集型科学研究范式的兴起与情报学的应对 [J]. 情报资料工作, 2012, 33 (2): 5-11.

索 引

B

本基载体 …………………………………… 76
本体论信息 ………………………………… 75
布拉德福定律 ……………………………… 16
布氏透视定律 ……………………………… 107

D

DIKIW 层次结构模型 ……………………… 81
大数据范式 ………………………………… 51

F

范式 ………………………………………… 42

G

公安情报学 ………………………………… 41
构像 ………………………………………… 76
广义情报系统体系结构模型 ……………… 136
国家安全情报学 …………………………… 41

H

慧基载体 …………………………………… 76

J

计量学理论 ………………………………… 146
计算 ………………………………………… 2
教育情报学 ………………………………… 146
竞争情报学 ………………………………… 41
军事情报工作 ……………………………… 2
军事情报学 ………………………………… 16

K

科技情报工作 ……………………………… 2
科技情报学 ………………………………… 16

L

逻辑起点 …………………………………… 122
洛特卡定律 ………………………………… 16

M

面向国家安全的情报体系 ………………… 157

O

欧氏透视定律 ……………………………… 106

Q

齐夫定律 …………………………………… 16
情报 ………………………………………… 1
情报感知能力 ……………………………… 60

索 引

情报工作 …………………… 1
情报流程 …………………… 2
情报能力 …………………… 4
情报融合 …………………… 49
情报融合中心 ……………… 161
情报史 ……………………… 143
情报体系 …………………… 4
情报学 ……………………… 1
情报学方法技术体系 ……… 22
情报学基础理论 …………… 20
情报学内核 ………………… 48
情报学学科 ………………… 1
情报学学科功能 …………… 47
情报学支撑理论 …………… 145
情报语言学 ………………… 142
全信息 ……………………… 68

R

认识论信息 ………………… 75

S

社会情报学 ………………… 146
社科情报工作 ……………… 6
数据 ………………………… 6

T

体系 ………………………… 3
图情一体化 ………………… 41
图书情报学 ………………… 16

W

物像 ………………………… 76

X

信息 ………………………… 1
信息对数透视定律 ………… 107
信息经济学 ………………… 17
信息密度类透视定律 ……… 113
信息密度幂函数类透视定律 ……… 113
信息社会学 ………………… 146
信息心理学 ………………… 146
信息序化 …………………… 22
信息总量类透视定律 ……… 113
信息总量幂函数类透视定律 ……… 113
学科 ………………………… 1

Y

异基载体 …………………… 76
隐性知识 …………………… 8
映像 ………………………… 76
语法信息 …………………… 75
语义信息 …………………… 75
语用信息 …………………… 76

Z

再生信息 …………………… 76
知识 ………………………… 1
智慧 ………………………… 4
自为信息 …………………… 75
自在信息 …………………… 76